国家社会科学基金青年项目
“舆图文献视野下的明清广东海防军事地理研究”（13CZS062）资助
河南理工大学工商管理学院能源经济研究中心资助

舆图文献视野下的明清广东海防

鲁延召　著

科学出版社
北　京

内 容 简 介

舆图文献是历史研究的重要史料，审视舆图文献，用历史地理学方法研究历史时期的海防问题是很好的视角。本书通过检阅国内外遗存中涉及明清时期广东海防的大量珍贵舆图文献，尤其是通过文献整理及舆图档案公开而涌现出的鲜为学界所知的稀见舆图文献，对广东地区重要的海门、水道、港湾等地理环境要素，以及受其影响而做出军事部署的水师战船、海防炮台进行了探讨。

本书适合历史、地理、地图、军事、旅游、海洋等相关部门工作者阅读参考。

审图号：GS（2021）8612 号

图书在版编目（CIP）数据

舆图文献视野下的明清广东海防/鲁延召著.—北京：科学出版社，2022.5

ISBN 978-7-03-070737-6

Ⅰ. ①舆… Ⅱ. ①鲁… Ⅲ. 海防-军事史-广东-明清时代 Ⅳ. E294.8

中国版本图书馆 CIP 数据核字（2021）第 240405 号

责任编辑：李春伶 李秉乾 / 责任校对：王晓茜

责任印制：师艳茹 / 封面设计：黄华斌

科 学 出 版 社 出版

北京东黄城根北街 16 号

邮政编码：100717

http://www.sciencep.com

天津市新科印刷有限公司 印刷

科学出版社发行 各地新华书店经销

*

2022 年 5 月第 一 版 开本：720×1000 B5

2022 年 5 月第一次印刷 印张：20 1/2

字数：304 000

定价：106.00 元

（如有印装质量问题，我社负责调换）

前　言

舆图，又称“地图”，是研究历史空间的重要工具，有助于呈现通过文字无法具体说明的各项空间信息。古地图所蕴藏的史料丰富，其所透露的信息与其他文献资料价值相同,也是研究特定历史时期人们对所处环境、空间的了解程度最主要的凭证。可见，舆图文献是进行历史研究的重要史料，充分重视、挖掘并利用国内外现存数量众多的传统舆图文献有着巨大的前景和价值。

近些年来，舆图逐渐脱离历史学附庸而成为研究主体，已是学界发展的一个重要趋势。越来越多的研究者开始将地图研究的成果与史学研究相结合，进而拓展出阅读舆图文献的新视野。

本书中的“舆图文献”主要是指明清时期国内外绘制的当时单独使用的大小不等的地图、地图册、地图集及书籍中的附图、插图，另外还包括一些遗失了舆图的图说或个别具有丰富舆图信息却无舆图的地理文献等，尤其是书籍中附带的舆图或配图，零散分布于各种“海防专著”，如明代嘉靖年间郑若曾《筹海图编》及《郑开阳杂著》中的《沿海山沙图》、应槚等修《苍梧总督军门志》中六大“水寨图”，天启初茅元仪《武备志》中的《郑和航海图》，万历《粤大记》中的《广东沿海图》；清代雍正时期陈伦炯《海国闻见录》中的《沿海全图》，道光《广东海防汇览》中的东中西三路“海防图”、王之春《清朝柔远记》中的《广东沿海形势图》。此外，“地方志书”（如广东通志、府志、县志、山志）、“文集奏稿”（如蓝鼎元的《鹿洲初集》、关天培的《筹海初集》、田生金的《按粤疏稿》）等也配有大量的古地图。

中国历史上，地方绘制舆图的传统由来已久。至少从唐代开始，一直到清朝末年，由地方绘制当地舆图，并按一定期限（通常“三年”或“五年”）递交中央保存。因此，翻阅不同历史时期中央政府统计的舆图文献目录，不难发现有大量舆图名称的记载，其中汉唐以来绘制的舆图为数众多。但遗憾的是，明代之前所绘舆图今天已经很少能见到，即使是有明一代近 300 年编绘的舆图，能够流传至今的已为数不多。因此，无论海内外，只要发现明代之前刻印、绘制的舆图，或者是明朝编制的绘本和印本舆图，都视作古地图中的珍品。目前在海内外许多博物馆、图书馆、档案馆、地方高校、文化公司等机构及民间私人都收藏有明清时期的舆图，舆图已发展为收藏界一个重要领域。机构或民间收藏的旧舆图，绝大部分编制于清代。下面，笔者仅就藏图涉及广东海防军事者进行概述。

中国第一历史档案馆现存数量丰富的稀见明清舆图，是目前中国古代舆图最重要的收藏单位。其所收藏舆图主要由内务府、军机处、内阁、兵部（陆军部）四部门所存档案中的舆图组成。由于其藏图迄今从未向公众进行披露，因此具有很强的神秘感。目前能够看到的中国第一历史档案馆所藏“广东舆图”是由其主编或与其他单位合作出版的 3 本专题地图集：《澳门历史地图精选》（华文出版社，2000 年）、《广州历史地图精粹》（中国大百科全书出版社，2003 年）、《明清皇宫虎门秘档图录》，（人民出版社，2011 年）。除去重复的，这 3 本图书分别收录了与广东海防军事地理相关的 25 幅、24 幅、5 幅舆图。

需要注意的是，舆图的种类除了传统卷轴、册页与单幅舆图外，军机处档案奏折中的附图也是较为特殊的一种舆图，这种舆图采用手绘方式，针对特定目的或对象，由大臣以图及奏折并呈的形式上呈皇帝说明事情原委，让皇帝一目了然。这也是中国独自发展起来的一种实用舆图形态。清朝地方政府官员进呈奏折中作为录副而被留置于军机处的舆图在《明清皇宫虎门秘档图录》中有大量体现，这些舆图有助于解决广东虎门地区历史研究中遗留的难解问题。例如：《新建靖远炮台图》（道光十九年正月十二日由两广总督邓廷桢进呈）、《虎门各炮台图说》（道光二十一年五月十二日由靖逆将军奕山进呈）、《虎门各炮台图》（道光二十四年正月初五日由两广总督祁𡎴进呈）、《虎门炮台屯田图》（道光二十四年三月初八日由广东巡抚程矞采进呈）。

国家图书馆的舆图主要收藏在善本特藏部舆图组，据 1997 年其所编《舆图要录》，大体可知收藏甚丰（6827 种中外古代舆图），覆盖面广泛，只是清代后期的舆图由官方所绘数量可观，而有明一代及清代前期绘制的舆图则相对数量不多（明代舆图及清朝初期顺治、康熙、雍正三朝绘制的舆图大多在民国时期南迁，今存台北“故宫博物院”；而民国时期原国立北平图书馆未能装箱南运的舆图现存于国家图书馆）。笔者多次到国家图书馆查阅，从中获得《虎门各炮台形势图》与《虎门各炮台形势总图》等少量珍贵舆图资料。不过，我们仍然可以通过当前已辑录出来的一些古代舆图集间接窥视全貌，如广州市规划局和广州市城市建设档案馆编《图说城市文脉——广州古今地图集》（2010 年），收录了部分国家图书馆所藏舆图：清初《广东沿海图》（绢底彩绘本长卷）、道光二十四年《虎门外海威远炮台图》（彩绘本）、光绪十年《广东海防图 · 广州省城海防图》（彩绘本）、光绪二十九年《广东省河六门缉私舆地全图》（石印本）等，不一一赘述。

大连图书馆也收藏一批珍贵的古地图，与广东海防主题相关的舆图亦有不少。例如：清初不晚于雍正九年《海口要隘水陆远近形胜全图》（彩绘本长卷）、光绪年间姚翰《广东六门缉私地舆图》（彩绘本）、光绪二十四年《广东省沿海图》（彩绘本长卷）、光绪二十三年姚翰《广东通省地舆总图》（彩绘本）、光绪二十五年至宣统三年间《广东图绘》（油墨彩绘）等。

有着区域优势的广东省档案馆、广东省立中山图书馆及广州市档案馆也藏有一定数量的与清代广东海防相关的舆图。例如：广东省档案馆所藏清后期《黄埔船澳图》（石印本）、光绪十八年《广东舆地全图》（纸本墨印，共 17 幅图）、光绪二十六年前《粤东省城图》（羊城澄天阁点石书局石印本）等，广东省立中山图书馆所藏清代同治九年《南海县全图》、光绪十四年《广东省城全图（陈氏书院地图）》（石印本）、光绪十八年《羊城山水形胜图》（彩绘纸本）、光绪二十年《香港附近图》（墨本）、光绪二十五年《广州湾图》，广州市档案馆、广东省立中山图书馆藏光绪三十三年德国人 F. Schnock 所绘《广东省城内外全图（河南附）》（石印本）等。

内地及香港地区部分高校和其他地方性博物馆、档案馆、图书馆等机构也有收藏一些明清时期舆图。例如：北京图书馆《（康熙）广东舆图》（《北京图书馆古籍珍本丛刊》，1988 年）、天津图书馆《水道寻往：天津图书馆藏清代舆图选》（中国人民大学出版社，2007 年）、北京大学图书馆《皇舆遐览：北京大学图书馆藏清代彩绘地图》（中国人民大学出版社，2008 年）、中国科学院图书馆《舆图指要：中国科学院图书馆藏中国古地图叙录》（中国地图出版社，2012 年）、江西图书馆藏清代李梦松编绘《广东全省总图》（不分卷）、香港海事博物馆藏清中期《广东沿海图》、香港科技大学藏咸丰七年《英法进攻广州示意图》（彩色绘本）、澳门旅游娱乐有限公司藏 1726 年《澳门全图》（铜刻版）等。其中，北京大学图书馆馆藏最为珍贵，如道光二十二年《广东海防形势图》与《虎门水面丈尺图》（均为纸本设色，折页），更为重要的是光绪十六年萨承钰《南北洋炮台图说》中遗失的《虎门威远炮台图说》系列（彩色手绘，6 幅）。

台湾地区数量最多的明清舆图收藏在台北“故宫博物院”，据其图书文献处统计，大约有 1170 件。这批舆图的主要构成是从清朝内阁大库红本中拣出的明清两代旧本舆图，其中又以明代及清朝初期绘制舆图居多，非常宝贵。2008 年以来，台北“故宫博物院”通过多次大型特展《笔画千里》（2008 年）、《河岳海疆》（2012 年）展出了院藏古舆图，包括一些罕见的精美明清舆图，如明代后期的《海图》及《广东省属各州府县地舆图说》（均为宫廷彩绘）、清同治年间的《高肇罗三属并广海寨图说》（纸本彩绘）。目前在台北“故宫博物院”的网站上，部分舆图可以进行数字化查询。此外，台湾“中央研究院”傅斯年图书馆收藏的舆图，虽然多数绘制时代不早于清朝中叶，但是也有一些世人难得一见的宫廷藏图。

流失海外的中国历史舆图为我们提供了丰富的实物资料。海外档案馆、图书馆、博物馆及私人收藏的中外文古代舆图不但内容本身有取之不尽的价值，而且随地图蕴藏的一些文字档案能够给我们提供和舆图有关但是又非舆图本身的信息资料，迄今仍是一块需要深入耕耘的学术重地。

二十多年来，李孝聪和华林甫两位历史地理学前辈，一直坚持不懈地寻访调查、搜集整理流散在海外图书馆、档案馆和博物馆的中文古代舆图，披露了众多从未被世人所知的海外中国古代舆图的收藏信息，如李孝聪《欧洲收藏部分中文古地图叙录》（1996 年）、《美国国会图书馆藏中文古地图叙录》（2004 年），华林甫《英国国家档案馆庋藏近代中文舆图》（2009 年）。这些信息引起海内外学术界的关注。需要说明的是，李孝聪教授所编上述两本《叙录》最大的贡献在于将欧洲及美国典藏的中文古代舆图做了调查整理，但限于当时条件，书中以文字介绍为主，书后附图不多，且图片不甚清晰，无法利用这些舆图进行深入研究。华林甫教授的这本舆图集相对来看使用和研究价值更大，可以看作大型的舆图册，这在当时并不多见。

英国国家档案馆（公共档案馆）收藏有大量中国古代舆图，通过这本厚重的舆图集，我们可以看到收藏舆图的概况。这批舆图的源头，原属清代两广总督、广东巡抚、水师提督等衙门的官方档案。第二次鸦片战争期间，英法联军攻占广州府城，总督府等衙门内的舆图连同档案均被英军掠走。因此，英国国家档案馆所收藏的这批舆图（72 种、125 幅）属于清代建制，其中涉及广东的有 59 种、112 幅。里面大多属于军事作战舆图，很多是 19 世纪 50 年代两广地区天地会洪兵起义及关于早期清军围攻太平天国的作战舆图，与广东海防军事相关的有 15 幅左右。

近五年来，中国台湾地区以林天人博士为首的台湾“中央研究院”团队先后对美国国会图书馆、英国大英图书馆所藏中国明清舆图进行整理并出版大型舆图册，内容更加丰富，舆图成像清晰，且基本实现了舆图数字化。

美国国会图书馆是目前除中国之外全世界典藏中国古代舆图数量最多的单位，主要保存在地图部（Geography & Maps Library）。馆藏有中国 15 万件中国地图（集），其中 1900 年以前的古代舆图和善本图集有 476 幅，这里面包括近代西方绘图师绘制的古代舆图。

林天人《皇舆搜览——美国国会图书馆所藏明清舆图》（2013 年）精选了其中明清古代舆图共 157 幅（卷），内容以国家疆域、政区变迁或军事驻防为主题，属官方所藏绘本居多；选择标准以馆藏舆图主题的学术性、舆图绘制技巧的精致或较罕见之舆图为主，为研究中国古代舆图的学者提供了一个丰富的资料库。该书中与广东海防军事相关的舆图有 10 幅左右。

英国伦敦大英图书馆馆藏中文古代舆图 200 幅（册）以上，分别保存在地图部（Map Library）、东方与印度事务部（Oriental & India Office

Collections）和写本部（Manuscripts Library）。其中除了19世纪来华人士的捐赠品外，还有100余幅是清朝嘉庆至道光初年江苏、浙江、福建、广东诸省官绘本军事营汛图，是两次鸦片战争期间侵华英军劫掠之物。例如：清嘉庆十六年（1811）后的《前山寨与澳门形势图》，是1841年2月26日英军攻占虎门要塞不久后在水师提督关天培卧房寻获。

林天人《方舆搜览——大英图书馆所藏中文历史地图》（2015年）精选了英国大英图书馆馆藏129幅（组）中文历史舆图。这些藏品大多为官方手稿绘本或地方进呈的舆图，刻印本较少。时间上集中在清代中期或晚期。内容上以军事营汛驻防、沿海炮台设置、海岸线深浅测定等主题为多，且大部分集中在长江海口、浙江沿海及广州、澳门地区。涉及广东海防军事的舆图有11幅左右。

更为可喜的是，最近些年，《广州大典》《清代稿钞本》两项大型古籍整理收录工作的开展，使得一些原来罕见或不多见的舆图文献浮出水面为世人所知。由广州市委宣传部及广东省文化厅（现文旅厅）组织编纂的《广州大典》耗费十年，编纂完成520册，是一个立足广州本地藏书，且从诸多海内外收藏机构及个人手中获得补充，旨在系统搜集整理、抢救保护广州文献典籍的大型地方文献书库。由桑兵教授主编的《清代稿钞本》目前已有八编，主要精选了广东省立中山图书馆、中山大学图书馆所藏清代“稿本”“钞本”“孤本”等珍稀文献。笔者遍检这两套大型丛书，发现了一些珍贵且难得的舆图文献资料，这为研究明清时期，尤其是清代的广东海防军事地理提供了许多有益的帮助。例如：《广州大典》所辑乾隆年间李梦松《广东全省总图》、同治年间刊刻的邹伯奇所绘《皇舆全图》（道光二十四年成图）、光绪年间佚名《粤省海防图说》与《广东全省经纬地舆图》、光绪二十三年张人骏《广东舆地全图》、宣统元年广东参谋处测绘科制图股编绘《广东舆地全图》、李准《广东水师国防要塞图说》、罗汝楠《中国近世舆地图说》、清末广东省舆图局编绘《广东全省舆图局饬发绘图章程》等；《清代稿钞本》所辑清代康熙年间陈良弼《水师辑要》、道光年间佚名《水师某将杂钞》、光绪年间佚名的《粤省海防图说》与《广东全省海图总说》等，不一一赘述。

这两部大型文献丛书中涉及的“舆图文献”，迄今除了主持整理进行过编目外，尚无人作过专门的研究，其中不少舆图文献是之前学界所不知乃至目前仍无学者研究使用的。例如：道光《水师某将杂钞》（有少量配图）、宣统《广东水师国防要塞图说》（图佚失）、光绪《粤省海防图说》（有图）、光绪《广东全省海图总说》（图佚失），加上中山大学图书馆一砚斋藏本《南北洋炮台图说》（图佚失，目前已找回部分）、暨南大学图书馆藏汉画轩钞本《虎门览胜》（无图）、中国南海研究院网站公布影印本《李准巡海记》（无图），以及国家图书馆舆图组所藏《虎门各炮台形势图》、《虎门各炮台形势总图》（地图册）等，这些都成为本书重点使用的新的舆图文献资料。

此外，据笔者不完全统计，最近三十多年来，还有一批学者对古舆图文献进行了辑录。例如：海军海洋测绘研究所和大连海运学院航海史研究室编制《新编郑和航海图集》（人民交通出版社，1988 年）、刘镇伟主编《中国古地图精选》（中国世界语出版社，1995 年）、阎平和孙果清编著《中华古地图集珍》（西安地图出版社，1995 年）、曹婉如等编《中国古代地图集》（明、清两代各一册，文物出版社，时间分别为 1995 年和 1997 年）、薛凤旋编著《香港发展地图集》（三联书店香港有限公司，2001 年）、王自强主编《明代舆图综录》（全 6 册，星球地图出版社，2007 年）、王自强主编《中国古地图辑录·广东省－海南省辑》（星球地图出版社，2010 年）、谭广濂《从圆方到经纬：香港与华南历史地图藏珍》（中华书局香港有限公司，2010 年），深圳市盐田区委宣传部与区图书馆于 2011 年举办的“中国古代海图展”（60 多幅精美古代海图），随后部分收录在梁二平《中国古代海洋地图举要》（海洋出版社，2011 年）及《败在海上：中国古代海战图解读》（生活·读书·新知三联书店，2016 年），等等。这些文献中均有一定数量的明清广东海防舆图，这里不再展开阐述。

特别需要提出的是，迄今为止，仍有不少珍贵的古舆图存放于海内外的收藏机构或由私人收藏，并未公开或辑录出版。这一方面需要学者继续留心挖掘发现，另一方面更需要收藏机构及收藏者的奉献精神。李孝聪教授曾多次在学术会议现场表达了这样的思想。过去将舆图视为档案之一种，担心向广大读者开放会有泄密之嫌，故而一向被图书、档案部门所持之以慎，使许多尘封多年的古旧舆图依然躺在档案馆内未能加以利用。重视档案收藏中的舆图，特别是向公众开放那些已经超过解密期的古旧舆图，经过整理与研究，使古旧舆图也成为一种开放的档案、成为一种能够持续利用的信息资源，是目前亟待从思想认识上予以放开，并付诸行动的时候了。从这个意义上来讲，搜集、整理、研究和利用海内外收藏的中国古旧舆图的工作还有待进一步开展。

笔者多次到国家图书馆也只能目睹极少量的珍贵舆图。例如，光绪十年（1884）王治所绘彩色舆图《广东海防图》一共有图3幅，即《广州省城海防图》《长洲海防图》《虎门海防图》。当前只能通过广州市规划局与广州市城市建设档案馆编《图说城市文脉——广州古今地图集》一书看到其中的一幅《广州省城海防图》。此外，书籍中的舆图由于与文字内容分别储藏，也不易见到，如该馆藏书《海口图说》《中国海军地理形势论》都附有大量舆图，其中，《海口图说》的书后原附有中国海口图。据悉，这些舆图为红白套印，详细标注了海口沙滩、潮汐、水道、隐险等地理形势，绘制极其精美，据相关考证，这些舆图集约绘于台湾设省后至甲午海战前。而铅印本的《中国海军地理形势论》也附有48幅图，形象展示文字描述内容，可惜因为某种原因而未能见到。事实上，随着舆图文献资料的解密公开，越来越多的信息将可以共享，我们研究得出的结论会更加趋于科学；同时，加快舆图数字化平台建设与共享，也会为我们的研究带来越来越多的方便。

二十余年以来，利用舆图研究海防问题已经引起一批学者的重视。例如，萧国健的《关城与炮台：明清两代广东海防》（1997年）一书，较早以图文并茂的形式对明清两代广东海防做了简单介绍（学术性稍嫌不足）。由鸦片战争博物馆主办的《明清海防研究》（集刊），从2007年创刊至2017年已经刊出十辑，是中国海防史研究成果较为集中的刊物，其中有不少是针对广东地区海防的研究，涉及少量舆图研究文章。此外，还有刘若芳的《清宫藏海防舆图与澳门》（载《档案学通讯》1999年第6期）、王树连的《明代的战备图》（载《地图》2004年第2期）、陈建平订正的《新发现的清代“广东水师海防图”》[载杨浪《地图的发现》（生活·读书·新知三联书店，2006年）]、史庆和等的《万里海防图——中国第一幅全海设防图》（载《环球军事》2007年第1期）、郭渊的《〈筹海图编〉与明代海防》（载《古代文明》2012 年第 3 期）、周鑫的《宣统元年石印本〈广东舆地全图〉之〈广东全省经纬度图〉考——晚清南海地图研究之一》（载《海洋史研究》（第 5 辑），社会科学文献出版社，2013 年）等。

值得关注的是，暨南大学郭声波教授及其指导的研究生于 2008—2010 年运用舆图文献尝试探讨了广东珠三角地区的一些海防问题，如《1560：让世界知道澳门——澳门始见于西方地图年代考》（载《文化杂志（澳门中文版）》第 68 期，2008 年季刊）、《明清文献舆图所载澳门周边岛屿名实演变研究》（载《澳门历史研究》2008 年第 7 期）、《明清东莞、新安县属珠江口东南部诸岛名实研究》（载《明清珠江三角洲东莞区域史国际学术研讨会资料汇编》，2008 年 8 月）、《明清文献舆图所载香山县属珠江口南部诸岛名实演变》（载《澳门文献整理研究暨数字化论集》，2008 年 8 月）、《政区变动、海防战略与明清老万山地名迁移》（载《澳门历史文化研究会第八届年会论文》，2009 年 9 月）、《明清时期广东中路海防地理研究》（2010 年博士学位论文）；2013 年以来，吴宏岐教授借助“环南海历史地理”平台亦指导研究生陆续做了一些关于明清广东海防的研究，如崔文超的《明代广东倭寇、海盗时空分布特征》（2015 年硕士学位论文）、伍海苏的《〈新译中国江海险要图志〉的海防地理史料价值研究》（2016 年硕士学位论文）、杨乐的《明代广东东路海防地理研究》（2017 年硕士学位论文）等。

如上，舆图文献作为研究海防军事地理的工具或视角虽已不是什么新鲜事物，在香港科技大学、暨南大学、华南师范大学、中山大学、河北师范大学、广东省社会科学院、东莞鸦片战争博物馆等一批高校、科研机构及文化教育机构都或多或少有些零星成果已陆续公布。

但遗憾的是，关于广东地区的海防乃至整个国家的海防研究在舆图资料运用方面仍是十分不足，主要局限于海防地理学领域。2006 年 8 月 4—6 日在澳门召开的“明清广东海运与海防国际学术研讨会”，就明清广东沿海的运输、贸易、海盗、广东海防系统的变化等问题做了较深入的探讨。该次学术研讨会在明清广东海防领域的研究成果较为集中，如陈忠烈的《明代粤西的海防》、霍启昌的《浅谈“澳门模式”与明清港澳地区海防》、陈春声的《明初潮州海防格局及其历史影响》等（以上均见 2008 年澳门大学出版的《明清广东海运与海防》）。2013 年 9 月 14—15 日由暨南大学历史地理研究中心与东莞鸦片战争博物馆共同举办了“环南海历史地理与海防建设论坛”。该论坛的一个主要议题就是探讨明清以来的海防建设问题，从不同角度对环南海地区尤其是广东地区的海防建设及相关地理认知进行深入讨论，如周正庆等的《明代广东沿海巡检司》、黄忠鑫的《明清时期海南巡检司地理探微》、唐立鹏的《首次鸦片战争与清海防方略之演进》、韩虎泰的《参将的设置与明代广东海防》、周孝雷的《明代广东的海防战船类型、分布与建造基地》、崔文超的《明代倭寇入侵广东的交通路线及据点研究》等。

这些成果只就广东海防的某一狭小区域做了探讨，或不成系统，难以还原大地理空间全貌；或内容分散，角度不同，特别是在针对广东海防从历史地理学古代舆图利用的角度进行系统深入的空间布局及军事形胜演变研究方面存在很大不足。更为重要的是，我们不难发现，当代海防研究成果大多集中在海防人物和海防思想、海防制度方面，而“海防地理”成为最薄弱的领域。2000 年左右，王宏斌先生正式提出了“海防地理学”的概念及研究的主要任务，但遗憾的是，直到今天，对地理环境、地理因素在海防中应用的专题研究即“海防地理”最为薄弱的格局仍未改变。这无疑坚定地传达了这样一个信息，即利用舆图文献从历史地理学角度来进行海防布局的时空演变研究仍是很好的视角，大有可为。

鲁延召

2021 年 8 月

目　　录

表 目 录

图 目 录

第一章　明清时期广东海门水道的地理形势

文献记载，“粤水道多歧，山海相通，盗贼易为出没”[①]，诚如美国人穆黛安所说的：“从海盗的角度来看，一条无数水道纵横交错、可以藏身其中的海岸线及其附近大大小小的岛屿所能提供的保护，乃是最为适宜的地理形势。”[②]广东海洋环境的这一重大特征，成为影响广东海防军事部署不能忽视的因素。本章着重从密切关乎海防的海门（海口）及其水道（航道）方面考察广东区域的沿海地理形势。

第一节　广东海门概述

“海门”，又称为“海口”，因其山地对峙，形势若门。晚清的《广东全省海图总说》对其概念有详细说明：

> 川渠达海之口，或屿岸对束之口，皆曰“门”。盖商舶之通衢，即兵轮之津要。门，所以关键出入。其为重地，可知是可审形筑台，安炮防守，兼伏电雷，阻塞船路，特其形势有二端，山岸陡束，崖石崚嶒，显然岩关，人所易见，至若滩津平旷，海水涨漫，广若大洋，实则海底沙碛淤淀，束为极狭，水槽炮弹所注，守门有准，亦谓之“门”，盖因势定名，此口门之大势也。[③]

---

① （清）屈大均：《广东新语》卷 18《舟语·战船》，北京：中华书局，1985 年，第 480 页。

② 〔美〕穆黛安：《华南海盗（1790—1810）》，刘平译，北京：中国社会科学出版社，1997 年，第 7 页。

③ （清）佚名：《广东全省海图总说·形势总说》，载《清代稿钞本（四编）》（第 191 册），广州：广东人民出版社，2012 年，第 6—7 页。

然而，海中之“门”，有大小之别，与行船水道有密切的关系。“海岛丛杂，船行群岛间，海面宽阔者则曰‘某路’，束狭者则曰‘某门’”，其目的在于“分别指南详识夷险”。①

关于明清时期广东海门的较早记载，要追溯到明末清初屈大均所作的《广东新语》及日后郑昌时的《韩江闻见录》、范端昂的《粤中见闻》，一共记载了 32 个“海门”。据文献记载，这些海门使得广东的海门数量在明清之际成为全国之最，且主要集中于广州府辖境，也就是广东的海防中路区域（表 1-1）。②

表 1-1　明清之际广东省“海门”区划 单位：个

府县	海门	数量	备注
潮州府澄海县	水吼	1	属东路，归柘林水寨巡守
潮州府潮阳县	河渡	1	属东路，归柘林水寨巡守
惠州府惠来县	甲子	1	属东路，归碣石水寨巡守
广州府东莞县	虎（头）门、三门	2	属中路，归南头水寨巡守
广州府新安县	南亭、鸡踏、小三门、屯门、急水、中门、鲤鱼、双箸（双筋）、南佛堂、北佛堂	10	属中路，归南头水寨巡守
广州府香山县	虎跳、鸡蹄（鸡啼）、东洲、金星、上十字、下十字、马骝、黄麖	8	属中路，归南头水寨巡守
广州府顺德县	黄杨	1	属中路，归南头水寨巡守
广州府新会县	崖门、松柏	2	属中路，归南头水寨巡守
广州府新宁县	大金、小金、寨门、官门	4	属中路，归南头水寨巡守
高州府吴川县	限门	1	属中路，归限门水寨巡守
雷州府海康县	白鸽	1	属中路，归白鸽水寨巡守

① （清）佚名：《广东全省海图总说·中路图说》，载《清代稿钞本（四编）》（第 191 册），广州：广东人民出版社，2012 年，第 53 页。

② 详见（清）屈大均：《广东新语》卷 2《地语·海门》，北京：中华书局，1985 年，第 33 页；（清）郑昌时著，吴二持校注：《韩江闻见录》卷 6《海防》，上海：上海古籍出版社，1995 年，第 198 页；（清）范端昂撰，汤志岳校注《粤中见闻》卷 12《地部九》，广州：广东高等教育出版社，1988 年，第 129 页。从后面两书的表述来看，应是受前书的影响。从其后文“三路海门，东起潮州，西尽廉州，南尽琼、崖，皆有水寨以守”及具体的六寨表述，当是明代的军事布局。因此，该 32 个广东海门实际上仍是明代中后期的认知，清初继承了这一提法，未有创新。

清中叶以后，尤其是光绪年间，随着人们对海洋地理知识的扩充与实践，文献对广东海门的记载也更加准确与详细。

广东一省，海门众多，其中最大的海门是广州（海）口。丁开嶂在其《中国海军地理形势论》中称："广州口，南海最大之海口也。口门岛屿罗列，水道深阔，据三江之汇流，当海岸之要害，非特广东全省门户所系，亦中国南面门户所系也。"广州海门的地理环境非常复杂。"香港扼口门之东，英人所盘踞也，此处为广东东路咽喉，中外兵商轮船来往福建、上海者皆取道于此，最为要害。北为九龙港，九龙西即尖沙嘴（咀）林文忠公剿夷处。西与香港对峙者曰澳门，葡萄牙人所割据也。澳门南有横琴岛，岛东为停泊善处，澳门东南香港，西南岛屿稍著者为老万山，山南为外洋，北为内洋，水深浪阔，大轮船由此直抵广州城，下为入广州海口之正路。香港、澳门适扼其左右，卧榻之侧，他人鼾睡，势最危险。中间扼要之地则有虎门，洋面为之一束，为第一重门户。道光年，我兵击退法国孟加拉兵舰处也，其左右前后均有炮台，敌船飞越，良不易也。再上至黄埔为第二重门户，亦设炮台防守，再上遂抵省治。"[①]

可见，由于香港、澳门分别在广州海门东西两侧，虎门及黄埔又属于广州海门中间的关键门户，广州海门在广东海防全局中有着不可替代的地位，即护卫省城海权。

其实，文献所说的这个广州海门只是个大概范围，是从广州省城出发，乘省河水道途径黄埔、莲花山、虎门、龙穴洲、内伶仃洋岛至老万山一带，相当于今天伶仃洋区域的中心部分。清代林福祥其在《平海心筹》一书提到由"零丁洋入虎门，是为省河东路"，由"澳门入香山，是为省河西路"。[②]这里的"省河东路"大体与广州海门相符。

广州海门固然重要，但稍加拓展，我们不难发现，以广州为首的珠江三角洲河网区自西、北江下游的思贤滘、东江下游的石龙开始，区内多深水大河，水道纵横交错，自东而西分别由虎门、蕉门、横门、磨刀门、鸡啼门、虎跳门、崖门等汇入大海，港口极多。这在一些文献中留下"东三

① （清）丁开嶂：《中国海军地理形势论》第 49 款《广州海口》，民国元年北洋公报局铅印本，第 47 页。

② （清）林福祥：《平海心筹·论抚绥澳门西洋夷人》，载杨家骆主编：《鸦片战争文献汇编》（第 4 册），台北：鼎文书局，1973 年，第 597 页。

门”与“西三门”之说。

如《广东全省海图总说·中路图说》：“入内地之口曰虎门、蕉门、横门，是为东三门，曰桅夹门（即磨刀门之外口）、虎跳门、崖门，是为西三门，亦号广防六门。”①

又如《广东水师国防要塞图说·广东六门水道图说》：“广东中路水道有六门，曰：虎门、蕉门、横门、磨刀门、虎跳门、崖门。极冲要曰虎门，余则次冲，设防皆不容缓，特形势有险易，水道有广狭，潮汐有深浅，与轮船大小入口难易之不同。而设防配备因之有等差，虎门、蕉门、横门为东三门，系广东省城第一重门户。”②

由此可见，“虎门”“蕉门”“横门”为东三门，“磨刀门”“虎跳门”“崖门”为西三门，这在清代光绪年间已产生共识，且虎门作为唯一“极冲”之地，是广东中路六大海门中最为重要的。也正是由于“虎门”的存在，其所属广州海门历代被视为岭南出入之门户，“现今尤为敌入我粤东之紧要咽喉，设防所以宜急也”。③

广州海门之外的其余水道甚多，皆有炮台扼守。“一路自横门入，可达香山、顺德，惟口门水浅，大轮船只到口外，中等轮船可驶入口，其间炮台林立，形势甚张。一路自磨刀门入，可达西江，上流亦名宽水道，能行中等轮船，口门亦有东西二炮台。一路自虎跳门入，亦达西江上流，其间水浅，小轮船方能入口，口门亦有炮台扼其东西。一路自崖门入，自宋末张世杰与张宏范之战处也，亦达西江上流，大轮船能到口外，中等轮船可驶入口内，口门亦有东西炮台，崖山岛在此路之侧，宋末帝昺所居处也。”④

下面，笔者将通过舆图文献记载，拟从五个方面来对广东海门及其水道进行分类阐述。

---

①（清）佚名：《广东全省海图总说·中路图说》，载《清代稿钞本（四编）》（第191册），广州：广东人民出版社，2012年，第44页。

②（清）李准：《广东水师国防要塞图说·广东六门水道图说》，载《广州大典》第37辑，史部政书类，第26册，广州：广州出版社，2015年，第843页。

③（清）丁开嶂：《中国海军地理形势论》第49款《广州海口》，民国元年北洋公报局铅印本，第48页。

④（清）丁开嶂：《中国海军地理形势论》第49款《广州海口》，民国元年北洋公报局铅印本，第48页。

第二节 广州海门及其主航道

如上文所说，广州海门及其水道主要是指从广州省城出发，乘省河水道途径黄埔、莲花山、虎门，并出龙穴洲、内伶仃洋岛，可以南至老万山一带，东到香港一带，西到澳门一带，相当于今天伶仃洋区域的中心部分，亦可以理解为广州“东三门”中“虎门”及其水道的南北延伸。参考清末李准所著《广东水师国防要塞图说》可以分为四段，较为合理。

一、广东省河至黄埔区域水道

广东省城的海防当从“省城前路”水道开始，光绪《广东全省海图总说》对此有论述，其大致分为三路：“一为潭洲河，其溜分出蕉门、横门，北江之下游也。一为珠江，其溜专向虎门，东江之汇道也。一为仰船、木头等支海，其溜出横门，西江之分派也”；“以县境言之，南海居西北，总摄两江上游，番禺居东北，辖珠江全水道，顺德当其南，扼两江各支渠之口”。[①]这是总体形势。其中“专向虎门”的珠江一路当为防御重点，也是广州海门及其水道的核心所在。该路珠江之水，自南海县白鹅潭又可分为南北两支，“一向省城而东，过黄埔与南支合，又折而南对大缆口注狮子洋，是为珠江北支；一东南迳大黄滘（滘）口过沥滘、新造，而北绕常洲（一名长洲）与北支合，是为珠江南支”[②]。南北两支最后合流于黄埔的长洲，会合之口号为极冲，这也是继虎门第一要隘之外的广东省防“第二要隘”。

需要注意的是，珠江南北两支水道，形势不同，“北支自猎德汛以下节经填阻，水浅多淤，黄埔、新洲迆西水深不满三拓，北岸为登陆趋省之通衢，其巡守重在陆道，南支水深常在二丈外，商舶停埠直达会垣，而陆路涌港纷杂纡（迂）回间阻，其巡守重在水道”[③]。可见，南北两支水道

---

① （清）佚名：《广东全省海图总说·中路分图说》，载《清代稿钞本（四编）》（第191册），广州：广东人民出版社，2012年，第124页。

② （清）佚名：《广东全省海图总说·中路图说》，载《清代稿钞本（四编）》（第191册），广州：广东人民出版社，2012年，第70—71页。

③ （清）佚名：《广东全省海图总说·中路图说》，载《清代稿钞本（四编）》（第191册），广州：广东人民出版社，2012年，第76—77页。

的防御重点因形势不同而有重大差异。水陆筹防取判于此，由于珠江南路这一支重在水道防御，所以在珠江南支口岸始终有“鳌洲旧南炮台”“凤凰冈旧炮台”“大黄滘新修明炮台”扼守。作为珠江北路这一支，清中前期也伴有“仑头汛炮台”“猎德炮台”“中流沙炮台”守护口岸，但清光绪后除了“中流沙炮台”守卫北流险要之处“中流沙”之外[①]，其余两台逐渐废弃，这也是缘于大船不能入，巡守重在陆道之故。

更为重要的是，珠江南支水道有“南石头”。南石头在南流江心，属广州府南海县，军事上东岸归水师提标右营管辖，西岸归顺德协营管辖。从形胜上来看“河面宽一百六十丈，深十六尺，大潮高约六尺余，大轮船可到，又南通顺德、香山等处”，为“东三门”与“西三门”，即虎门、横门、崖门、磨刀门、虎跳门、蕉门诸河入省之总汇地。清末在此仍驻防有缉捕兵轮“西兴”“报捷”二号，并有“广安水军前营中路巡防队”一营。[②]

二、广东黄埔至莲花山区域水道

黄埔至莲花山，属于“省城后路”水道，其中最冲要之地是“长洲”，位于黄埔之尾，介珠江南、北二支合流之中。与沙路、鱼珠隔岸相望，由狮子洋入省河者必取道于此，是为广东省虎门以内又一门户。《广东水师国防要塞图说》记载：“河面宽二百七十余丈，水深三十尺至四十尺不等，大潮高六尺有奇，极大轮船可到，炮台林立，船坞、水雷各局悉在其间，属广州府番禺县，归水师提标中营管辖，两岸有沙路、鱼珠、牛山等炮台，均扼险要。牛山在下游北岸，为长洲鱼珠、沙路等台前面屏蔽，牛山下曰乌涌，道路四达，昔英人入粤由乌涌登岸，南循猎德河滨，北抵燕塘山麓，直至省城东门，尤为水、陆通衢，宜加防守。驻防有缉捕兵轮‘广亨’‘西山’‘同济’三号，暨广安水军后营中路巡防队一营。”[③]该段记述清晰明了，由于极大轮船可到，军事防御上可谓炮台林立，并设有船坞和水雷局，尤其是清末驻防有限的情况下，该

---

① “中流沙”在清末时仍有中等轮船通达，据《广东水师国防要塞图说》记载此处驻防有“安禺”“广乾”二只兵轮以及“广安水军后营中路巡防队”一营。

② （清）李准：《广东水师国防要塞图说·广东省河至黄埔图说》，载《广州大典》第 37 辑，史部政书类，第 26 册，广州：广州出版社，2015 年，第 846 页。

③ （清）李准：《广东水师国防要塞图说·广东黄埔至莲花山图说》，载《广州大典》第 37 辑，史部政书类，第 26 册，广州：广州出版社，2015 年，第 846 页上。

区域水道有三只兵轮防御，与其他水道的军事驻防相比，投入确实较大。

光绪年间佚名之作《广东全省海图总说·中路分图说》中对“黄埔至莲花山”这段水道运用大量笔墨（2520字）进行了描述。原因在其所说“惟黄埔山最当珠江之冲，举凡通商、学艺、筹防、造船中外相涉之事，咸集于此。水道日习，进驶益便。近年整饬防务，设桥栅，筑炮台，严密审固于珠江诸口岸，尤慭慭筹测，用备不虞，其形势建置各条，谨附图具说”①。虽然书中舆图遗失，只留下图说，仍能从中窥视一二。该图说将“黄埔至莲花山”水道分为“琶洲水道”“常洲（长洲）水道”“沙路水道”“鱼山水道”“南亭水道”五个部分，反映了该区域珠江流水与岛屿密切复杂的自然环境，也为其军事驻防增加了难度。

三、广东莲花山至虎门区域水道

莲花山在狮子洋之西，下游以虎门为捍卫，洋面宽深，兵轮可行，为入省河必由之道。该区域水道有自康熙三年（1664）在莲花山设防的莲花城。“莲花山屹峙海右，山石赭赤，形如狮虎，其下大海为狮子洋，其顶有塔（名莲花塔，亦名蚝墩塔），塔北有旧垣垒，长方形，俗称莲花城。”②

此外，该区域的西南角有蕉门水道，会对广东莲花山至虎门区域水道构成潜在威胁，需要加以防守。原因在于，明清时期的蕉门不仅是从省城经过香山进入澳门的重要航道之一，也曾是绕道虎门之后进入狮子洋的重要水道。

文献记载：“查本境所属虎门海口之大角、上下横档、南北巩固、大虎等炮台乃粤省门户，为商夷船出入之区，最关扼要，其次则蕉门一台，亦为海口扼要之所。”③由蕉门深水沥入口，可以“绕出大虎山后，历八塘尾以入狮子洋”④。

---

①（清）佚名：《广东全省海图总说·中路分图说》，载《清代稿钞本（四编）》（第191册），广州：广东人民出版社，2012年，第158页。

②（清）佚名：《广东全省海图总说·沙路水道》，载《清代稿钞本（四编）》（第191册），广州：广东人民出版社，2012年，第171页。

③（清）佚名：《粤省海防图说》，载《广州大典》第37辑，史部政书类，第27册，广州：广州出版社，2015年，第49页。

④（清）张之洞：《广东海图说·蕉门》，载《中国边疆史志集成·海疆史志》（第24册），北京：全国图书馆文献缩微复制中心，2005年，第132页。

道光二十二年（1842）的一幅舆图《广东海防形势图》（图 1-1）对这一区域中蕉门的位置及与绕道大小虎山的水道有清晰的绘制，该图左下角为蕉门及其水道（图 1-2）。

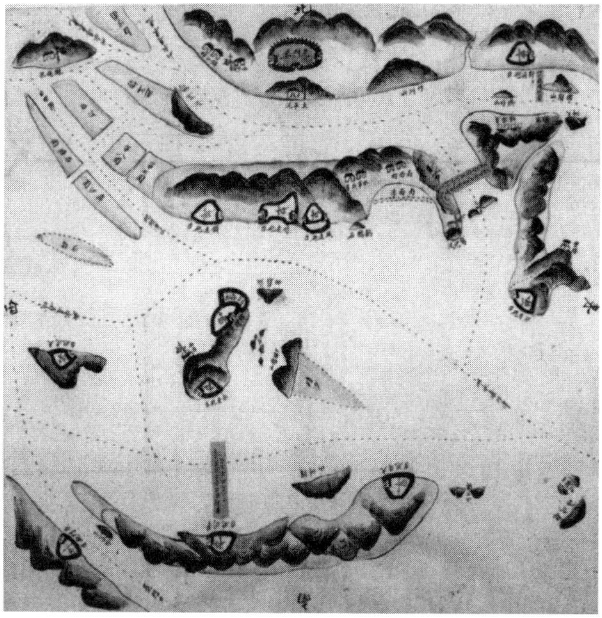

图 1-1 《广东海防形势图》

资料来源：北京大学图书馆编：《皇舆遐览：北京大学图书馆藏清代彩绘地图》，北京：中国人民大学出版社，2008 年，第 283 页

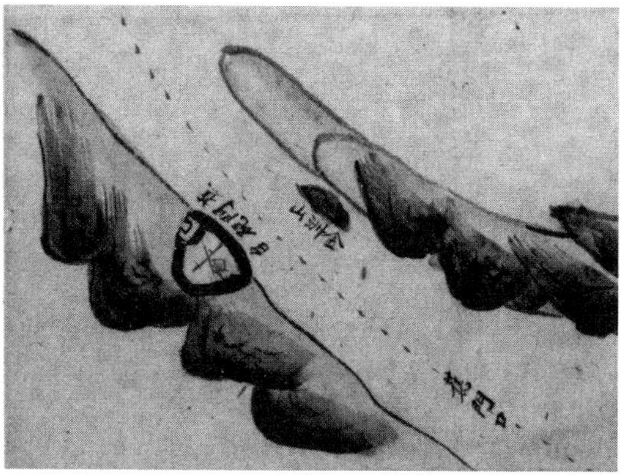

图 1-2 《广东海防形势图》（蕉门局部放大）

因此，在广东莲花山至虎门区域水道设防时，不得不考虑对蕉门巡防。例如，道光年间，设千总一员对大虎山炮台进行管防的同时，另外添设额外外委二员管驾，以“巡缉大小虎、蕉门一带洋面”①。清末宣统年间，“驻防有缉捕兵轮‘雷坎’‘安济’二号，暨中路巡防队一营”②。

四、广东虎门至龙穴洲区域水道

虎门至龙穴洲段水道有两个重要节点：一个是虎门，一个是龙穴洲。

先从虎门来看，其行政归属广州府东莞县，军事归广东水师（晚清亦称广东海军）提标中营管辖。如文献描述“西北距省城水道一百一十余里，东北距虎门寨城及太平墟陆路十余里。大虎山北海面一千八百五十丈，至深处六丈，其南海面宽约一千零四十丈，水深处五丈有奇，小潮高二尺余，大潮高五尺余，海面辽阔，船行经东西两道沙线，迂回沙角外。正南有舢版洲、龙穴各岛，且海心有暗礁，轮船过此须驶近岸”③。

此处提到龙穴各岛“海心有暗礁，轮船过此须驶近岸”。龙穴洲，又名“龙穴山”，行政区划上归东莞、新安、香山三县属（图 1-3）。嘉庆二十年（1815），官方在龙穴山山顶“以罗盘分定界址”，具体划分海防军事管辖区，这在清代某一佚名水师将军的日记中有明确记述：“（广东水师提标）右营与香山右营以‘戌’字为界，北属右营，南属香山。一本标左营与香协左营以龙穴东南二水支流，直至伶仃山为界，东属左营，西属香山。一伶仃山系香山、新安二县分界，东属新安县及左营，西属香山县香协左营。”④

---

① （清）佚名：《水师某将杂钞》，载《清代稿钞本（五编）》（第 249 册），广州：广东人民出版社，2013 年，第 424 页。

② （清）李准：《广东水师国防要塞图说·广东莲花山至虎门图说》，载《广州大典》第 37 辑，史部政书类，第 26 册，广州：广州出版社，2015 年，第 845 页下—846 页上。

③ （清）李准：《广东水师国防要塞图说·广东虎门至龙穴图说》，载《广州大典》第 37 辑，史部政书类，第 26 册，广州：广州出版社，2015 年，第 845 页下。

④ （清）佚名：《水师某将杂钞》，载《清代稿钞本（五编）》（第 249 册），广州：广东人民出版社，2013 年，第 443 页。

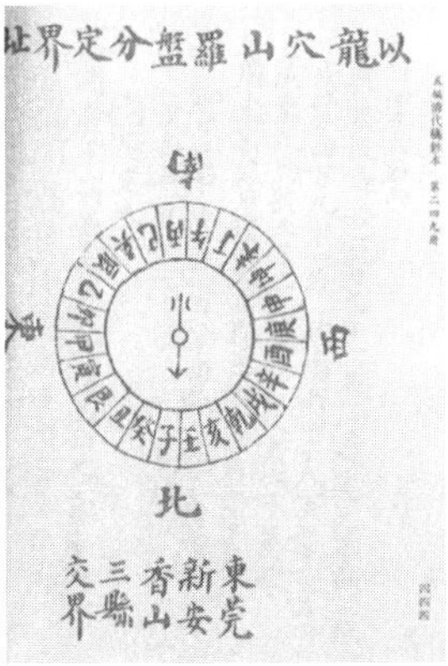

图 1-3 《以龙穴山罗盘分定界址图》

资料来源：（清）佚名：《水师某将杂钞》，《清代稿钞本（五编）》（第 249 册），广州：广东人民出版社，2013 年，第 444 页

晚清萨承钰在调研炮台的专题报告中不仅印证了水道行船路过龙穴洲“须驶近岸”的事实，并进一步指出“龙穴洲”在该段航道中其实对香港及澳门行船路线有着很大影响：“虎门大虎山，在粤东省城南百八十里。由虎门出口数里，滨海东有一山，曰沙角，与大角对峙，两岸相距约十里，海中有二岛，曰海心岗，曰龙穴，迤西一岸，近因沙壅成洲，船不能行，不独香港来船，必绕龙穴迤东而走。即澳门来船，向由大角进口者，亦西绕而东。”[①]

阅览光绪《广东全省海图总说》：“虎门，自大、小虎山而下，海中常有山岛，屹耸当流，水旋沙洄，壅岛成亘。其沙亘，必近岛渐浅，远岛渐深，淤为陂界，两头狭窄，形类果核，顺水溜。自西北向东南，内为横档二山一处，外为舢舨洲一处、龙穴一处，又外为伶仃一处，沙势悉相同。亘界外得潮溜、通槽两道，一向东南偏南，近横档、舢板、龙穴、伶仃东面而下者，为省城至香港之道；一向南东南，迳横档、舢板西、龙穴东，又向南偏东，迳伶仃西面而下者，为省城至澳门之道，皆分于大虎山东北，而总于狮子洋。”[②]依其所记，自大虎门东北分行，沿着横档、

① （清）萨承钰：《南北洋炮台图说》卷 7《广东省城至虎门口及琼廉潮各府州海口炮台图说》，中山大学图书馆一砚斋藏本影印本，2008 年，第 177 页。

② （清）佚名：《广东全省海图总说 · 中路图说》，载《清代稿钞本（四编）》（第 191 册），广州：广东人民出版社，2012 年，第 68—69 页。

舢板、龙穴、伶仃诸岛的东西两侧不同航向，为省城至香港与省城至澳门的水道细分，但东绕龙穴洲则是两方向水道的共同点，而水道的分歧在于横档、舢板及内伶仃这些岛屿的东西两侧。这也大致指出了行船经由“虎门至龙穴洲”段水道后最终的两个东（香港）、西（澳门）方向。

值得注意的是，清嘉庆二十二年（1817）前后的《广州至澳门水道图》（图 1-4）描述了起自广州府省城至澳门珠江口岸东西两侧的水道路线。图中右侧两处说明，分别叙述东、西两路水道，其中东路水道（图 1-5）记述为：“东炮台至沙河八里，沙河至猎德十里，猎德至东保二十里，东保至石江十里，石江至乌涌十里，乌涌至白沙十里，白沙至墩头十里，墩头至虎门六十里，虎门至淇澳八十里，淇澳至九洲六十里，九洲至澳门四十里。在东海去里数三百一十八里。”这大致给出了起至自东炮台至澳门，沿线为东炮台—沙河—猎德—东保—石江—乌涌—白沙—墩头—虎门—淇澳—九洲—澳门的 318 里航道。而虎门至淇澳这段八十里航道，主要包括了虎门至龙穴洲段水道。

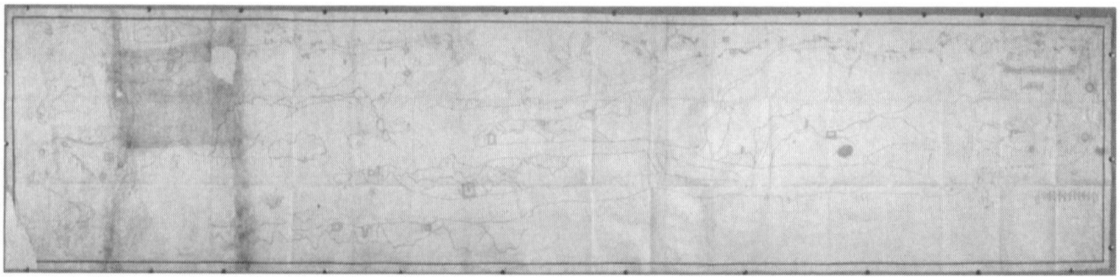

图 1-4　《广州至澳门水道图》

资料来源：该图现为英国大英图书馆珍藏，并收录于台北林天人教授所辑《方舆搜览——大英图书馆所藏中文历史地图》（台北：台湾“中央研究院”台湾史研究所、台湾“中央研究院”数位文化中心，2015 年）一书第 308—311 页

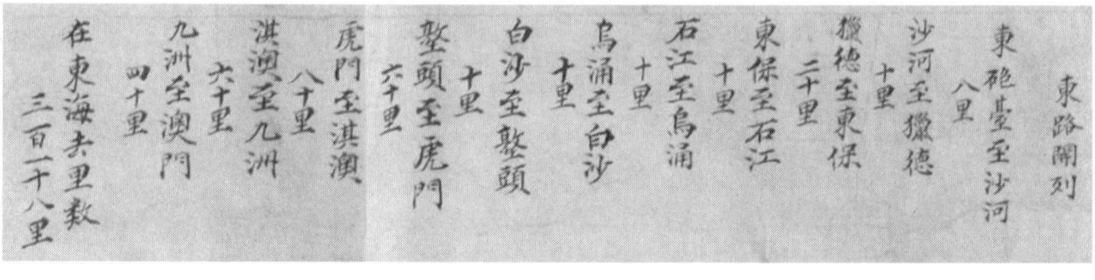

图 1-5　《广州至澳门水道图》（文字局部放大）

《广州至澳门水道图》似乎不仅为水道交通图，而且兼有布防军事作用的功能，图中特别侧重炮台分布的描绘（图 1-6）。在虎门至龙穴洲段水道中，曾经设置了大量炮台，“东北岸设有沙角、威远等炮台，西南岸设有大角、蒲洲等炮台，海心设有上下横档等炮台，各炮台联络扼守，最关紧要，为粤省头重门户”[①]。这些炮台早在道光时期就已经形成了护卫省城的“四重防御”中的前三层。道光时期，两广总督阮元奏称：“沙角以外为外洋，虎门以内为内洋。自虎门至黄埔皆系深水，自黄埔至省城渐入浅水。其间以沙角炮台为第一重门户，镇远横档炮台为第二重门户，大虎炮台为第三重门户，省东之猎德，省西之大黄（滘）炮台为第四重门户。”[②]晚至清末宣统年间，附近仍有军事重防，“虎门寨城驻防有缉捕兵轮‘安平’‘雷兑’二号。又沙角驻新军一营，虎门寨驻工程队一营”[③]。

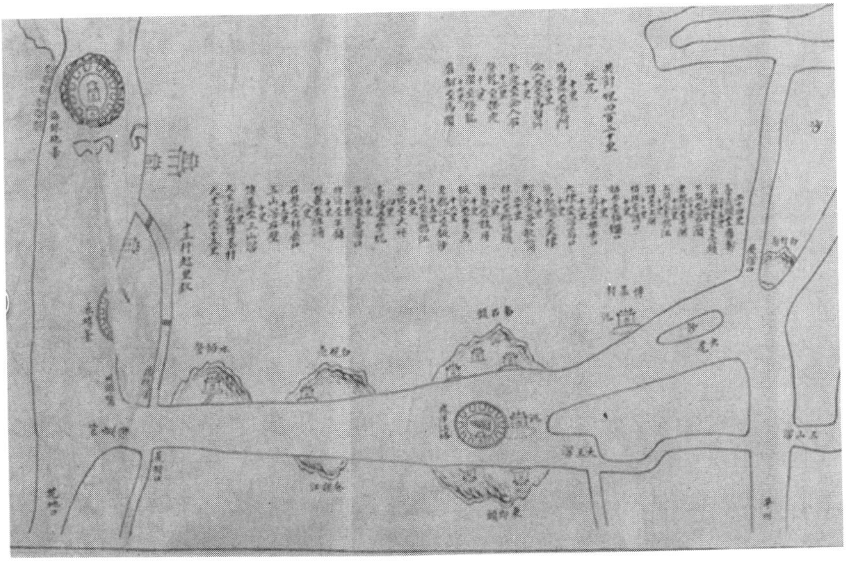

图 1-6　《广州至澳门水道图》（局部放大）

①③ （清）李准：《广东水师国防要塞图说·广东虎门至龙穴图说》，载《广州大典》第 37 辑，史部政书类，第 26 册，广州：广州出版社，2015 年，第 845 页下。

② 《两广总督阮元密奏预防英吉利事宜折》，载中山市档案局（馆）、中国第一历史档案馆编：《香山明清档案辑录》，上海：上海古籍出版社，2006 年，第 78 页。

第三节　东三门水道

一、虎（头）门水道

“虎门”之名直接来源于“大虎山”和“小虎山”或“虎头山”（又称为“壶头山”“秀山”）①，“相次如虎踞之状”②。作为进出珠江省城主航道的“极冲”之地，虎门行政归属广州东莞县，军事归水师提标中营管辖。

关于虎门的记述较多，如《洋防说略》说道：虎门以横档为中流砥柱，西依南沙山，东靠南山，形势天然。虎门之西南有沙角，东南有大角，两山对峙，实为岭海门户。“又进而为虎门，距省城百八十里，水当深流，并关紧要。又进而鱼珠、常洲（长洲），两岸相距约四十五丈，山形包裹水势，潆回上下，与黄埔乌涌互据形势。亦为紧要门户。”③

关于虎门的范畴与防御，“自大、小虎山以外至龙穴（俗名海心冈，高出水面百尺）、舢版洲（亦名三版洲）上下三十余里，通称虎门（或以亚娘鞋角与大角头为虎门），其束狭之口则有三重，外口总地名左为沙角，右为大角，中口东为蛇头湾，中为横档，内口则大、小虎山也。潮汐吞吐，溜势湍急，中洪仄近，左岸沙角诸台最当其冲”④。

“沙角、大角为前路，蛇头湾、芦湾山为中路，大虎山为后路。由外海入内河者，必道于此，是为粤省头重门户，江心有上下横档二沙，与东西两山联络，正当轮船来路，足资扼守，最关紧要。”⑤

清末宣统最后一任广东水师提督李准记载：“（虎门）西北距省城水道一

---

① 嘉靖《广州志》（残本）卷 12《山川二》，载《广东历代方志集成·广州府部》，广州：岭南美术出版社，2007 年，第 297 页上；嘉靖《香山县志》卷 1《风土志》，载《日本藏中国罕见地方志丛刊》，北京：书目文献出版社，1991 年，第 300 页上。

② 《天顺东莞旧志》卷 1《山川》，载张一兵校点：《深圳旧志三种》，深圳：海天出版社，2006 年，第 48 页。

③ （清）徐家幹：《洋防说略》卷上，载《中国边疆史志集成·海疆史志》（第 23 册），北京：全国图书馆文献缩微复制中心，2005 年，第 284—285 页。

④ （清）佚名：《广东全省海图总说·虎门水道》，载《清代稿钞本（四编）》（第 191 册），广州：广东人民出版社，2012 年，第 177—178 页。

⑤ （清）张之洞：《广东海图说·虎门》，载《中国边疆史志集成·海疆史志》（第 24 册），北京：全国图书馆文献缩微复制中心，2005 年，第 127 页。

百一十余里，西距蕉门十五里，西南距横门四十里，内通西北东三江，洋面一千余丈，深四丈至十丈不等。航路最为宽深，头等大轮船可到，最关紧要。沙角、大角各炮台设防于前，威远、上下横档各炮台扼要于后。虎门寨驻水师提督一员，中军参将、守备各一员，沙角驻新军一营，虎门寨驻工程队一营，水提亲军一营，盖东三门为广州第一重户，虎门又为东三门最关键也。”①

由上可见，大家在虎门的重要性及详细记述程度上有共同认知。此外，《中国江海险要图志》一书从西方人航海的视角详细地审视了虎门水道的地理形势。

虎门水道，又称“矾石水道”。自内伶仃岛到虎门之间到处都有浅沙，并常有变化，须有引水较为便利。虎门海口，昼潮高十六七尺，夜潮高十五六尺。高潮漫溢，利于行舟。珠江入口位于大角头与川鼻角相对处，又有横档岛以隔之，分为两条水道。依靠引水员导引，吃水深 17—23 英尺之大船，顺东水道可以到达黄浦；吃水深 10—11 英尺之船，可以到达广州。“若炮船，若快炮，皆可上登此水，至广东内江各港湾以上数迷当之远。”西水道在横档之西，“深五拓半至十拓不等，当一千八百四十一年，英海军全队，即由此而进”。②得富石位于北横档之东尽处。高 18 英尺，周围水深 7—9 拓。“凡船欲过此石之东，当守定三版（板）洲，开展穿入北横档之东尽处，方可。”大虎山位于北横档之西北 1.75 海里处，高 400 余英尺，皆顽石磊落。其北面有沙滩数海里。倍得石在大虎山之北，高 14 英尺，周围水深 10 拓。“欲渡其外，或出之石东北，当由大虎与北横档开展处东滨而行。”道令岛在大虎山东北三分之一海里处，“此岛自一千八百四十年测量后，其西渐长渐高，成为岛屿。其上亦生杂树，帆船过此，从虎门水道乘风转舵而进。若大船重载，则宜待潮。大虎与道令浅沙之潮甚猛”。③

① （清）李准：《广东水师国防要塞图说·广东六门水道图说》，载《广州大典》第 37 辑，史部政书类，第 26 册，广州：广州出版社，2015 年，第 843 页下—844 页上。

② 〔英〕伯特利主编：《中国江海险要图志》卷 5，（清）陈寿彭译，载《中国边疆史志集成·海疆史志》（第 33 册），北京：全国图书馆文献缩微复制中心，2005 年，第 200-201 页。

③ 〔英〕伯特利主编：《中国江海险要图志》卷 5，（清）陈寿彭译，载《中国边疆史志集成·海疆史志》（第 33 册），北京：全国图书馆文献缩微复制中心，2005 年，第 201—202 页。

事实上，历史上发生在虎门的战例有很多。明洪武初，廖永忠由海道取广东，师至龙潭，得海舟五百余艘，进次虎头门。崇祯十年（1637），英吉利人始由虎门迫近广州。清嘉庆十三年（1808），英人以违抗封舱，率兵船入虎门，数月退去。道光二十一年（1841）、咸丰六年（1856），广东省城有警，英法各国兵船皆由虎门进入。[①]这是晚清张之洞站在军事家的立场上观察虎门水道曾经发生过的战争，为海防军队的部署和设施的改造与利用提供历史的依据。

需要注意的是，虎门的防御不仅最为关键，难度也是最大的。主要表现在两个方面：其一，虎门海口又宽又深，大型战舰可以通达，“非有炮台、水雷、兵轮三者相辅，不足言固”[②]。其二，条件允许，敌舰可以突然从东三门中的横门和蕉门绕过虎门主航道。

二、蕉门水道

蕉门水道两侧的“东金洲山，为东莞属；西黄角山，香山属；中一水道，黝然而深，以划两县之界”[③]。军事上归广东水师提标右营管辖。地理位置上，其控制着从顺德县境流入香山县的四条珠江支流中最北方的一支。“顺德县南境之潭洲河与北境之陈村河下游支分络贯入香山县界，分四派，总汇于南沙山（即大角山岛）之南。出大洋最北一派口名蕉门。”[④]

明清时期的蕉门是从省城经过香山进入澳门的重要航道之一，自黄埔“入香山县境，经左口汛过蕉门海口，复过横洲海口，经涌口门、企人石、吉大汛、望厦汛至澳门二百里”[⑤]。

蕉门也曾是绕道虎门之后进入狮子洋的重要水道。乾隆年间，虽然“蕉

---

① （清）张之洞：《广东海图说·虎门》，载《中国边疆史志集成·海疆史志》（第24册），北京：全国图书馆文献缩微复制中心，2005年，第129页。

② （清）张之洞：《广东海图说·总叙》，载《中国边疆史志集成·海疆史志》（第24册），北京：全国图书馆文献缩微复制中心，2005年，第115页。

③ （清）仲振履：《虎门览胜》卷上，暨南大学图书馆藏汉画轩钞本，第14页下。

④ （清）佚名：《广东全省海图总说·蕉门水道》，载《清代稿钞本（四编）》（第191册），广州：广东人民出版社，2012年，第200—201页。

⑤ （清）徐家幹：《洋防说略》卷上，载《中国边疆史志集成·海疆史志》（第23册），北京：全国图书馆文献缩微复制中心，2005年，第283页。

门南瞰大洋，有暗礁，不能寄碇”[①]，但嘉庆前期的《广东通省水道图》（图 1-7）（笔者推测为嘉庆五年或六年间，至迟不晚于嘉庆二十一年）有文字标注：“查蕉门水深河行大船，东至虎洋面三十六里。”[②]显示了这一时期蕉门仍然可行大船。

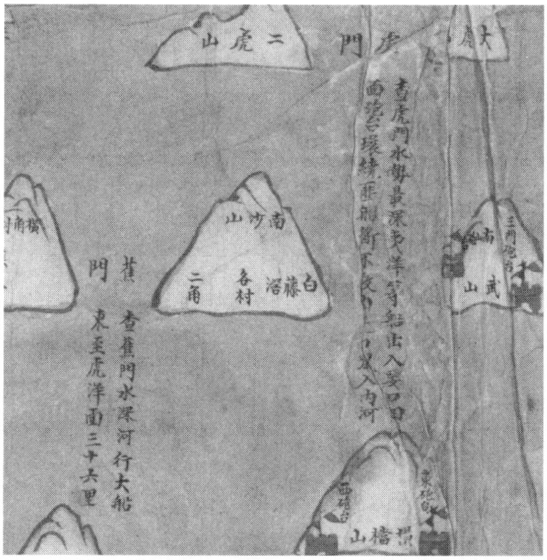

图 1-7 《广东通省水道图》（局部放大）

资料来源：该图现为美国国会图书馆珍藏，并收录于台北林天人教授所辑《皇舆搜览——美国国会图书馆所藏明清舆图》（台北：台湾“中央研究院”数位文化中心，2013 年）一书第 281 页

伴随着嘉庆后期香山岛成陆的加快，蕉门开始逐渐淤塞。道光二十二年（1842）的《虎门水面丈尺》一图（图 1-8）中所标注“此港宜塞，蕉门至金洲山过此，宽二百七十八丈，中泓水深二丈七尺”。

文献亦记载：“蕉门迆西，众沙层叠，田禾沮洳，北至番禺之沙湾，东至香山之黄角村，南讫横门，极目弥望，大率尽为水田，海涨则成巨浸，民或筑圩以垦，水至即避，故无屋室闾井之寄焉。”[③]“（蕉门）上承小虎山岛，南支自西北来会，其水浅狭，往往断塞，不通舟楫。”[④]

---

① （清）印光任、张汝霖：《澳门纪略》上卷《形势篇》，台北：成文出版社，1968 年，第 79 页。

② 舆图中所标“河”字，疑为“可”字之笔误，“虎”字后面缺“门”字。

③ （清）佚名：《广东全省海图总说 · 蕉门水道》，载《清代稿钞本（四编）》（第 191 册），广州：广东人民出版社，2012 年，第 201—202 页。

④ （清）佚名：《广东全省海图总说 · 蕉门水道》，载《清代稿钞本（四编）》（第 191 册），广州：广东人民出版社，2012 年，第 201 页。

图 1-8　《虎门水面丈尺》（局部放大）

资料来源：广东香山县方蕴禧绘制，见北京大学图书馆编：《皇舆遐览：北京大学图书馆藏清代彩绘地图》，北京：中国人民大学出版社，2008 年，第 284 页

道光年间，“蕉门之海口，排钉桩木，沉石其中，以杜绕虎门进狮子洋之路”[①]。至光绪前期，“蕉门已经淤塞，其西北二里有深水沥，河道宽深，由此入口可绕出大虎山后，历八塘尾以入狮子洋，又可由观音沙、市桥沙湾、紫泥村等处至南石头以达省城，通行中小轮船，是为虎门外之间道，宜加防守”[②]。

蕉门水道淤塞情况的加剧，使得其在清代晚期相对于虎门的“极冲”地位与横门、崖门、虎跳门、磨刀门的“次冲”地位，只落得广州六门水道中层次最差的“又次冲”，甚至于在清末丁开嶂所论广州海口之外的其余水道中，索性在“广州六门”中只字未提。可见，嘉庆后期，至迟到光绪后期，蕉门的水道对省城防护，尤其是绕道虎门之后的影响力不断弱化。原先所设防守蕉门内口的四处炮台也因“沙淤港塞”而“并废无用”。即使这样，清末最后一位水师提督李准在该处仍驻防有缉捕兵轮“东海”“雷

① （清）魏源撰，陈华、常绍温、黄庆云，等点校：《海国图志》卷 53《大西洋 · 英吉利国广述下》，长沙：岳麓书社，1998 年，第 1461 页。

② （清）张之洞：《广东海图说 · 蕉门》，载《中国边疆史志集成 · 海疆史志》（第 24 册），北京：全国图书馆文献缩微复制中心，2005 年，第 132 页。

震”二号及广州协营兼带中路巡防队一营。[①]

三、横门水道

横门属广州府香山县，归香山协左营进行军事管辖。“口门洋面宽约六里，河道至窄处二百八十丈，水深十二尺至十五尺，大潮高约六尺余。”“河道在东三门中最偏西南，洋面平衍，无险可扼，惟口门水浅，非遇潮涨，大船难入，设防较易。”[②]经横门水道，向北可以经潭洲、小黄埔、板沙尾到达顺德县河道，向南进入横洲海，经天狗尾到达香山县河道。[③]

光绪《广东全省海图总说》对横门及其周边形势进行了非常细致的描述：“香山县城东北有冰洲山，其高二百十八尺，山北众支海总汇为东濠口，出大洋即横门上游也。昔时海涨横门，迆北沙田皆洪波汩没，今为平陆而形势顿殊。香山之东联岭崔巍，极于海角，最东北临海之山高九百五十八尺，为横门山（亦名纱帽山），其右连冈斜横东阜，高五百七十八尺，为五桂山（俗名笔架山）。香山城东偏北为凤栖岭，众山环护县治，因是海水不复南侵，东濠口内承小榄河，亦曰小河洲，水支港交错棼如乱丝，东濠口而下即名横洲海，以海口接大洋处有山岛名横洲，故名横洲之山，高三百四十八尺，屹峙海中，迆西北一小山为蚁洲山，昔时各出水面，今合为一洲，亦名尖洲，横门角迆南为濠涌，水出海之口，名涌口门，北岸水曲有塔，故其口门曰塔门，自尖洲东南至于歧澳，相连沙线为一拓界，距海岸逾远，塔门左右非轻舟不能近也。”[④]

通过横洲海进出横门的水道两侧，旧有两炮台，通往顺德的北上之路，曾设有五座炮台，清末已废弃。但仍驻防有缉捕兵轮“广贞”“雷兑”二号，暨香山协营兼带中路巡防队一营。[⑤]

---

① （清）李准：《广东水师国防要塞图说·广东六门水道图说》，载《广州大典》第37辑，史部政书类，第26册，广州：广州出版社，2015年，第843页下。

② （清）李准：《广东水师国防要塞图说·广东六门水道图说》，载《广州大典》第37辑，史部政书类，第26册，广州：广州出版社，2015年，第843页下。

③ （清）张之洞：《广东海图说·横门》，载《中国边疆史志集成·海疆史志》（第24册），北京：全国图书馆文献缩微复制中心，2005年，第134页。

④ （清）佚名：《广东全省海图总说·横门水道》，载《清代稿钞本（四编）》（第191册），广州：广东人民出版社，2012年，第202—204页。

⑤ （清）李准：《广东水师国防要塞图说·广东六门水道图说》，载《广州大典》第37辑，史部政书类，第26册，广州：广州出版社，2015年，第843页下。

第四节　西三门水道

由云南、贵州、广西进入广州府的珠江之西江水，在广州府境内分三支入南海，分属香山县与新会县，“支溜通诸口门，总经桅夹石而出大洋者为桅夹门。沙津环复，山势连延，虎矢螺珠，当流兀耸者为虎跳门。西则崇山峻岭联障而南，东则椰榔林箐丛蔽岩壑，口狭而内宽者为崖门”[①]。

一、崖门水道

崖门因“崖山”而名，亦因南宋在此设立行宫而为史料明确记载。明代《厓山志》曰：“厓山在大海中，两山对峙，势颇宽广，中有一港，其口如门，可藏舟，殆天险也，可扼以自固，（张世杰）奉（南宋）帝居之，伐木建行宫。”[②]该水道属于新会县管辖，“口门洋面宽三里有奇，深九尺，大潮高六尺余，其形式两山对峙，门户天然”[③]，故名崖门。

晚清文献记载非常详细：“新会县城东南海滨有塔曰熊子塔（亦名坭子塔），塔前汇为内海，曰熊海（亦曰银洲湖），北受西江分支之水，自江门来会，西受潭江诸渠之水，自大泽来会，水波浩瀚，底浅沙平，南面近大洋有崖山，群阜蟠屿，高约四百二十尺，周约八十一里，与迆西长沙诸山相对，钤束成口，是为崖门。”[④]

崖门，北偏东距省城190里，距虎跳门20里，行政归属广州府新会县，海防地理上归新会右营管辖。“口门洋面宽三里有奇，深约九尺，大潮高六尺，内为熊海，上承江门支河，可达西北两江，河道通行甚远，为省河渡船出海之间道，中等轮船可以进。”清末仍驻防有缉捕兵轮“东彝”“安

① （清）佚名：《广东全省海图总说·中路分图说·西三门》，载《清代稿钞本（四编）》（第191册），广州：广东人民出版社，2012年，第205页。

② （明）黄淳等：《厓山志》卷3《遗迹·行朝草市》，广州：广东人民出版社，1996年，第299页。

③ （清）余宏淦：《新编沿海险要图说》卷13《广肇沿海纪》，光绪二十九年鸿文书局石印本，第6页。

④ （清）佚名：《广东全省海图总说·崖门水道》，载《清代稿钞本（四编）》（第191册），广州：广东人民出版社，2012年，第210—211页。

新”二号，暨新会营兼带中路巡防队一营。[①]

崖门口门偏内有东西两山麓，设有两炮台。其中“崖山西南麓有旧炮台，即崖门东炮台也（东台名镇崖台，西台已圮没，不可考），台圆形，西向，垣周六十五丈，高一丈五尺，厚八寸，石基埤土半倚山阜，后高前低。台右沿山陇下至官涌，故宋慈元殿（土名国母殿），海滩平衍绵亘十五里，可以屯兵扼守门内”[②]。李准在其书中称“门内东西山麓两旧炮台，均卑小无用，今已废”[③]。大概体现的是“群沙隐现，散无纪列，所恃水浅兵轮不敢轻进，故是处海防以守外口为重”[④]的考虑。

实际上，不能忽视的是，光绪年间，“经西人于崖门东炮台海口测得水深六尺，口内得九尺，今测台下深五十四尺，口内递浅，至官涌之西，犹深二十二尺，数年间，水势迁变悬殊，盖由西江水溜仄趋崖门或新会开平之水来源日旺，水槽冲刷益深，则是口之防尤宜加慎”[⑤]。足见崖门水道的变化已引起清政府在军事防御方面的重视，这也解释了《广东六门水道图》仍清晰标有“西炮台”“新东炮台”，以及清末驻防“东彝”“安新”两只兵轮及一只巡防队的原因。

值得一提的是，由于西江之水在广东境内“以厓门之口为终”[⑥]。广东众多海门之中，虎门为“东江正流”的同时，崖门为“西江正流”[⑦]。如同陈仁锡《皇明世法录》所说，广东省城“其东出海，由虎头门”，“其西出海，则为崖门”。[⑧]崖门在广东六门中的地位在某种意义上可以和虎门媲美。

---

① （清）李准：《广东水师国防要塞图说·广东六门水道图说》，载《广州大典》第37辑，史部政书类，第26册，广州：广州出版社，2015年，第844页上。

② （清）佚名：《广东全省海图总说·崖门水道》，载《清代稿钞本（四编）》（第191册），广州：广东人民出版社，2012年，第211—212页。

③ （清）李准：《广东水师国防要塞图说·广东六门水道图说》，载《广州大典》第37辑，史部政书类，第26册，广州：广州出版社，2015年，第844页上。

④ （清）佚名：《广东全省海图总说·崖门水道》，载《清代稿钞本（四编）》（第191册），广州：广东人民出版社，2012年，第212页。

⑤ （清）佚名：《广东全省海图总说·崖门水道》，载《清代稿钞本（四编）》（第191册），广州：广东人民出版社，2012年，第212—213页。

⑥ （清）李调元：《南越笔记》卷3《西江》，北京：中华书局，1985年，第41页。

⑦ （清）王先谦编：《郭侍郎（嵩焘）奏疏》卷2《修筑广东省城炮台片》，台北：文海出版社有限公司，1973年，第114页。

⑧ （明）陈仁锡：《皇明世法录》卷75《各省海防》，台北：台湾学生书局，1965年，第1985页上。

二、磨刀门（梳夹门）水道

磨刀门，位于香山县西南，为西江正流入海处。因江水流经磨刀山与小托山之间，故名。口内有灯笼、梳夹等小岛，口外为大小横琴岛。由此上驶，可以逼近广州。[①]

磨刀门，由于沙洲丛列，水流歧出，梳夹石屹立海中，故其又名梳夹门。属广州府香山县，归香山协左营管辖，西距虎跳门，南距澳门各 50 余里，洋面宽 1050 丈，水深 7 尺余，大潮高约 6 尺，海口宽深，为西三门之最。[②]

作为西三门中海口最广阔之门，在其西侧仍有泥湾门、马鲚门、黄麖门、螺洲门。文献记载："附近之洲为舢版洲（一名白蕉），洲为三角形，南角对東尖峰海岸，为泥湾门；西北角对東大托山海岸，为马鲚门。舢版洲有大小二山，海洋盛涨时，水浸山根，初分二岛，迨水落沙淀，平畴如梯，累层递涸，居民筑圩障水，故其陆地日广，崖岸层积，近口山屿大率类此，大小托两山间名黄麖门，昔为海涌，今则两山相接，中成旱地，小托山东北为螺洲山（高六百九十八尺），中隔海口为螺洲门（亦名梳梜门）。"[③]

磨刀门崖岸海面狭隘，又北分道，一为西江正流，一通香山水道。磨刀门水道靠近香山岛的西缘，出"外洋"再转入"前山水道"。由前山水道西走磨刀门入香山内海是澳门与"会城"的真正通道。[④]雍正《广东通志》记述："西由海洲、古镇，经三门口、南野角、大小横琴，合濠镜澳，出十字门，此外大海无际。"[⑤]磨刀门水道内通西北两江，中等轮船可入。"特循西江正流可行至肇庆以达梧州，又可由仰船冈、甘竹滩等处支河以达

① （清）余宏淦：《新编沿海险要图说》卷 13《广肇沿海纪》，光绪二十九年鸿文书局石印本，第 6 页。

② （清）李准：《广东水师国防要塞图说·广东六门水道图说》，载《广州大典》第 37 辑，史部政书类，第 26 册，广州：广州出版社，2015 年，第 844 页上。

③ （清）佚名：《广东全省海图总说·梳夹门水道》，载《清代稿钞本（四编）》（第 191 册），广州：广东人民出版社，2012 年，第 206—207 页。

④ 王颋：《明代香山陆海形势与澳门开埠》，载暨南大学历史地理研究中心编：《中国历史地理研究》（第 1 辑），广州：暨南大学出版社，2005 年，第 207 页。

⑤ 雍正《广东通志》卷 10《山川志》，载《景印文渊阁四库全书》史部，第 562 册，台北：台湾商务印书馆，1986 年，第 381 页下。

省城，且密迩澳门。”[①]

由于磨刀门河道纷歧，尤宜防范。清政府于口门两山狭束之处进行设守。旧炮台设门外磨刀角大托山，俗称蛇埒炮台。清末仍驻防有缉捕兵轮“克虏”“安香”二号及香山协兼带中路巡防一营。[②]

需要注意的是，崖门虽然是西江正流，地位较高，在西三门中地位曾几乎与虎门相媲美，但经磨刀门，“可以旁突西江”[③]，亦需谨慎。

三、虎跳门水道

虎跳门亦名“虎臀门”，其“承西江支流，迤逦诸山间，近黄梁都城，群峰巑岏森立，海隅陂陀而北，故西江正流分于木洲头等口，别派归海，辟为虎跳门”[④]。

值得注意的是，“虎跳门”与“鸡啼门”属于香山县四条水道中偏西边的水道，既可由与新会县分界的“虎跳门”，也可由“鸡啼门”出入。“鸡啼门”“虎跳门”等二水道，分别沿着“黄梁岛”的东、西岸航行。[⑤]据《粤大记》卷32《广东沿海图》：“鸡啼门”在含“圣堂”“三灶”“茅田”等村的北方，“虎跳门”在含“斗门”“濠涌”等村之“黄梁岛”之西方。[⑥]光绪《香山县志》卷8《海防》：“虎跳门，东香山，西新会，一水为之界。北距鲟鳇沥八十里。门外右折入崖门，亦北行八十里为鲟鳇沥。分流处海道视崖较直，水势视崖较缓。”[⑦]《澳门纪略》所载

① （清）李准：《广东水师国防要塞图说·广东六门水道图说》，载《广州大典》第37辑，史部政书类，第26册，广州：广州出版社，2015年，第844页上。

② （清）李准：《广东水师国防要塞图说·广东六门水道图说》，载《广州大典》第37辑，史部政书类，第26册，广州：广州出版社，2015年，第844页上。

③ （清）张之洞：《广东海图说·总叙》，载《中国边疆史志集成·海疆史志》（第24册），北京：全国图书馆文献缩微复制中心，2005年，第115页。

④ （清）佚名：《广东全省海图总说·虎跳门水道》，载《清代稿钞本（四编）》（第191册），广州：广东人民出版社，2012年，第208—209页。

⑤ 王颋：《明代香山陆海形势与澳门开埠》，载暨南大学历史地理研究中心编：《中国历史地理研究》（第1辑），广州：暨南大学出版社，2005年，第207页。

⑥ （明）郭棐撰，黄国声、邓贵忠点校：《粤大记》卷32《广东沿海图》，广州：中山大学出版社，1998年，第539页左上。

⑦ 光绪《香山县志》卷8《海防》，载《续修四库全书》（第713册），上海：上海古籍出版社，2002年，第169页上。

为："澳西不十里有'北山'，下为北山村、沙尾村，西为'灯笼洲'。其与秋风角对峙者。曰'南埜角'。旁为'挂椗山'，船可寄椗。他如'鸡笼''鸡洲''横洲''白藤''大淋''小淋''三版洲'，皆孤绝无寄泊处。又西为'大托山''小托山''大磨刀''小磨刀山'。有炮台上下二门，曰'马骣'，曰'黄麖'。过此为'虎跳门'……外有岛，广百余里，是为'浪白滘'……又有'泥湾门''鸡啼门'，两门之间有'桅夹石''蕃鬼岩'，然惟大、小托，大、小磨刀有港可泊云。"[①]

就其行政区划来看，虎跳门的东岸属广州府香山县，西岸属广州府新会县，这在光绪《广东海图说》中有明确记载，亦在中国国家图书馆所藏清末《广东六门水道图》中红点标明的各县之分界中得到印证。在海防地理上，归香山协右营管辖，为"次冲"之地，口门洋面宽二里有奇，口外浅沙极宽，其内水亦不深，大潮高六尺，通西北两江，惟沙浅礁多。其南为螺珠山，"有大小二阜，连冈斜迆东南面，皆平浅沙滩，虎跳门水溜率向西南趋，与崖门水溜会合，而南可行之水宽不及六里，深不满四拓，实洋海之狭道"。[②]

清代曾于东西山麓设左右二炮台，形制卑小无用。东炮台俗称"番鬼岩炮台"，西炮台"踞虎头山东南麓，滨海，方形，东向，周三十六丈二尺，高一丈，厚五尺，前护月墙，高五尺，厚四尺，半圆，长十七尺，台外海中有石立水面，西台测视得东又北一分之向，当大小螺珠山，北角为南北正向，名虎矢石，故西炮台亦名虎矢炮台"[③]。清末，该水道大轮难行，中小轮船可以进口。驻防有缉捕兵轮"广元"号，新会营兼带中路巡防队一营。[④]

① （清）印光任、张汝霖：《澳门纪略》上卷《形势篇》，台北：成文出版社，1968 年，第 86—87 页。

② （清）张之洞：《广东海图说·虎跳门》，载《中国边疆史志集成·海疆史志》（第 24 册），北京：全国图书馆文献缩微复制中心，2005 年，第 139—140 页；（清）佚名：《广东全省海图总说·虎跳门水道》，载《清代稿钞本（四编）》（第 191 册），广州：广东人民出版社，2012 年，第 210 页。

③ （清）佚名：《广东全省海图总说·虎跳门水道》，载《清代稿钞本（四编）》（第 191 册），广州：广东人民出版社，2012 年，第 209—210 页。

④ （清）李准：《广东水师国防要塞图说·广东六门水道图说》，载《广州大典》第 37 辑，史部政书类，第 26 册，广州：广州出版社，2015 年，第 844 页上。

第五节　澳门至香山海门及其水道

明清时期，广东香山县海门及其水道非常丰富。文献记载香山县“当航海要道，其在海面者万山之南宁门，横琴之十字门，在海岸者宽河内之桅夹门（内即磨刀门），黄梁西之虎跳门，皆号次冲，东北则横门，为次冲，蕉门为又次冲。”①“香山县沿海一隅，介乎‘六门’之间，山派自西北结为县治，连陇斜地逾海分峙诸岛，迄于万山岩谷出没，率多险径。”②

其实，自明代中叶以来，在广州府出外通衢的西翼，香山县就有着极其重要的地位。陈伦炯说：“广省左捍虎门，右扼香山，而香山虽外护顺德、新会，实为省会之要地；不但外海捕盗、内河缉贼，港汊四通，奸匪殊甚，且共域澳门，外防番舶，与虎门为犄角。”③可见，香山县水道丰富，不仅由香山县境经水路（虎跳门、磨刀门、横门、蕉门）至省城广州有多条航道可通，且对澳门的防卫作用亦不可忽视，香山至澳门除了陆路交通外，还需格外留意水道。

清嘉庆十六年（1811）之后的《前山寨与澳门形势图》（图 1-9），形象地绘制了寨城、聚落、汛守、炮台、关闸、港湾及澳门岛上各项洋式建筑、炮台；各处贴红签墨书标示地名，并以前山寨城为中心（前山寨在香山县东南 130 里的滨海港口），注记了寨城至各处的道路里程。图左上方有一段署名 W. A.的英文注记：“这纸前山寨（葡萄牙人称为卡萨布兰加）与澳门图，是 1841 年 2 月 26 日攻占虎门要塞不久后，我在著名的关（天培）将军（水师提督）卧房寻获。W. A.记于澳门。”④图 1-9 东西两侧

① （清）佚名：《广东全省海图总说·香山县》，载《清代稿钞本（四编）》（第 191 册），广州：广东人民出版社，2012 年，第 97—98 页。

② （清）佚名：《广东全省海图总说·中路分图说·香山至澳门》，载《清代稿钞本（四编）》（第 191 册），广州：广东人民出版社，2012 年，第 214 页。

③ 《天下沿海形势》，载（清）陈伦炯撰，李长傅校注，陈代光整理：《〈海国闻见录〉校注》，郑州：中州古籍出版社，1985 年，第 24 页。

④ 该图现藏于英国伦敦大英图书馆，并收录于台北林天人教授所辑《方舆搜览——大英图书馆所藏中文历史地图》（台北：台湾“中央研究院”台湾史研究所、台湾“中央研究院”数位文化中心，2015 年）一书第 312—313 页。

的重要标识在一定程度上见证了澳门与香山的水路情况，图中的内河水面有两只桨船，在澳门东、西、南三处海面往来巡缉。

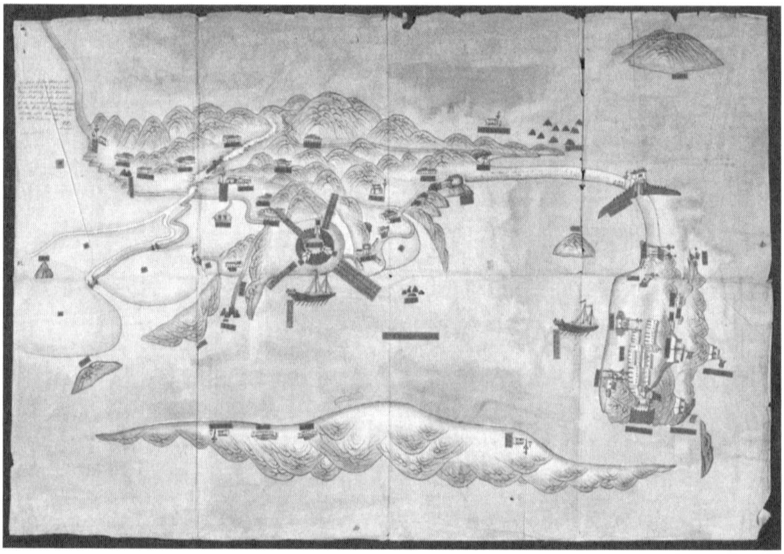

图 1-9　《前山寨与澳门形势图》

资料来源：该图现藏于英国伦敦大英图书馆，并收录于台北林天人教授所辑《方舆搜览——大英图书馆所藏中文历史地图》（台北：台湾"中央研究院"台湾史研究所、台湾"中央研究院"数位文化中心，2015 年）一书第 312—313 页

注：全图不附图例、比例，方位标示于图沿四周，采东上、西下

一、澳门至香山右岸水道

"前山寨城（西人名为家萨布蓝格营），距关闸十五里，城垣屈曲为三角不等形，山附西北面，往来通道皆出其南，前临海汊，后负众阜，据澳门要路，恃为重镇。过海汊西南为对面山，为南山，又南为将军山，其西南长崎陡角，近湾岸边为企人石，湾角斜伸处名坑尾，隔小涌西北二山相连，左曰烟墩山，右曰马鞍山。由是直北为蜘洲，山相连，西出山嘴，俗呼猪那嘴，盖即秋风角，山阴有海汊，东通前山寨城，南海口汊口之西向北，浅滩上露白色之石。自此斜岸内曲平滩，向北而西至南野角，俗名娘妈角，角上大山岧嶐连岫，映对夕阳，丹赭一色，总名稜角山，山右为神湾，其西隔海港，即磨刀角也（详西三门分图说）。自前山寨西北，迄乎梳夹门左右，众山之麓多起崖岸垠堮之界，或在陆地而以洲名，盖皆曩时

海波汵漫，仅露洲岛，迨水落滩见平沙相接，今昔之势判然矣。前山城南水中有山岛，曰青洲，巑岏荟蔚，石气凝青，地最幽胜，南出澳门角（即娘妈角），右为大小马留洲，左为槟榔隐礁，又南值舵尾岛（即小横琴，西名马格里勒），其岛东北角外有隐石（西名白特勒每亚），附近岛角岛东为大拔岛，岛西南角有民埠，俗称其地为氹仔，出两岛间而南，即十字门也。”[①]上述文字详细地描述了前山寨城经对面山、企人石等南至澳门氹仔及十字门的情况，并对沿线不同方位的蜘洲、秋风角、稜角山、磨刀角、青洲、大小马留洲等做了详细说明。

澳门至香山右岸水道如果向北延伸，可以构成澳门至广州水道的重要一节。清嘉庆二十二年（1817）前后的《广州至澳门水道图》[②]（图 1-4）描述了起自广州府省城至澳门珠江口岸的东西两侧的水道路线。图中右侧两处说明，分别叙述东、西两路水道。其中，西路水道及其里程（图 1-6）的记述为：“十三行起里数，大王滘至十五里，大王滘至博基村六里，博基至三山滘十里，三山滘石壁十二里，石壁至林岳口八里，林岳至维涌十里，维涌至半铺十里，半铺至豪滘口十里，豪滘至紫坛四里，紫坛至大州五里，大州至老鸦江十五里，老鸦江至板沙十六里，板沙至曹鱼十里，曹鱼至桂州八里，桂州至蛇涌头二十里，蛇涌至莺歌嘴十里，莺歌嘴至大律十里，大律至滘剪口十二里，滘剪口至姑步口十里，姑步至横径口十里，横径至讲口十六里，讲口至上闸十里，上闸至老鸦江十二里，老鸦江至下闸二十里，下闸至第一阁十六里，第一阁至豪壳头二十五里，豪壳头至磨都二十四里，磨都至马阁十六里，马阁至灯龙十八里，灯龙至畦定十二里，畦定至企人石十里，企人石至马留洲二十里，马留洲至澳门十里，收尾，共计四百二十里。”其由广州至澳门的最后一段水路（企人石—马留洲—澳门）正好囊括了《广东全省海图总说》中香山至澳门所记由香山前山寨经企人石、大小马留洲最终至澳门的氹仔及十字门。

① （清）佚名：《广东全省海图总说·澳门右岸水道》，载《清代稿钞本（四编）》（第 191 册），广州：广东人民出版社，2012 年，第 220—223 页。

② 该图现为英国大英图书馆珍藏，并收录于台北林天人教授所辑《方舆搜览——大英图书馆所藏中文历史地图》（台北：台湾“中央研究院”台湾史研究所、台湾“中央研究院”数位文化中心，2015 年）一书第 98—101 页。

此外，需要提及的是，《珠江沿岸图》（图 1-10）也绘有澳门至广州的西江航道，该图是第一次鸦片战争期间英军所绘军事地图，相比前文《前山寨与澳门形势图》，该图不仅将九星洋、大屿山、澳门等岛屿与洋面绘制的更为精准，图的西部还绘出了英舰“复仇女神”号（Nemesis）由澳门沿西江支流前往攻打广州的航行路线，对水道中的清军军事驻防及水道宽窄情况均有清晰标注，该图亮点之一在于，途中绕过了虎门炮台，这恐怕是当时清政府始料不及的。“复仇女神”号是英国政府在东印度公司非常秘密的状态下为进攻中国量身设计的，能够进入中国珠江浅窄水道，不受风势的影响，灵活性强，对清军的海门炮台防御体系及航道水师巡防具有很强的攻击性和破坏力。英军所绘《珠江沿岸图》其实是一幅由澳门进入广州的水道形势图，其所绘精度即可看出当时英国对发动战争的准备很是充足。

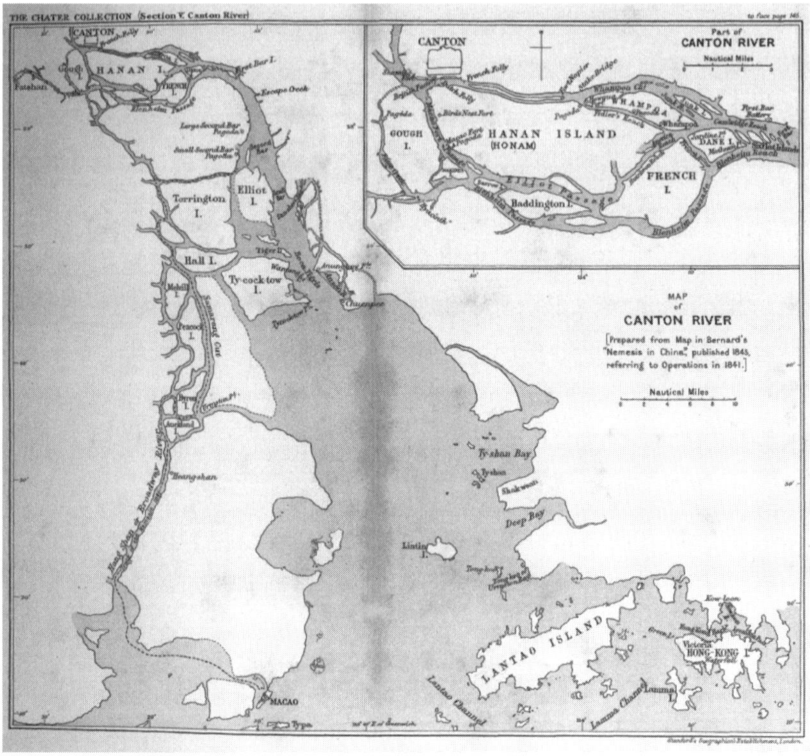

图 1-10　《珠江沿岸图》

资料来源：该图见谭广濂：《从圆方到经纬：香港与华南历史地图藏珍》，香港：中华书局，2010 年，第 98 页

二、澳门至香山左岸水道

澳门至香山的左岸水道主要经过九洲洋海面，并穿越唐家村与淇澳岛中间的金星门。文献记载详细："澳门马蛟外东北向，西值吉大汛，有群屿错列，盖即与吉大群山势脉相连，横亘而东，越海散立，诸屿汛西联阜，至高处得七百八十五尺，吉大海角崚嶒，其外群屿间名九星洋，东与大屿山西北角相值，九星洋迆北有野狸洲，洲东有白石硔，海底颇浅，三拓界在石硔外数里，舟行常虑胶滞唐家村，东北海角山崖陡峻，名高岸角，亦曰陡山角（西人称曰波拉富），转角偏西而成深湾，对角之岛曰岐澳（亦曰淇澳），岛角间曰金星门，门内停泊小舟最稳，惟浅滩甚宽，虽海底为软泥质，舟舰进口，常慎避之。金星门东口两角相对，北有石碛护角，故号曰石排角，南岸石碛比列，岸边泊舟宜寄椗，中洪不宜傍岸也。"[①]从文中所述，"澳门马蛟石—吉大汛—九星洋—野狸洲—唐家村—高岸角—淇澳—金星门"自然成为澳门与香山左侧的海岸的重要水道。其中，格外需要注意的是金星门。

绘于清同治十三年（1874）后的《大清一统海道总图》（墨色石印本，图 1-11）在珠江口南部的澳门及香山一带，格外明显地标记"金星门港"。金星门濒临淇澳岛西侧，在香山县城东南唐家村、旗澳二村之间，"上距东洲门七十里，下距蚝镜澳二十里"。且"当门处阔百余丈，水极急"，门内十余里"以旗澳为东南障，遮零丁洋之口，可避飓风"。[②]兵船、番舶在淇澳东则由零丁直抵虎门，在旗澳西则由金星门出入。

道光十五年（1835），广东水师提督关天培率领香山协官兵，亲自指挥勘测了金星门的水面宽度与中泓深浅，"金星山坐酉向卯兼庚甲，大门量横阔二百二十一丈，水深七丈五尺，小门横量阔八十九丈，水深三丈六尺"[③]。金星门由于停泊方便，可以避风补充给养，又可以控制由澳门向北进入虎门的水道，在清朝中后期已经成为海盗游弋和夷人驻泊的险要之地。

---

① （清）佚名：《广东全省海图总说·澳门左岸水道》，载《清代稿钞本（四编）》（第 191 册），广州：广东人民出版社，2012 年，第 223—225 页。

② （清）蔡显原：《金星门纪事有序》，载珠海市政协文史资料委员会、珠海历史名人研究会编：《珠海历代诗词选（上卷）》，珠海：珠海出版社，2007 年，第 141 页。

③ （清）佚名：《水师某将杂钞》，载《清代稿钞本（五编）》（第 249 册），广州：广东人民出版社，2013 年，第 445 页。

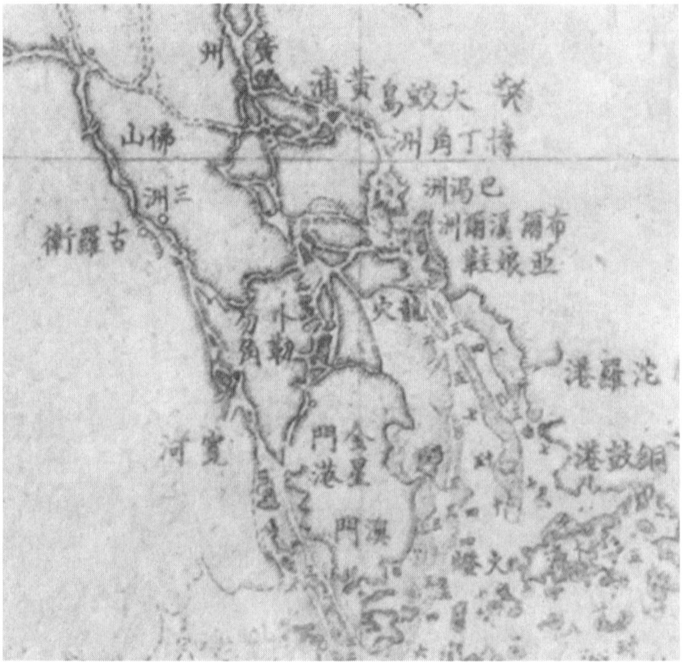

图 1-11　《大清一统海道总图》（局部放大）

资料来源：该图现藏英国国家图书馆，并收录于台北林天人教授所辑《方舆搜览——大英图书馆所藏中文历史地图》（台北：台湾“中央研究院”台湾史研究所、台湾“中央研究院”数位文化中心，2015年）一书第165页

前文广州海口出虎头门南偏西南下龙穴洲右行的航线，也自然进入金星门水道，几乎是擦着香山县的岛岸行驶。其所经，有嘉靖《香山县志》卷1《城池》所载的“鹿胫（洲）”。雍正《广东通志》记载：“十字门水，其源东自东莞虎头门，经黄角、东洲门、涌口门、金星门、九星洲、零丁山、濠镜澳来。”①《澳门纪略》上卷所记：“澳东为‘东澳山’，又东为‘九星洲山’，九峰分峙，多岩穴，奇葩异草，泉尤甘，商舶往来必汲之，曰天塘水。其下为‘九洲洋’，旁连‘鸡拍山’，多暗礁。又东为‘零丁山’……下为‘零丁洋’。又东至于‘旗纛澳’，或曰澳形如蟛蜞，故名蜞澳。……金星门可泊艚艍艚船，洋舶不由之。

① 雍正《广东通志》卷10《山川志》，载《景印文渊阁四库全书》史部，第562册，台北：台湾商务印书馆，1986年，第381页下。

金星门之旁有‘鸡笼洲’‘小茅山’。”①

第六节　珠江口南部诸岛周边海门及水道

一、担杆水道

担杆水道，因担杆列岛得名。同治六年（1867）之前的《广东水师营官兵驻防图》②及光绪五年（1879）《广东沿海形势图》③均标注为“三门”，今天主要由担杆头、担杆中、担杆尾三个岛屿组成，并在中间形成具体的一门水道、二门水道、大担尾门水道。英国人《中国江海险要图志》记述为“利马水道”及“利马列岛”，位置介于南部香山县属担杆列岛与北部香港蒲台群岛之间宽大的海门，扼守着进出香港和珠江口的航道咽喉。

南部担杆列岛曾是虎门之外洋船寄泊的重要场所之一。方志记载担杆列岛“形如担竿，外即大洋无际，番舶入广必由此”④，“外属黑水大洋，杳无边际”⑤。道光十九年（1839），林则徐奏曰：“番船初到时，先于虎门口外寄碇，如担杆山、铜鼓洋、大屿山、零丁洋、尖沙嘴（咀）、仰船洲、琵琶洲上下磨刀、沙湾、石笋、九洲、沙沥、潭仔、鸡颈等洋，皆向准洋船寄泊之所。”⑥

嘉庆元年（1796），英国人所绘地图《由交趾至北河口》（图 1-12）显示了夷船在珠江口南部诸岛穿梭中的路线，其中经过了担杆水道或南部的大担尾门水道。

---

① （清）印光任、张汝霖：《澳门纪略》上卷《形势篇》，台北：成文出版社，1968 年，第 79—80 页。

② 中国第一历史档案馆选编：《澳门历史地图精选》图 70，北京：华文出版社，2000 年。

③ （清）王之春著，赵春晨点校：《清朝柔远记·广东沿海形势图》，北京：中华书局，1989 年，第 434 页。

④ 《嘉庆新安县志》卷 4《山水略》，载张一兵校点：《深圳旧志三种》，深圳：海天出版社，2006 年，第 709 页。

⑤ 《嘉庆新安县志》卷 2《舆地图》，载张一兵校点：《深圳旧志三种》，深圳：海天出版社，2006 年，第 637 页。

⑥ （清）方浚师：《蕉轩随录》卷 8《海洋记略》，载《近代中国史料丛刊》第 38 辑，台北：文海出版社，1973 年，第 854—855 页。

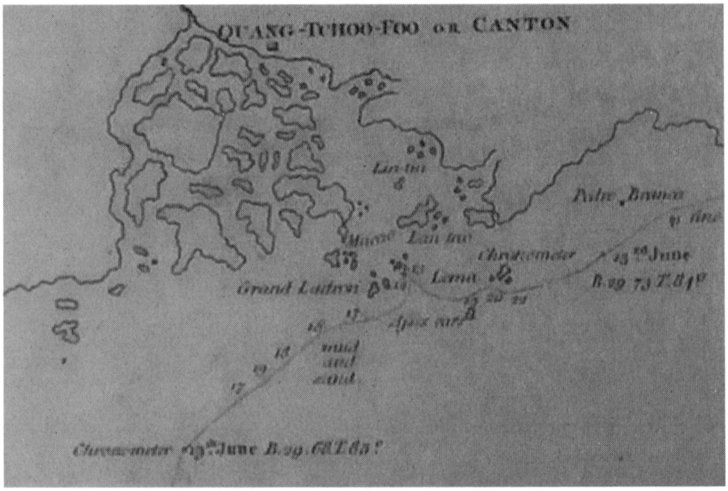

图 1-12　《由交趾至北河口》（局部放大）

资料来源：该图见谭广濂：《从圆方到经纬：香港与华南历史地图藏珍》，香港：中华书局，2010 年，第 96 页

《中国江海险要图志》（图 1-13）对担杆列岛及其北部担杆水道记述较为详细："担杆群岛在其南，蒲台群岛在其北，相距阔六迷当，行船甚稳适。若东北风正紧时，诸船络绎而入香港、珠江等处者，皆可取道于此。因担杆岛之东北头，足为西向屏障也。"[①]此外，英国人从季节、方向、潮流、风力情况等方面，分别介绍了进入利马海峡的注意事项。"若天气浓浊，东风或东南风正烈，则宜裁算举起口号，辨明离岸三、四迷当而行。若天气不佳，必不容入此水道者，亦不宜停在二十六拓以下浅滩之处。因此有限之深，将欲将船漂坏于群岛之外也。倘有船既入利马水道，时已黄昏，而大风暴作，即宜速走入香港南向之大潭湾，或利马水道之东，绕入大钦水道，亦各从其便也。惟早能预得停泊避风之所，则胜于夜耳。""当西南风时，由东向转入利马水道，良难也。因其流势正由西以向东，而各支之小水道退潮来汇者，其势又向西，既汇而涨，又作西南流也。倘西南风甚烈，其流之力每点钟能更走一讷半，既出此港，则缓而变向。"[②]

① 〔英〕伯特利主编：《中国江海险要图志》卷 5，（清）陈寿彭译，《中国边疆史志集成·海疆史志》（第 33 册），北京：全国图书馆文献缩微复制中心，2005 年，第 195 页。

② 〔英〕伯特利主编：《中国江海险要图志》卷 5，（清）陈寿彭译，《中国边疆史志集成·海疆史志》（第 33 册），北京：全国图书馆文献缩微复制中心，2005 年，第 195 页。

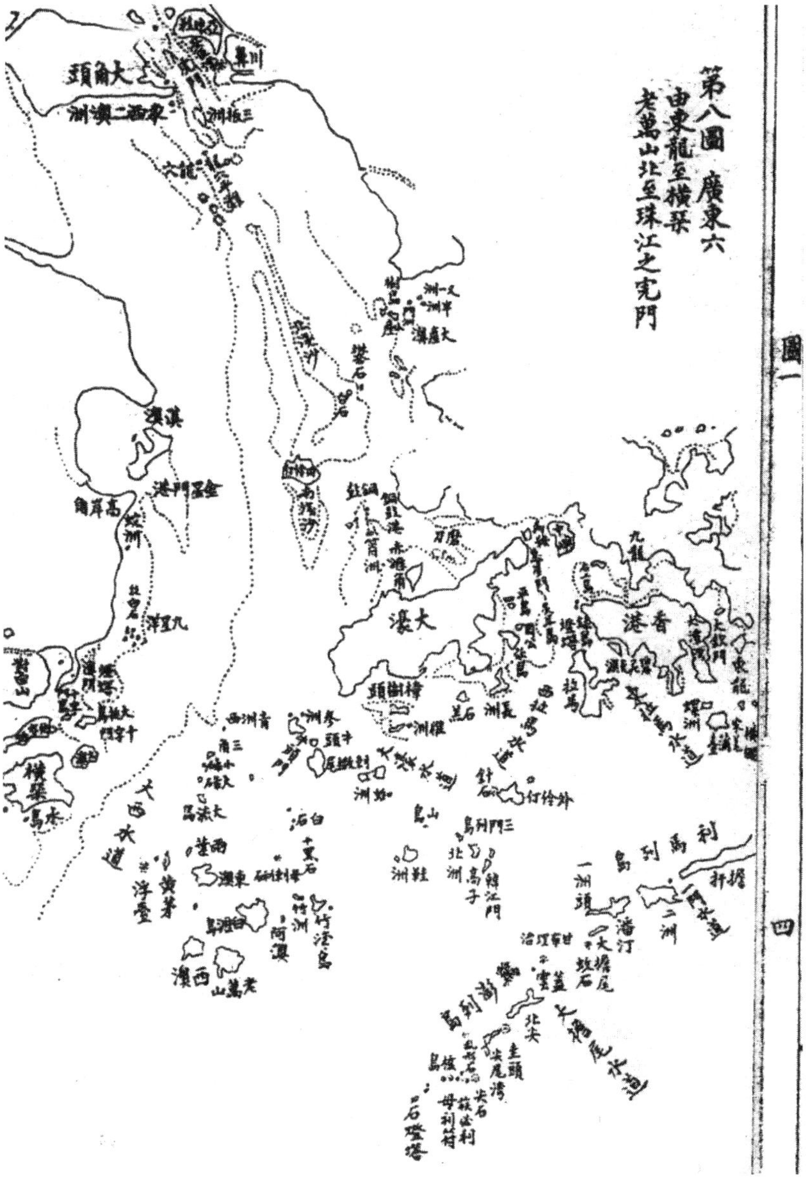

图 1-13　《中国江海险要图志》（广东部分）

资料来源：〔英〕伯特利主编：《中国江海险要图志》卷 5，（清）陈寿彭译，《中国边疆史志集成·海疆史志》（第 33 册），北京：全国图书馆文献缩微复制中心，2005 年，第 195 页

二、大濠水道

大濠水道位于大屿山西南面，桂山岛以北，因大屿山又称作“大濠”而得名。其东南端与担杆水道相连接，自蒲台南向一海里左右，而转向西航行十九海里，即进入大濠水道，是船舶经由香港外洋进入伶仃洋面的重要航路。

文献记载：“入大濠水道，当取水程西北偏西而过之。既至大濠之西南尖，当距之稍远而行，望北则至内伶仃，望西则至于澳门。皆可测度而行。凡船之重载者，当穿过大濠水道时，折入北转，切勿搁于仅深七拓以上之浅滩也。又不可穿入大濠西南角，与雅洲相接之界线内。由大濠水道计程顺潮而行，取西北、北向，或西北、偏北向，若探得水深不及六拓，即宜转而向北。又宜观望，慎防撞入渔梁也。”[①]是处，潮流撤退时，或东或南，倒卷甚急。若有微风，帆船即难行驶。

三、大西水道

大西水道，指的是珠江口外西南侧的一段水域，南起万山列岛西北部黄茅、蒲台岛北侧，西邻大小横琴岛、澳门氹仔及路环岛，西北与十字门水道、马溜洲水道相接，通往澳门，南通外海。为珠江口以西海域进出珠江口重要航道。水道宽阔，可作大型舰船锚地。

帆船时代，西方帆船常乘西南季风，到达澳门、香港和广州，故有此名。《中国江海险要图志》有详细描述：“当西南风劲，常取道于此，以入广东。其时遥望老万山在于北向，或北偏东。倘是向之风将尽，当从东向而行，或由东向转入北。其船宜顺担杆群岛之东北头进入担杆、大濠两水道。因大西水道之外，水泛而向西，常有意外险。故绕此以避之。此亦可乘北风进入珠江停泊。大风之起，常从北散入于两水道，转为东向，势始劲。凡船至此，当风初起时，即宜乘时而上，停泊于内伶仃之内。是处之风较岛外稍弱矣。珠江口附近处，安稳于大地全球上诸大港也。以其进口处无沙岸，群岛列其外，中成数水道，绝无隐险。倘天气清明，远来之船，即无引水，亦能择其妥适水道而行，无疑虑焉。惟须洞识其流之势。

---

① 〔英〕伯特利主编：《中国江海险要图志》卷5，（清）陈寿彭译，《中国边疆史志集成·海疆史志》（第33册），北京：全国图书馆文献缩微复制中心，2005年，第196页。

如群岛既列于东南，水流之向恒由风所引。东风盛，则其潮与流自向西；潮退，则转东南，而势弱。如有引水者以助之，尤为有用……倘风暴已近，亦可借为减力之地。若天气作恶，则澳门水道切不可用。尤妙者，宜走内伶仃以上。”[①]

“凡船驶入大西水道，欲避免退向西者，切勿近于三灶，或西滨诸岛也。因其西南猛流之力不少也。当西南风正猛时，未到地以前，尤宜着力。若其风界在东南与西南两向，则宜认定老万山。在于北向，自可以免西向诸岛之患。尤要者，在于西历八月中旬以后，常有东风，连吹数日不息。其余诸季则多寡不同也。当西历九月、十月间，满乘下风过双柱，沿岛而行，此为横渡澳门可憎之事者，盖是处之流，或流底性在西流，顺之，必碍于浅滩近岛，是宜检点，而停离岸稍远之处。”“澳门水道与内伶仃相接处，潮性恒无定，流面与流底恒异趣。风力稍弱，则船至此，几无把握。”[②]

① 〔英〕伯特利主编：《中国江海险要图志》卷5，（清）陈寿彭译，《中国边疆史志集成·海疆史志》（第33册），北京：全国图书馆文献缩微复制中心，2005年，第197页。
② 〔英〕伯特利主编：《中国江海险要图志》卷5，（清）陈寿彭译，《中国边疆史志集成·海疆史志》（第33册），北京：全国图书馆文献缩微复制中心，2005年，第198—199页。

第二章　明清时期广东的港湾及水师战船

地理环境是政治活动的基本因素，也是军事活动的基础。研究海防离不开地理环境和地理因素。同样，海防也要在一定的地理环境中部署，考虑地理因素的制约，努力做到避害趋利，才能达到事半功倍的效果。

广东濒临南海，域内山海交错，水陆相通，可停泊登岸的港湾众多，可藏匿和补给的近海岛屿密集，广阔海域的天然地理环境为海盗提供了广大的生存和发展空间。如果说海洋是海盗等海防敌手活动的天然舞台，那么港湾则为海防敌手提供了最佳的庇护之所。

明清时期，水师战船作为国家海防体系的重要利器，无论海上守卫与作战，还是沿海港湾巡防，战船都是关键。本章将着重检视明清时期广东沿海的海防港湾及湾泊其中的水师战船的发展演变。

第一节　明清时期广东的港湾

“港湾”，又作“舶口”或“泊口”，是海边弯曲停船的地方，能够给海上行船提供避风及水源之便。光绪《广东全省海图总说》对其范畴有详细区分，具体包含“湾澳”和“涌港”。详如下：

> 其曲岸环抱，海潴其中，广大者曰“湾”，小者曰“澳”（形如箕圈或如弓弧）。雷廉以西谓之“沥”，或环口极窄，中有水泊者亦曰“湖”，大率可以寄椗避风，惟潮溜不至，略涨余波，多有沙线横界环口或虞胶浅，西人谓之“沙”，亘设防，繁盛之埠或在湾内，则宜于环口对筑炮台，此“湾澳”之大势也。……其川渠分支，通流达海者曰“港”，亦曰“汊”，粤人谓之“涌”。水流蟠曲者谓之“滘”，或口狭而流深，或外宽而内险，纡以沙界，障以苇滩，是可设伏。鱼

雷船艇，邀截内窥之寇，我能出而寇不能入，且西人于浅狭港口，不甚注意量测，而我则鱼雷艇入水甚浅，行驶灵便，足以攻其无备，抑亦制胜之方，此“涌港”之大势也。[①]

港湾不仅具有很强的经济与交通地理优势（沿海港口城市大多选址在河流注入的港湾地带），而且在军事地理方面，港湾又是防范海上之敌登陆的要冲之地，尤其内凹型的港湾与突出的半岛的沿海周边，是建立海防军事据点的首选之地。古人对此有一定的认识，或云“沿海港口，贼船皆可冲入”[②]，或云“凡贼由海入劫，俱有海港，扼海港控制焉，则入劫无路，久自困矣”[③]，或云“夫贼之来也，虽飘风忽雨，然入有门路，止有湾澳”[④]，亦或曰“汊港纷繁，节节设防”[⑤]。由此可见，港湾既是重要的水陆交通枢纽，又是海防要塞，具有非常重要的经济、交通、军事价值。

明清时期，中央政府对于地方港湾冲要设有兵船进行巡守，如明代嘉靖年间“备倭船”在广东三路海防的设置有这样记述：“中路在广州府东莞县南头、屯门等澳，大战船八艘，乌艚二十艘；广海卫望峒澳战船四艘……东路在潮州府柘林澳，战船二艘，乌艚十五艘；碣石靖海、甲子门等澳艚船十艘，哨船各二只。西路在高州府石城、吴川湾澳，各哨船二艘；廉州府海面战船一艘；琼雷二府海港乌艚各六艘；雷州海港战船六艘。”[⑥]

清代直至晚清，仍有文献记载广东港湾培育海军、设置军港的急切感。“粤防之险遂与西人共之，其形势乃重在海。”[⑦]“有海疆重寄者，尚其亟

① （清）佚名：《广东全省海图总说·形势总说》，载《清代稿钞本（四编）》（第191册），广州：广东人民出版社，2012年，第6—9页。

② （明）张萱：《西园闻见录》卷57《兵部六·海防前》，载《明代传记丛刊·综录类30》，台北：明文书局，1991年，第206页。

③ （明）霍韬：《渭厓文集》卷10《两广事宜》，桂林：广西师范大学出版社，2015年，第2309页。

④ （明）陈吾德：《谢山存稿》卷1《条陈东粤疏》，载《四库全书存目丛书》集部，第138册，济南：齐鲁书社，1997年，第422页。

⑤ （清）黄楙材：《游历刍言》，载（清）孙灏编：《海国图志征实》卷77，光绪二十八年上海敦记石印本，第13页。

⑥ 嘉靖《广东通志》卷31《政事志四·战船》，香港：大东图书公司，1977年，第810—811页。

⑦ （清）李准：《广东水师国防要塞图说·序》，载《广州大典》第37辑，史部政书类，第26册，广州：广州出版社，2015年，第841页下。

复海军。”[①]“若以今日言之（广东），其形势实在海而不在陆……惟南临大洋，东自潮州，西至钦州，处处皆兵轮可到。而广（州）、潮（州）、廉（州）、琼（州）诸海岸，其辟为商埠者，外人所历，险隘周知，况三水江门，亦许通商，则堂奥到能直达，香港、九龙入于英，澳门入于葡，硇州入于法，则门户为人所持。故以今日论海防，其形势又不无稍异……复由广而惠而潮，东筑一路，由广而肇阳高雷廉钦，西筑一路，而广州则精练陆军，以备调遣，而为海军之辅，则御外之形势，固尚可有为也。”[②]

同治末年光绪初年，全国海军建设开始以北方的北洋舰队为重心，以直接保卫北京为目的，南方的海军建设相对滞后。清末，丁开嶂在《中国海军地理形势论》中依然提到广东沿海设置军港的重要性和紧迫性。他说：

> 中国兵事固以北方为重，然岭南各省亦难保无用兵之日，故须于广东海岸筑设军港，一则可以防护本省，一则可以作象山港之右翼。况西人北入黄、渤两海，此处尤为必经之途，于此地域内练一支海军控制南海，可作邀截敌舰之用，并能剿袭其临时根据地。且广东沿岸良港甚多，如我弃此不用，两粤有事专恃，黄海及东海船队之救应，则去此稍远，诸多不便。矧北洋为防御之紧要地点，舰队不敢尽数远离，以致京师势形单薄乎？然则我国战略上之计划，虽著重北方，广东沿岸尤须筑设军港海防，始周密矣。[③]

本节以明清两代广东滨海八府为主线，从海防四路（东路“潮防”、中路“省防”、西路“廉防”、南路“琼防”）格局来分别阐述其府境港湾险要形势。

一、潮州府

潮州府位于广东、福建两省交界地带，是两省的重要屏障，其濒临大海，

---

① （清）罗汝楠撰，方新校绘：《中国近世舆地图说》卷 1 下《总论·海岸》，宣统元年广东教忠学堂石印本，第 534 页。

② （清）罗汝楠撰，方新校绘：《中国近世舆地图说》卷 17《广东·形势》，宣统元年广东教忠学堂石印本，第 716—717 页。

③ （清）丁开嶂：《中国海军地理形势论》第 48 款《总论》，民国元年北洋公报局铅印本，第 46—47 页。

海洋防御的地位在明清时期很是重要。文献记载："潮郡山深海阔，宵小易于出没，依古以来，兵事多矣。旧志谓'山魈易扑，海寇难靖'。"[1]"贼在山者十之七，在海者十之三，而海之为祸较烈焉。"[2]

不同要素在同一时代的重要性是有区别的，同一种要素在不同时代的利用价值亦是有差异的。明代，潮州府最为险要的港湾在于"南澳"与"柘林"两地。清代最险要之港湾则在于"汕头"和"南澳"。

就"南澳"与"柘林"来看，明代两地都是广东东路由福建进入广东的交通要道，能够有效遏制东面而来倭寇的进犯。然而，由于嘉靖年间"柘林澳，内漳潮海寇、外暹罗诸番倭常泊舟于澳，为内地方患"[3]，明政府于嘉靖四十五年（1566）在柘林澳正式设"水寨"（图 2-1）。

图 2-1　《苍梧总督军门志》中《柘林寨图》

资料来源：（明）应檟初辑，（明）凌云翼嗣作，（明）刘尧诲重修：《苍梧总督军门志》卷 5《舆图三》，北京：全国图书馆文献缩微复制中心，1991 年，第 94 页

柘林对于明人的重要性曾长期高于南澳，如郑若曾在讲述广东海防事

① （清）蓝鼎元：《鹿洲初集》卷 6《兵事小序》，台北：文海出版社有限公司，1977 年，第 357 页。

② （清）蓝鼎元：《鹿洲初集》卷 11《兵事志总论》，台北：文海出版社有限公司，1977 年，第 777 页。

③ 嘉靖《广东通志初稿》卷 34《营堡关津附》，载《北京图书馆古籍珍本丛刊》（第 38 册），北京：书目文献出版社，1998 年，第 563 页。

宜时云："议者谓潮为岭东之巨镇。柘林、南澳俱系要区，枕吭抚背之防不可一日缓。"[①]又说"（倭寇）多自闽趋广，柘林为东路第一关锁，使先会兵守此，则可以遏其冲而不得泊矣"[②]。明末清初的顾祖禹则明确指出两者之间的关系："惠、潮之备以柘林为最要。柘林乃南澳海道之门户。"[③]清代蓝鼎元更是详细论道："明人防海知设水寨于柘林，而不知南澳之不可弃，迁其民而墟其地，遂使倭奴、红彝盘踞猖獗，吴平、林凤、林道乾、许朝光、曾一本先后盗兵，边氓涂炭。万历年间，始设副总兵守之……盖闽、广上下要冲，厄塞险阻，外洋番舶必经之途，内洋盗贼必争之地，去留明效，固彰彰若此也。"[④]也就是万历三年（1575）南澳设副总兵之前，柘林澳的海洋军事防御地位一直是高于南澳的。

清代晚期丁开嶂在其论著中谈到东路海防的港湾情形，他认为：

> 南澳岛之西北为柘林澳，其湾虽大，然于军事无甚关系，再西则为韩江口，商贾繁盛且富于军需品，战时可利用也。汕头扼于江口之右，为潮州之外蔽，口门两山对峙，险隘天成，其外多暗礁，航路极窄，水深二十一英尺，吃水二十尺以下之轮船可以驶入，南对达濠岛，正当口门设有炮台，故无事可以通商，有事亦形事所当注重也，迤西为企望澳、海门澳，均可停泊，再西为崎石湾，湾内甚宽，水深二十四英尺至四十八英尺，东西北三面环以陆地，除南风外，大小各舰皆能停住，惟口门甚宽难于设防，岸上亦无大道以资转运，故不能作军港，亦不利敌人等岸，战时只可停船而已。[⑤]

这里所述港湾至少有 8 处，如上引所说柘林澳的作用，"其湾虽大，

① （明）郑若曾撰，李致忠点校：《筹海图编》卷 3《广东事宜·东路》，北京：中华书局，2007 年，第 244 页。

② （明）郑若曾撰，李致忠点校：《筹海图编》卷 3《广东事宜·中路》，北京：中华书局，2007 年，第 245 页。

③ 《海防考》，转引自（清）顾祖禹撰，贺次君、施和金点校：《读史方舆纪要》卷 100《广东一》，北京：中华书局，2005 年，第 4588 页。

④ （清）蓝鼎元：《鹿洲初集》卷 12《潮州海防图说》，台北：文海出版社有限公司，1977 年，第 910—911 页。

⑤ （清）丁开嶂：《中国海军地理形势论》第 57 款《粤省之各港湾》，民国元年北洋公报局铅印本，第 52 页。

然于军事无甚关系”。事实上，清代最险要之港湾则在汕头和南澳。

南澳，“悬居海中，又以一岛而界闽粤者也”①。作为一个海岛，《南澳志》称其“屏障内地，控制外洋……闽粤咽喉，形胜之最胜者也”②。南澳岛周边有不少海澳，文献记载：

> 南澳岛，为闽粤海域交界之地，东北角距大地约二海里半为南澳峡，东曰南澳湾，西曰龙门澳，在南岸者曰后堤澳，南澳与后堤水深约二十英尺至五十英尺，能泊大小军舰，惟龙门为浅沙耳，最西之角名长嘴，其北有小澳，亦可停泊，岛上田地沃饶，可供军需。③

此外，明清两代最常见的仍是岛内的云澳、青澳、深澳、隆澳四海澳（图 2-2）。明末清初时，云澳、隆澳可泊舟，“深澳尤为形险，小舟须鱼贯而入”④。到了清代中后期，由于地理位置重要而特殊，该岛在清代隶属广东与福建两省管辖，其中云澳、青澳属于福建，隆澳、深澳属于广东，文献记载了其海澳形势：

> 云、青属闽，隆、深属粤。云澳在南，近岸皆沙，水浅风飞，巨舰不能停泊；青澳在东，涛流险急，亦无泊舟处所；深澳面北，外险内宽，千舟可寄，北风狂发，不如隆澳之安；隆澳居西南，流沙拥积，南风暴发，则又宜于深澳。此南澳大略也。⑤

明清两代，南澳岛的海防地位不言而喻。万历年间出任潮州知府的郭子章曾分析南澳设防的四大价值⑥，政府于万历三年（1575）在南澳设副总

---

① （清）罗汝楠撰，方新校绘：《中国近世舆地图说》卷 1 下《总论·海岸》，宣统元年广东教忠学堂石印本，第 533 页。

② 乾隆《南澳志》卷 2《疆域·形胜》，载《广东历代方志集成·潮州府部》，广州：岭南美术出版社，2009 年，第 6 页。

③ （清）丁开嶂：《中国海军地理形势论》第 56 款《南澳岛》，民国元年北洋公报局铅印本，第 51—52 页。

④ （清）顾祖禹撰，贺次君、施和金点校：《读史方舆纪要》卷 103《广东四》，北京：中华书局，2005 年，第 4723 页。

⑤ （清）徐家榦：《洋防说略》卷上，载《中国边疆史志集成·海疆史志》（第 23 册），北京：全国图书馆文献缩微复制中心，2005 年，第 272—273 页。

⑥ （明）郭子章：《潮中杂纪》卷 2《万历南澳敕》附录郭子章论，潮州市地方志办公室 2003 年影印本，第 15 页。

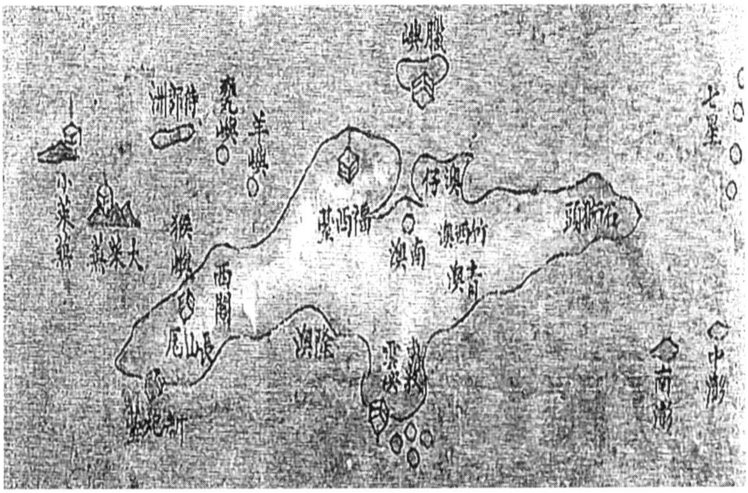

图 2-2　《清初沿海全图》（局部放大）

资料来源：《清初沿海全图》现收藏于广东省江门市新会区博物馆，广东省文物局编《广东明清海防遗存调查与研究》（上海：上海古籍出版社，2014 年）一书中的 64—70 页有部分辑录

兵，史书称“重门之御，用遏海氛，故南澳为重镇”[①]。此外，清人余宏淦在其海防地理学专著中提到，南澳“洵两省之门户，东南之屏障焉”。早在明朝时期就已开始“海上互市”，拥有大小港湾 66 处，其中多处具备兴建深水港的优越条件。[②]晚清近代民主革命家丁开嶂在其论著中提到了明清两代南澳设防的重要性，予以警示：

明代嘉靖中，为倭人所据，其后海寇吴平、许朝光等又窟穴其中。万历中，又屯重兵。国朝驻总兵于此，非军事上至要之地乎？今欧西军舰之掠南海入东海，须由附近经过，敌如占据之，足为停舰之用，我国须即早经营也。[③]

值得一提的是，虽然南澳仍是清代险要的港湾，并曾设有三座炮台，但在光绪十五年（1889）两广总督张之洞的眼中，其海防地位仅为“次冲”，

① 万历《广东通志》卷 39《潮州府》，载《四库全书存目丛书》史部，第 197 册，济南：齐鲁书社，1996 年，第 73 页。

② （清）余宏淦：《新编沿海险要图说》卷 12《潮惠沿海纪》，光绪二十九年鸿文书局石印本，第 2 页。

③ （清）丁开嶂：《中国海军地理形势论》第 56 款《南澳岛》，民国元年北洋公报局铅印本，第 52 页。

尚不及附近的汕头“极冲”之地。就其形势来说，“南澳孤悬海中，山岛穷瘠，为闽粤两省分界，海多礁石，行轮视为畏途，其西南一带沙屿错列，屏蔽汕头，亦潮防东面门户”[①]。此处经常停泊小商船十余艘，渔船数十艘。大型轮船吃水较深，虽然可以到达，但是并非安全的停泊地。

清代，汕头自开辟为通商口岸之后，华洋杂处，情形复杂，海防地位急剧上升，筑有多处炮台。罗汝楠引德国人来春石泰《借箸筹防论略》所说：“潮州之‘汕头’为广东要口，外有两岛，怒涛至此而平，泊船最妥。此西人所必争之区。内有韩江，虽水浅不容兵轮，而循岸可闯入潮州，及闽之漳州等府。”[②]汕头别名鮀城，拥有潮州地缘门户的独特区位优势。汕头港临近海洋黄金航道，“口门两山对峙，险隘天成”[③]，且“商舶移集汕头市，故东路海口以汕头为极冲”[④]。张之洞《广东海图说》更是将其视为潮州府之“极冲”，“外接重洋，内蔽潮郡，为闽粤两省界中一大市埠……其外尤多礁沙，船路极窄。若于放鸡山等处酌增炮台，足以自固”[⑤]。清光绪末宣统初，汕头“北岸设有崎碌炮台，配洋炮三尊，南岸设有苏安炮台，配洋炮四尊，足以自固，另驻防澄海营千总一员”[⑥]。明清两代，汕头曾经发生多起重大海防战例及交涉案例，如明嘉靖三十七年（1558），倭寇犯潮州之鮀浦，攻蓬洲千户所；明万历中，倭寇再犯鮀浦；清咸丰八年（1858），《天津条约》规定汕头为通商口岸，于同治元年（1862）开埠，并设海关税务司。[⑦]

清代，除了南澳与汕头布满众多险要港湾外，神泉港（又名神泉口）

---

① （清）张之洞：《广东海图说·东路·南澳》，载《中国边疆史志集成·海疆史志》（第24册），北京：全国图书馆文献缩微复制中心，2005年，第201—202页。

② 转引自（清）罗汝楠撰，方新校绘：《中国近世舆地图说》卷17《广东·行政兵备》，宣统元年广东教忠学堂石印本，第717页。

③ （清）余宏淦：《新编沿海险要图说》卷12《潮惠沿海纪》，光绪二十九年鸿文书局石印本，第3页。

④ （清）佚名：《广东全省海图总说·东路图说》，载《清代稿钞本（四编）》（第191册），广州：广东人民出版社，2012年，第339页。

⑤ （清）张之洞：《广东海图说·东路·汕头》，载《中国边疆史志集成·海疆史志》（第24册），北京：全国图书馆文献缩微复制中心，2005年，第196页。

⑥ （清）李准：《广东水师国防要塞图说·汕头埠图说》，载《广州大典》第37辑，史部政书类，第26册，广州：广州出版社，2015年，第844页下。

⑦ （清）张之洞：《广东海图说·东路·汕头》，载《中国边疆史志集成·海疆史志》（第24册），北京：全国图书馆文献缩微复制中心，2005年，第198页。

也是重要的港湾。该港位于潮州惠来县神泉镇，是粤东重要港口，建于明嘉靖三十三年（1554），因神泉镇“地处滨海，井水尽苦，惟城东有泉水出白花岗岩中，味独甘洌，秋冬不竭”而得名。港内礁石较多，退潮之后，仅有尺许，大船航行困难。[①]张之洞称该港口为海防“次冲”。港口内潮高六尺，退潮时水深仅一尺左右，口外有沙无礁，口内礁石极多，大轮船可到泊港七八里，中小轮船均不能进口，“口门浅狭，群礁林立，防务可缓”。光绪十五年（1889）前神泉港旧有六座炮台（神泉旧炮台、东澳脚炮台、溪东炮台、赤澳炮台、石牌炮台、乌涂炮台），多为防海盗而设，“卑小无用”，废弃。[②]光绪末宣统初“驻防有巡防队三队”[③]。

二、惠州府

惠州府与潮州府在明清两代构建为广东海防“东路”，明代两府“地切唇齿，必相为犄角”[④]，光绪后更是被两广总督张之洞共同命名为“潮防”，清人著述时亦为一体，如余宏淦所作《潮惠沿海纪》。

就惠州府所辖来看，“环山濒海，豹鲸出没”[⑤]，明清时期文献提及险要港湾最多的是碣石和甲子，在清末着重提及红海湾（含鲘门港）、霞浦湾（含范和港）。明嘉靖《惠大记》记载：

> 惠郡南海之滨，国初于此屯重兵焉，曰平海、海丰、碣石、捷胜、甲子门，所以扼海道也。[⑥]

可见，从西至东沿海的平海、海丰、捷胜、碣石、甲子门均为府属险

① （清）余宏淦：《新编沿海险要图说》卷 12《潮惠沿海纪》，光绪二十九年鸿文书局石印本，第 4 页。

② （清）张之洞：《广东海图说·东路·神泉口》，载《中国边疆史志集成·海疆史志》（第 24 册），北京：全国图书馆文献缩微复制中心，2005 年，第 203—204 页。

③ （清）李准：《广东水师国防要塞图说·神泉甲子图说》，载《广州大典》第 37 辑，史部政书类，第 26 册，广州：广州出版社，2015 年，第 845 页上。

④ 嘉靖《惠志略·兵防志·营寨》，载《广东历代方志集成·惠州府部》，广州：岭南美术出版社，2009 年，第 591 页。

⑤ 崇祯《惠州府志》卷 13《兵防上》，载《广东历代方志集成·惠州府部》，广州：岭南美术出版社，2009 年，第 551 页。

⑥ 嘉靖《惠大记》卷 1《迹考上》，载《广东历代方志集成·惠州府部》，广州：岭南美术出版社，2009 年，第 12 页。

要之地，并分属于归善县、海丰县及清代陆丰县[1]所辖。清代晚期丁开嶂在其论著中谈到惠州一带的港湾情形，除了甲子口与碣石卫之外，还有红海湾及其鲘门港。他写道：

> 甲子口，口门深而狭，中多暗礁，大轮泊于口外数海里，中小轮船亦难航入，其防务可缓。再西为碣石卫，沙碛甚宽，航路浅狭非遇潮长中小轮船不能入口，泊于口外十余海里处，其防务亦觉稍轻。再西则为红海湾，口门甚宽，约三十海里，故波浪颇大，大船无寄泊者，湾之东北有鲘门港，中轮可到，觉为要紧，湾之西北有小澳港，水深二十四英尺至五十英尺，然暗礁甚多，湾口甚大，只能停泊以避北风而已。[2]

关于“碣石”，明代洪武二十七年（1394）建“卫”城（图 2-3），嘉靖四十五年（1566）在此正式设“水寨”，万历时期，倭寇曾攻陷碣石。清代余宏淦称“碣石港”，“环抱海湾，可以避风，帆船时代，颇为紧要”，“比邻香港，遥望东沙群岛”[3]，为海防要地。

图 2-3　明初《建碣石玄武山记》碑与万历《三台保障》碑

资料来源：萧国健：《关城与炮台：明清两代广东海防》，香港：香港市政局，1997 年，第 46—47 页

① 清代雍正九年（1731），析海丰县东部 3 都建置陆丰县，仍属惠州府。

② （清）丁开嶂：《中国海军地理形势论》第 57 款《粤省之各港湾》，民国元年北洋公报局铅印本，第 52—53 页。

③ （清）余宏淦：《新编沿海险要图说》卷 12《潮惠沿海纪》，光绪二十九年鸿文书局石印本，第 5 页。

光绪《广东海图说》对碣石记述的很详细，称其为海防“次冲”，属惠州府陆丰县碣石镇总兵中营管辖。海湾之内潮退时，水深仅二尺余，湾外三十余里，水深一丈八尺左右。“湾外沙渍甚宽，船路浅狭，非遇潮涨，中小轮亦难驶入，故非防守要地。其西遮浪渼、汕尾口等处，群山环拱，海湾均可避风，形势较为吃重。”“大小轮船均不能到，可泊湾外三十余里。汕尾、鲘门、稔山三港中等轮船可到，其余港湾不通大船。”清代这里曾设有大量炮台，如“浅澳、乌瞰、大德港三旧炮台在碣石一带海湾，海丰县石狮头、遮浪渼两旧炮台在白沙湾海角，可防敌船寄椗；汕尾旧炮台在墩下城东南，长沙港旧炮台在长沙港口”。[①]光绪末宣统初，仍“驻防碣石镇总兵一员，游击一员”[②]。此外，归善县平海所也是险要之地，有“稔山”海港及“大星澳”，清代在附近设有炮台，如盘沿港旧炮台在平海城东北，大星山旧炮台在平海城南，车增头旧炮台在大星山西北，此三台均可防敌船寄椗。吉头港旧炮台在稔山之东，塾头汛旧炮台在西，两座炮台仅为防海盗而设，均已圮废。清嘉庆十三年（1808），海盗船只一百余艘曾经窜至平海黄茅洋面。[③]

甲子口，明代附城西岸设甲子所城。原属海丰县所辖，清代雍正九年（1731）以后改归新设陆丰县管，属碣石镇左营管辖，为海防“次冲”。《广东海图说》记述：港口水深六尺左右，潮汐高者六尺余，港口内外礁石浮沉，凡六十处，故名甲子口。口门深且狭，中多暗礁，大小轮船均不能顺利进口，“易于设守”。居民多以海为生，大小渔船三百余艘。商船无多，只有数艘来往于香港之间。旧有西甘澳、苏公澳、东宫渡、山尾、鹿栏、湖东港等炮台，仅为防海盗而设，卑小无用，多已废弃。[④]清末“驻防有巡防队三队”[⑤]。

---

① （清）张之洞：《广东海图说·东路·碣石》，载《中国边疆史志集成·海疆史志》（第24册），北京：全国图书馆文献缩微复制中心，2005年，第207—208页。

② （清）李准：《广东水师国防要塞图说·碣石湾图说》，载《广州大典》第37辑，史部政书类，第26册，广州：广州出版社，2015年，第845页上。

③ （清）张之洞：《广东海图说·东路·稔山》，载《中国边疆史志集成·海疆史志》（第24册），北京：全国图书馆文献缩微复制中心，2005年，第208—209页。

④ （清）张之洞：《广东海图说·东路·甲子口》，载《中国边疆史志集成·海疆史志》（第24册），北京：全国图书馆文献缩微复制中心，2005年，第205—206页。

⑤ （清）李准：《广东水师国防要塞图说·神泉甲子图说》，载《广州大典》第37辑，史部政书类，第26册，广州：广州出版社，2015年，第845页上。

清末，随着国人海权意识的觉醒，近代民主革命家丁开嶂在其论著中除了谈及甲子口、碣石卫、红海湾、鲘门港外，还专题讲述了“霞浦湾”：

霞浦湾与大鹏湾相邻者也，西南跻溪角对东北之平海角，为其口门，湾内甚宽，岛屿罗列，甚得形势，而不碍行船，故停泊之处甚多，其东北角为范和港，水深二十四英尺至四十二英尺，能泊多数舰队，东西北三面皆绕陆地，能阻各风，泊船最稳，且湾口甚窄，利于设防，其西南角有一小澳，水深四十二英尺至四十八英尺，各面有陆地及岛屿绕之，泊船亦佳，此湾去省城甚近，敌船由此登岸甚为便利，我国如在南海筑设海军支港，此亦一良地也。再由省城筑军用铁路以联络之，则运需甚灵，策应亦易。我如弃而不顾，临战时敌人由此进兵，潜袭省城，亦意中事。珠江之防守且腹背受敌，不其殆乎！[①]

霞浦湾即今天广东大亚湾，与广州府大鹏湾邻近，里面有著名的范和港和澳头港。乾隆四十八年（1783），《归善县志·碧甲司图》[②]（图 2-4）在海中标有“霞涌港”一词，可见，该湾属“碧甲巡检司”军事管辖。丁开嶂根据南海形势的发展提出在此设置“海军支港”的建议，目的在于护卫省城，以便战时策应，这是丁开嶂在整个南海中除了榆林港外所提第二个军港选址。

三、广州府

明清两代，富有海洋岛屿及港湾的广州府境是倭寇及海盗肆虐出没的区域，亦是西方夷人觊觎贸易的首选。古人云，广州一府“大洋千里，盗贼渊薮”[③]，拥有众多且宽阔的珠江入海港湾，“左乳虎门，右臂香山……天生险堑，莫过于此”[④]。

---

① （清）丁开嶂：《中国海军地理形势论》第 53 款《霞浦湾》，民国元年北洋公报局铅印本，第 50 页。

② 王自强主编：《中国古地图辑录·广东省－海南省辑》，北京：星球地图出版社，2010 年，第 215 页。

③ （明）谢杰：《虔台倭纂》下卷《倭议一》，载《北京图书馆古籍珍本丛刊》（第 10 册），北京：书目文献出版社，2002 年，第 280 页。

④ （清）卫杰：《海口图说》中册《广东海口形势论》，载《中国边疆史志集成·海疆史志》（第 24 册），北京：全国图书馆文献缩微复制中心，2005 年，第 323 页。

图 2-4　《归善县志·碧甲司图》

资料来源：王自强主编：《中国古地图辑录·广东省－海南省辑》，北京：星球地图出版社，2010 年，第 215 页

清人王之春在其《清朝柔远记》一书中附有《广东沿海形势图》，其中有四幅舆图（图 2-5）反映了广州府以伶仃洋区域为核心的沿海险要形势，重要的是，舆图中配有文字说明，有助于增强对舆图的理解，现摘录如下：

> 外自小星、笔管、沱泞、福建头、大小锅山、伶竹（仃）山、旗纛屿、九洲洋而至老万山，岛屿不可胜数，处处均可樵采，在在可以湾泊。粤之贼艘，不但艚船海船可以伺劫内河，桨船、橹船、渔船皆可出海群聚剽掠，粤海之藏垢纳污者，莫甚于此。广省左捍虎门，右抱香山，而香山虽外护顺德、新会，实省会之要地；不但外海捕盗、内河缉贼，港汊四通，奸匪出没，且共域澳门，外防番舶，与虎门为犄角，不可泛视也。外洋十字门而至老万，此洋艘、番舶来往经山之标准。下接崖门、三龟、大小金、乌猪、上川、下川、戙船澳、马鞍山，此广海、阳江、双鱼之外护也。[①]

① （清）王之春著，赵春晨点校：《清朝柔远记·广东沿海形势图》，北京：中华书局，1989 年，第 434—438 页。此外，清初的陈伦炯亦有类似的表述，详见《天下沿海形势》，载（清）陈伦炯撰，李长傅校注，陈代光整理：《〈海国闻见录〉校注》，郑州：中州古籍出版社，1985 年，第 24 页。

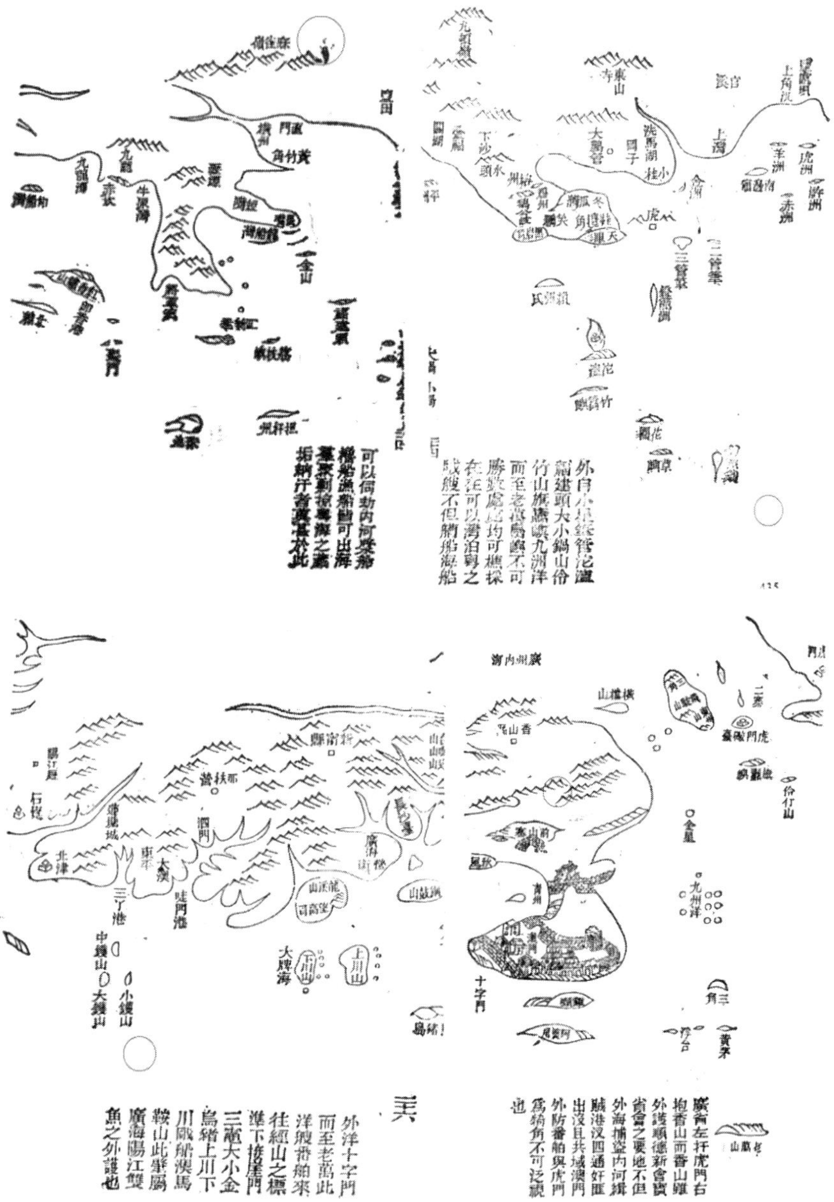

图 2-5　《清朝柔远记·广东沿海形势图》（由四幅舆图组合）

资料来源：（清）王之春著，赵春晨点校：《清朝柔远记·广东沿海形势图》，北京：中华书局，1989 年，第 434—438 页

上述诸多海岛及其周边港湾，既有港深泊大船者，亦有暗沙宜小船停泊者，都是避风补给的必经之地，有些还是外番船舶或夷船来华贸易的湾泊定所。香山和东莞（后增设新安县）作为广州府珠江口左右的滨海大县，海防地位最为重要。明代嘉靖《广东通志》记载了明代中叶广州府辖境的重要海澳：

> 各国夷船，或湾泊新宁广海、望峒，或新会奇潭，香山浪白、蚝镜澳、十字门，或东莞鸡栖、屯门、虎头门等处海澳，湾泊不一。[①]

其中，东莞的虎头门（又称虎门）和香山的蚝镜澳（澳门）最为重要，也是明清两代海防始终如一的焦点。有关虎头门的地理险要及其历史演变在此不再赘述[②]。

下面说一下澳门（明代又称之蚝镜澳），明代中叶以后政府在此海域的军事布防，很大程度上是基于“香山澳夷”因素考虑。由于澳门濒临香山，逼近广东省城，《澳门形势论》称其“将虎门几同虚守”[③]，《海口图说》更是将其称为“中土最要”[④]。

真正促使清政府重新审视澳门军事防务的是嘉庆十三年（1808）英国人觊觎图占澳门事件。由于英军入侵澳门，占据炮台，该年十一月十三日（12 月 29 日），两广总督吴熊光等急忙将澳门海防形势具折以五百里加急的速度急驰奏禀嘉庆皇帝，并随折进呈了《澳门图说》（图 2-6），主要呈现了当时英军侵入澳门后，清军与侵澳外国势力双方的军事设施及布防形势。嘉庆十四年四月二十日（6 月 2 日）新任两广总督百龄等筹议控制澳门，就加强澳门地区的防御形势、官兵驻防情况等事宜给嘉庆皇帝上奏折，并附有舆图《澳门图说》（图 2-7）。

---

① 嘉靖《广东通志》卷 66《外寇志・海寇》，香港：大东图书公司，1977 年影印本，第 1722 页。

② 具体内容见笔者《明清时期虎门的地理形势演变》相关论述（鲁延召：《明清时期广东中路海防地理研究》，暨南大学博士学位论文，2010 年，第 105—114 页）。

③ （清）李受彤：《澳门形势论》，载《小方壶斋舆地丛钞》（第 9 帙），杭州：杭州古籍书店，1985 年，第 332 页。

④ （清）卫杰：《海口图说》上册《中国海口形势总论》，载《中国边疆史志集成・海疆史志》（第 24 册），北京：全国图书馆文献缩微复制中心，2005 年，第 275 页。

图 2-6 《澳门图说》（嘉庆十三年）

资料来源：中国第一历史档案馆选编：《澳门历史地图精选》图 46，北京：华文出版社，2000 年，第 76—77 页

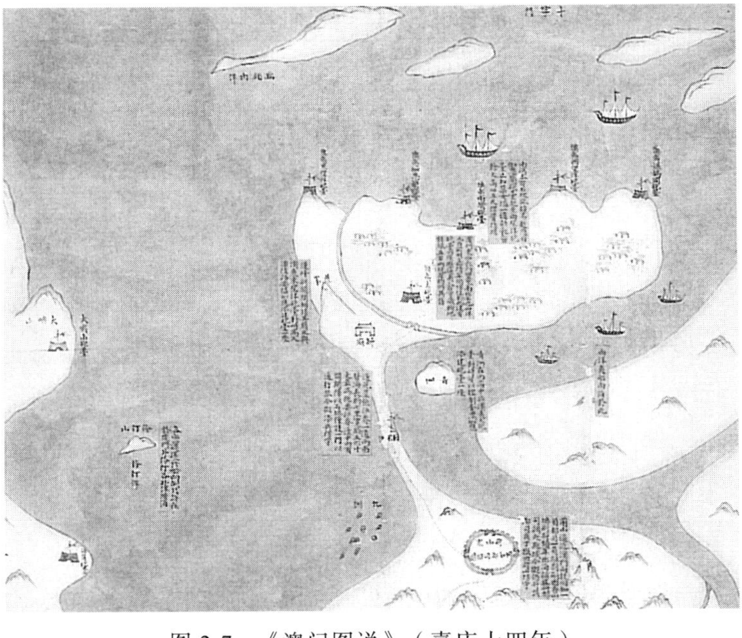

图 2-7 《澳门图说》（嘉庆十四年）

资料来源：中国第一历史档案馆选编：《澳门历史地图精选》图 45，北京：华文出版社，2000 年，第 75 页

鸦片战争时期，清政府布防澳门、虎门，组成海洋防御共同体，“尽

以重兵严守”[①]。

清代末期，丁开嶂先生专题论述了澳门的海防军事地位：

> 澳门者，位于广州海口之中央，东与香港对峙，适扼虎门口外，大西水道之右者也，此处为西人入中国占据最早之地。明万历中，法兰西人筑城市于此，寻弃之去，明季葡萄牙人以历法闻，中朝徐光启奏居其人于澳门，于是相沿呼。澳门为大西洋国嗣后，西人来华皆以澳门为东道，二百年来虽盘踞于此，犹纳地租银五百两于香山县，至光绪十三年，竟割与之，而为葡人之领土，其失策为何如乎！近年葡人又屡次侵我边境，因划界不清，频起交涉，洵中国之患也。港内则水深六英尺至二十一英尺，大舰虽在港东南约七海里停泊，而吃水二十尺以下之轮船则能驶入港内，纵无作海军港之资格，亦为敌军登岸之佳地，其东南两岸炮台林立，用心不甚深乎！[②]

引文谈到澳门港湾水浅，大军舰不能进入，不适宜做海军军港，但要防守其为敌军登陆之选，仍存在海防威胁。

东莞县除了虎门之外，另外一个海防险要之地在南头，嘉靖末年，提督两广军务吴桂芳奏言在东莞县南头地方设立“海防参将”一事，“内为省城门屏之巨防，外为海舶襟喉之要隘”[③]。于嘉靖四十五年（1566）增设水寨，驻扎兵船，以佛堂门、龙船湾、洛格、大澳、浪淘澳、浪白六处为汛地。万历元年（1573）又以南头为治所析置新安县，这与南头控扼门户的海防地理因素密切相关。[④]清代南头的海防地位已大不如明代，清前期，南头虽然设有炮台，但“国朝厚集防兵于碣石、虎门，而南头不复置戍焉”[⑤]；道光年间，

① （清）魏源：《道光洋艘征抚记》，载翦伯赞、郑天挺主编：《中国通史参考资料（近代部分）》上册，北京：中华书局，1965年，第7页。

② （清）丁开嶂：《中国海军地理形势论》第51款《澳门》，民国元年北洋公报局铅印本，第49页。

③ （明）应槚初辑，（明）凌云翼嗣作，（明）刘尧海重修：《苍梧总督军门志》卷24《奏议二·请设海防参将疏》，北京：全国图书馆文献缩微复制中心，1991年，第280页。

④ 该论点可详见笔者《海防地理学视野下官富巡检司建置沿革研究——基于广东新安县的考察》（《中国历史地理论丛》2014年第3辑）一文，作为中期研究成果内容，书稿不再赘述。

⑤ （清）杜臻：《粤闽巡视纪略》卷2，载《景印文渊阁四库全书》史部，第460册，台北：台湾商务印书馆，1986年，第1007页。

“南头台驻防左哨头司把总一员，步兵三十名”[①]；或云“南头旧炮台，在赤湾右炮台北，向设把总一员、防兵二十名”[②]。可见此处的官方防守已大不如前。

鸦片战争后，新安县的香港（岛）割让给英国，香港与澳门并列成为晚清海防的“极冲”之地。[③]关于香港一词，最早出现在明代万历初年《粤大记》中舆图的文字标识（图 2-8），舆图中从右至左依次由香港、铁坑、春硙、赤柱、黄泥涌、大潭、稍箕湾[④]七个地名共同组成今天所谓的“香港岛”。

图 2-8　《粤大记》中的早期“香港”舆图

资料来源：（明）郭棐撰，黄国声、邓贵忠点校：《奥大记》，广州：中山大学出版社，1998 年，第 917 页

① （清）佚名：《水师某将杂钞》，载《清代稿钞本（五编）》（第 249 册），广州：广东人民出版社，2013 年，第 419 页。

② （清）佚名：《广东全省海图总说·中路图说》，载《清代稿钞本（四编）》（第 191 册），广州：广东人民出版社，2012 年，第 51 页。

③ （清）张之洞：《广东海图说·中路·香港》，载《中国边疆史志集成·海疆史志》（第 24 册），北京：全国图书馆文献缩微复制中心，2005 年，第 179 页。

④ “稍箕湾”又作“稍井山”，目前有关香港岛在舆图中出现最早的实际标注（即不一定是“香港”两字）为嘉靖《郑开阳杂著》卷 8 舆图所作“梢井山”（“梢”即“稍”之误）；此外，《筹海图编·万里海防图》、万历《乾坤一统海防全图》有“稍井山”标注，清代雍正《海国闻见录》及后来摹本常标作“红香炉山”。

清人徐家幹称，香港自西北偏西，至东南偏东，长二十六里，宽七八里至十六里，旧有居民数十户，东为红香炉汛，西为赤柱汛。道光间英人居之，随山势高低为屋，分上环、中环、下环，市廛繁盛，商贾辐辏，遂为中外总汇，海舶往来，必寄椗焉。[①]余宏淦认为，香港周围险要环生，北有仰船洲，东有鲤鱼门，东南有佛堂门，“自英人开拓以来，筑坞建台不遗余力。其地又为粤闽往来要道，中外轮帆实萃于斯，而且密迩省城咽喉之地。一旦沦为异域，真有卧榻之旁他人酣睡之势。志险要者，不能不有慨于斯也”[②]。直至清末，丁开嶂先生对香港的认知更加全面：

> 香港者，不但为中国海岸之第一良商港，亦南海各港湾中最佳之海军根据地也，其港位于香港岛北端与九龙半岛南端之间，港内甚宽，水深自三十英尺至五十英尺，能泊一百万吨之舰队，且各面皆陆地及岛屿，环绕能阻各方烈风，其东水道曰鲤鱼门，水深自四十二英尺至六十英尺处均可停泊，大舰皆由此出入，西北之水道曰急水门，其水亦深，最浅之处潮退尚有二十六英尺，又大濠岛与九龙半岛间之水道，其深自九十英尺至一百二十英尺，曰拉马水道，亦通大舰之路也，又香港岛西南端之水道深四十二英尺至一百二十英尺，亦大舰通行之处。香港者，为东西洋交通之要冲，且近控珠江口门之左，故鸦片之役英乘战胜定约而占领之，近来专心谋商务之繁盛，商贾船舶麇集，为东方第一大埠，战时作海军之根据，亦良港也。[③]

可见，香港作为南海诸港湾的最佳军港的地位得到了清晚期诸多国内人士的认可。而位于香港之东的大鹏湾于光绪二十八年（1902）被英国人通过不平等条约——《香港英新租借合同》正式接管，亦成为英国租界（图 2-9），使得新安县重要的海防军事要塞“大鹏所城”失去了存在的意义。

① （清）徐家幹：《洋防说略》卷上，载《中国边疆史志集成·海疆史志》（第 23 册），北京：全国图书馆文献缩微复制中心，2005 年，第 280—281 页。

② （清）余宏淦：《新编沿海险要图说》卷 13《广肇沿海纪》，光绪二十九年鸿文书局石印本，第 1 页。

③ （清）丁开嶂：《中国海军地理形势论》第 54 款《香港》，民国元年北洋公报局铅印本，第 48—49 页。

图 2-9　大鹏湾权属中英界碑（1902 年）

资料来源：《深圳发现中英海域权属界碑 鉴证香港被割让历史》，http://discovery.cctv.com/20070615/108019.shtml，2021 年 10 月 14 日

对此，清末丁开嶂先生亦有自己的认知：

> 凤头角东北对大鹏角，为其口门，有五海里之宽湾，内广阔且四山环绕，水深岸峭为停泊佳地，西岸有沥源港，口门甚狭，港内宽广，水深自三十英尺至六十英尺，能容十万吨之军舰，口门中间小岛甚多，适为口门之蔽，若于口门及各岛择便地筑坚炮台，置大炮、修船坞于湾内，为粤海常驻兵轮之处，其形势不亚于舟山、胶州、旅顺诸港，英人据之，与香港互为联络，有事时可作军港，以保护香港之商务，则价值愈高，与俄占旅顺与大连湾互相联络正相同也。①

文中将“大鹏湾”比作“舟山、胶州、旅顺诸港”，并提到湾内有诸多小港，如沥源港，口门狭窄，但港内宽阔，提出适宜修建炮台及船坞，驻扎海军的军事防御。但遗憾的是，此时的大鹏湾（图 2-10）已划入英国租界。

---

① （清）丁开嶂：《中国海军地理形势论》第 52 款《大鹏湾》，民国元年北洋公报局铅印本，第 49—50 页。

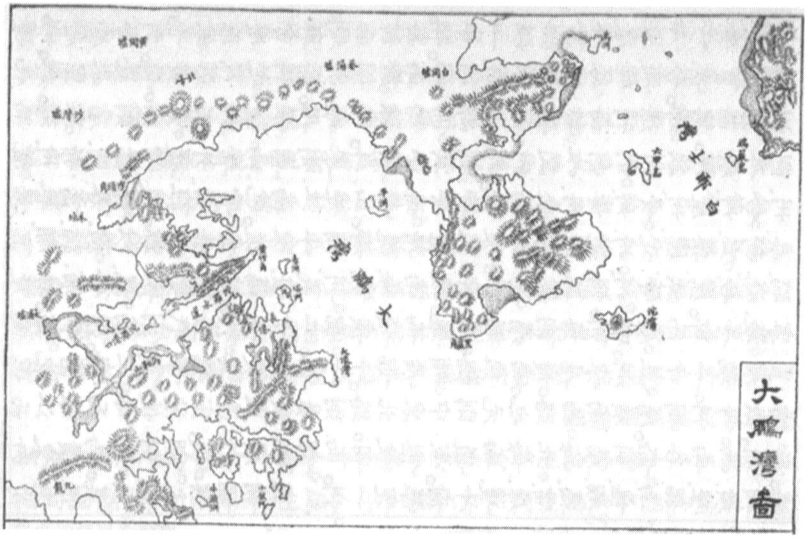

图 2-10　《中国近世舆地图说·大鹏湾图》

资料来源：（清）罗汝楠撰，方新校绘：《中国近世舆地图说》，载《广州大典》第 34 辑，史部地理类，第 29 册，广州：广州出版社，2015 年，第 720 页上

四、肇庆府

阳江县[①]是肇庆府唯一的滨海地方，“府境海防惟阳江为最切”[②]。明清文献记载的重要港湾主要有海朗港、双鱼港、北津港和海陵港。

海朗港和双鱼港是阳江的两大港湾，早在明初洪武年间已分别分设置有海朗所、双鱼所，至万历二十八年[③]（1600）左右，设立水寨，并派大量水兵战船巡防。清代，双鱼港仍设有官兵驻防，“海岸有城一曰‘双鱼’，所城在厅城西南。双鱼港内城驻县丞一员、把总二员、防兵二十名”[④]。

① 清代晚期于同治六年、同治九年、光绪三十二年，多次改升阳江县为阳江直隶厅或阳江直隶州。

② （清）顾祖禹撰，贺次君、施和金点校：《读史方舆纪要》卷 101《广东二》，北京：中华书局，2005 年，第 4653 页。

③ 海朗和双鱼两水寨的设立时间比较模糊，黄中青认为是“万历二十八年”（参其《明代海防的水寨与游兵——浙闽粤沿海岛屿防卫的建置与解体》，《明史研究丛刊》（第 1 册），宜兰县：学书奖助基金，2001 年，第 125 页）。陈贤波在其所著《重门之御——明代广东海防体制的转变》（上海：上海古籍出版社，2017 年，第 202 页）一书中亦采取此说。

④ （清）佚名：《广东全省海图总说·西路图说》，载《清代稿钞本（四编）》（第 191 册），广州：广东人民出版社，2012 年，第 229 页。

北津港位于海朗港和双鱼港之间，距离阳江治所仅三十里之隔，是阳江县的主要入海口，更是护卫县城的关键门户，明政府在万历四年（1576）于此设立北津水寨，亦派兵船巡守。十年之后，明代广东著名人士叶春及为新筑北津寨城撰写碑记，专题阐述了北津港的海防地位。该碑记摘录如下：

> 肇庆为郡，北扆万山，南传于海。而阳江县则当大海之滨。北津其要害也。东接闽，西过高雷廉，通安南，越裳海上诸番之国，估客倭寇犹门庭上往来……第所则海朗、双鱼，相去二百里，寨则南头、白鸽门，相去一千三百四十里。而北津居其中，入县仅三十里近矣。故岁调东莞戈船，发神电、阳江、双鱼、海朗尺籍丁戍戙船澳，为北津外藩，嘉靖三十五年撤戍，自此盗贼如履堂皇，一陷海朗，再陷双鱼，三寇阳江，入其郛。[①]

虽然明万历二十五年北津水寨被裁撤，但由抚民协守港澳的局面一直延续到明末。[②]有清一代，北津港设有炮台及驻防，文献记载："北津港上承漠阳江诸川渠，下游分为两港，东港曲狭出山石间，港口海底为石质。西港宽平口底为沙质，两口间拳石孤耸，上有塔，俗称'独石塔'。港左右海岸各有炮台，皆圆形，向设千总一员，防兵十七名，安铁炮十七尊。"[③]北津炮台在漠阳江口，"刑制卑小，仅防海盗"[④]。

明代海陵山（又作"海陵岛"）的重要港湾在西南的戙船澳（又作"戙舡澳"），方志记载："（阳江县西南）八十里为戙舡澳，海陵山之西南，未立北津寨时，戈舡戍此。后撤戍，寇遂深入。"[⑤]可见，在北津水寨设

① 康熙《阳江县志》卷4《艺文·新筑北津寨记》，载《广东历代方志集成·肇庆府部》，广州：岭南美术出版社，2009年，第153—155页。

② 陈贤波：《重门之御——明代广东海防体制的转变》，上海：上海古籍出版社，2017年，第200页。

③ （清）佚名：《广东全省海图总说·西路图说》，载《清代稿钞本（四编）》（第191册），广州：广东人民出版社，2012年，第230—231页。

④ （清）张之洞：《广东海图说·西路·海陵岛》，载《中国边疆史志集成·海疆史志》（第24册），北京：全国图书馆文献缩微复制中心，2005年，第238页。

⑤ 万历《肇庆府志》卷8《地理志二》，载《广东历代方志集成·肇庆府部》，广州：岭南美术出版社，2009年，第158页。

立之前，海陵山西南的戙船澳是当时水兵战船的重点巡哨之地，一旦撤销，就会成为倭寇及海盗聚集的好去处，设防可谓重要。

清代，海陵岛在肇庆府及江阳直隶厅或直隶州期间都是辖境内较为重视之地。海防地位为“次冲”，行政上属阳江直隶厅管辖，军事上属于阳江营分防。海湾之内水极深，大潮高六尺左右。东有岛礁数处，西面礁石、暗沙尤多。本港大轮船可以停泊，经常有本地商船数艘来往。“海陵山在阳江厅南大海中青崻洋面，土名闸坡。群山环拱，内为大湾，轮船可在此避风。自此西行至琼州有南北二道，北经硇州，水浅多礁，大轮难行；南经木兰头，海道较深，有铜锣、罗斗诸沙隐亘海面，必须天气澄澈，准望了然，方可行驶。若已逾午，即须在海陵收口，以待清晨过此。”[①]

海陵岛在清代设有炮台官兵，“海陵大洲，群山环海，北面淤浅，不便驶行（总称青崻洋），东面宽深，鲜可停泊，惟西南屈角成澳，利于避风寄椗（其海澳总称丰硕湾），台在西岸，崎头方形，西向负山临海，颇得势要。设把总一员，防兵十三名，安铁炮十尊。海陵炮台原建在山顶，因炮高力弱，抛线难准。咸丰九年移建墩台于东石夹，即是台也。海陵岛内驻海陵司巡检一员。此台设在海屿，扼护青崻洋外口”[②]。

值得一提的是，到了清代末期，阳江一带只有海陵山岛能引起清政府的注意，且军事防御作用大不如前：“海陵岛外始通大舟，近港常多礁，险俱非冲要”[③]；“西端水深十八英尺至三十六英尺，能泊轮船，惟港内甚狭，只容四五艘，于军事无大价值，仅供少数兵船临时避风而已”[④]。

五、高州府

明代高州府的港湾中，以电白县的莲头港和吴川县的限门港最为险要，

① （清）张之洞：《广东海图说·西路·海陵岛》，载《中国边疆史志集成·海疆史志》（第24册），北京：全国图书馆文献缩微复制中心，2005年，第238页。

② （清）佚名：《广东全省海图总说·西路图说》，载《清代稿钞本（四编）》（第191册），广州：广东人民出版社，2012年，第231—233页。

③ （清）佚名：《广东全省海图总说·西路图说》，载《清代稿钞本（四编）》（第191册），广州：广东人民出版社，2012年，第229页。

④ （清）丁开嶂：《中国海军地理形势论》第57款《粤省之各港湾》，民国元年北洋公报局铅印本，第53页。

由于倭寇及海盗常来进犯，明政府先后于隆庆六年（1572）、万历二十九年（1601）分别设立莲头水寨和限门水寨，并驻派水兵战船巡守，军事防御上两水寨“互为犄角”。[①]

莲头港，在电白县城南面莲头西角。明代胡宗宪幕僚郑若曾认为，莲头港“为本府之南翰，兵符重寄，不当托之匪人，以贻保障之羞也”[②]。康熙《电白县志》亦云：“（莲头港）下通雷琼，南连福建，艚料倭夷，港外丝绸经历，是亦险要之门户。”[③]可见，该港在明代海防地位之高。入清以后，作为海防重地，莲头港很少被单独提及，而更多的是被放在了“水东”的范畴。

水东，行政上属高州府电白县管辖，军事上属于北海镇右营管辖。港口宽仅三四丈，水深仅八九尺，大潮高六尺余。港口之内暗礁甚多，东南有大放鸡山、小放鸡山两岛。“水东为高郡总口，商民辐辏，海陆要冲。惟口门沙浅礁多，船路极狭，非得土人带水，断难深入，尚易设守。”[④]本港大型轮船不能到达，经常有本地商船十余艘，渔船二十余艘停泊。而此时莲头港不仅设有炮台，而且也逐渐发展成为“电白港”，至清晚期“乃舰艘麇集之所，菁华之所萃也”[⑤]，为外洋互市之地。

限门港，是海上航行的必经之地，也是高州府的“冲要”之地。文献称该港“纳三川之水入于海，水道曲狭，若潮满风急，舟楫不敢入”，因此称之为“限门”。[⑥]明末崇祯时期，限门港“每岁三四月间，闽艚贩籴数百人，如风雨之骤至。人非土著，奸伪易滋”[⑦]。可见该地外地商船聚

① （明）盛万年：《岭西水陆兵纪》卷上《为申严条约以肃军威、以固海邦事》，载《北京图书馆古籍珍本丛刊》（第51册），北京：书目文献出版社，2003年，第643页。

② （明）郑若曾撰，李致忠点校：《筹海图编》卷3《广东事宜》，北京：中华书局，2007年，第245页。

③ 康熙《电白县志》卷1《舆地志》，载《广东历代方志集成·高州府部》，广州：岭南美术出版社，2009年，第23页。

④ （清）张之洞：《广东海图说·西路·水东》，载《中国边疆史志集成·海疆史志》（第24册），北京：全国图书馆文献缩微复制中心，2005年，第223页。

⑤ （清）丁开嶂：《中国海军地理形势论》第57款《粤省之各港湾》，民国元年北洋公报局铅印本，第53页。

⑥ 万历《高州府志》卷2《戎备》，载《广东历代方志集成·高州府部》，广州：岭南美术出版社，2009年，第31页。

⑦ （明）冒起宗撰：《拙存堂逸稿》卷6《文剩图说·限门寨海港图说》，载《清代诗文集汇编》编纂委员会编：《清代诗文集汇编》（第6册），上海：上海古籍出版社，2010年，第223页。

集的情形。清代，限门港筑有炮台，海防地位更加重要，“（限门港）承吴江大渠，曲向东南注海，其口颇宽。当口有石限（土人谓之板沙），潮退则见露石如齿、喷浪成沫，大船不能进。旧筑炮台二座，西台久废，基址无考，东台略存，遗垒在港左，外口石限之傍，切近海滨。东台向设千总一员，防兵二十名，西台向设把总一员，防兵二十名。今俱调防他所。台亦锈坏另储”[①]。但从大的海防范畴看，张之洞在《广东海图说》中把限门视为硇洲部分。

硇洲属高州府吴川县阳江硇州营管辖。硇州四面均有礁石隐没，东北有沙亘一道，尤为险要。西南 6 里有沙长而窄，潮退时极浅。西南 40 里有沙滩，宽至 10 里，东北风盛发，船易搁浅。又西南有沙亘一道，隐伏海中。“硇州孤悬海中，为省城往来廉、琼要道，礁岛环立，可称奇险。其西南五十余里，曰行口，轮船于此候潮而过，必须测准山向，方可行驶”[②]。本港经常停泊本地商船数艘，渔船近百艘。硇州东面有北港、南港旧炮台两座。

六、雷州府

清人余宏淦在考察广东沿海险要时，曾经说道：“粤东一省沿海四千余里，险要数十处，实有防不胜防之虑，即以高、雷、廉、钦四属计之，沿海亦有千五百里。且雷州一府伸入海中，三面皆海，一处有警，全局震惊。”[③]可见，在广东西部海防中，雷州府由于半岛地形，需要格外警惕。雷州半岛中，“海康、徐闻、遂溪三县都滨海，港口众多”[④]，明代文献记载其沿海冲要之处众多：

白鸽寨东起北津，西接涠洲，西南与白沙相望，南临大海，上下

① （清）佚名：《广东全省海图总说·西路图说》，载《清代稿钞本（四编）》（第 191 册），广州：广东人民出版社，2012 年，第 245—246 页。

② （清）张之洞：《广东海图说·西路·硇洲》，载《中国边疆史志集成·海疆史志》（第 24 册），北京：全国图书馆文献缩微复制中心，2005 年，第 227—228 页。

③ （清）余宏淦：《新编沿海险要图说》卷 14《高雷廉钦沿海纪》，光绪二十九年鸿文书局石印本，第 7 页。

④ 康熙《海康县志》上卷《地理志》，载《广东历代方志集成·雷州府部》，广州：岭南美术出版社，2009 年，第 14—15 页。

> 八百余里，实海外巨防也……其上游之险要者则硇洲，突起中流，周遭四十余里，内有泉水，倭奴必由。次则揭沙，内颇宽平，先年海寇许恩据以为窟，此则倭奴聚泊之处。次则沙头洋、广州湾、白鸽门、淡水、厄头，为雷阳门户。次则通明港，可达雷州。次而遂溪之北艾头、旧县。次而锦囊所之北利门、仓头，次而海安所之东湾，皆不容不守。①

在上述 10 余处港湾险要之中，白鸽门最为突出。明代嘉靖四十五年（1566），提督两广军务吴桂芳奏请于遂溪、海康两县分别设置有白鸽门水寨和乌兔水寨，驻防大量兵船巡守人员，其中乌兔水寨不久于万历四年（1576）因“僻在海角”而被裁撤，白鸽门水寨则在明代为常设。②

入清以后，徐闻县管辖的海安所（又名海安港）成为清政府海洋防御的重点，张之洞在《广东海图说》中说该港口较浅，大潮高 6 尺有余，潮落时见底。附近海中隐伏沙线，中等轮船可以抵达，大型轮船不能行驶，港内有中小商船数十艘，并提出“海安为雷郡门户，口门两山对峙，关钥谨严，颇得地势，可资防守”③的军事设想。

广州湾最初是指高州府南部吴川县几个岛屿形成的一个海澳，后延伸为今天湛江港周边海域部分是海盗猖獗的藏身之所。④早在明代嘉靖年间《筹海图编》有提及“兵符重寄，不当托之匪人”，《岭海舆图》最早标出该处。清代嘉庆年间，广州湾一直是盗贼郑一、吴十一指、乌石二的老巢和据点，明确标有“广州湾”（图 2-11）。嘉庆十年七月这里爆发了一场“广州湾之战”（图 2-12）。⑤

---

① 万历《雷州府志》卷 13《信地》引《粤东兵制》，载《日本藏中国罕见地方志丛刊》，北京：书目文献出版社，1990 年，第 358 页。

② （明）应槚初辑，（明）凌云翼嗣作，（明）刘尧诲重修：《苍梧总督军门志》卷 26《奏议四·酌时宜定职掌以便责成以重海防疏》，北京：全国图书馆文献缩微复制中心，1991 年，第 309 页。

③ （清）张之洞：《广东海图说·西路·海安所》，载《中国边疆史志集成·海疆史志》（第 24 册），北京：全国图书馆文献缩微复制中心，2005 年，第 223—224 页。

④ 唐有伯：《广州湾地名考辨——明清方志舆图中的广州湾》，《岭南师范学院学报》2015 年第 4 期。

⑤ （清）卢坤、邓廷桢主编，王宏斌等点校：《广东海防汇览》卷 42《事纪四》，石家庄：河北人民出版社，2009 年，第 1032—1033 页。

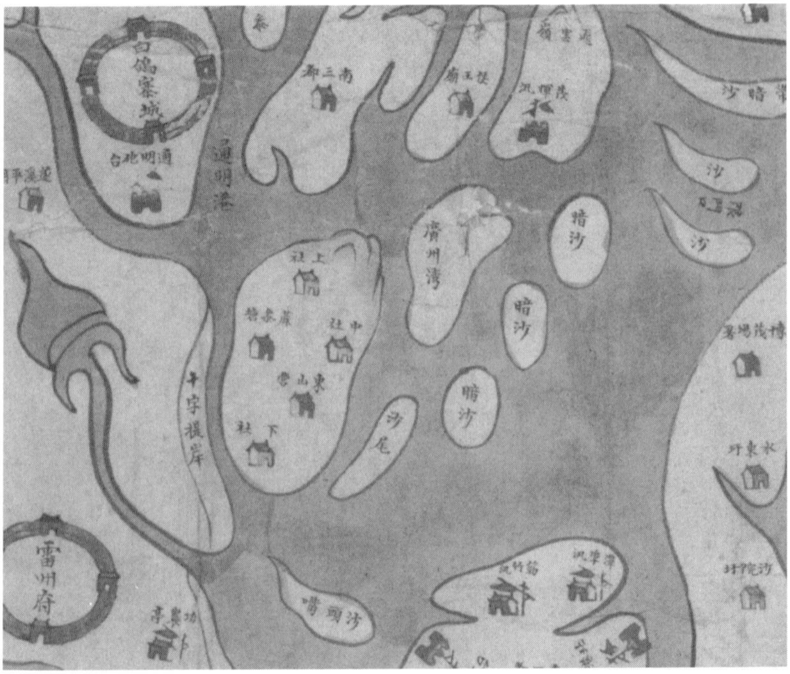

图 2-11　嘉庆年间《广东通省水道图》（广州湾局部放大）

资料来源：林天人：《皇舆搜览——美国国会图书馆所藏明清舆图》，台北：台湾“中央研究院”数位文化中心，2013 年，第 281 页

图 2-12　19 世纪初围剿海盗图

资料来源：谭广濂：《从圆方到经纬：香港与华南历史地图藏珍》，香港：中华书局，2010 年，第 96 页

广州湾本身不具备成为军港的自然条件，直到晚清光绪年间才真正成为广东海防的一个焦点。光绪二十四年（1898），法国人效仿德国强租广州湾，广州湾成为法国的租界（图 2-13），此时，清政府意识到该港湾的重要性，其海防地位异军突起。文献记载：

广州湾，法国之租界也。光绪二十四年，法人效德人索胶州湾之尤，亦索广州湾，当时政府以麻头汛予之，法兵轮至此，察其地，系沙土，无物产，且不便停泊，遂任意驶入内港，至海头汛登岸，树旗湾内甚宽，水深十八英尺至三十英尺，湾前有东海岛，分水道为二，东水道之深由十八英尺至二十四英尺，大舰不能出入，西水道深六英尺至十二英尺，只行小轮。如以此湾为海军根据地，必加修浚而后可。虽不能作大军港，然法人得此，则得步进步扩张之，领土之基础立矣。①

图 2-13 光绪年间《皇朝直省舆地全图》（广州湾局部放大）

资料来源：该图为清光绪廿二年（1896）黎佩兰所绘，现收藏于美国国会图书馆，并收录于台北林天人教授所辑《皇舆搜览——美国国会图书馆所藏明清舆图》（台北：台湾“中央研究院”数位文化中心，2013 年，第 99 页）

① （清）丁开嶂：《中国海军地理形势论》第 54 款《广州湾》，民国元年北洋公报局铅印本，第 50—51 页。

七、廉州府

有明一代，廉州府“西距交趾”“南守珠海”，防海的对象有二：一是来自交趾、占城的贼船；二是屡禁不止盗采珍珠的“珠盗”。前者的冲要之处在与交趾交界的钦州乌雷岭、龙门江等地，后者则在切近珠池的合浦的白龙墩及东西八寨。[①]其中“龙门”形成的港湾对清代的军事防御仍延续着影响。

清代两广总督张之洞将广东西路海防命名为“廉防”。从文献记载来看，清代该防区的港湾在军事开发价值上远远高于明代，其中重要港湾有北海港、龙门岛澳、白龙尾、东兴北仑河口、海安所等。文献记载：

> 北海港，在廉州府之极南，港内水深十二英尺至十八英尺，中等以上之军舰须在港外三四海里处停泊，中等轮船可驶至湾内，口门西南向，东南北三面皆绕陆地，便于避风，虽为一小商埠，亦敌队登岸之佳处也。再西为龙门岛，其下可泊大轮船，中等轮船能行至猫尾海。再西为白龙尾，亦能停泊大轮，两地皆有炮台以扼守焉。再西则为北仑河口，东兴扼其口，门之左与越南之芒街隔水相对，为大轮船停泊处，关系最为重要。[②]

在清代这些重要港湾中，广东西路海防形式拟分三段：“东段巉崖峻阪，崎澳环复，内无繁富津埠，外有礁角之险；中段广圻斜伸，形类曲肘，对值琼岛，当海南通津；西段惟北海、龙门、白龙湾素称繁要，余皆平沙漫衍，颇少湾澳，海船难以停泊。”[③]由是可见，北海、龙门、白龙湾是廉州最佳泊船之地。

其中，北海港在清代作为“通商港口”而成为海防“极冲”之地，属廉州府合浦县新设北海镇总兵左营管辖。港西面有浅沙一道，自北而南，

① 陈贤波：《重门之御——明代广东海防体制的转变》，上海：上海古籍出版社，2017 年，第 39—40 页。

② （清）丁开嶂：《中国海军地理形势论》第 57 款《粤省之各港湾》，民国元年北洋公报局铅印本，第 53 页。

③ （清）佚名：《广东全省海图总说 · 西路图说》，载《清代稿钞本（四编）》（第 191 册），广州：广东人民出版社，2012 年，第 227 页。

退潮见底。大型轮船可以到达北海，小型商船可以到达廉州。本港大小商船数十艘，渔船数十艘。北海地处偏僻，仅水道可通广西玉林，由黔江上达云贵。根据光绪二年（1876）中英《烟台条约》，北海开埠，商贾走集，日渐繁盛。“其地为廉郡门户，与越南海防相距仅一日水程，彼近我远，有事难于援应。其外，冠头岭一带，正当轮船来路，尚扼要冲。”[①]

到了清末，北海对廉州来说具有最高的军事防御价值，关系到整个廉州的门户安全，“统核全省要口，宜设炮台，辅以水师轮船者，莫如……廉州之北海”，“廉州内流为廉江，外口亦通商码头。西人名曰北海，其口外有沙礁，轮船必停泊于二里外，北海内海湾水底，当日打有三十密达深之木桩，固可横阻敌船。然北海不建炮台，敌究无惧。且外有大蓬莱岛，尤必预为防守。倘一旦为敌人占据，则廉州吃紧矣”。[②]

八、琼州府

琼州府（海南岛）四面环海，明代中叶至清雍正时期，属于广东海防“西路”分守，清雍正末嘉庆初开始从属海防分路“西下路”，张之洞主政广东的光绪年间完全独立为“琼防”。[③]明万历年间的《琼州府志》对其境内港湾有详尽的描述：

> 郡城北十里，曰白沙港，宋设水军，赵汝珞拒元兵于此。国朝隆庆初，始设白沙寨，兵船防守，与海口唇齿相通，凡大舟商船皆住泊焉，是琼泊之咽喉也。东六十里，曰铺前港。深广可容商船，凡倭寇贼船常从此入，即李茂澳党住泊为患处，势与白沙相倚，是琼治之胸项也。铺前东去二十里，至文昌白峙澳；四十里，至木兰澳；五十里，至急水门；八十里，至抱虎湾；一百里至抱陵港；不数里，至铜鼓角

① （清）张之洞：《广东海图说·西路·北海》，载《中国边疆史志集成·海疆史志》（第24册），北京：全国图书馆文献缩微复制中心，2005年，第211—212页。

② （清）罗汝楠撰，方新校绘：《中国近世舆地图说》卷17《广东·行政兵备》，宣统元年广东教忠学堂石印本，第717—718页。

③ 关于具体的广东分路巡防问题，可参见鲁延召：《明清时期广东中路海防地理研究》，暨南大学博士学位论文，2010年，第35页。

> 一带。以来常有贼舟湾泊，登岸取水，乘间暴掠。至于清澜一港，海门宽阔，水道委蜒，内达文昌县治，外通大海七洲洋，贼船倭寇顺风南抵，此其先据，盖琼之肘腋，最宜加关防者也。清澜南去六十里，至冯家湾；四十里，至会同哆南；八十里，至乐会博敖。屡被寇害，其为要地，更当备守。八十里，至万州那鹿港。那鹿出外洋，有南北二澳，贼船常此取水。四十里，至大塘湾；六十里，至旧陵水；三十里，至牛头岭，突出海口；六十里，至桐栖盐水港；六十里，至黎庵港，四十里，至琅玡澳，六十里，至榆林港，常有贼船寄泊，遇警便于各处防之。惟三亚一港，东至万州，西达昌化，东南风发时，有大泥诸番沿海登岸，抢夺滨民，最宜防守。①

上述港湾多达20处，依次为：白沙港、铺前港、白峙澳、木兰澳、急水门、抱虎湾、抱陵港、铜鼓角、清澜港、冯家湾、那鹿港、南北二澳、大塘湾、桐栖盐水港、黎庵港、琅玡澳、榆林港、三亚港。其中，白沙港、铺前港、清澜港、那鹿港、三亚港五个港湾，当时最为险要。事实上，白沙港在明代隆庆时期已设置有白沙水寨（广东省早期六大水寨之一），驻防水师舟船。

清代光绪时期琼州府独自成“南路”（“琼防”），说明其海防地位上升到空前的战略高度。虽然诸多文献提及的重要港湾没有明代那么多，但重点更加突出。张之洞《广东海图说》及余宏淦《新编沿海险要图说》提到的重要港湾有8个，即海口所、铺前所、青蓝港（青兰港）、陵水口、桐栖港、榆林港、大蛋港、洋浦港，数量上不及明代万历时期的一半。大致到了清末宣统时期，文献所提港湾只有3个，如“琼州一岛，当西洋南来之冲。外蔽越南，内护广州，沿海共二千余里，其青澜、榆林、洋铺三港，尤以水深，足通轮舶。盖南路海防，此亦未可忽也”②。李准《广东水师国防要塞图说》中琼州府所属港湾亦只有3个：榆林港、琅玡湾和三亚港。

① 《万历琼州府志》卷8《海黎志》，海口：海南出版社，2003年，第393—394页。

② （清）罗汝楠撰，方新校绘：《中国近世舆地图说》卷1下《总论·海岸》，宣统元年广东教忠学堂石印本，第534页。

明清两代沿海险要变化如此之大，清人罗汝楠已有解释："以今日言中国地理，非折衷中外图书以为证据，卒难免不完不备之议。如同一海岸，昔为人迹不到者，一辟为商埠而转属繁盛之区矣；同一地势，昔为有险可守者，一许其通航而转为荡平之路矣。此则外人所至。"[①]正是经历了明代倭患、清代西夷的不断侵扰以及明清两代无法根绝的海洋匪患，这些港湾险要在历史长期的选择中才产生了些许变化。

不过，琼州沿海尽管港湾众多，但多数"口门狭窄""港内水浅"，不便停泊大船，能够停泊船只的寥寥无几。其中，榆林港（图 2-14）为"极冲"，最具军事价值，是中国最南部的优良港湾，由于法国人的长期觊觎，需要重点防范。文献记载：

> （琼州）其海港多有泊船佳处，北以海口所为咽喉，南以榆林港为门户，而榆林又胜于海口，水土甚佳，口门甚窄，群山环抱，内港宽深，可泊大兵轮十余艘、中小兵轮二三十艘，最为良港。法人久已垂涎，当日俄之战，光绪三十一年，俄波罗的海舰队东来，尝寄椗于此，中国兴复海军如欲在南海域中建设军港，须于此处修船坞、筑炮台、屯驻大军，可以扼欧洲东来之途，其形势不可大恃哉！[②]
>
> 此港（指榆林）于洋务未兴之前，视为寻常港口，故未设营汛驻守，后张南皮（此指张之洞）督粤时，适越南法衅起，因饬琼州镇、道酌派练军勇营前往择要驻扎，以资巡察焉。[③]
>
> 榆林港，口门外海面宽百余丈，中泓水深处宽五十余丈，深三丈，港内水土特产佳，往来轮船，咸于此取水，海岸曰榆林角，群山簇抱，口门甚窄，口内极为宽深，可泊大兵轮十余号，中小轮二三十号，现拟于口门两旁东山之乐道岭、西山之独田等处用新式创建坚台，并酌

① （清）罗汝楠撰，方新校绘：《中国近世舆地图说》卷首《序》，宣统元年广东教忠学堂石印本，第 500 页。

② （清）丁开嶂：《中国海军地理形势论》第 55 款《琼州湾》，民国元年北洋公报局铅印本，第 51 页。

③ （清）余宏淦：《新编沿海险要图说》卷 15《琼州沿海纪》，光绪二十九年鸿文书局石印本，第 3 页。

配大炮，以资守御，且于中泓渟蓄处，建立船澳，以备有事时兵船收口停泊之用。[①]

图 2-14　清代榆林港图

资料来源：（清）罗汝楠撰，方新校绘：《中国近世舆地图说・榆林港图》宣统元年广东教忠学堂石印本

由于南海适宜作军港的港湾很多被西方列强所强租，丁开嶂在此提出了打造榆林港为南海舰队军港的主张，就在清政权覆灭不久的 1912 年，孙中山先生亦提出了将榆林港建设为海军基地的思考："该港（榆林港）广袤，能容巨舰，可以避风，外有诸小岛环之，为天然海军根据地。"[②]可见当时国人的海权意识已大为增强。

① （清）罗汝楠撰，方新校绘：《中国近世舆地图说》卷 17《广东・形势》，宣统元年广东教忠学堂石印本，第 717 页。清代李准《广东水师国防要塞图说・榆林港图说》（载《广州大典》第 37 辑，史部政书类，第 26 册，广州：广州出版社，2015 年，第 847 页上）有类似表述。

② 中国社会科学院近代史研究所中华民国史研究室、中山大学历史系孙中山研究室、广东省社会科学院历史研究室合编：《孙中山全集》（第 2 卷），北京：中华书局，1982 年，第 564 页。

第二节 舆图文献中的明清广东水师战船

“海防必藉于舟，舟，固水兵命脉也”[①]，“夫海上之战，先斗船，次斗器与人。无船，则人与器皆无所用之矣”[②]。无论是近海还是远海，要做好防御，战船是必不可少的。战船的强弱是衡量一个国家海上实力的重要尺度。

舟船对于广东有着天然的优越性。作为濒海的南越先民，早在旧石器时代后期及新石器时期便已懂得使用舟楫开展水上活动，截至目前，广东是出土“独木舟”是最多的省份，且“越人善用舟”“粤人善操舟”，有“铁船纸人，纸船铁人”之说。[③]可见，广船的历史非常悠久。

“广船”的正式提法始见于明代的《纪效新书》，广船又称广东船，种类众多，因创制于广东而得名。[④]从研究的范畴来看，泛指广东建造的战船和广东民船改造后的战船统称，如新会尖尾船、横江大哨，东莞的大头船、快蟹船等战船（图 2-15—图 2-18），也有东莞乌艚、黑楼、米艇、大头艋等民船。[⑤]

明朝以前的古代中国没有遇到实质意义上的海洋威胁，直到明代“抗倭”，海上战船就显示了其在海洋军事防御中的重要地位。嘉靖年间，“专设备倭巨舰以时修造”[⑥]，“备倭船”成为专业抵御倭寇的特殊战船。据学者研究，嘉靖二十四年（1545）曾有 110 艘横江船参加戚继光的抗倭水师，大大增加了戚家军的战斗力。[⑦]这里的横江船即是横江大哨，广之“蒙冲”战舰（图 2-19），为广州新会县所产，充分体现了广船在对倭作战中

① 万历《雷州府志》卷 13《兵船》，载《日本藏中国罕见地方志丛刊》，北京：书目文献出版社，1990 年，第 357 页。

② （明）陈子龙等选辑：《明经世文编》卷 479《黄中丞奏疏·条议海防事宜疏》，北京：中华书局，1962 年，第 5272 页。

③ （清）屈大均：《广东新语》卷 18《舟语·操舟》，北京：中华书局，1985 年，第 476—477 页。

④ 张铁牛、高晓星：《中国古代海军史》，北京：解放军出版社，2005 年，第 181 页。

⑤ 《筹海图编》《武备志》《三才图会》《登坛必究》中都有广船的舆图，其中《筹海图编》时间最早，后面 3 种文献的舆图中丰富了文字说明，其中《三才图会》明确了大头船和尖尾船亦系广船，《武备志》与《登坛必究》在舆图中对广船特点作有说明，即“两旁（傍）搭架摇橹，风篷柁制俱与福船不同”。

⑥ 雍正《广东通志》卷 23《兵防志》，载《景印文渊阁四库全书》史部，第 562 册，台北：台湾商务印书馆，1986 年，第 817 页上。

⑦ 金行德：《广东船研究》，广州：广东旅游出版社，2012 年，第 103 页。

独特的优势和魅力。

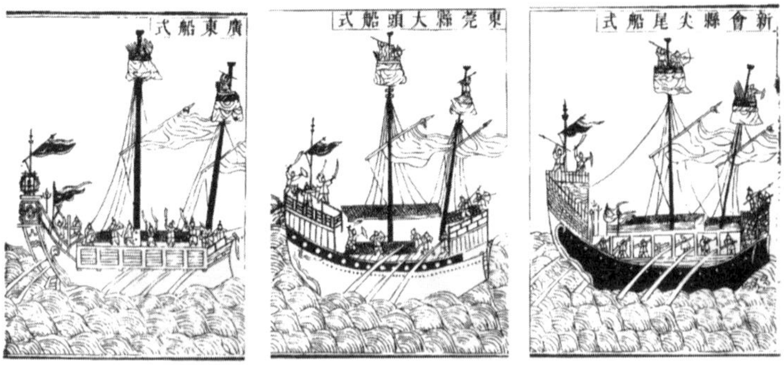

图 2-15　《筹海图编》中的广船

资料来源：（明）郑若曾撰，李致忠点校：《筹海图编》卷 13 上《经略五・兵船》，北京：中华书局，2007 年，第 858—860 页

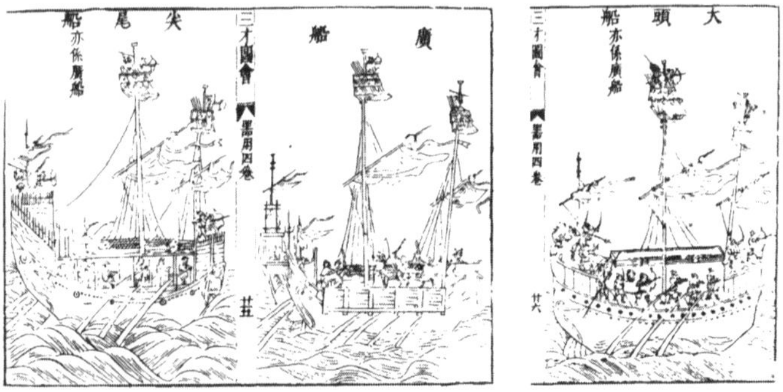

图 2-16　《三才图会》中的广船

资料来源：（明）王圻、王思义辑：《三才图会》器用卷 4，载《续修四库全书》（第 1234 册），上海：上海古籍出版社，2002 年，第 274 页

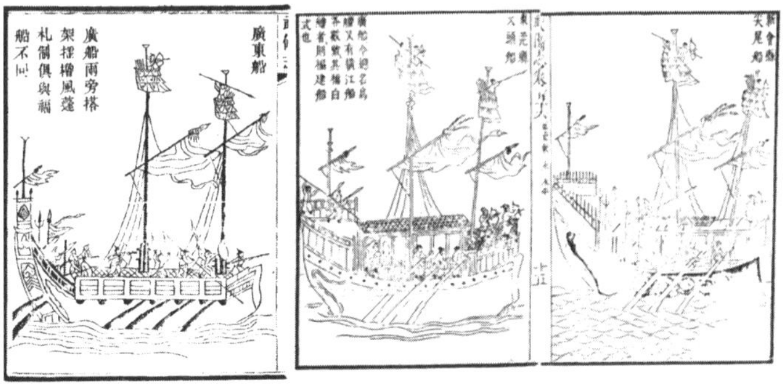

图 2-17　《武备志》中的广船

资料来源：（明）茅元仪：《武备志》卷 116《军资乘・战船》，台北：华世出版社，1984 年，第 4772—4774 页

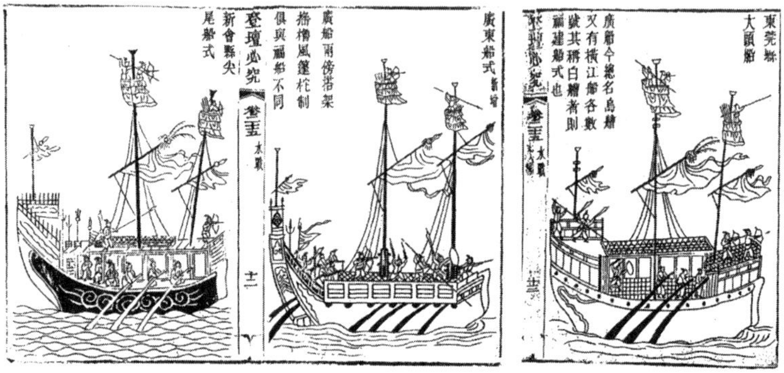

图 2-18　《登坛必究》中的广船

资料来源：（明）王鸣鹤：《登坛必究》卷 25，载《续修四库全书》（第 961 册），上海：上海古籍出版社，2002 年，第 225 页

图 2-19　《武备志》中的“蒙冲”（广船的一种）

资料来源：（明）茅元仪：《武备志》卷 116《军资乘 · 战船》，台北：华世出版社，1984 年，第 4762 页

“一方海域养一方船”，海域自然环境的不同使得不同地区的船舶形制特点亦有差异。广船是在人类历史长期发展过程中根据广东沿海自然形势逐步改良形成的。针对中国东南沿海七省广船、福船、浙船的形制不同，古人早已有明确说法。详如下：

> 闽、广、浙直船制各异。而不知其所以异者，由于海势之不同也。广东船制两旁设架，便于摇橹。福建船制其旁如垣，其篷用卷，便于使风。浙直船制平底布帆，便于荡桨。此船制之异也。所由然者。福建海水最深，各信地俱近外洋，一望无际，纵有海岛如浮柩之着水耳，故有风时多，无风时少，顺风则使风，逆风则戗风，此福船所由制也。

> 广东自出五虎门，上及大鹏，下及北津以西，俱有海屿，或断或续，联络于外，商船往来，多从里海，且风气和柔，全使摇橹，此广船所由制也。浙直海水深处固多，浅处时有，近岸平沙或数十里，潮长水深处寻丈，潮退仅可尺许，故叭喇唬、沙船专事荡桨，此浙直之船所由制也。若易地则风水不同，其制亦当少异。推此，而山东以北，危矶暗沙往往有之，船制又不可执此例彼矣。①

文中古人对广东船式“两旁设架，便于摇橹”的特点与浙船及福船作了对比。这一特点与广船的“开孔舵”有着密切关系。

今天我们可以总结出广船有四大特征，即“下窄上宽”“铁力木为之”“开孔舵”“扇形帆”。②古人云：“风信潮汐，哨巡之先务也。”③风力和潮水对海上行船影响很大。广船通常具有较大的进水角，故在外海摇摆，但回复力矩大，不易倾覆。中帆面积大，有开孔舵，操舵方便、灵活性好。

此外，广船以铁力木为主原料，“置造船器，钉之费倍于线、锁”④，非常坚固。与福船等其他区域战船相比胜在抗撞击，在抗倭战斗中更是“盛气凌人”。《筹海图编》云：“广船视福船尤大，其坚致亦远过之。盖广船乃铁栗木所造，福船不过松杉之类而已。二船在海若相冲击，福船即碎，不能当铁栗之坚也。倭彝造船，亦用松杉之类，不敢与广船相冲。”⑤

铁力木又作铁栗木或铁梨木，不仅质地坚硬如铁，而且防虫性、耐腐蚀性强，是建造海船的理想材料，据研究，铁力木比重 1192 千克/米^3，强度 1742 千克/厘米^2，硬度 2030 千克/厘米^2。铁力木强度高，耐用好，但

---

① （明）范涞：《两浙海防类考续编》卷 10，载《四库全书存目丛书》史部，第 226 册，济南：齐鲁书社，1996 年，第 604 页。又见（明）郑若曾撰，（明）邓钟重辑：《筹海重编》卷 12《经略四》，载《四库全书存目丛书》史部，第 227 册，济南：齐鲁书社，1996 年，第 230 页。

② 金行德：《“广船”是航行南海的最佳船舶》，《广东造船》2015 年增刊，第 4—6 页。

③ 乾隆《南澳志》卷 8《海防 · 风信潮汐》，载《广东历代方志集成 · 潮州府部》，广州：岭南美术出版社，2009 年，第 85 页。

④《广州府南海县饬禁横敛以便公务事碑》（崇祯八年），载广东省社会科学院历史研究所中国古代史研究室、中山大学历史系中国古代史教研室、广东省佛山市博物馆编：《明清佛山碑刻文献经济资料》上编《碑刻》，广州：广东人民出版社，1987 年，第 13 页。

⑤（明）郑若曾撰，李致忠点校：《筹海图编》卷 13 上《经略五 · 兵船 · 广东船图说》，北京：中华书局，2007 年，第 857 页。

自重大，用来制作重要的船件（如龙骨、肋骨、舵杆、桅杆等）最为理想。但在国内只产于广东、广西及云南南部地区，非常难得。两广及云南地区曾是中国树木生长茂盛的地域，品种繁多，既有热带雨林坚硬如铁的铁力木（铁木）、櫶木，又有适应地域广阔的松杉之类，这些木材为建造船舶提供了丰富的资源。而广船之所以声名鹊起，是和铁力木有着很大关系的。今天广西合浦汉代文化博物馆仍有古船舶龙骨遗存，由铁力木制成，年代不详（图 2-20）。

图 2-20　岭南古船舶铁力木龙骨遗存，周孝雷拍摄提供

需要注意的是，一些提法带有误导性，如说福船是松杉之类，而广船是铁力木为之。其实广船的制作木材也多为松杉，只是在某些部位、某种船舶中（如用以冲撞的战船）高强度的木材（如铁力木）才用得比较多些，而绝非全为铁力木建造。

广船凭借优秀的船型结构、造船材料，再配合舵和帆发挥其特性和作用，适宜远航。也正是由于广船有着诸多优点，明代的广船才经常借调至其他区域用于抗倭及防盗，如明代隆庆年间，时常有浙江南直隶诸多省份租募广东艚船御倭患的情况。[①]有明一代，广船的发展达到了鼎盛时期。

① 《明神宗实录》卷 2“隆庆六年六月乙亥”条，台北：台湾“中央研究院”历史语言研究所校印本，1962 年。

清代的广东船种类数量繁多，据今人统计，多达百余种，有的是明代船舶的延伸，有的是新的船种。除了常见的广东大帆船、艚船、缯船、米艇、拖风船、红头船、罗咋、青头船、七艕、包帆、拖缯船、虾蛄船、红单船、赶缯船、横江大哨、乌艚之外，还有草乌船、潮州海船、五肚、潮州海河两用船、两桅六桨、四肚、大圆尾、大乌底、大斗头、母子式红鱼钓船、横拖、海南拖风、快蟹、八桨船、虾苟船、涂漕船等，都属于广船的范畴。虽然名目繁多，但是诸船种大同小异，纯属互相借用。[①]与船只数量变化一样，随着水师任务的不同、海洋地理环境的变化、地方事务的繁简，以及海防态势的需求，不同时期采用自认为适合的船型。[②]

清代初期，清政府继承了明朝的战船，主要是鸟船、赶缯船和艍船。[③]雍正时期，政府的主力战船是赶缯船、水艍船、双篷船、快哨船。[④]乾隆时期，主力战船调整为赶缯船、艍船、哨船、艕仔船、乌舭船、拖风船。[⑤]嘉庆、道光时期逐渐以米艇、赶缯船、艍船、捞缯船、拖风船、橹船、桨船、急跳船、哨船、龙艇、巡船等为主。[⑥]其中，嘉庆时期由于赶缯船、艍船相比东莞所产民船米艇笨重，行动不灵活，因此，米艇逐步取代赶缯船与艍船担任广东水师主力战船的角色。该船不仅在对内围剿海盗中起到关键作用，还在鸦片战争前后成为对抗外夷的主要战船。

赶缯船，改自中国东南沿海的渔船，用作战船。自康熙中期取代鸟船至道光之前逐步被米艇取代，一直是广东水师的主力战船。其尺寸型号不同，大者可载重1500石，配兵80名，设排枪42支，中型的配兵60人，设排枪30支，小型的配兵50人，设排枪30支。艍船，改自中国东南沿海的运输船，清中叶之前的主力战船之一。型号众多，大型艍船载兵35名，设排枪16支，中型载兵30名，小艍船载兵20人（图2-21）。

---

① 金行德：《清代的广东海船》，《广东造船》2015年增刊，第34—36页。

② 张建雄：《清代前期广东海防体制研究》，广州：广东人民出版社，2012年，第162页。

③ 李其霖：《清代前期沿海的水师与战船》，台湾暨南国际大学博士学位论文，2009年，第291页。

④《清史稿》卷135《兵六》，北京：中华书局，1977年，第4013页。

⑤《清朝文献通考》卷194《兵考·战船》，上海：商务印书馆，1936年，第6594页。

⑥ 王宏斌：《清代前期海防：思想与制度》，北京：社会科学文献出版社，2002年，第71页。

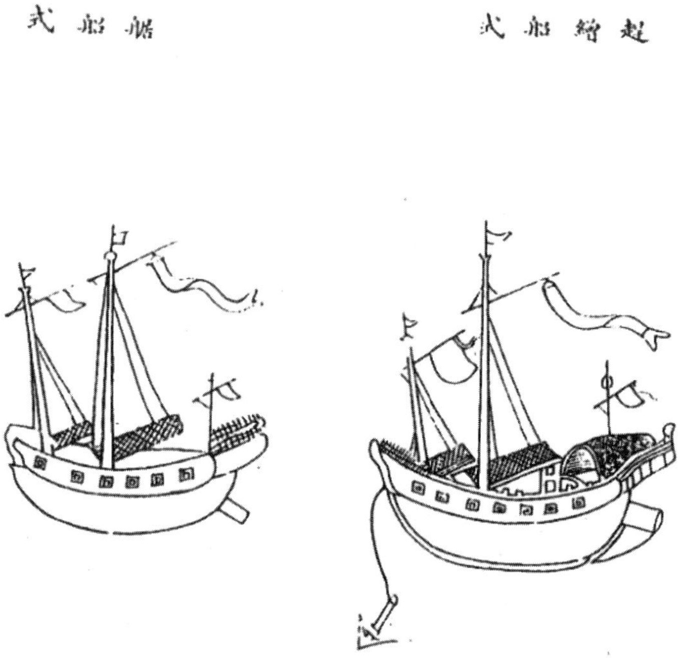

图 2-21　清康熙年间《水师辑要》中所绘的赶缯船与艍船

资料来源：（清）陈良弼：《水师辑要》，《清代稿钞本（四编）》（第 197 册），广州：广东人民出版社，2012 年，第 268—269 页

据稀见文献道光《水师某将杂钞》、光绪《粤省海防图说》记载，鸦片战争前后，广东水师提督管辖有“外海”十营（大鹏左右二营、平海、南澳右营、海门、达濠、海口、海安、龙门右营、崖州）与“内河”四营（提标前后二营，顺德协左右二营），主要使用的战船是大中小米艇、捞缯船、巡船、大贞吉船、大拖船、快蟹船等。例如，文献记载“广东大中小米艇共一百一十六只，内大米艇五十二只，中米艇四十七只，小米艇一十七只，捞缯船三十四只，内河巡船共九十六只，艕仕艍船二十五只”[①]。

光绪《粤省海防图说》对鸦片战争前后广东水师提标中营及右营的驻防官兵人数及船只配额有较为详细的描述（表 2-1、表 2-2）。

① （清）佚名：《水师某将杂钞》，载《清代稿钞本（五编）》（第 249 册），广州：广东人民出版社，2013 年，第 457 页。

表 2-1 广东水师提标中营船只配额及驻防官兵人数统计

汛塘	险要	所属巡检司	海防配备及官兵人数	备注
武山汛	次要	东莞县缺口司	自置小三板艇一只，递送往来公文，安兵五名	该汛道光二十二年三月内倒塌
三门水汛	次要	东莞县缺口司	自置小三板艇一只，递送往来公文，安兵五名	
太平汛	冲险	东莞县缺口司太平集	派小巡船一只，配兵十五名，配足炮械等项，往来巡查，递年轮值季，巡官仍带同巡查本营所属水汛河道	
泗会涌汛	次要	东莞县缺口司	自置小三板一只，安兵五名，递送往来公文	该汛道光二十一年六月内倒塌
双冈汛	次要	东莞县缺口司	安兵五名，自置小三板一只，递送往来公文	该汛道光二十一年七月内倒塌
阑西山汛	首要	东莞县缺口司	巡船二只，该汛船年久坏烂，该兵随时抽拔雇驾民船往来巡缉，现存防兵十五名	该巡船因年久坏烂，送厂尚未修复回营
大涌口汛	次要	东莞县缺口司	驻防左哨头司把总一员。现安兵五名，自置小三板一只，递送往来公文	该汛道光十九年三月内倒塌
赤岭陆塘	次要	东莞县缺口司	安兵三名，递送往来公文	
白马陆塘	次要	东莞县缺口司	安兵三名，递送往来公文	
军铺汛	次要	东莞县缺口司	额配左哨头司外委一员，现安兵五名，自置小三板一只，递送往来公文	该汛道光二十年四月内倒塌
到埕汛	次要	东莞县中堂司	安兵八名	该汛道光十九年二月内倒塌
望牛墩汛	次要	东莞县中堂司	安兵五名，自置小三板一只，递送往来公文	该汛道光十八年八月内倒塌
大汾汛	次要	东莞县中堂司	额配左哨二司把总一员，安兵五名，自置小三板一只，递送往来公文	
白市汛	次要	东莞县中堂司	安兵五名，置小三板一只，递送往来公文	该汛道光二十年二月内倒塌
仑头汛	次要	番禺县茭塘司	安兵五名，自置小三板一只，递送往来公文	
黄埔汛	最要	番禺县茭塘司	额配右哨外委千总一员，安兵六名，海面系夷船湾泊之所	
新造汛	次要	番禺县茭塘司	额配右哨千总一员，安兵五名，自置小三板一只，递至往来公文	该汛道光二十三年六月内倒塌

续表

汛塘	险要	所属巡检司	海防配备及官兵人数	备注
马鞍山海汛	次要	番禺县茭塘司	安兵三名	该汛道光十六年六月内倒塌
南亭汛	次要	番禺县茭塘司	安兵五名，自置小三板一只，递送往来公文	该汛道光二十三年七月内倒塌
牌楼角汛	最要	东莞县中堂司	额配右哨头司外委把总一员，安兵十五名，护解军流饷犯，并递送往来公文	
蕉利汛	次要	莞县中堂司	安兵五名，自置小三板一只，递送往来公文	
凰涌头汛	次要	东莞县中堂司	额配右哨头司把总一员，安兵五名，自置小三板一只，递送往来公文	该汛道光十九年九月内倒塌
黄牛滘汛	次要	东莞县中堂司	安兵四名，自置小三板一只，递送往来公文	
槎滘汛	次要	东莞县中堂司	安兵五名，自置小三板一只，递送往来公文	
到塭汛	最要	东莞县中堂司	安兵五名，自置小三板一只，递送往来公文	

资料来源：据（清）佚名：《粤省海防图说》（载《广州大典》第37辑，史部政书类，第27册，广州：广州出版社，2015年）第10—43页内容整理

表2-2　广东水师提标右营船只配额及驻防官兵人数统计

汛塘	险要	所属县	海防配备及官兵人数	备注
小虎塘水汛	次要	东莞县	派巡船一只，安兵十五名	本汛并无营房，北控狮子内洋
黄角左口汛	次要	香山县	驻防外委一员，安兵三名，派小三板一只	
白藤滘汛	次要	东莞县	驻防外委一员，安兵三名，派小三板一只	
黄角右口汛	次要	香山县	驻防外委一员，安兵三名	
二洲汛	次要	香山县	安兵三名，派小三板一只	
三洲汛	次要	香山县	驻防外委一员，安兵三名，派小三板一只	
板头汛	次要	东莞县	驻防外委一员，安兵三名，派小三板一只	南控外洋

续表

汛塘	险要	所属县	海防配备及官兵人数	备注
狮子塔汛	次要	番禺县	驻防把总一员，安兵三名	该汛原系炮台，因海面淤浅、巡防不能得力，且该处地方亦属安静，嘉庆六年奉行改为狮子塔汛
蚬步汛	次要	番禺县	安兵三名，派小三板一只	
鹅公石汛	最要	番禺县	驻防千总一员，安兵十八名，派小三板一只	
龙湾汛	次要	番禺县	驻防外委一员，安兵三名，派小三板一只	
老鼠花厅卡房	险要	番禺县	驻防记名外委一员，安兵十名，派小三板一只	
西角庙汛	次要	番禺县	安兵三名，派小三板一只	
虾窝水汛	次要	番禺县	派巡船一只，配兵十五名	本汛并无营房
深涌汛	次要	番禺县	驻防外委一员，安兵三名，派小三板一只	
南椑汛	次要	番禺县	驻防外委一员，安兵三名，派小三板一只	
石子海埠汛	次要	番禺县	嗣因该汛毗连本标后营土华村，涌口河面时有扒龙匪艇出没，本营酌派弁兵配驾营备虾笱船一只，在于该处往来巡缉	该汛于道光二十二年二月内，因防夷案内，奉行拆毁

资料来源：据（清）佚名《粤省海防图说》（载《广州大典》第37辑，史部政书类，第27册，广州：广州出版社，2015年）第53—74页内容整理

此外，汛塘之外的炮台也配置有军用船舶，如大虎炮台，有“大三板二只”，且“添拨巡船二只，每只配额外外委一员，配兵十五名，共兵三十名，巡缉大小虎海面”；上横档炮台，“大三板四只”；下横档炮台，“大三板三只”；巩固南炮台和巩固北炮台各有“大三板一只”；大角炮台有“大三板一只”，南控外洋；蕉门炮台有“大三板一只”。[①]

从文中记述来看，这些船舶主要是“大三板（艇）”“小三板（艇）”“巡船”。其中，“大三板”主要用于炮台之需，“小三板”主要用于汛塘

① （清）佚名：《粤省海防图说》，《广州大典》第37辑，史部政书类，第27册，广州：广州出版社，2015年，第52、54—58页。

传递公文及防守。但从文后的舆图中可以清晰地了解到，除了这些所谓的“大三板”“小三板”之外，还有很多大贞吉船、大拖船、捞缯船、大米艇、中米艇、快蟹船，且有具体的尺寸数据（图 2-22—图 2-25[①]）。

图 2-22　光绪《粤省海防图说》所绘“大贞吉船”图

图 2-23　光绪《粤省海防图说》所绘捞缯船与大拖船图

① 注：图 2-22—图 2-25 来源于《粤省海防图说》（载《广州大典》第 37 辑，史部政书类，第 27 册，广州：广州出版社，2015 年）第 44—45、74—76 页。

图 2-24　光绪《粤省海防图说》所绘大米艇与中米艇图

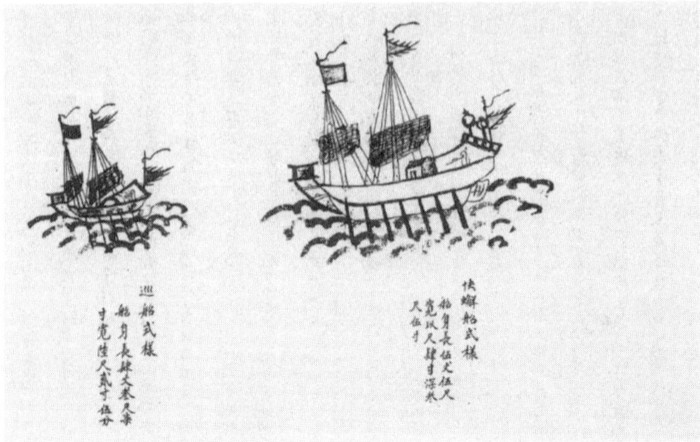

图 2-25　光绪《粤省海防图说》所绘快蟹船与巡船图

道光《水师某将杂钞》对鸦片战争前后广东水师提标右营及中营的“二十七处寨城及炮台汛地”的海防战船有更详细的记载，如广东水师提标右营，“设立派拨巡船防守大中米艇五只、捞缯船一只、巡船四只、大三板一只”。其中，“防守大虎山炮台一座，驻防中哨千总一员，配兵八十名。内该台第三号第五号巡船二只，每只配兵十五名。第二号巡船步兵三名，守兵十二名。第五号巡船配战兵二名。守兵十三名。添设额外外委二员管驾。巡缉大小虎蕉门一带洋面”。[①]此外，广东水师提标中营“沙角炮台

① （清）佚名：《水师某将杂钞》，载《清代稿钞本（五编）》（第 249 册），广州：广东人民出版社，2013 年，第 422—423 页。

兵十名，内步兵一名，守兵九名”。“额设提守第一号大米艇一只。配兵五十六名，内步兵一十九名，守兵三十七名。额设提字第二号大米艇一只。配兵三十六名，内步兵一十名，守兵三十七名。额设提字第三号中米艇一只，配兵四十名，内步兵一十二名，守兵三十四名。额设提字第四号中米艇一只，配兵四十六名，内步兵十二名，守兵三十四名。额设提字第五号小米艇一只。配兵三十六名，内步兵一十二名，守兵二十四名。入额提字第一号捞缯船一只。配兵二十七名，内步兵十一名，守兵十六名。大虎额设第三第五号巡船二只，每船管驾派外委额外一员，兵丁十五名”。[①]

关于广东战船的尺寸，清雍正十年（1732）就有明确规定：“广东战船身长一丈九尺至九丈，板厚一寸至三寸一分，每板一尺，用三、四、五、六钉有差。”[②]而此时道光时期的《水师某将杂钞》中有现存文献中更或较为详细的记述，以大中小米艇及捞缯船为例：

> 大米艇船身长九丈五尺，宽二丈令六寸，深九尺五寸；船头长三丈六尺一寸，宽一丈四尺四寸二分，底宽八尺六寸五分，深七尺四寸四分；船中长三丈一尺三寸四分，面宽二丈零六寸，底宽一丈二尺三寸六分，深九尺三寸。船尾长二丈七尺五寸六分，面宽一丈七尺五寸一分，底宽一丈零五寸，深八尺三寸七分；船底松木龙骨一道，三节，凑长六丈八尺，见方一尺一寸二分。四面做细，每折见方二十尺，用船匠一工，碇底骨用长四寸钉二百七十二口，每锭钉八十个，用钉匠一工，以下四寸钉用工仿此。以上大米艇共工料银四千三百七十八两六钱五分五厘。另配船炮位火药、对口群子、铅子各项，共该工料银四百九十二两七钱九分四厘。二共该银四千八百七十一两四钱四分九厘。
>
> 中米艇每只船身长八丈六尺，宽一丈八尺五寸，深八尺六寸；船头长三丈二尺六寸，宽一丈二尺九寸五分二尤，底宽七尺七寸七分，深六尺八寸；船中长二丈八尺三寸，面宽一丈八尺五寸，底宽一丈一

① （清）佚名：《水师某将杂钞》，载《清代稿钞本（五编）》（第249册），广州：广东人民出版社，2013年，第431—432页。

② （清）卢坤、邓廷桢主编，王宏斌等点校：《广东海防汇览》卷12《方略一·通论·右船具》，石家庄：河北人民出版社，2009年，第365页。

尺一寸，深八尺六；船尾长二丈五尺一寸，面宽一丈五尺一寸二分，底宽九尺四寸五分，深七尺七寸二分；船底松木龙骨一道，三节，凑长五丈八尺，见方一尺零五寸。四面做细，每折见方二丈，用船底一工，锭龙骨用长四寸钉（疑当作“锭”——笔者注）二百三十二口，每钉四寸钉八十口，用钉匠一工，以下四寸钉用工做此。以上中米艇共工料银三千六百二十四两零七钱零六分五厘。

小米艇每只船身长七丈六尺，宽一丈六尺四寸八分，深六尺五寸一分；船头长三尺八寸八分，宽一丈一尺五寸四分，底宽六尺九寸二分，深五尺二寸；船中长二丈五尺零七分，面宽一丈六尺四寸八分，深六尺五寸一分；船尾长二丈二尺零四分，面宽一丈四尺，底宽八尺四寸，深五尺八寸六分，船底松木龙骨一度，凑长五丈五尺，见方九寸七分五厘。四面做细，每尺（疑当作“折”——笔者注）见方二十尺，用船匠一工，接龙骨长八寸钉十二个，锭龙骨用长四寸钉二百二十口，每锭八口钉四十个，用钉匠一工，每锭四寸钉八十口，用钉匠一工，以下四寸钉用工做此。以上小米艇共工料银二千六百七十七两八钱七分三厘。另配船炮火对口群子各项共工料银三百五十三两七钱六分九厘。二共该银三千零二十一两六钱四分二厘。

捞缯船每只船身长七丈，深六尺，面宽一丈四尺，间舱二个；船头长二丈二尺，面宽九尺八寸，底宽五尺八寸八分，深四尺八寸；船中长二丈二尺，面宽一丈四尺，底宽八尺四寸，深六尺；船尾长二丈六尺，宽一丈一尺九寸，深五尺四寸，底宽七尺一寸四分；船底松木龙骨一道，三节，凑长五丈五尺八寸，见方九尺，四面做细，每折见方二十尺，用船匠一工，锭龙骨用长四寸钉二百三十五口，每锭四寸八十口，用钉匠一工。以上四寸钉用工做此。以上捞缯船共工料银一千六百五十六两零八分七厘。[①]

需要注意的是，捞缯船、大米艇、大拖船属于相对较大的战船，配备

---

① （清）佚名：《水师某将杂钞》，载《清代稿钞本（五编）》（第249册），广州：广东人民出版社，2013年，第482—487页。

有火炮，且能运载较多的水师官兵；而大小三板及巡船主要用于内河、沿海巡防及传递公文信息，不配备火炮，战船规模较小，始置于雍正八年（1730），议准："各省沿海营汛，原分水陆，水师惟在大洋游巡，其陆路濒海途岸，潮退胶浅，为水师巡船之所不到，其中各色小艇，随潮漂泊，或有暗载违禁货物，甚至乘机偷劫，此等处所，设立小号巡船。"[①]这些小型的战船机动灵活，可与相对大型的大贡吉船、大拖船、捞缯船、大米艇等船相配合。

清政府在战船问题上放弃自主创新，一直奉行实用主义原则，进行民船式改造及小型化改造，水师战船的任务定性为操练水师、出洋巡哨和缉捕盗贼，眼光只盯着海盗，盯着普通民众，以至于鸦片战争时与西方战舰战力差距巨大。[②]

道光二十年（1840），闽浙总督邓廷桢说："内地师船，广东名为米艇，船身较大；福建名为同安梭船，以集成字号为极大，然皆不敌夷船十分之五。向以杉板为之，惟桅舵木较坚致，船之大者配炮不过八门，重不过二千余斤。若再加多，则船身吃重，恐其震损。"[③]

鸦片战争中，相对英国的中国水师船只几乎均为中小型木质帆船，当林则徐检阅水师时，大多数战船只适宜作沿海航行，作战能力很弱。[④]实事上，清代的木质帆船已不具有先进性，既笨重，又不美观，还不实用，淘汰是历史的必然。难怪两次鸦片战争之后，直至光绪十年（1884）之前，官员有发出"海上战守莫要于师船。粤省之船，河海两绌"[⑤]的感慨，这点我们可以从舆图中游弋于海洋和内河的水师战船而更能直观感知（图 2-26—图 2-29）。

---

① （清）托津等奉敕纂：《钦定大清会典事例（嘉庆朝）》卷 50《兵部 · 外海巡防》，台北：文海出版社有限公司，1992 年，第 4—5 页。

② 张建雄：《清代前期广东海防体制研究》，广州：广东人民出版社，2012 年，第 171—174 页。

③ 中国第一历史档案馆编：《鸦片战争档案史料》（第 2 册），天津：天津古籍出版社，1992 年，第 265 页。

④ 张晞海：《鸦片战争时期的中国兵船》，《军事史林》1987 年第 6 期。

⑤《会办福建军务大臣兼署船政大臣张佩纶奏请设沿海七省兵轮水师折》（光绪十年四月二十五日），载张侠、杨志本、罗澎伟，等合编：《清末海军史料》，北京：海洋出版社，1982 年，第 37 页。

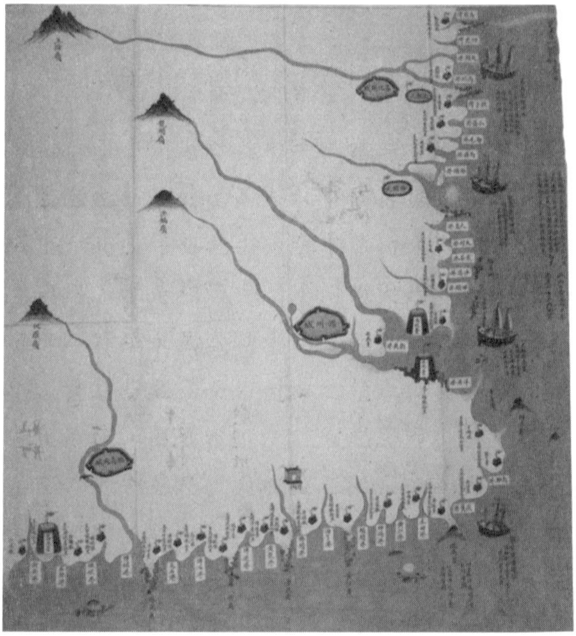

图 2-26　《琼州府西北部沿海军事地图》

资料来源：该舆图收录于华林甫的《英国国家档案馆庋藏近代中文舆图》（上海：上海社会科学院出版社，2009 年）第 139 页

（a）小米艇　　　　（b）捞缯船

图 2-27　《琼州府西北部沿海军事地图》所绘沿海的“小米艇与捞缯船”

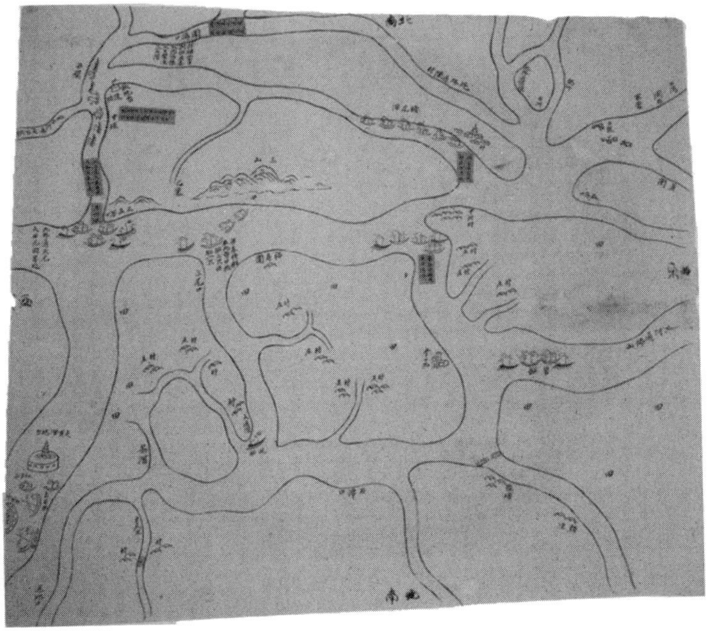

图 2-28　《广州府南海县水面潘梁二参将围攻洪兵地图》

资料来源：该舆图收录于华林甫的《英国国家档案馆庋藏近代中文舆图》（上海：上海社会科学院出版社，2009 年）第 249 页

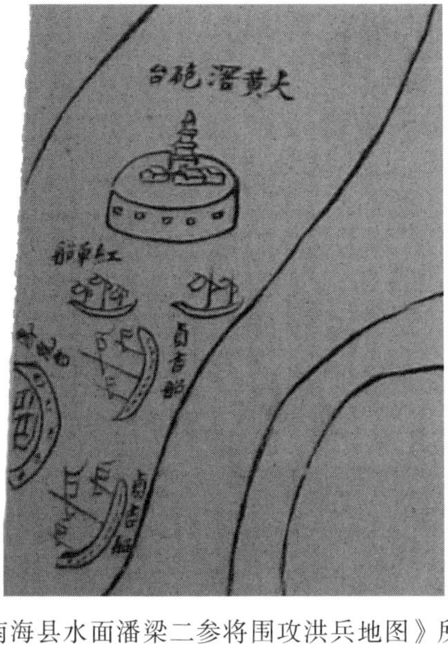

图 2-29　《广州府南海县水面潘梁二参将围攻洪兵地图》所绘内河中的贞吉船与红单船

同治末至光绪初，全国沿海开始裁撤旧式艇船，改用动力轮船，李鸿章“请旨敕下江苏、山东、浙江、福建、广东沿海各省，将旧置及新添红单、拖罟、艇船、舢板等项分别裁并，专养轮船，以免虚糜而资实用”。原因在于，“若夫裁艇船以养轮船，裁边防冗军以养海防战士，停官府不急之需，减地方浮滥之费，以裨军实而成远谋，亦节流之大者”。[①]然而，受《防海新论》的影响，李鸿章认识到当时舰船守护海口的重要性，但中国海岸线太长，从东北奉天到南部广东，如果险要之处都设重兵，以当时的国力和地方财力根本无法满足，因此提出“惟有分别缓急，择尤为紧要之处”，并分析了沿海各省区的紧缓不同“直隶之大沽、北塘、山海关一带，系京畿门户，是为最要；江苏、吴淞至江阴一带，系长江门户，是为次要。盖京畿为天下根本，长江为财赋奥区，但能守此最要、次要地方，其余各省海口边境略为布置，即有挫失，于大局尚无甚碍”。[②]

因此，光绪伊始，广东水师已基本放弃通过购买西洋军舰来对所属海域进行控制的计划。因为当时全国集中精力建设北洋舰队，而对于广东来说，凭借一省之力是无法购买天价的西式战舰来组建现代化海防的。直到光绪八年（1882），广东地方财力也未能解决。署理两广总督曾国荃在其奏疏中说道：“若议筹办大队水师，则当多购铁甲兵轮，计非二三百万不可。只以需款过巨，（广）东省财力、物力均有未逮。”[③]文献记载，光绪十年的广东水师也只有 20 条左右木质轮船在虎门至内省水道巡逻[④]，且“粤省并无铁船雷艇、大号兵轮……所有中小号木轮船，原系关局捕盗缉私之具”[⑤]。

可见，光绪以来，广东水师战船的现代化建设相对其他区域是滞后的。广东水师曾为清代海防力量发展的重心。然而清政府在同治末期发展近代海

---

① （清）李鸿章：《李文忠公全集·奏稿》卷 24《筹议海防折》（同治十三年十一月初二日），清光绪三十四年金陵刻本，第 10—25 页。

② （清）李鸿章：《李文忠公全集·奏稿》卷 24《筹议海防折》（同治十三年十一月初二日），清光绪三十四年金陵刻本，第 10—25 页。

③ 《遵旨通筹边防事宜疏》（光绪八年八月十六日），载（清）曾国荃著，梁小进主编：《曾国荃集》（第 2 册），长沙：岳麓书社，2008 年，第 98 页。

④ 苑书义、孙华峰、李秉新主编：《张之洞全集》，石家庄：河北人民出版社，1998 年，第 2410 页。

⑤ 苑书义、孙华峰、李秉新主编：《张之洞全集》，石家庄：河北人民出版社，1998 年，第 2420 页。

军以来，国家海防的重心开始转移到京畿地区及北洋水师。广东水师虽名列北洋、南洋、福建、广东四大水师，但一直都是两广总督的地方军，中央也几乎没有给广东水师财政拨款，广东水师直到甲午海战都没有得到重视，即使海战期间，广东水师还派出原有的广甲、广乙、广丙主力舰参加。

广东水师的大发展是来自于广东最后的一任水师提督李准的推动。李准于光绪三十一年（1905）署理广东水师提督，宣统元年（1909）补授广东水师提督。其在任期间，大加整顿各营水师，重振造船厂，努力添置军舰，“各新式兵舰如广海、江大、江清、江巩、江固、龙骧均有无线电”。其在自述中总结道：“水师为本分，设学黄埔滨。水鱼雷电器，般般考究匀。延聘专门者，造船厂重振。广海练船大，水师练习驯。容人过千数，运兵甚觉灵。”[①]宣统二年五月，海军司令萨镇冰陪同海军部大臣、光绪之弟载洵，专程来广东考察，“见四江、广海、电安、龙骧各舰之新美，赞不绝口，初不料广东能有如此”[②]。可见，清末广东水师在广东水师提督的治理下已经“焕然一新”。

据李准在《广东水师国防要塞图说》记述，清末宣统初年，广东驻防的兵轮有以下6个海域[③]：

（1）“虎门寨”城驻防有缉捕兵轮“安平”“雷兑”二号，用以巡防“广东虎门至龙穴洲”海域。

（2）“莲花山”驻防有缉捕兵轮“雷坎”“安济”二号，暨中路巡防队一营，用以巡防“广东莲花山至虎门”海域。

（3）“黄埔”驻防有缉捕兵轮“广亨”“西山”“同济”三号，暨广安水军后营中路巡防队一营，用以巡防“广东黄埔至莲花山”海域。

（4）广东省河北流险要曰“中流沙”驻防有缉捕兵轮“安禺”“广乾”二号暨广安水军后营中路巡防队一营。广东省河南流“南石头”为虎门、横门、崖门、磨刀门、虎跳门、蕉门诸河入省之总汇地。驻防有缉捕兵轮

① （清）李准：《任庵六十自述》，载卞孝萱、唐文权编著：《民国人物碑传集》，南京：凤凰出版社，2011年，第171页。

② 何正华：《广东水师提督李准》，北京：海洋出版社，2018年，第108页。

③ （清）李准：《广东水师国防要塞图说》，载《广州大典》第37辑，史部政书类，第26册，广州：广州出版社，2015年，第845页下—847页上。

“西兴”“报捷”二号，暨广安水军前营中路巡防队一营。该两处省河险要之处驻防以上轮船及军营用以巡防“广东省河至黄埔”海域。

（5）广东西江“古劳”至“鸡冠石”驻防有缉捕兵轮“江清”“江固”“雷巽”“雷乾”等共十多号，分区段进行巡防。该处驻防兵轮众多，主要是因为光绪三十二年（1906），英国人以保护商务为由，借廉州、钦州西江匪患机会，直接驾驶兵轮进入西江内河，侵犯了中国的“西江捕权”，为取回西江捕权，清政府“添设快轮分段，派员督率巡缉”。

（6）“广东西江鸡冠石至梧州”海域是中外贸易的重要商埠，也是广东广西海防的要隘，设防有缉捕兵轮“江巩”“广利”“雷艮”“雷中”等共八号，并西江巡防队七、八、九、十等营分段巡缉。

由以上6个兵轮巡防的海域可知，当时李准的水师有30余只先进军舰防御着广东的两个重点海域，即广东虎门至省城海域及广东西江从“古劳”至梧州海域。

更重要的是，光绪末至宣统初，李准曾奉两广总督张人骏之命，多次率兵舰屡往南海诸岛巡航，到过东沙群岛和西沙群岛，其中主要乘坐广东水师的军舰“伏波”号（图2-30）、“琛航”号、“广金”号（图2-31）三号。这应该是中国政府首次主动巡查远洋领海，昭示了中国的南海主权及海权意识。

图2-30　“伏波”号军舰

资料来源：《三艘军舰驶向南沙群岛》，http://www.sansha.gov.cn/sansha/dyjfq/201903/74722a093c094f0fbb0783e5037a1675.shtml，2021年10月14日

图 2-31　“广金”号军舰

资料来源：《三艘军舰驶向南沙群岛》，http://www.sansha.gov.cn/sansha/dyjfq/201903/74722a093c094f0fbb0783e5037a1675.shtml，2021 年 10 月 14 日

第三章　清代晚期广东炮台的稀见舆图文献

明清时期，广东炮台建设不断发展和完善，可供查阅研究的炮台资料也逐渐丰富。明代的炮台研究主要是参阅地方志书及一些文集中较为零碎的记述。入清以后，广东经历了三次大规模的海防炮台建设热潮，在海岛、海口、海岸及沿江地带陆续增筑了大量炮台。第一次是在康熙末期，主要是以广东东路潮惠地区（“潮防”）为重点；第二次是在嘉庆及道光年间，以广东中路“省防”为主体，以虎门多层防御为重点；第三次是清晚期光绪年间，在整个广东全面布防西式炮台，且以广州及琼州为重点设防。清人在进行三次大规模炮台建设的同时也为我们留下了大量丰富的文献资料，其中不乏珍贵的舆图文献。

研究清代广东炮台建设情况，文献资料远远丰富于明代。我们可以通过三个主要资料来源进行研究：①历代方志，即不同时期的《广东通志》及地方州府县志；②历代广东各级官吏的奏折报告、海防文集及私人海防笔记等；③留存至今的不同时期的各种舆图文献，包括文献插图或附图、专题舆图（如炮台图说、水师驻防、炮台屯田等）及后人整理的舆图册、地图选集等。

随着文献的整理与挖掘，一些稀见的舆图及文献逐渐呈现出来，以广东炮台为例，顾炳章《外海内河诸炮台图说》（《道光间广东防务未刊文牍六种》之一）及陈坤《虎门炮台图说》、仲振履《虎门览胜》的使用在很大程度上丰富了清代嘉庆及道光年间的研究成果，解决了很多悬而未决的难题。

近年来，又有一批珍贵且稀见炮台文献浮出水面，主要是一些传世不多的手抄稿本及舆图，分别是鸦片战争后不久即道光后期的《水师某将杂钞》、光绪九年之后的《粤省海防图说》、光绪十二年的《广东全省海图总说》、光绪十年至光绪十五年的《虎门各炮台形势图》、光绪十六年的

《南北洋炮台图说》、光绪十六年之后的《虎门各炮台形势总图》、宣统元年的《广东水师国防要塞图说》。这些舆图文献大多作者不详，甚至创作或刊刻时间亦不详[①]，手抄稿本居多，故存世版本实属罕见，今天学者研究更是鲜有提及和使用。限于篇幅，这里仅探讨清代晚期关于广东炮台的五部稀见舆图文献，尤其是笔者点校节录以虎门为核心的部分内容，反映不同历史时期炮台的具体情形，以便读者或研究者了解及使用。

第一节　《粤省海防图说》

《粤省海防图说》一书目前尚未见到学界研究使用。该书原件现藏于浙江图书馆，为清钞本，该书已被《广州大典》第 37 辑，史部政书类，第 27 册影印收录。原书封面不署撰者，无创作时间，亦不分卷。通览全书，根据内容实际上可以分为上、下两卷，卷上以“水师提标中营”为题，卷下以“水师提标右营”为题。其作者已不可考究，但根据该书内容，作者应该与广东水师提标中营或右营有密切联系，或在军中任职。从全文的时间记载来看，该书主要反映的是清初康熙以来至光绪九年（1883）九月底的记述，因此，刊刻时间应不早于光绪九年。其中重点讲述了道光二十三年（1843）至咸丰、同治、光绪初广东海防设施情形，成为研究“第二次鸦片战争刚结束至光绪十年清政府开始引进西洋炮台之前”这一重要历史阶段不可多得的稀见海防参考资料。

全书 14.3 万余字，不仅有“说”，亦附有“图”52 幅，这在目前能保留完整舆图的“图说”文献中，实属难得。广东水师提督统辖提标中、左、右、前、后五营，其中，中、左、右三营为外海水师，前、后二营为内河水师。该书的记述内容是“水师提标中营”和“水师提标右营”（图 3-1），均属广东中路外海防务的核心范畴。按照体例分别对“水师提标中营”和“水师提标右营”的管辖军事情况做了说明，包括洋巡章程、险要汛塘、驻防官兵、炮台、船只等。

① 上述时间均为笔者考证推测，原书并无标注。

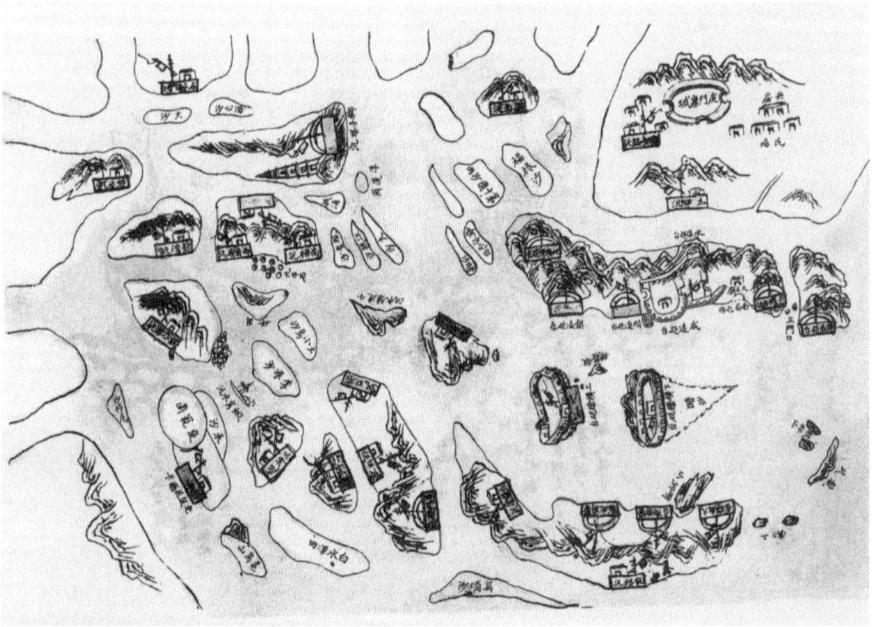

图 3-1　广东水师提标中、右营全图

资料来源：《粤省海防图说》（载《广州大典》第 37 辑，史部政书类，第 27 册，广州：广州出版社，2015 年）第 46 页

注：原图无标题，此处标题为笔者所加

需要注意的是，该书“炮台”的记述特点正是以“海防营制”（水师提标营）为主线来记述的，这与同时代的《广东全省海图总说》（光绪十二年）、《广东海图说》（光绪十五年）、《南北洋炮台图说》（光绪十六年）有很大的不同。而“水师提标中营”“水师提标右营”所涉及炮台正好是第一次鸦片战后，即道光二十三年（1843）修建的“十六台”。现将《粤省海防图说》中“虎门”炮台部分点校辑录如下：

《水师提标中营》

镇远炮台一座，建自道光二十三年，七月内造竣。敌台长四十丈零七尺，阔二丈五尺，高一丈，垛墙长四十丈，高八尺，厚六尺，垛口四十个，每个高四尺，横阔三尺二寸。后山石围墙一道，长七十丈，厚一丈零七寸，周围一百十一丈，建立广州府东莞县缺口司属地方，缘该处毗连威远、靖远炮台，形如品字，系属省会咽喉扼要之区，驻防中哨外委一员、额外外委一员、兵丁一百二十五名，配台大小炮四十一位，离虎门寨城二十一里，东南至威远炮台一里，北至本营武山汛四里，西至右营横档炮台二里，该台于咸丰六年十月十六日被洋人攻陷，尚未修复。

蛇头湾炮台一座，建自道光二十三年，七月内造竣，周围六十二丈，削平前山面为敌台，面铺石板，垛墙高七尺，厚五尺，垛口二十个，每个高四尺，横阔三尺二寸，额配额外外委一员、兵丁四十一名，配台大小炮十七位，离虎门寨城二十二里，东至武山汛三里，西至横档炮台三里，南至三门卡房十里，北至阁西山汛十里，该台于咸丰六年十月内被洋人攻陷，现未修复。

水军寮炮台一座，系属最要，建自道光二十三年，七月内造竣。周围三十三丈，削平前山面为敌台，面铺石板，垛墙高七尺，厚七尺，垛口十二个，每个高四尺，横阔三尺二寸，驻防右哨头司额外外委一员、兵丁三十二名，大小生铁炮十位，离虎门寨城二十里，西至右营横档炮台四里，南至本营三门卡房十里，北至武山汛五里，该台于咸丰六年十月内被洋人攻陷，现未修复。

威远炮台一座，系属最要，建自道光二十三年，七月内造竣，敌台长九十四丈，阔二丈五尺，高一丈一尺，垛墙高八尺，厚六尺，垛口七十五个，每个高四尺二寸，宽三尺二寸，后围墙一道，长六十丈，高七尺，厚三尺三寸。统共周围一百五十四丈。建立广州府东莞县属缺口司地方，为省会咽喉扼要之区，驻防左哨千总一员、左哨千总一员、左哨外委一员、左哨额外外委一员、兵丁二百三十三名，配台大小炮七十七位，离虎门寨城二十里，东枕陆路村庄，西至右营横档炮台四里，南至本营三门卡房十里，北至本营武山汛五里，于咸丰六年十月内被洋人攻陷，随于同治十三年七月内兴修，现已造竣。

靖远炮台一座，系属最要，建自道光二十三年，七月内造竣。敌台长七十八丈八尺，阔二丈五尺，垛墙高八尺，厚六尺。垛口六十八个，每个高四尺，横阔三尺二寸，后山围墙一道，长七十九丈八尺，高七尺，厚三尺三寸。统共周围一百五十八丈六尺，建立广州府东莞县属缺口司地方，为省会咽喉扼要之区，驻防中哨千总一员、额外外委一员、兵丁二百零六名，配台大小炮六十八位，离虎门寨城二十里，东枕陆路村庄，西至右营横档炮台四里，南至本营三门卡房十里，北至本营五山汛五里。该台于咸丰六年十月内被洋人攻陷，现未兴修。

九宰炮台一座，系属次要，建自道光二十三年，九月内造竣，敌台长三十六丈，宽二丈三尺，高八尺。垛墙高八尺，厚五尺，垛口二十四个，每个高四尺，横宽三尺二寸，后围墙一道，长三十丈，高九尺，连马路厚六尺，加砌后山石围墙一道，长五十九丈，高一丈，连阶级厚七尺。建立广州府东莞县缺口司属地方，与竹洲炮台偏对，为虎门寨城门户，额配右哨二司把总一员、兵丁五十九名，配台大小炮共二十一位。北至寨城二里，东至竹洲炮台二里，南至沙角炮台十里，西至威远炮台十里。

沙角炮台一座，于道光二十三年七月内造竣，敌台长二十八丈，高一丈三尺，阔二丈五尺，垛墙高八尺，厚六尺，垛口高四尺二寸，横阔三尺二寸，围墙一道，长二十八丈五尺，高五尺，连阶级厚七尺。又道光二十四年三月内建造山顶望楼一座，长四丈五尺，宽一丈四尺。又道光二十九年正月内添筑山顶后围墙一道，长一百七十六丈，高七尺，厚三尺三寸。建立广州府东莞县缺口司属地方，东南迫近外洋与大角炮台对峙，迤西则威远、镇远、靖远、横档各炮台为虎门海口扼要之区，商夷船只出入之所控制，最为紧要。本营驻防中哨头司把总一员、额外外委一员，共配兵一百五十七名，共配大小炮五十一位，离虎门寨城十六里，北至三门卡房九里，该台于咸丰七年五月内被洋人攻陷，现已兴修，尚未修竣。

新涌炮台一座，系属次要，于嘉庆十五年建造，敌台长十四丈，高一丈二尺，垛墙高四尺，厚一尺三寸，垛口上下二层，共十四个，围墙一道，长三十二丈，厚一尺三寸，高八尺。建立广州府东莞县缺口司属地方，离虎门寨城十五里，僻居海边东南，水通龙穴、合澜外洋，西北水达省佛，系属支港要口，驻防右哨二司外委一员、兵丁四十四名，安置大小生铁炮共十四位，东南至左营碧头汛分界十一里，又至合澜海面分界七里，南至本营广济汛十里，北枕陆路村庄，台前海面船只可以泊风。

竹洲炮台一座，建自道光二十三年，九月内造竣。敌台长三十丈，高二尺，阔一丈八尺，垛墙高八尺，厚六尺，垛口二十个，每个高四尺，横阔三尺二寸，后围墙一道，长三十丈，高八尺，连马路厚一丈一尺，统共周围六十丈。该台系属扼要，建立广州府东莞县缺口司属地方，与九宰炮台偏对，为虎门寨城门户，配防额外外委一员、兵丁五十六名，配台大小炮共二十位，北至本寨城二里，东至新涌炮台十二里，西至威远炮台十五里，西至九宰炮台三里，南至沙角炮台十里。[①]

《水师提标右营》

大虎炮台一座，险要。广州府东莞县属地方，驻防千总一员、额外外委二员，安兵七十九名，配炮二十八位，大三板二只，距虎门寨城三十七里，西至小虎塘汛五里，南至上横档炮台十六里，北至本标中营阁西汛十里，添拨巡船二只，每只配额外外委一员，配兵十五名，共兵三十名，巡缉大小虎海面。（查该台于咸丰四年间被红匪攻入，旋即修复，官署兵房内多被红匪毁烂。嗣于咸丰六年间，因洋人攻陷上下横档等台之后，外国兵船抛泊海口，兵食不通，禀奉将该台大炮埋于地下，兵丁器械撤回石角嘴等处隘口，防堵该台坏烂，尚未修复。）

上横档炮台一座，险要。广州府东莞县属地方，驻防千总一员、额外外委二员，安兵四百零七名，配台一百三十五位，大三板四只，距虎门寨城二十一里，东至本标中营威远炮台二里，南至本营巩固炮台三里，西至本营黄角右口汛十五里，西北至本营白藤滘汛六里，与下横档、大角、大虎等台。该台乃粤省门户要地，内通省会，外达大洋，为商夷船艘出入之区。（查该台于咸丰六年间与洋人打仗失陷，尚未修复。）

下横档炮台一座，险要。广州府东莞县属地方，驻防千总一员、额外外委二员，安兵二百五十七名，配炮八十五位，大三板三只，距虎门寨城二十里。东至本标中营沙角炮台十四里，南至本营巩固炮台三里，西至本营上横档炮台一里，北至本标中营威远炮台一里（查该台于咸丰六年间与洋人打仗失陷，现已修复。）

① （清）佚名：《粤省海防图说》，载《广州大典》第37辑，史部政书类，第27册，广州：广州出版社，2015年，第8—9、13—16页。

巩固南炮台一座，险要。广州府东莞县属地方，驻防外委一员，安兵六十二名，配炮二十五位，大三板一只。

巩固北炮台一座，险要。广州府东莞县属地方，驻防额外外委一员，安兵六十二名，配炮二十位，大三板一只。

该巩固南北二台，俱系距虎门寨城二十四里。东至本营大角炮台八里，西至本营白藤滘汛二里，南至本营板头汛四里，北至本营上横档炮台三里。（查该两台于咸丰六年间与洋人打仗失陷，尚未修复。）

大角炮台一座，险要。广州府东莞县属地方，驻防把总一员，安兵五十二名，配炮二十位，大三板一只，距虎门寨城二十二里。东北至本标中营沙角炮台四里，西至本营巩固南炮台八里，西南至本营板头汛三里，南控外洋。

蕉门炮台一座，最要。广州府香山县属地方，驻防把总一员，安兵四十二名，配炮十四位，大三板一只，距虎门寨城四十七里。东北至本营白藤滘汛十里，西至本营黄角右口汛八里，南控外洋，北至本营小虎塘汛六里。（查该台于咸丰四年间被红匪攻陷，旋即修复，其官署兵防被红匪毁烂，尚未修复，斯时盖搭篷寮在该台防守，随于光绪二年九月内修复。）①

第二节　《广东全省海图总说》

《广东全省海图总说》一书为稿钞本，现藏于中山大学图书馆。该书已被桑兵主编《清代稿钞本》第四编第 191 册影印收录。原书封面未署撰者，无创作时间，亦无目录且不分卷。仅从题名来看，《广东全省海图总说》与光绪十五年（1889）张之洞所编撰《广东海图说》似异曲同工，容易混淆，然目前学界对《广东海图说》较为熟悉，却无人研究使用《广东全省海图总说》。

该书的作者似已无从考证，但创作时间大概可知。该书在《营房总说》

① （清）佚名：《粤省海防图说》，载《广州大典》第 37 辑，史部政书类，第 27 册，广州：广州出版社，2015 年，第 52、54—58 页。

中说道："自迩来大开海禁，轮船周徧地球，粤洋为西国由地中海东达中土所首经之道。本省海岸略分四路，广州一府水陆都会，外控六门，居全省之中，为中路。迆东惠州、潮州两府，左接闽洋，右辖平海，为东路。迆西高州、雷州、廉州三府曲崎广澳，毗界越南，为西路。琼州一府，山岛环海，自成一域，为南路。凡府厅州县海岸，分界具列各图，其各营经制、分汛，暨防勇驻扎处所均详分说，惟营制今昔不一，将弁移调不时，谨胪举总纲，以光绪十二年为定。（按图以防海为重，是以经制各营，专列沿海水师，其陆营有关海防者，分图说，内至营勇专防海岸，附列本篇）。"[①]作者在此明确说出该书所记述情形"以光绪十二年为定"。可见，该书的创作时间不早于光绪十二年（1886）。

全书的撰述内容丰富，有《形势总说》、《营房总说》、《测量总说》、《潮信总说》、《中路图说》、《中路分图说》（省城前路）、《中路分图说》（省城后路）、《西路图说》、《南路图说》和《东路图说》。其中，经笔者校录所得，全书重点在《中路图说》及《中路分图说》，共有25 400多字，后面《西路图说》有7300多字，《南路图说》有5500多字，《东路图说》有9700多字。其记述内容的丰富度远远超过了《广东海图说》。遗憾的是，该书虽名为"图说"，但舆图业已遗失。

该书"炮台"的记述特点是依托于府县行政区划，且中路炮台在光绪年间的变化又专门依托水道而陈述，特别强调炮台对海口水道的防御作用。这为研究晚清光绪年间的炮台提供了重要的信息。由于该书炮台内容很多，现只将书中"虎门"炮台部分点校辑录如下：

《中路图说》

东莞县：

新涌旧炮台，新涌上接虎门寨南，分流之水绕穿鼻洲东南入海，台在涌口东，原设把总一员，防兵四十四名，岁久圮废。

竹洲旧炮台，在竹洲汛，当虎门寨南，与九宰旧台对峙港口，盖

---

① （清）佚名：《广东全省海图总说·营房总说》，载《清代稿钞本（四编）》（第191册），广州：广东人民出版社，2012年，第11—12页。

昔年海涨港深，寨城受敌，故筑台港口，以防阑入。今海水日落，以鹅嘴、沙角外口为要害，而竹洲、九宰两台悉成废墟矣。竹洲台原设外委一员，防兵五十六名。

九宰旧炮台，在蛇头湾洲之西，与竹洲台夹港对峙，原设把总一员，防兵五十九名，今废。

以上三台沿踞港岸，遏护虎门寨港之口。

沙角新建明暗各炮台，凡六所，共正台十三座，副台二座，总称沙角炮台（炮台各名目详东三门分图说）。由虎门寨直南港口有洲名穿鼻洲，其西南角曰沙角，连山丛沓，西对大角，束为虎门外口，舢舨洲、龙穴岛踞其前，船路经舢板东斜，趋虎门必沿沙角山下，各台横击取势便利，嘉庆五年，原建沙角一所，拨驻把总一员、外委一员，防兵一百三十七名，光绪十年改造，增筑皆从新式，调派湘军庆字中、左、右三营勇丁镇守，提督熊铁生统带。

鹅嘴新建明炮台，自寨港南迳九宰旧台下西南出海，其口北有山，连阜而南，伸出港口，山前地名鹅嘴。光绪七年，建台于山椒海角，与沙角诸台对峙扼守，水师提督拨兵驻防。

蛇头湾新建明炮台，凡二所，共十三座，蛇头湾山旧称南山，俗名“亚娘鞋山”，在太平墟西对港，冈阜横亘，西南角正对上、下横档，束口益隘，是为虎门正口，旧有炮台五所，曰蛇头湾，驻外委一员，防兵四十一名，曰镇远，驻千总一员，外委一员，防兵一百二十五名；曰靖远，驻千总一员，外委一员，防兵二百零六名；曰威远，驻千总一员，外委一员，防兵二百二十七名；曰水军寮，驻外委一员，防兵三十二名，岁久颓圮。光绪八年，新筑威远东台及山腰台，余皆十一年增修，改从新式水师，提督方耀拨派威远中营驻守。

上下横档新建明炮台，凡二所，共十四座（上横档八座，下横档六座）。横档两山联峙海心，中限浅水，当大虎山前，顶平基固，控扼要隘，地势胜于大虎山，旧各有炮台。上横档原驻外委二员，防兵四百零七名，下横档原驻外委一员，防兵二百五十七名，年久失修，光绪十年改筑新式水师，提督派兵驻守。

大角新建明炮台，凡三所，共三座。虎门、蕉门间有大洲，群峦攒列，总名南沙山，山东连阜斗出海角为大角，适与沙角西相对，为虎门外口，右拒旧有大角炮台，原驻把总一员，防兵五十二名，年久失修，光绪十年改筑从新式，定字中营勇丁驻守，提督陶定升统带。

蒲洲新建明炮台，一所，共三座。蒲洲在大角之北，独耸孤冈，沙淤三面，惟东北斜出水际，山势陂陀，连列三炮台，层累而下，筑于光绪十年，定字中营勇丁驻守。

芦湾山巩固旧炮台，有南北两座，芦湾山内接南沙山，在大角西北。道光十五年建台，山麓东向与蛇头湾诸台对值，南台向设千总一员，外委一员，防兵六十二名，北台向设外委一员，防兵六十二名（今以此台炮向不甚便利，故于蒲洲更建新台，原台遂废）

大虎山旧炮台，山当虎门内口，屹立中流，台在山东陬。嘉庆二十二年建，向设千总一员，外委二员，防兵七十九名，今重固前口，原台圮废。

以上各台错列两岸，专扼虎门内外口。[①]

（香山县）蕉门旧炮台，珠江支渠分流，东出于黄角村南沙山之间，其海口曰蕉门，旧建炮台于门西山麓，设把总一员，防兵四十二名驻守。今海势日落，溜向东南趋，大角迤南，沙界益广，是台不当冲要，年久渐废。[②]

《中路分图说·东三门》

沙角为穿鼻洲之东伸海崎角，群山绕岸。光绪十年饬整海防，筑炮台凡六所，一曰鼻湾山暗炮台，正副二座山，在穿鼻洲正南，连冈斜迤，最南附海。左台自山顶凿，下深三丈余、宽二丈、直长十一丈，劖石作基，穿孔施炮台，离水面高三十尺，中设后膛洋炮一尊，台顶架木铺砖，加筑

① （清）佚名：《广东全省海图总说》，载《清代稿钞本（四编）》（第 191 册），广州：广东人民出版社，2012 年，第 59—68 页。

② （清）佚名：《广东全省海图总说》，载《清代稿钞本（四编）》（第 191 册），广州：广东人民出版社，2012 年，第 100—101 页。

番坭（泥），堆沙厚丈余，台口设铁门以时启闭，后凿隧道筑机器子药各房，外培坭土栽植竹木，暗台之形大率类此。右为副台，设前膛洋钢炮一尊，为左台之护。自山右，海滨环绕，台后跨山，抵台左海岸有濠墙一道，长一百六十余丈，高丈二尺一，曰白鹤山暗炮台，正副二台，在穿鼻山西，山势陡峻横纵，山顶凿石，径下深四丈余，长十二丈，中设后膛洋炮一尊，顶厚二丈余，设铁门，其隧道（宽八尺，高九尺，长十丈六尺）筑子药房，外培土植木，如暗台制，右为副台，亦设前膛洋炮以护左台，二台离水面各高三十二尺，滨海周山，循磴斜上，绕过左山颠近海止，有濠墙一道，长一百七十丈，高丈二尺，后山驻庆字左右营，一曰归藏山旗山暗炮台，各一座，归藏土暗台一座，归藏山首滨海有大石洞，天然深窅，就洞凿石平基，长十丈二尺，宽八尺八寸，高丈二尺，洞前附海铺砌麻石，筑暗炮台，高出水面十二尺，设后膛洋炮一尊，台顶架木筑土，厚丈余，有铁门，内作隧道子药房，亦凿石为之，副台设土炮一尊，上有木亭旗山台在归藏台左，从山坡凿石径，下深三丈余，宽丈余，长十丈，平基作台，高出水面二十四尺，设后膛洋炮一尊，余式皆同。归藏台外，从台右环副台沿海上坡，绕出山后至旗山台左抵海滨，有濠墙一道，长一百六十余丈，高丈二尺一，曰仑山暗炮台，凡二座，一为霹雳台，在山左向海，从山垛叠处凿石径，下深四丈，宽丈余，长十五丈，台离水面高三十四尺，设前膛洋炮一尊，一为振雷台，在山右向海，从顶横中凿石，下深三丈余，宽丈余，长十三丈，台离水面高四十尺，设前膛洋炮一尊，厚顶复道皆如前式，两台后环濠墙一道，左右际海，长一百六十余丈，高一丈一尺一，曰捕鱼山暗炮台，西南向平列为左、前、后、右四座，皆从山顶斜凿暗窟，深约二丈，直约十三丈，宽丈余，四台离水面右高三十三尺，后高三十二尺，前、左各高三十六尺，左、右、前三台设后膛洋炮一尊，后台设前膛洋炮一尊，厚顶复道如前四台。后环濠墙如半月形，长百六十余丈，高丈二尺，一曰沙角明炮台，凡三座，倚山附海，西偏南向，最北为濒海台，离水高十五尺，台圆形微椭，横径四丈三尺直径三丈八尺，用三合土、锤石和番泥筑成，开凿隧道，以藏机器子药，又另筑隧道，暗通沙角山后穿洞山腹，筑砌灰砖，长十三丈六尺，濒海台迤东南为联珠台，内隧道与濒海台相通，离水面高三十尺，又迤东南为临高台，离水面高三十三尺，三台形式皆同，各设后膛洋炮一尊，又东南山顶有电灯楼台，后濠墙高长略同前式。

谨案穿鼻洲西南海岸兀突不平，而归藏山为最露之崎角，或称为川鼻头南角，所谓自舢版洲视之，为西北偏北又北三分之向者，即此仑山振雷台西，西北向有平面石，西人指为布拉得石，船行进舢版洲，遇风不顺，曲折强行，每防此石及横档浅滩之险穿鼻角右之校椅湾（一名破船澳），鼻湾台正东海中有隐石，西人名爱里司隐石，附近水仅六七尺，今益浅落，潮盛时或驶行过之沙角，后堧可造船坞，鼻湾山左有港曰袭罗湖，通广济墟，沙角后迩来新沙渐高，阻截船路，惟春夏水涨小轮尚可暗渡也。

大角，横山当流，控扼右路，设三炮台（皆系明台），就凿山磡，各伺所向，遏阻敌船，最东角尖一台名振定台，东南向值舢版洲之东台，椭圆形，可击三面，离水高二百五尺，设后膛洋炮一尊，振定台迆西南一台，名振扬台，亦东南向值舢版洲之西，台形略同振定，离水高九十尺，设前膛洋炮一尊，振定台迆西北一台，名振威台，东偏北向值太平墟西水口，台圆形，离水高一百五十二尺，设后膛洋炮一尊，依山势东偏北面筑台，联磴三层，上台高出水面一百十四尺，中台高八十四尺，下台高七十四尺，皆系明台，用三合土凿山成磡，后伏暗道，藏子药，设后膛洋炮二尊，前膛洋炮一尊，是为蒲洲三台，总扼舢版洲左右进驶之道，与穿鼻诸台相犄角，今时虎门慎固外口，两角联势，盖不可偏畸轻重云。

谨案：大角，西人名为宝尔角，自此角至舢版洲为川鼻水道西界，角南面俱系浅平沙滩，惟小舟可行，角南二小岛曰东、西澳洲，俗称东、西枕箱，以形似名也，大角高山离水面三百十六尺，其西北南沙山为一洲之镇，高八百六十八尺。

蛇头湾山最高处得一千五百尺，斜陂而右筑明炮台七座，皆圆形新式，用三合土剷平山坡，锤基筑垒。其第一台高出水面一百四十七尺，二台高一百三十七尺，三台高一百二十八尺，四台高一百十一尺，五台高一百二尺，六台高九十七尺，七台高九十尺，悉西南向值上下横档间，即旧时镇远炮台也。自此东南为南边村西海岸，倚山筑明炮台，最西近海在风面者为威胜上台，离水高一百八十四尺，次层为威胜下台，离水高九十八尺，上台之左最高而去海略远者为威胜东台，离水高二百六尺，东南斜迆冈阜较低者为绥军台，离水高一百六十二尺又东南当南边村海湾（西人名为安臣湾），西角有二台，右为威远山腰台，离水高六十四尺，左为威远东台，离水高三十八尺，皆椭圆形，依附山麓悉向南偏西，即旧时威远炮台也（又名南山台）。凡两所十三座，各设大洋炮一尊，南边村海湾东角即鹅嘴，于角头建台，名定洋，西南向值大角头。

谨案蛇头湾山，为虎门左右最高之山，在官册曰南山，土人俗称则曰亚娘鞋山，山右临海岔，出两角，其东南角为亚娘鞋角，角上炮台即威远、威胜诸台也，距大角北又东二分，是角西北之角为蛇头湾角，角上炮台即蛇头湾七台也，西人名为极盛角，且指为护虎门炮台最要之区，自亚娘鞋山最高顶与舢舨洲高顶成直线，为南偏东，又东三分之向，即知当伶仃北暗沙头也（西人名之为伶仃靶），南边村水湾，今为圩田成平滩，而鹅嘴迆西南伸出暗沙浅界甚广，鹅鼻沙角间大水口中有两山岛，太平墟之水分三道出海，故其口门名三门。

横档有上下两岛，亦曰南北岛（北为上，南为下），上岛明炮台八座，皆圆形，各设洋炮一尊，依山高下剷顶为基，第一台曰定远台（高出水面六十七尺），次二台曰上下东台（上高八十一尺，下高六十四尺），又次二台曰上下中台（上高六十一尺，下高四十八尺），又次二台曰上下西台（上高六十九尺，下高五十尺），又次一台曰土台（高六十六尺），凡八台错列，山岛联络声势，可以为下岛守望之助。下岛明炮台六座，形同上岛，其一曰神武台（高四十尺），次曰眼镜台（高七十尺），又次曰东新台（高七十九尺），又次曰上西台（高七十尺），又次曰上西小台（高七十尺），又次曰东台（高六十四尺）。凡六台，下岛尤当前敌，岛形略宽展，自沙角、大角进驶不能越此左右两道（凡船体入水深者，必行东道，因西道较浅也，西道西人名曰理麻水道）。附山成沙亘，南北两岛间多碎石，下岛之前浅滩颇长，舟行既过舢舨洲，曲折戗风，以见大虎山岛东角与北横档东角成直线为度，若向东北驶，见直线即折回西北，若向西北驶，见直线即折向东北，庶左免误触布拉得石，右免误搁下岛浅滩，今依此船路，设向定炮线，筹御寇之策，则上下横档必尤为得力也。

谨案：上横档东角海中沙界内为东，东南向有露石，曰炼石，又东角正北露石曰横档北石，又西北偏北又北一分（少强），有隐石，极险，西人曰得富石，上距水面十八尺。

大虎山，雄踞珠海，屹立中洪，峰如劈顶，角如分爪，高四百八十八尺，东北面有旧炮台，迤西北一长岛，横屏蕉门北口（是口当水落时，常淤塞不通行），名小虎岛，东南尾有露石，曰小虎石，大虎岛北角外有隐石，距水面十四尺，此石视大虎岛炮台为东南又南一分之向，自大小虎山而北平津泱漭两岸，皆沙田，绝少山阜村市，西岸以莲花山为识，东岸闇西山为识，莲花山迤南沙洲大者为六合圩沙（亦名蠔墩，西名波尔登洲），为大沙（亦名八塘尾，西名司脱蓝生洲），为江鸥沙（亦名沥滘尾，西名司约里约洲），内为观音沙闇西山洲（西名司白登岛），之南为大黑沙（西名布尔溪尔洲），为齐沙（西名买特伦洲），大虎山北平浅沙滩为福禄沙（西名道令平浅），蛇头湾对港为石塘沙，亦曰蛇头沙，诸沙间涌港分歧，朝通夕塞，名称杂糅，巧历不算，特纪其尤著者，中洪正行船路，则惟大虎山至莲花山塔一道而已。[①]

第三节 《南北洋炮台图说》

《南北洋炮台图说》，亦称《南北洋各海口炮台图说》，或名《南北洋七省海口炮台图说》，由萨承钰创作，成稿于晚清光绪十六年（1890）十一月，是目前我国现存唯一一部针对全国沿海炮台实地测绘所做的调查报告，也是一部较为全面反映晚清沿海炮台建设情况的专著。

由于图说文稿成书后并未进行刊刻，而是采用工楷誊抄方式，流传甚少，因而学界研究鲜有人使用。除了施元龙先生《中国筑城史》一书中部分引用外，黄利平先生也关注到这个稀有炮台资料并加以使用。[②]该书在

① （清）佚名：《广东全省海图总说》，载《清代稿钞本（四编）》（第191册），广州：广东人民出版社，2012年，第178—200页。

② 施元龙主编：《中国筑城史》（北京：军事谊文出版社，1999年）引用了部分七卷版本《南北洋炮台图说》，见第276—278页；黄利平：《解密晚清海防要塞》（《中国社会科学报》2015年10月15日，第10版）及其著作《清代民国广州城防、江防与海防炮台研究》（广州：广州出版社，2016年）部分章节，据其所述，应是使用的八卷版本的《南北洋炮台图说》。

中国国家图书馆藏有七卷本，书名《南北洋七省海口炮台图说》为图书馆编目时所加。据研究，“该藏书应抄于 1902 年之后，八卷本《南北洋炮台图说》应为该书的稿本”[①]。笔者在中山大学图书馆藏看到的是八卷本（图 3-2，多“附卷《台湾各海口炮台图说》”部分），此书内封面有“萨本敦先生惠赠”字样，是萨氏后代于 2008 年的影印的手抄本。

图 3-2　八卷本《南北洋炮台图说》封面内容，笔者拍摄

该书作者萨承钰（1850—1908），字又恒，晚号廉退，福建福州府人。他对绘制地图有着浓厚的兴趣，在实地调研沿海炮台及写作《南北洋炮台图说》期间，曾任山东巡抚张曜的幕僚。

该书文字篇幅最多的是第七卷《广东省城至虎门口及琼廉潮各府州海口炮台图说》。关于广东这部分，主要反映的是光绪十年（1884）至十五年张之洞主政广东期间的炮台建设情形。张之洞在两广总督任内于 1884 年对广州省城至虎门海口炮台进行了大规模重建；1887 年开始，又在钦州、廉州及海南岛琼州海口建了新式炮台。

① 贾浩：《萨承钰〈南北洋各海口炮台图说〉研究》，北京师范大学硕士学位论文，2001 年，第 15 页。

《南北洋炮台图说》最重要的特色是撰者通过实地测绘对炮台的建筑构造及用料做了详尽的描写。作者如同导游，引领着读者按照炮台地理位置顺序来浏览建筑全貌，并一一讲解，内容很是丰富。不过作者唯独没有介绍炮台火炮型号及火力配备情况，而且对光绪十六年（1890）以后炮台的增筑情况也未有记述。令人欣慰的是，这些内容可以由另两部现存且罕为人知的《虎门各炮台形势图》与《虎门各炮台形势总图》两本舆图册中文字及舆图内容补充。

萨承钰从光绪十五年底至光绪十六年十一月，用了一年的时间进行炮台实地调研工作，这段时间恰处于晚清全国海防建设的鼎盛期，几乎囊括了晚清海防要塞工程的全部成果，具有很高的史料价值。萨承钰考察各省沿海炮台情况，期以“绘图详注，以备稽考”[①]。

该图说一共12册，并配有100余幅舆图。遗憾的是，该书舆图早已不明下落，目前仅存文字部分，而文字中又包含很多炮台建筑方面的专业名词和术语。因此，作为文字的“图说”，脱离了舆图，会使原来枯燥的说明文字读起来不免令人费解。若能够看到这些舆图，将极大地提高该书的研究价值和地位。

这些图册作为呈报给上级的炮台文牍资料，曾计划上呈给光绪皇帝，但目前中国国家图书馆及中国第一历史档案馆所藏舆图尚未公开，笔者曾多次去查阅，均无缘相见，更不知那里是否藏有这些图册，而萨承钰誊抄流传给萨家后人的图册也已遗失，《南北洋炮台图说》的原貌恐难以恢复。

幸运的是，最近笔者在东莞市政协主编的《东莞历代地图选》（2012年版）一书中第52—58页发现了6幅名为“曾国藩”所做的舆图，分别为：《上横档定远炮台图》（图3-3）、《上横档各炮台图》（图3-4）、《蛇头湾山各炮台图》（图3-5）、《威胜西炮台图》（图3-6）、《威胜东炮台图》（图3-7）、《威远后山上下炮台图》（图3-8）。据该图选所说，这6幅舆图是原燕京大学图书馆（今北京大学图书馆）所藏，实际上这些

① （清）萨承钰：《南北洋炮台图说》序言，中山大学图书馆一砚斋藏本影印本，2008年，第7页。

图正是萨氏《南北洋炮台图说》所遗失百余幅舆图中的 6 幅。[①]现将这些失而复见的珍贵舆图及部分图说文字（图 3-9）展示如下：

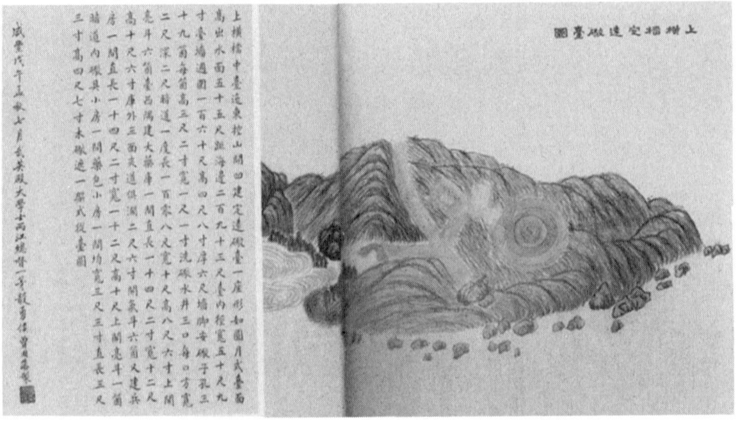

图 3-3　《上横档定远炮台图》

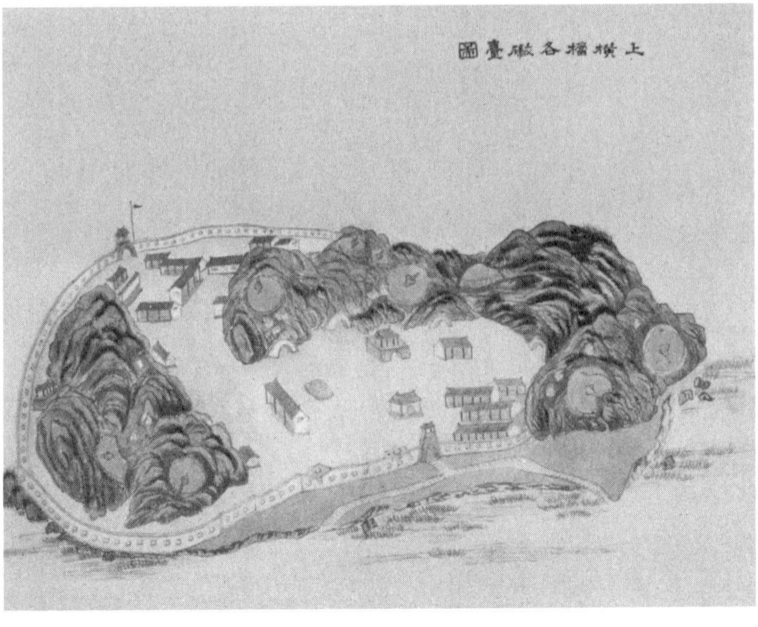

图 3-4　《上横档各炮台图》

① 该论点论证详见本书第四章“舆图文献视野下的虎门海防炮台”第四节相关内容。

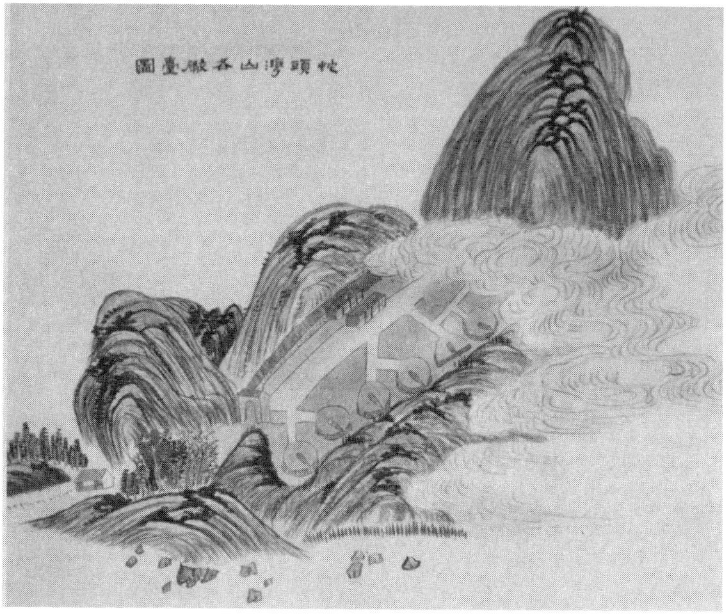

图 3-5 《蛇头湾山各炮台图》

图 3-6 《威胜西炮台图》

图 3-7　《威胜东炮台图》

图 3-8　《威远后山上下炮台图》

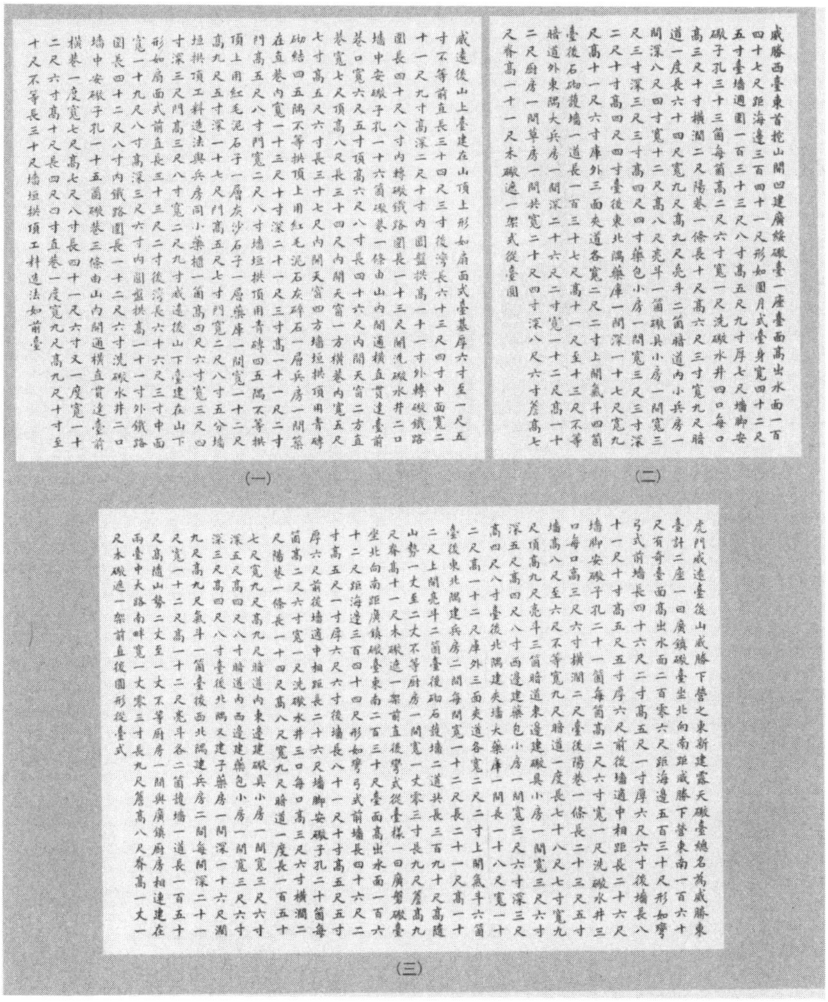

图 3-9 《南北洋炮台图说》中部分舆图图说文字

6 幅舆图正好是卷七广东炮台中“虎门”部分炮台，也恰恰是虎门防线中最核心的部分；而在整个图说 57 000 多字中，“虎门”部分就多达 16 000 余字，所占比例很高，是为全书的重中之重，找回的这部分舆图可谓“精华”。

现将该书“虎门”炮台部分点校辑录（详见文后附录 I），并将内容模块化分类梳理成表格（表 3-1—表 3-23），从中可以清晰地窥视张之洞主政广东期间虎门炮台的具体情形。

表 3-1　沙角山（炮台）详情表

<table>
<tr><td colspan="2">性　质</td><td colspan="4">明炮台</td></tr>
<tr><td colspan="2">地理位置</td><td colspan="4">虎门出口数里，滨海东侧一山；与大角对峙，两岸相距约十里</td></tr>
<tr><td colspan="2">周边环境</td><td colspan="4">海中有二岛，曰海心岗，曰龙穴。迤西一岸，近因沙壅成洲，船不能行，必绕龙穴迤东而走。向由大角进口者，亦西绕而东</td></tr>
<tr><td colspan="2">海防战略</td><td colspan="4">（沙角与大角）山为粤海中路第一门户</td></tr>
<tr><td colspan="2">炮台名称</td><td>濒海台</td><td>联珠台</td><td>镇海台</td><td>临高台</td></tr>
<tr><td colspan="2">位　置</td><td colspan="3">山顶</td><td>山腰</td></tr>
<tr><td colspan="2">数　量</td><td colspan="3">共三座</td><td>一座</td></tr>
<tr><td rowspan="8">布置情形</td><td>台基</td><td colspan="3">长五丈，宽四丈</td><td>长五丈，宽四丈</td></tr>
<tr><td>炮堂</td><td colspan="3">均长二丈二尺，宽二丈四尺，高一丈二尺</td><td>长二丈，宽一丈四尺，高一丈二尺</td></tr>
<tr><td>暗道</td><td colspan="3">长四丈，宽八尺，高九尺，墙厚三尺。三台暗道相通，建横暗道，长十三丈，宽八尺，高九尺，墙厚三尺</td><td>长十丈五尺，宽八尺，高九尺，墙厚三尺</td></tr>
<tr><td>药房</td><td>暗道内。深一丈六尺，宽九尺五寸</td><td>暗道内。深一丈四尺，宽九尺五寸</td><td>暗道内。未另筑造，仍与两台（指濒海、联珠）通用</td><td>暗道内。长一丈一尺五寸，宽九尺五寸，墙高八尺，厚一尺五寸</td></tr>
<tr><td>兵房</td><td></td><td></td><td></td><td>四所，每所三间，计宽三丈八尺，深二丈，高一丈一尺</td></tr>
<tr><td>厨房</td><td>长四丈，宽八尺，高九尺，墙厚三尺。三台暗道相通，建横暗道，长十三丈，宽八尺，高九尺，墙厚三尺</td><td></td><td></td><td>一间，宽九尺，高深均一丈一尺</td></tr>
<tr><td>公库</td><td colspan="3">三间，宽四丈六尺五寸，深三丈零五寸，四围墙高一丈八尺六寸，厚一尺六寸。建造原因：暗道内药房，地近潮湿，子药未便多储，因于山后另筑</td><td></td></tr>
<tr><td>壕墙</td><td></td><td></td><td></td><td>一道，周围长八十二丈四尺，内墙分作三层，第一层宽五尺，二层宽六尺，三层宽七尺，共宽一丈八尺，高一丈二尺</td></tr>
</table>

续表

布置情形	营门				弁勇藉以守台
	两圩				沙角山后。曰广济，曰太平，中隔小河二道，均设浮桥，食用可源源接济

表 3-2 捕鱼山（炮台）详情表

性　质		暗炮台			
地理位置		自沙角循海而下，约里许，海中至龙穴十二里半，山横海东一岸，左右两峰耸拔。中间山势稍平，因于平处建暗炮台四座			
周边环境		每次演炮，以龙穴小山为的，炮码落处，辄过之，无不及也			
海防战略		为沙角（山炮台群）第二要隘			
炮台名称		捕鱼左台	捕鱼右台	捕鱼前台	捕鱼后台
位　置		山腰			
数　量		一座			
布置情形	台基	长四丈五尺，宽九丈			
	炮堂	长二丈三尺，宽二丈四尺，高一丈二尺			
	炮房外铁门	各一对，均高六尺九寸，宽六尺六寸，厚三寸			
	暗道	长一十一丈，宽八尺，高九尺，墙厚三尺			
	药库	深一丈一尺，宽一丈零五寸。均墙高八尺，厚一尺五寸	深一丈二尺，宽一丈零八寸	深一丈四尺，宽一丈零五寸。均墙高八尺，厚一尺五寸	深一丈二尺，宽一丈零八寸，均墙高八尺，厚一尺五寸
	水池	暗道内。各台建一口，长四尺三寸，宽二尺二寸，深二尺			
	兵房	暗道口、营门侧各盖一间。均宽三丈八尺，深二丈，高一丈一尺			
	厨房	各台一间，位于兵房旁边，宽九尺，深一丈一尺，高一丈			
	官厅	各台一座，建于适中处，深三丈二尺，宽四丈五尺二寸。前檐高二丈四尺，后檐高一丈三尺			
	壕墙	各台一道，右接山顶，左抵海滨，周围长一百六十丈，高一丈二尺，均开枪眼，中立营门			

表 3-3　仑山（炮台）详情表

<table>
<tr><td colspan="2">性　质</td><td colspan="3">暗、明炮台兼有</td></tr>
<tr><td colspan="2">地理位置</td><td colspan="3">至捕鱼山三里，与海中龙穴对峙，相距十二里</td></tr>
<tr><td colspan="2">海防战略</td><td colspan="3">水边怪石险巇，如虎而踞，外洋轮船必经之路</td></tr>
<tr><td colspan="2">炮台名称</td><td>霹雳台</td><td>震雷台</td><td>田鸡台</td></tr>
<tr><td colspan="2">性　质</td><td>暗炮台</td><td>暗炮台</td><td>明炮台</td></tr>
<tr><td colspan="2">位　置</td><td>仑山之东，劈山洞腹，坐北向南</td><td>仑山之西，劈山洞腹，坐北向南</td><td></td></tr>
<tr><td colspan="2">数　量</td><td colspan="2">各一座</td><td>一座</td></tr>
<tr><td rowspan="8">布置情形</td><td>台基</td><td colspan="2">长十三丈，宽八丈五尺</td><td>长七丈二尺，宽五丈三尺</td></tr>
<tr><td>炮堂</td><td colspan="2">长二丈三尺，宽二丈四尺，高一丈二尺</td><td>长一丈三尺，宽四丈三尺</td></tr>
<tr><td>暗道</td><td colspan="2">长十丈二尺，宽八尺，高九尺，上开气斗，高二丈九尺</td><td>长四丈，宽六尺，高九尺，墙厚三尺</td></tr>
<tr><td>药库</td><td>一间。位于暗道内，深一丈三尺，宽一丈</td><td>一间。深一丈四尺，宽一丈一尺</td><td></td></tr>
<tr><td>机器房</td><td>一间。深七尺一寸，宽九尺三寸，均墙高八尺，厚一尺五寸</td><td>一间。深一丈一尺，宽九尺五寸，均墙高八尺，厚一尺五寸</td><td></td></tr>
<tr><td>水池</td><td>一口。长六尺八寸，宽二尺四寸，深一尺九寸</td><td>一口。长四尺，宽二尺，深一尺九寸</td><td></td></tr>
<tr><td>兵房</td><td></td><td>暗道口、营门侧共两所，每所计三间，共宽三丈八尺，深二丈，高一丈一尺</td><td></td></tr>
<tr><td>壕墙</td><td></td><td></td><td>一道，周围长一百六十四丈，高一丈二尺，均开枪眼</td></tr>
<tr><td rowspan="5">周边情形</td><td>望台</td><td></td><td></td><td>台右山顶</td></tr>
<tr><td>更棚</td><td></td><td></td><td>台左壕墙滨海处</td></tr>
<tr><td>土炮台一</td><td></td><td></td><td>台左壕墙滨海处</td></tr>
<tr><td>土炮台二</td><td></td><td></td><td>山上设立</td></tr>
<tr><td>营门</td><td></td><td></td><td>山后建。高二丈三尺，宽二丈一尺，东边小营门外高一丈一尺，内高九尺，宽九尺五寸</td></tr>
</table>

表 3-4　归藏山（炮台）详情表

性　质		暗炮台		
地理位置		距龙穴（山）十二里		
设防特点		（归藏山）中有一大石孔，从石孔中凿平建成。若天造地设，海中难于分辨		
海防战略		为仑山台应援		
炮台名称		归藏炮台	归藏副炮台	归藏土炮台
数　量		各一座		
位　置			建在归藏山后	建在归藏山后，与归藏副炮台临接
海防战略				护卫归藏副炮台
布置情形	台基	长十丈，宽九丈，高一丈二尺	长三丈二尺，宽三丈四尺，高四尺	
	炮堂	长二丈，宽二丈二尺，高一丈二尺		
	暗道	长八丈，宽八尺，高九尺，墙厚三尺		
	药库	一间。暗道内，高六尺五寸		
	机器房	一间。高六尺，均深九尺六寸，宽七尺		
	水池	一口。长四尺五寸，宽一尺七寸，深二尺		

表 3-5　旗山（炮台）详情表

性　质		暗炮台
地理位置		归藏山挨左最高山
设防特点		山麓劈石直下，深四丈八尺
海防战略		一有演炮，直击出口八九里，横击过龙穴，为沙角一路尤甚得力之台
炮台名称		旗山炮台
数　量		一座
布置情形	台基	长一十三丈，宽四丈
	炮堂	长二丈，宽二丈二尺五寸，高一丈二尺
	暗道	长六丈，宽八尺，高九尺，墙厚三尺
	药库	一间。建于暗道内，深九尺，宽九尺，高一丈二尺五寸

续表

布置情形	水池	一口，长四尺七寸，宽一尺八寸，深二尺五寸，两台兵房各一所，每所三间，共宽三丈八尺，深二丈，高一丈一尺
	厨房	一间，宽九尺，深一丈二尺，高一丈
	兵房	山下盖，一所，计二间，共宽二丈七尺，深二丈一尺，高九尺
	壕墙	一道，周围长一百六十二丈，高一丈二尺
	营门	一座，弁勇严司启闭

表 3-6　白鹤山（炮台）详情表

地理位置		上至旗山台里许，下距鼻湾台三里余	
设防特点		临海一峰，矗然而立，最为险要	
炮台名称		白鹤左台	白鹤小炮台
数　量		各一座	
性　质		暗炮台	
位　置			建于（白鹤）山右
特　点		从山顶凿石直下	山右临海稍平，山左极高
地　位		与上下两台互相应援	
布置情形	台基	长一十三丈四尺，宽八丈五尺	横直各一丈三尺
	炮堂	长二丈三尺，宽八尺，高一丈二尺	
	炮房	顶开四方气斗。上宽四尺，下宽六尺，高一丈四尺	
	暗道	长一十丈，宽八尺，高九尺，上开气斗八个，均高二丈一尺一寸	
	药库	建于暗道内，深一丈五尺三寸，宽九尺三寸，墙高八尺五寸，厚一尺五寸，开亮斗一个，高二丈二尺，内宽一尺五寸	
	水池	一口。长六尺，宽二尺五寸，高二尺四寸	
	兵房	盖于山后营门侧。二所，每所三间，共宽三丈八尺，深二丈，高一丈一尺。四围墙厚一尺二寸	
	壕墙		因山而成，高不等。周围长一百六十五丈，高一丈四尺，宽一丈八尺
	营门		二道，均宽一丈三尺，深一丈二尺
	望楼		一座，盖于营门之上，高一丈八尺

表 3-7　鼻湾山（炮台）详情表

地理位置		自沙角循海而下，约十里许，距海中龙穴山十三里余	
设防特点		因山掘石而建	
海防战略		（鼻湾）山左海汊，曰袭罗湖，水通广济、太平两圩，缭绕沙角后路，亦驻防紧要地	
炮台名称		鼻湾炮台	鼻湾小炮台
数　量		各一座	
性　质		暗炮台	
位　置			（鼻湾）山右
特　点			从山右绕过山左，直抵海滨
地　位			护卫鼻湾暗炮台
布置情形	台基	长一十三丈，宽四丈五尺	
	炮堂	长二丈二尺，宽二丈五尺，高一丈二尺	
	炮房	顶开四方气斗，高一丈二尺，上宽四尺，下宽六尺	
	暗道	长一十二丈，宽八尺，高九尺，墙厚三尺	
	药库	建于暗道内。深一丈三尺，宽九尺五寸，高一丈二尺。墙高八尺五寸，厚一尺五寸，开亮斗一个，高一丈八尺，内宽一尺五寸	
	水池	一口。长六尺，高宽均二尺五寸	
	兵房	盖于暗道口、营门侧。二所，每所三间，共宽三丈八尺，深二丈，高一丈三尺。四围墙厚一尺二寸	
	厨房	盖于兵房旁。一间，宽九尺，深一丈一尺，高一丈三尺	
	壕墙		一道。周围长一百七十二丈，高一丈二尺，宽一丈八尺
	营门		有
	望楼		高宽均一丈八尺，深一丈三尺

表 3-8　鹅嘴山（炮台）详情表

炮台名称	定洋台	东、西眼镜台
建台时间	光绪辛巳年（1881）建成	
数　量	一座	两座

续表

布置情形	台墙	高五尺七寸，底厚七尺，顶厚三尺八寸，周围共长三百六十八尺	高七尺一寸，厚六尺，宽二十七尺六寸。外培土泥厚二十八尺
	炮墩		二座。均高二尺七寸五分，宽一十九尺十寸
	台内避人孔		五个。每个宽二尺八寸，高五尺六寸，深一尺五寸
	台内炮子孔		六个。每个宽二尺八寸，高八寸五分，深九寸
	炮子房		一间。深一十二尺，宽八尺，上开亮窗一方。门外走路挖深四尺，墙厚三尺，拱顶用红砖二层，砖上用红毛泥和细石子筑，厚二尺，外加土泥，厚六尺
	药房		一间。深一十二尺，宽一十尺，上开亮窗一方
	小子药房		四间，均宽四尺，深二尺，高四尺七寸
	兵房		暗路内，二间。深一十尺，宽八尺，高九尺五寸，墙厚一尺五寸，拱顶用红砖二层，再加红毛泥和细石子筑，厚一尺五寸
	官厅	一座，计三间，高一十八尺二寸，深四十三尺二寸，中间宽一十四尺九寸，左右两间宽一十二尺七寸。上铺红砖二层，砖上加灰泥碎石厚一尺，又加舂红毛泥厚五分	
	台门	一道，高一十八尺二寸	
	石码头	一度，由南向闸口起，至石码头止。计长一百六十七尺，宽一十尺	
	炮勇房	一间，宽二十八尺，深七尺，高八尺	
	暗路	二条，由拱口起，至东台口止，计长一百尺零九寸。由东台口起，至西台口止，计长五十二尺。两旁墙厚一尺五寸，拱顶用红砖二层，砖上用红毛泥和细石子筑，厚一尺五寸，又加土泥，厚四尺	

表 3-9　虎门威远炮台详情表

地理方位		坐北向南，南临海滨，东西北三面依山
外围护墙	形状	自东迤西，一字式，并半月式
	长度	共长九十二丈
	墙基	墙基砌麻石，厚二丈四尺，外高一丈，内高三尺 基上筑灰沙墙，厚一丈八尺，外高一丈一尺五寸，内高一丈三尺

续表

外围护墙	炮洞	墙上砌石炮洞二十四个，高八尺五寸，宽一丈二尺，深一丈五尺。又筑灰沙炮洞二个，高八尺五寸，宽一丈四尺，深一丈七尺	
炮台名称		威远东台	威远山腰露天台
数　量		共二座	
具体位置		东门外	东门内
形　状		前圆后方	半月式
布置情形	台基	周围长四十六丈。由水面砌石基，长二十八丈，高九尺，厚六尺。基上筑横墙，长二十六丈，高五尺，厚五尺。后三面围墙一道，长二十丈，高一丈八尺，厚四尺五寸。墙外加筑红毛泥石子墙，长六丈，高四尺五寸，厚五尺五寸	前湾长一十七丈，后直长二十丈，高七尺，厚六尺，上筑灰沙高八尺，厚六尺，长一十七丈
	炮位墙	形如扇面式。前至后，深三丈，左至右，宽三丈八尺，围长一十丈五尺，高四尺五寸，厚二尺。两炮位墙，均围长五丈，高四尺五寸，厚一尺五寸	形如扇面式，围长一十丈，横宽三丈六尺，直长二丈二尺，高四尺，厚二尺，外向加筑灰沙墙长五丈五尺，高四尺，厚三尺
	小炮墩	左右二个，每个围长七丈，扇面式	一座，围长一十三丈，筑红毛泥和细石子高三尺
	避人孔	炮位左右，开四个，两个宽四尺，深六尺，两个宽三尺六寸，深四尺五寸，均高五尺五寸	

表 3-10　威远（炮台）军事分区设施详情表

军事设施		具体位置	布置情形
周围护墙	东台墙		高一丈八尺，长四丈，厚三尺五寸。开拱门一个，高八尺五寸，宽五尺五寸
	东外台墙		高一丈六尺，长二丈四尺，厚三尺五寸，开拱门一个，高九尺五寸，宽七尺
	西台墙		高一丈八尺，长七丈，厚三尺五寸，开拱门一个，高九尺，宽五尺五寸
	西外台墙		高一丈六尺，长六丈五尺，厚三尺二寸，开拱门一个，高九尺，宽七尺
围　墙			一道。南连外墙，北抵子药库，西至内墙，高一丈三尺，长七丈六尺，厚三尺，开拱门一个，高七尺，宽三尺六寸
马　路		炮洞后	宽一丈
灰沙墙			一道。长八十五丈，厚三尺，高一丈五尺五寸

续表

军事设施	具体位置	布置情形
兵　房	马路后	一十七间。每间宽八尺五寸，深六尺五寸
灰沙墙		一道。长七十四丈，厚二尺，高八尺五寸
横　墙		一十六道。高九尺五寸，长六尺五寸，厚一尺
暗马路	东台后	一条。通入月城，长一十一丈，宽八尺五寸，两旁筑红毛泥石子墙，高六尺，厚一尺五寸
兵　房	马路右边	三间。第一间及第二间均宽八尺五寸，深一丈零五寸，高七尺五寸，第三间，宽深均八尺五寸，高七尺
子药房		二间。均深一丈零五寸，高七尺五寸，内一间宽七尺，一间宽八尺五寸，四围墙厚二尺
小　房	子药房外	一间。深四尺五寸，宽一丈八尺五寸，高七尺二寸，四围墙厚二尺
暗马路	山腰月台内	两条。一条直通台外，长七丈，宽五尺。又一条通子药房内，长三丈，宽三尺六寸
小马路		一条。长三丈五尺，宽三尺六寸，均墙高五尺五寸，厚一尺八寸
子药房		二间。均深一丈零五寸，内一间宽八尺八寸，一间宽七尺五寸，墙高五尺五寸，厚一尺八寸
兵　房		一间。深一丈三尺五寸，宽八尺八寸，墙高五尺五寸，厚一尺八寸
灰沙走道	山腰月台下	厚六寸，长五丈，宽一丈四尺
官　厅		一座。计五间，均深二丈一尺五寸，中间宽一丈四尺，左右四间，宽一丈一尺五寸，前檐高一丈三尺五寸，后檐高一丈二尺
人字墙		六道。均高一丈七尺五寸，两边二道，厚九寸五分，中间四道，厚六寸八分
右边墙		一道。高八尺，长八丈，厚一尺五寸
耳　房	右边墙内	一间。深一丈，宽一丈一尺，前檐高八尺五寸，后檐高七尺五寸，墙高一丈一尺，厚六寸八分
大厨房	中军帐后左边	二间。共宽一丈九尺，深一丈六尺，檐高七尺五寸
围　墙		两道。高一丈一尺，厚一尺五寸
官　厅	中军帐左边	一座，计三间，均深二丈一尺，中间宽一丈四尺，左右两间，宽一丈一尺五寸，前檐高九尺，后檐高八尺五寸
人字墙		四道。高一丈三尺五寸。左右两道，墙厚九寸五分，中两道，厚六寸八分
青砖墙		二道。左接灰沙横墙，右连中军帐，长一丈六尺，高九尺，厚六寸八分

续表

军事设施	具体位置	布置情形
厨房	官厅后	一间。深一丈，宽一丈，前檐高八尺五寸，后檐高五尺五寸，墙厚一尺三寸
哨官房	官厅后	四间。均深一丈三尺，宽一丈一尺。前檐高九尺，后檐高六尺，墙后六寸八分
厨　房	哨官房附建	一间。深一丈，宽一丈，前檐高八尺，后檐高五尺
石　墙	自哨官房前墙起，至山腰月台明马路止	一道。长二十六丈五尺，高九尺，宽二尺二寸
厨　房	石墙内	四所，每所二间，均深一丈三尺五寸，宽一丈零五寸，前檐高九尺，后檐高五尺
土　墙	厨房后	一道。长二十九丈，高八尺，厚一尺五寸
灰沙大走道	东门内	厚六寸，长四十丈，宽四丈
依山小屋	东门内	二间。均深一丈四尺五寸，宽一丈一尺，檐高七尺五寸
人字墙	东门内	三道。均高一丈一尺五寸
楼　房	东台门上	二间。内一间，宽一丈四尺，外一间，宽八尺八寸，均深一丈二尺五寸，檐高六尺
耳　房	楼房右边	一间。深五尺，宽五尺，高四尺七寸，墙高七尺
楼　房	东向外台门	二间。内一间，深一丈零五寸，宽一丈一尺八寸。檐高六尺五寸
人字墙	东向外台门	二道。高八尺五寸，均砌小青砖，厚六寸八分。外一间，深一丈零五寸，宽七尺六寸，檐高六尺五寸，墙高八尺五寸，厚九寸五分
演武厅	东门外操场	一座，计三间，深二丈五尺，前檐高一丈七尺五寸。后檐高八尺。中间宽一丈七尺，左右两间宽一丈一尺五寸
人字砖墙	演武厅左右	二道。高一丈三尺五寸，厚九寸五分。中间二道，高一丈三尺五寸，厚六寸八分
大子药库	西门外	一所。深一丈八尺五寸，高宽均一丈一尺五寸。四围墙高七尺五寸，厚一尺八寸，后向依山
灰沙护墙	大子药库外	三面加筑，高一丈一尺，长六丈五尺，厚三尺五寸。门高六尺五寸，宽三尺
建道	自台门内至中军帐小拱门止	长六丈，宽二丈五尺

续表

军事设施	具体位置	布置情形
灰沙横墙	台中	一道。长一十一丈五尺，高一丈一尺，厚四尺。中开一门，高八尺，宽五尺五寸，东通走道，西达中军帐
军械所	灰沙横墙左边	一间。深一丈八尺，宽一丈，高九尺
兵房	中军帐左右两边	二十间。均深一丈八尺五寸，高九尺，内一十八间，宽一丈，二间宽一丈零五寸，四围墙厚一尺
砖墙	兵房左右	各筑两道，均高一丈三尺，宽六尺二寸，厚一尺八寸。门高六尺，宽二尺七寸
围墙	兵房后	四道。长二十七丈，高八尺，厚一尺五寸
灰沙走道	中军帐前兵房门口	厚六寸，长一十一丈七尺，宽四丈
望楼	西台门上	二间。外一间，深一丈二尺三寸，宽一丈四尺。内一间深一丈二尺，宽一丈七尺，均檐高六尺，墙高八尺九寸
厨房	望楼上	一间。深七尺，宽一丈五尺，高六尺三寸
小屋	西台门外	一间。深一丈六尺，宽一丈一尺，檐高六尺三寸
楼房	外台门上	一间。深一丈一尺，宽一丈一尺五寸，檐高六尺
人字墙		二道。均高九尺，厚九寸五分
月字石基	西台门外河边	长九丈三尺，高一丈，宽五尺
石码头		一度。长二十三丈，高一丈，宽九尺五寸

表 3-11 威胜东台详情表

性　质		新建露天炮台	
地理方位		威远台后山，威胜下营之东	
炮台名称		广镇炮台	广磐炮台
数　量		共二座	
具体位置		坐北向南，距威胜下营东南一百六十尺有奇。台面高出水面二百零六尺，距海边五百三十尺	坐北向南，距广镇炮台东南二百三十尺。台面高出水面一百六十二尺，距海边三百四十四尺
炮池形状		弯弓式	
布置情形	台墙	前墙直长四十六尺二寸，高五尺一寸，厚六尺六寸。后墙弯长八十一尺十寸，高五尺五寸，厚六尺，前后墙适中，相距长二十六尺。墙脚安炮子孔二十一个。每个高二尺六寸，宽一尺	
	洗炮水井	各三口，每口高三尺六寸，横宽二尺	

续表

布置情形	阳巷	一条。长二十三尺五寸，墙高八尺至六尺不等，宽九尺	一条。长一十四尺，高八尺，宽九尺
	暗道	一条。长七十八尺七寸，宽九尺，高九尺，亮斗三个	一条。长一百五十七尺，宽九尺，高九尺
	炮具小房	暗道内东边，各一间。宽三尺六寸，深五尺，高四尺八寸	
	药包小房	暗道内西边，一间。宽三尺六寸，深三尺，高四尺八寸	暗道内西边，一间。宽三尺六寸，深三尺，高四尺八寸
	大药库	台后北隅夹墙建，一间。长一十八尺，宽一十二尺，高一十二尺	
	夹道	大药库外，三面。各宽二尺二寸，上开气斗六个	
	子药房		台后北隅，二间。内一间深一十四尺六寸，外一间深三尺六寸，均宽九尺，高九尺，上开气斗一个
	兵房	台后东北隅，二间。每间宽一十二尺，长二十一尺，高一十二尺，上开亮斗二个	台后西北隅，二间。每间深二十一尺，宽一十二尺，高一十二尺，上开亮斗二个
	护墙	（砌石）护墙二道。共长三百九十尺，高随山势，一丈至三丈不等	一道。长一百五十尺，高随山势，二丈至一丈不等
	厨房	各一间。宽一十尺零三寸，深九尺，高一十一尺。其中广磐厨房与广镇厨房相连，建在两台中间，大路南首	
	木炮遮	各一架。前直后弯，形从台式	

表 3-12　威远后山（炮台）详情表

炮台名称			威远后山上台	威远后山下台
数　量			共二座	
位　置			山顶	山下
炮池形状			扇面式	扇面式
布置情形	炮台自身情形	台身	前直长三十四尺三寸，后湾长六十三尺四寸，中面宽二十一尺九寸，高深均二尺十寸	前直长三十三尺二寸，后湾长六十六尺三寸。中面宽一十九尺八寸，高深均三尺六寸
		台基	厚六寸至一尺五寸不等	
		台墙	墙中安炮子孔一十六个	墙中安炮子孔一十五个
		炮盘	内圆盘拱高一十一寸，外转炮铁路围长四十尺八寸，内转炮铁路围长一十三尺	内圆盘拱高一十一寸，外铁路围长四十二尺八寸，内铁路围长一十二尺六寸
	洗炮水井		各二口	

续表

布置情形	炮巷	一条。由山内开通，横直贯达。台前巷口宽六尺五寸，顶高六尺八寸，长四十六尺，内开天窗二方	三条。由山内开通，横直贯达
	横巷	内宽五尺七寸，高五尺六寸，长三十七尺，内开天窗四方。墙垣拱顶，用青砖砌结四五隅不等。拱顶上用红毛泥石灰碎石一层	台前，一道。宽七尺，高七尺八寸，长四十一尺六寸。又一道，宽一十二尺六寸，高一十尺，长四尺四寸
	直巷	宽七尺，顶高八尺，长三十四尺，内开天窗一方	一道。宽九尺，高九尺十寸至十尺不等，长三十尺，墙垣拱顶工料造法如前台
	兵房	一间。筑在直巷内，宽一十三尺十寸，深二十一尺三寸，高一十一尺二寸，门高五尺八寸，门宽二尺八寸，墙垣拱顶，用青砖四五隅不等。拱顶上用红色毛泥石子一层，灰沙石子一层	
	药库	一间。宽一十二尺，高九尺五寸，深一十七尺，门高五尺七寸，门宽二尺八寸五分，墙垣拱顶工料造法与兵房同	
	小药柜	一个。高四尺六寸，宽三尺四寸，深三尺，门高三尺八寸，宽二尺九寸	

表 3-13　广绥炮台详情表

地理位置		威胜西台东首，挖山开凹。 台面高出水面一百四十七尺，距海边三百四十一尺
数　　量		一座
炮池形状		圆月式
布置情形	台身	宽四十二尺五寸
	台墙	周围一百三十三尺八寸，高五尺九寸，厚七尺
	炮子孔	安于墙脚，三十三个，每个高二尺六寸，宽一尺
	洗炮水井	四口。每口高三尺十寸，横阔二尺
	阳巷	一条。长一十尺，高六尺三寸，宽九尺
	暗道	一度。长六十四尺，宽九尺，高九尺，上开亮斗二个
	兵房	暗道内，一间。深八尺四寸，宽一十二尺，高八尺，上开亮斗一个
	炮具小房	一间。宽三尺三寸，深三尺三寸，高四尺四寸
	药包小房	一间。宽三尺三寸，深二尺十寸，高四尺四寸
	药库	台后东北隅，一间。深一十七尺，宽九尺，高一十一尺六寸

续表

布置情形	夹道	库外，三面。各宽二尺二寸，上开气斗四个
	护墙	台后石砌，一道。长一百三十七尺，高一十一尺至一十三尺不等
	大兵房	暗道外东隅，一间。深二十六尺二寸，宽一十二尺，高一十二尺
	厨房	各一间。共宽二十尺四寸，深八尺六寸，檐高七尺，脊高一十一尺
	草房	
	木炮遮	一架。式从台圆

表 3-14　蛇头湾山（炮台）详情表

地理位置			在威远山西首					
设防特点			新建；（六座炮台）由山顶至山边，参差连接					
炮台名称			第一台	第二台	第三台	第四台	第五台	第六台
数　量			共六座					
位　置			山顶		山腰	山腰，与第三台相连	山前，横直通贯第六台	山嘴，横直连贯第五台
炮池形状			磨盘式	扇面式	磨盘式			
布置情形	炮台自身情形	台身	台内径宽一十八尺，高深均一尺九寸。围圆五十六尺，筑用红毛泥和细石子，厚一尺至一尺五寸不等，另加舂灰沙，厚一尺	前直长三十九尺，后弯长六十六尺四寸，中面宽二十三尺七寸，高深均三尺	台内径宽一十八尺，围圆五十六尺，高深均一尺九寸，工料造法与第二台同			
		台基	用红毛泥沙和细石子筑，厚六寸					
		台上圆盘		外铁路围长四十四尺，内铁路围长一十二尺				
		台墙		开炮子孔一十六个，安铁环一十个				
	洗炮水井			二口				

续表

布置情形	炮巷	一条。由山上开通，直透下台，横通大马路。台前拱宽五尺三寸，高六尺十寸至九尺不等，长一百三十七尺，内开天窗二方		由台前开挖，直贯第四台巷内，横通大马路边			
	横巷	宽八尺，高八尺，深一十五尺。马路外拱口两旁，用大石灰沙砌成。墙垣拱顶，用青砖四隅砌结，顶上加舂灰泥沙石一层					
	药库	一间。与第二台通用。筑在直巷内，宽九尺四寸，高八尺，深九尺五寸，门高五尺六寸，宽二尺十寸，开天窗一方					
	小药柜	一个。筑在台前横巷内，宽三尺，深二尺八寸，高三尺三寸，门高二尺七寸，宽二尺四寸	一个。建在台前横巷内，工料造法同前台				
	兵房	山腰大马路左边，兵房一座，计五间。外墙横宽七十二尺二寸，直深一十七尺，前檐高一十四尺八寸，后檐高一十一尺二寸，正脊高一十一尺八寸，开天窗五方。又兵房一座，计四间。外墙横宽五十六尺七寸，直深二十四尺六寸，前檐高一十五尺五寸，后檐高一十三尺，正脊高一十二尺八寸，开天窗四方					
	石闸门	一道。建在蛇头湾山中西边，深宽均一十四尺，门高五尺八寸，宽二尺四寸，两旁墙垣均用大麻石砌结					
	大马路	山中筑一条，长五十丈有奇					
	石墙	马路边，一幅，长二十丈					

表 3-15　上横档山（炮台）详情表

地理位置			四面临水，山势突兀，与下横档对峙					
设防特点			露天大炮台					
炮台名称			镇边炮台	广隽炮台	霹雳炮台	耀武炮台	靖逆炮台	鞠旅炮台
数　量			共六座					
位　置			山顶	右边山顶	东山嘴	东山右	西山顶	西山侧
炮池形状			磨盘式	磨盘式	磨盘式	圆环开口式	磨盘式	扇面式
布置情形	炮台自身情形	台身	径宽四十一尺六寸，围长一百三十尺零五寸，高六尺八寸，用红毛泥和细石子坚筑，外加灰沙石子一层	径宽三十九尺一寸，围长一百二十二尺，高六尺八寸	径宽四十一尺十寸，围长一百三十一尺十寸，高六尺五寸	径宽三十七尺十寸，围长九十六尺六寸，开口处曲长二十二尺五寸，高五尺九寸	径宽四十二尺四寸六分，围长一百三十三尺二寸，高六尺六寸	前直长三十四尺九寸，后弯长六十九尺，径宽二十二尺，高六尺
		台上圆盘	高一尺四寸，内铁路围长二十八尺九寸，外铁路围长九十四尺八寸	高十寸，内铁路围长二十九尺，外铁路围长九十五尺四寸	高一尺二寸五分，内铁路围长二十九尺，外铁路围长九十四尺十一寸	内铁路围长二十二尺六寸，外铁路围长七十二尺二寸	高一尺三寸，内铁路围长二十八尺十寸，外铁路围长九十五尺五寸	内铁路围长二十二尺，外铁路围长五十三尺
	炮字孔		三十一个	二十七个	三十一个	二十一个	二十九个	二十四个
	洗炮水井		四口	二口	四口	三口	四口	四口
	暗炮巷		一条，由台心开挖，直透东南拱口，计长一百零五尺，宽一十尺，高八尺三寸，开天窗二个。又横透西边拱口，计长六十一尺，宽一十尺，高七尺三寸，至八尺二寸不等，开天窗一个	一条。由山内开挖，直透东南拱口，斜通前台，长一百二十三尺，宽一十尺，高七尺六寸，开天窗六个	一条。由山内开挖，直透东台拱口，横通耀武台，计长一百六十八尺八寸，宽一十尺，高七尺四寸至八尺二寸不等，开天窗五个	一条。由台心直通前台，长三十五尺六寸，宽六尺，高七尺十寸，开天窗二个	一条。由台心斜通下台，长一百六十八尺，宽一十尺，高七尺四寸，开天窗五个	一条。由台心斜通上台，长九十八尺，宽一十尺，高七尺五寸，开天窗三个

续表

布置情形	巷内火药库	一所。计二间，每间宽一十尺，深一十四尺，高八尺二寸，四围墙厚三尺	一所。计二间，每间宽一十尺零一寸，深一十四尺，高八尺三寸	一所。计二间，宽一十尺零一寸，高八尺二寸，深一十四尺		一所。计二间，宽一十尺，深一十四尺，高八尺六寸	一所。计二间，宽一十尺，深一十二尺一寸，高八尺三寸
	小横巷	一条。建于库门前。长二十三尺一寸，宽四尺，门高五尺八寸，宽三尺四寸，内开通气窗一个	一条。建于库门前，长二十三尺，宽四尺，门高五尺八寸，宽三尺四寸，内开通气窗一个	一条。建于库门外，宽四尺，长二十三尺一寸，门高五尺八寸，宽三尺四寸，内开通气窗一个		一条。宽四尺，长二十三尺，门高五尺八寸，宽三尺四寸，内开通气窗一个	一条。建于库门前，宽四尺，长二十三尺二寸，门高五尺七寸，宽三尺四寸，内开通气窗一个
	暗兵房	一间，宽一十尺，深一十四尺，高八尺三寸，门高五尺八寸，宽三尺四寸，四围墙厚三尺，内开通气窗一个	一间。宽一十尺，深一十四尺，高八尺三寸，门高五尺八寸，宽三尺四寸，内开通气窗一个	一间。宽一十尺零一寸，深一十二尺，高八尺二寸，门高五尺八寸，宽三尺四寸，内开通气窗一个		兵房一间，宽一十尺，深一十四尺，高八尺二寸，门高五尺八寸，宽三尺四寸，内开通气窗一个	一间，宽一十尺，深一十二尺二寸，高八尺四寸，门高五尺八寸，宽三尺四寸，内开通气窗一个

表 3-16　上横档副炮台详情表

性质		副炮台			
炮台名称		副炮台一	副炮台二	副炮台三	副炮台四
位置		中台山北隅		南墙顶	东南台墙边
形状		扇面式			四方式
数量		共四座			
布置情形	台身	每座前直长二十二尺四寸，后弯长三十九尺，径宽三尺五寸，高一尺十寸，用红毛泥灰沙坚筑，上铺石板造成		前直长二十四尺，后弯长四十五尺，径宽五尺八寸。用红毛泥和灰沙坚筑	宽一丈六尺，长一丈四尺
	灰沙墙	台后依山筑，一幅。长五十六尺，高七尺四寸，厚一尺二寸			两旁墙高六尺

续表

布置情形	暗炮巷	一条。长五十尺，宽四尺，高七尺，开天窗一个			
	暗药库	一间。宽七尺，深七尺，高六尺四寸，门高五尺一寸，宽二尺十寸，内开通气窗一个		台墙内挖，一间。宽一十尺，深四尺二寸，高七尺三寸，门高五尺六寸，宽二尺八寸	
	暗道				台前挖，一条。通贯六台，自东至西长五百九十三尺六寸，宽三尺五寸至七尺十寸不等，高六尺五寸至七尺七寸不等

表 3-17　上横档山（炮台）军事分区设施详情表

分区	军事设施	具体位置	布置情形
西台	大火药库	西台山下	一座。宽一十六尺一寸，深三十六尺六寸，高一十二尺一寸。门高五尺九寸，宽三尺四寸。四围砌砖墙两重。两墙间暗巷一条，前宽六尺，后宽四尺，高一十尺。又通气巷一条，宽三尺三寸，高八尺，开天窗六个
	军装库	火药库前	一所，计三间。中间宽一十四尺，左右两间均宽一十二尺，深二十五尺八寸，前檐高一十三尺六寸，后檐高一十一尺，中间门高六尺四寸，宽四尺八寸，左右两间门高六尺二寸，宽四尺二寸，开天窗一个
	水雷测镜房	西门楼左侧	一所。宽四十尺，深二十尺零十一寸，前檐高一十三尺，后檐高一十尺零二寸，门高七尺四寸，宽三尺八寸
	水雷机器楼	水雷测镜房附建	一间。高五尺四寸，宽八尺十寸，深三十尺
	厨　房	水雷测镜房附建	一间。宽一十一尺三寸，深九尺四寸，前檐高七尺四寸，后檐高一十尺零二寸
	官　厅	西门内	一座，通连五间。中间宽一十五尺九寸，深一十六尺六寸，左右四间，均宽一十二尺九寸，深二十二尺八寸
	照　墙	西门内	一道。宽一十三尺，高一十尺零十寸
	兵　房	西门官厅外左右	各建五间，每间宽一十一尺三寸，深二十二尺五寸，中脊高一十五尺，前后檐高八尺十尺，门高六尺四寸，宽三尺一寸
	厨　房	西门官厅后	二间。均宽一十一尺三寸，深一十尺零十寸，中脊高八尺十寸，前檐高六尺，后檐高五尺十寸
	兵　房	西门官厅左右边	官厅左边兵房三间，右边兵房九间。每间宽一十一尺三寸，深八尺。前檐高六尺三寸，后檐高九尺七寸

续表

分区	军事设施	具体位置	布置情形
中台	兵　房	山北隅	三间，中间宽一十四尺三寸，左右两间均宽一十二尺九寸，深二十二尺一寸。中脊高一十二尺九寸，前檐高八尺二寸，后檐高七尺二寸。门高六尺五寸，宽三尺六寸
	厨　房	兵房附建	一间，宽一十七尺三寸，深一十二尺，前檐高一十尺，后檐高六尺
	哨官厅	厨房东向	一座，计三间，中间宽一十四尺三寸，左右两间均宽一十二尺九寸，深二十二尺九寸，中脊高一十七尺六寸，前檐高一十一尺七寸，后檐高一十一尺一寸
	厨　房	哨官厅左边附建	一间，宽一十八尺九寸，深一十尺，前檐高一十尺，后檐高六尺
	官　厅	兵房南向	一座，计三间，中间宽一十五尺九寸，深一十九尺六寸。左右两间均宽一十一尺十寸，深二十五尺二寸。中脊高一十三尺七寸。前檐高一十五尺五寸，后檐高一十五尺十一寸
	水　池	官厅前	一口，深九尺六寸，横宽二十五尺五寸，直长二十六尺二寸
	天后宫	中台北隅	一座。宽一十一尺三寸，深一十三尺。中脊高一十一尺八寸，前檐高八尺二寸，后檐高七尺二寸，四围筑三和土墙，内开东西两门。东门高一十尺零四寸，宽六尺二寸，上盖一楼，宽二十三尺三寸，深一十四尺十寸，檐高二十二尺四寸，西门高七尺四寸，宽四尺七寸，上盖一楼，宽二十尺零三寸，深一十尺零五寸，檐高二十尺零四寸
东台	兵　房	东门内左右建	二十间。每间宽一十二尺，深二十尺零十寸。中脊高一十尺零一寸。前后檐高一十二尺十寸。门高六尺三寸，宽二尺十寸
	厨　房	兵房后建	二所。每所十间，每间宽九尺九寸至一十二尺九寸不等，深六尺至一十三尺不等。檐高七尺七寸至一十一尺不等
	武圣庙	建在东门内	一座。宽一十一尺三寸，深一十七尺。中脊高一十五尺五寸，前檐高一十一尺三寸，后檐高一十尺零四寸

表 3-18　定远炮台详情表

地理位置		上横档中台迤东，挖山开凹建 台面高出水面五十五尺，距海边二百九十三尺
数　　量		一座
炮池形状		圆月式
布置情形	台 身	台内径宽五十尺零九寸
	台 墙	周围一百六十尺，高四尺八寸，厚六尺
	炮子孔	墙脚安炮子孔三十九个，每个高三尺二寸，宽一尺一寸
	洗炮水井	三口。每口方宽二尺，深二尺

续表

<table>
<tr><td rowspan="7">布置情形</td><td>暗 道</td><td>一度，长一百零八尺，宽一十尺，高八尺六寸，上开亮斗六个</td></tr>
<tr><td>大药库</td><td>台西隅建，一间。直长一十四尺二寸，宽一十二尺，高一十尺零六寸</td></tr>
<tr><td>夹 道</td><td>大药库外，三面。均宽二尺六寸，开气斗六个</td></tr>
<tr><td>兵 房</td><td>一间，直长一十四尺二寸，宽一十二尺，高一十尺，上开亮斗一个</td></tr>
<tr><td>炮具小房</td><td rowspan="2">暗道内，各一间。均宽三尺三寸，直长三尺三寸，高四尺七寸</td></tr>
<tr><td>药包小房</td></tr>
<tr><td>木炮遮</td><td>一架，式从台圆</td></tr>
</table>

表 3-19　下横档山（炮台）详情表

<table>
<tr><td colspan="3">地理位置</td><td colspan="5">四面临水，山势突兀，与上横档对峙</td></tr>
<tr><td colspan="3">设防特点</td><td colspan="5">露天大炮台</td></tr>
<tr><td colspan="3">炮台名称</td><td>永固炮台</td><td>镇定炮台</td><td>神威炮台</td><td>安疆炮台</td><td>飞霆炮台</td></tr>
<tr><td colspan="3">数　量</td><td colspan="5">共五座</td></tr>
<tr><td colspan="3">位　置</td><td>东山脚</td><td>东山嘴</td><td>东山腰</td><td>西山顶</td><td>西山顶</td></tr>
<tr><td colspan="3">炮池形状</td><td>扇面式</td><td>前造扇面式，现改作磨盘式</td><td>八卦式</td><td>磨盘式</td><td>磨盘式</td></tr>
<tr><td rowspan="6">布置情形</td><td rowspan="5">炮台自身情形</td><td>台身</td><td>高一丈一尺五寸</td><td>径宽二十四尺，高四尺八寸</td><td></td><td>径宽二十二尺六寸，围长七十二丈，高六尺，用红毛泥细石子灰沙造成</td><td>径宽二十二尺五寸，围长七十二尺，高六尺</td></tr>
<tr><td>台基</td><td></td><td colspan="2">俱用红毛泥石子灰沙坚筑</td><td></td><td></td></tr>
<tr><td>台墙</td><td>围长九丈三尺，高四尺，前面厚一丈八尺五寸，后两面厚二丈</td><td>内安炮铁环六个，开炮子孔一十一个</td><td>围墙长一十四丈，高四尺二寸，厚一丈四尺。用红毛泥石子灰沙坚筑</td><td colspan="2">墙内开炮子孔一十四个，安炮铁环四个</td></tr>
<tr><td>炮位</td><td colspan="2">俱用红毛泥石子灰沙坚筑</td><td></td><td></td><td></td></tr>
<tr><td>台上炮盘</td><td>砌石条一层，镶铁路一条，遮身墙内</td><td>铁路二道。内铁路围长二十九尺，外铁路围长六十六尺</td><td>镶铁路一条遮身</td><td>高二尺七寸，用麻石砌成，外镶铁路围长四十二尺三寸</td><td>高二尺七寸，外镶铁路围长四十二尺三寸</td></tr>
<tr><td colspan="2">洗炮水井</td><td></td><td></td><td></td><td>台前二口</td><td>台中二口</td></tr>
</table>

续表

布置情形	炮巷				一条。由台心开挖直贯下台炮巷内，计长八十八尺，宽一十尺，高八尺三寸，内开天窗一个	一条。由台心开挖，直透山边明道，横接前台炮巷，长一百三十八尺，宽一十尺，高八尺三寸，内开天窗三个
	火药库				一间，通贯两台，宽一十尺，高八三寸，深一十七尺，高六尺，宽四尺。库外四围墙两重，墙外左右各开透气巷一条，均宽一尺，安小门四扇	
	炮手房	二间。每间高五尺八寸，宽七尺五寸，深三尺六寸		二间。每间高五尺七寸，深四尺四寸，一间宽八尺三寸，一间宽七尺三寸		
	子药房			一间。高五尺四寸，深一丈一尺二寸，宽六尺		
	暗道			一条。长四丈四尺，宽三尺三寸，上铺洋木，加筑灰沙		
	兵房	暗房，台下建，一所。高六尺八寸，深三丈九尺，宽一丈三尺	东北隅建，二座，计一十间。每间深一十五尺六寸，中脊高一十五尺，前檐高九尺，后檐高七尺，连墙横宽八十七尺六寸	一所。高五尺七寸，宽九尺，深一十丈零四尺，上铺洋木，加筑灰沙	炮巷内建。一间。宽一十一尺，高八尺三寸，深一十八尺。门高六尺，宽四尺	炮巷内建。一间。宽一十一尺，高八尺三寸，深一十八尺，门高六尺，宽四尺
	厨房		一间。宽二十三尺六寸，深一十一尺九寸，高一十尺零六寸			

表 3-20 下横档山（炮台）军事分区设施详情表

军事设施		具体位置	布置情形
周围护墙均开炮洞枪眼	东向台墙		长八十四丈，垛墙高一丈二尺，厚二丈。由墙脚斜排至顶，开炮拱一十四个，每个宽一丈四尺，高九尺，深一丈七尺。石炮拱六个，每个宽一丈二尺，高九尺，深一丈六尺。后向马路内墙，长八十四丈，高八尺，宽一丈。墙顶铺洋木，上筑灰沙厚三尺。马路后筑土墙一幅，厚三尺，外砌石阶级九度
	南向护墙		长八十二丈，垛墙高一丈一尺五寸，厚六尺。后向马路内墙，长八十二丈，高八尺，厚六尺，墙角开小炮门九个，每个高三尺，宽二尺五寸
	副炮台四座	南向护墙上筑	每座横宽四丈，高八尺 台顶铺条石一层，镶圆铁路一条 台下各建暗兵房一所，高六尺，深四丈，宽一丈二尺 安子药柜一个
	西向护墙		长四十六丈，高一丈二尺，厚二丈，由墙角斜排至顶，开大炮拱一十八个，每个宽一丈二尺，高九尺，深一丈五尺。后面马路内，墙长八十四丈。高八尺，宽一丈，用洋木铺顶，加筑灰沙，厚三尺。马路后土墙一幅，厚三尺，外砌石阶级三度
	北向护墙		长一百二十六丈，高八尺六寸，厚五尺，开小炮门三十五个，每个高五尺，宽五尺。又开抬枪口九十二个。中建台门一座，高一丈零五寸，宽一丈零八寸，深一丈二尺八寸。上建一楼，高八尺，宽八尺五寸，深一丈六尺
石码头		台门外砌	一度
官　厅		台内居中建	一座，计四间，每间中脊高一丈四尺，前后檐高一丈一尺，宽一丈三尺，深二丈四尺。左右后三面，加筑灰沙围墙一道。左墙高一丈三尺，右墙高一丈三尺五寸，后墙高一丈零五寸，均厚三尺
照　墙		官厅前	一幅。高一丈四尺五寸，宽四丈七尺，厚二尺三寸
厨　房		照墙左边	一间。前檐高九尺五寸，后檐高五尺五寸，宽二丈二尺，墙厚一尺五寸
文官厅		照墙左边	一座，计五间，每间宽一丈一尺，深一丈二尺，中脊高一丈四尺，前檐高八尺，后檐高七尺
传号房		照墙左边	一所。宽一丈一尺二寸，高一丈二尺六寸，深二丈四尺五寸
军装房		照墙左边	一所。通连三间，每间宽九尺六寸，高一丈，深一丈四尺
哨官厅		南北两边	各一所，每所通连三间，均宽一丈一尺六寸，深二丈，前檐高七尺五寸，后檐高七尺二寸，四围墙厚一尺
厢　房		官厅旁	各一间，每间内宽一丈，深一丈三尺六寸，前檐高七尺五寸，后檐高七尺，四围墙厚一尺
哨队厨房		东西隅	各一所，每所通连二间，均宽一丈三尺，深一丈五尺，前檐高八尺三寸，后檐高六尺四寸，四围墙厚一尺

续表

亲兵住房	台内北边	两所，每所通连六间，均宽一丈三尺，深一丈五尺五寸，前檐高九尺七寸，后檐高七尺，四围墙厚一尺
子药总库	台内西边	一所，计大小四间。一间宽六尺五寸，深一丈八尺。一间宽七尺八寸，深二丈二尺。一间宽六尺，深六尺。一间宽一丈一尺，深六尺。均高九尺三寸，顶上用红毛泥石子灰沙坚筑，再铺青草，仍如原山形势
水雷局	西台山边	一间，宽深均一十四尺九寸，前檐高九尺六寸，后檐高七尺，门高七尺三寸，宽四尺
厨　房	水雷局附近	一间，宽七尺，深一十尺十寸，高八尺六寸

表 3-21　广靖露天台详情表

地理位置		下横档东山顶，挖山开凹建 台面高出水面六十四尺，距海边二百一十三尺
性　质		露天炮台
数　量		一座
炮池形状		圆月式
布置情形	台身	台内径宽四十四尺四寸
	台墙	周围一百四十一尺二寸，高六尺二寸，厚六尺
	炮子孔	墙脚安炮子孔三十一个，每个高二尺一寸，宽一十寸
	洗炮水井	三口。每口深一尺十寸，方宽一尺八寸
	阳　巷	一条。宽八尺，长一十七尺一寸，高一十尺五寸至六尺五寸不等
	暗　道	一度。长六十九尺，宽八尺，高八尺四寸。上开亮斗二个
	大药库	台后西北隅建，一间。直长一十八尺八寸，宽一十尺，高八尺三寸
	夹　道	四面。俱宽四尺，高一十尺八寸，上开气斗四个
	兵　房	台北隅，一间。直长三十一尺十寸，横宽一十一尺，高九尺，上开亮斗一个
	厨　房	（兵房）接建，一间。直长八尺，横宽一十一尺二寸，高一十尺
	木炮遮	一架，式从台圆

表 3-22　大角山（炮台）详情表

炮台名称	振威台	振定台	振扬台
数　量	共三座		
位　置	大角山		二角山嘴
炮池形状	八卦式	磨盘式	

续表

布置情形	炮台自身情形	前台墙长五十一尺，后周围台墙长八十四尺，高五尺五寸。前铁路长一十五尺零六分，后铁路长六十尺零三寸	前台墙长五十尺，后周围台墙长八十九尺。前铁路长一十八尺四寸，后铁路长五十尺零九寸	炮盘八方，每方宽一十尺九寸五分。外台墙围圆七十五尺六寸，高深均四尺五寸，用灰沙等料筑成。台基用红毛泥和细石子灰沙坚筑，厚六尺至一尺二寸不等。台脚砌用麻石，台内铁路围长四十尺。台墙内开炮子孔八个，安铁环八个
	水井	一口。宽一尺九寸，深二尺四寸	一口。深三尺，宽二尺	
	小码头	一道。宽二尺八寸，高四尺九寸		
	大马路	一道。宽七尺，高七尺四寸。前直长五十二尺二寸，后弯长三十七尺六寸	一道。宽六尺八寸，高七尺九寸。前弯长四十四尺，后直长自马路起至营门口止，计七十四尺	马路一道，宽五尺，高六尺，长二十五尺，均用灰沙筑成
	小马路	一道。长二十六尺七寸，宽三尺九寸，高七尺九寸	一道。长一丈，宽四尺，高七尺九寸五分	
	大药房	一间。深一十四尺，宽一十尺零三寸，高八尺五寸	一间。深一十四尺九寸，宽九尺六寸，高七尺四寸	
	小药房	一间。宽三尺五寸，高四尺七寸，深二尺六寸	一间。宽三尺五寸，高四尺七寸，深二尺七寸	
	大厨房	一所。深一十五尺，宽一十七尺，高一十一尺三寸	一所。深一十三尺五寸，高一十尺，宽一十二尺三寸	
	大官厅	一座。深一十七尺四寸，宽一十四尺，高一十二尺	一座。深二十尺，宽一十六尺，高一十四尺三寸	
	兵房	（小药房附近）兵房二间，均宽一十尺，高八尺六寸，深一十三尺三寸。（大药房）外兵房一所，高一十一尺三寸，宽一十一尺九寸，深一十四尺六寸，门高六尺五寸。 （大厨房附近）又接建兵房一所，深一十五尺九寸，宽一十六尺八寸，高七尺九寸	（炮子房附近）兵房一所，深一十二尺，宽九尺二寸，高七尺四寸。（大官厅附近）兵房二间，均宽一十三尺九寸，高一十四尺三寸，深二十尺	二间。均宽一十三尺二寸，深一十三尺二寸，前后檐高九尺，正脊高一十一尺六寸，门高五尺六寸，宽二尺二寸。墙垣用灰沙结造，青砖双隅砌成
	炮子房	一间。深一十二尺，宽九尺六寸，高七尺四寸		

续表

布置情形	子药房		一间。宽九尺八寸四分，高九尺六寸，深一十一尺七寸五分，门高五尺六寸，宽二尺二寸	
	营门	一座。高一十一尺一寸，宽六尺九寸	一座。宽七尺，高一十二尺八寸，外边路长八十尺	
	木炮遮	一架。外宽五十四尺三寸，后围宽九十八尺二寸，正脊高二十五尺二寸，前檐高七尺九寸，后檐高七尺	一架。前围长五十七尺，后围长一十尺零二寸，檐高七尺四寸，正脊高二十三尺一寸	

表 3-23　蒲洲山（炮台）详情表

性　质		露天炮台		
炮台名称		第一台	第二台	第三台
数　量		共三座		
位　置		山上	连接第一台	山嘴
炮池形状		八卦式	磨盘式	
布置情形	炮台自身情形	台墙筑用灰泥等料结成，台基底用红毛泥和细石子灰沙坚筑，厚六尺至一尺二寸不等，台脚砌用麻石。台内直长二十七尺三寸，横宽三十四尺六寸，高深均四尺五寸。外铁路围长三十一尺，内铁路围长一十一尺。墙内开炮子孔四个	台内径宽三十尺，围圆九十八尺，前高深四尺五寸，后高深五尺五寸。外铁路围长二十四尺三寸，内铁路围长一十尺九寸。开炮子孔四个	台内径宽二十三尺。围圆七十五尺六寸。前高深三尺十寸，后高深四尺八寸。墙内开炮子孔八个，安炮铁环八个。台基用红毛泥细石子筑厚六寸至一尺二寸不等
	明巷		一条，由前台开挖连贯此台巷内，台前直巷宽五尺五寸，高六尺，长九十四尺四寸。横巷宽五尺三寸，高五尺十寸，长八十五尺	明巷一条，宽五尺二寸，高五尺，长三十六尺
	火药库		一间，建在横巷内，两台通用，计宽九尺，高十尺，深一十六尺，门高五尺六寸，宽二尺二寸。墙垣拱顶，均用红毛泥灰沙等料结成	一间。宽一十二尺，高八尺，深一十一尺，门高五尺六寸，宽二尺二寸。墙垣筑用灰沙，顶上加舂红毛泥细石子一层
	兵房			一间，宽深均一十三尺二寸，正脊高一十一尺六寸，前后檐高九尺，门高五尺六寸，宽二尺二寸

第四节 《虎门各炮台形势图》与《虎门各炮台形势总图》

《虎门各炮台形势图》与《虎门各炮台形势总图》是两部表达同样主题的舆图册，均为清末创作，据舆图内容可知，其所反映的是清代光绪年间广东虎门及由虎门通往省城的水道两侧炮台情况。两书均收藏于国家图书馆古籍馆，为木刻本，其编著者及出版地均不详，其内容主要是虎门炮台的火炮及随炮装备，这点正好弥补了《南北洋炮台图说》的欠缺，与其配合阅览会有完善的炮台信息，估计所编的目的亦在于此。

两书不仅记述了清末广东虎门区域及通往广州省城沿海各炮台装备火炮的型号及主要规格，而且非常难得地描述了具体火炮的名称，结合《南北洋炮台图说》来看，读者可以清楚地了解每座炮台的建筑及装备情况。

具体来看，《虎门各炮台形势图》一书，是袁同礼先生于 1937 年 4 月 23 日捐赠给当时的北平图书馆的。原书并无题名，现书名为整理时所加。全书只有 1 册，长 30 厘米，宽 29.5 厘米，木板墨印。舆图的内容可分为四个部分：《虎门形势图》（其下有《沙角各台图》《大角蒲洲各台图》《威远鹅嘴台图》《上下横档台图》4 幅分图）、《长洲沙路鱼珠牛山总图》（其下有《长洲各台图》《沙路各台图》《鱼珠各台图》《牛山炮台图》4 幅分图）、《中流砥柱各台图》、《大黄滘各台图》。其实就是由虎门至广州省城的三道海防线，即第一道“虎门炮台群”，第二道“长洲、沙路、鱼珠、牛山四大炮台群”，第三道省河珠江南北岸“大黄滘、中流砥柱”炮台群。每幅舆图后面记有文字，内容有五个部分：①各炮台安设大炮的名称；②各炮名称、口径、来福线数、炮身重、炮身长、装药量及弹药总数；③各台安设田鸡炮及洋、土铁炮情况；④各炮随炮器具表；⑤炮台守军使用的小型火炮和枪只等武器装备情况。通过对比光绪十二年《广东全省海图总说》、光绪十五年《广东海图说》及光绪十六年《南北洋炮台图说》的文字描述，并根据《虎门各炮台形势图》众多舆图所绘炮台布置情形，可知《虎门各炮台形势图》成书时间应为光绪十二年（1886）至十五年。

另一舆图册《虎门各炮台形势总图》（图 3-10）的规格与《虎门各炮台形势图》相同，原书本无题名，现书名亦为整理时所加。书中钤有“广东威远上下横档等台总台长印”，且有墨笔校改填字题识，应是民国时期使用留下的痕迹。全书的舆图内容没有《虎门各炮台形势图》那么多，只有三幅总图，即《虎门各炮台形势总图》、《威远鹅嘴台图》（图 3-11）和《上下横档台》。据其中《虎门各炮台形势总图》布置情况判断，相比较《虎门各炮台形势图》中沙角各炮台的“暗炮台”业已改筑为“明炮台”，可知此书的成书时间在光绪十六年《南北洋炮台图说》之后，反映的应是张之洞卸任两广总督之后李翰章继任时期改建虎门炮台的情形。值得注意的是，该书中有多处墨笔题写的统计资料，可能是民国时期调查者所做，这些墨笔题记生动地反映了虎门炮台装备的保养状况，颇值得深入研究。

威遠後山上台安保疆一萬六千八百觔克鹿卜炮一位
威遠後山中台安揚武十五生特新長式克鹿卜炮一位
威遠後山下台安奔雷七千觔克鹿卜炮一位
威勝東第一台安陳師三萬三千觔烏里治前膛炮一位
威勝東第二台安廣鎮二十一生特克鹿卜炮一位
威勝東第三台安廣智二十一生特克鹿卜炮一位
威勝西蛇頭灣第一台安廣綏二十一生特克鹿卜炮一位
威勝西蛇頭灣第二台安奮威七千觔克鹿卜炮一位
威勝西蛇頭灣第三台安震金七千觔克鹿卜炮一位
威勝西蛇頭灣第四台安安疆二萬觔暗士當郎前膛炮一位
威勝西蛇頭灣第五台安宣威七千觔克鹿卜炮一位
威勝西蛇頭灣第六台安靖寇七千觔克鹿卜炮一位
威勝西石頭灣上台安追電七千觔克鹿卜炮一位
威勝西石頭灣下台安飛霆二萬觔暗士當郎前膛炮一位
鵝嘴定洋台所安皆洋裝炮共三位

图 3-10　《虎门各炮台形势总图》部分舆图文字
资料来源：国家图书馆藏，图片为笔者提供

图 3-11 《威远鹅嘴台图》

资料来源：国家图书馆藏，图片为笔者提供

鉴于目前很少有学者对上述两部图册进行系统的研究使用，在此，笔者对其“虎门”部分点校节录如下，以便读者及有兴趣的研究者窥视张之洞及李翰章分别主政广东时期的炮台情形。

《虎门各炮台形势图》

濒海明炮台：炮台安设德制二十一生特克鹿卜后膛大炮一门，炮名“广捷”，英尺口径八寸二分，炮后膛径英尺九寸一分，来复线三十条，炮身重一万六千八百觔，炮身长十二尺九寸，发射药三十八磅。

联珠明炮台：炮台安设德制二十一生特克鹿卜后膛大炮一门，炮名“广威”，英尺口径八寸二分，炮后膛径英尺九寸一分，来复线三十条，炮身重一万六千八百觔，炮身长十二尺九寸，发射药三十八磅。

镇海明炮台：炮台安设英制八寸二分暗士当郎后膛大炮一门，炮名“虎牙”，炮后膛径英尺九寸六分，来复线三十三条，炮身重一万八千觔，炮身长一丈八尺，发射药五十六磅。

临高明炮台：炮台安设德制二十一生特克鹿卜后膛大炮一门，炮名“广桀”，英尺口径八寸二分，炮后膛径英尺九寸一分，来复线三十条，炮身重一万六千八百觔，炮身长十二尺九寸，发射药三十八磅。

捕鱼左台：炮台安设德制十五生特克鹿卜后膛大炮一门，炮名“刚克”，英尺口径六寸一分，炮后膛径英尺六寸三分，来复线二十四条，炮身重八千觔，炮身长十二尺五寸，发射药十八磅。

捕鱼右台：炮台安设德制二十一生特克鹿卜后膛大炮一门，炮名“金标”，英尺口径八寸二分，炮后膛径英尺九寸一分，来复线三十条，炮身重一万六千八百觔，炮身长十五尺五寸，发射药四十四磅。

捕鱼前台：炮台安设德制二十一生特克鹿卜后膛大炮一门，炮名“广利”，英尺口径八寸二分，炮后膛径英尺九寸一分，来复线三十条，炮身重一万六千八百觔，炮身长十二尺九寸，发射药三十八磅。

捕鱼后台：炮台安设英制七寸口径暗士当郎前膛大炮一门，炮名“长城”，来复线三条，炮身重一万二千觔，炮身长一十一尺三三寸，发射药三十二磅。

霹雳台：炮台安设英制十寸口径瓦瓦司前膛大炮一门，炮名“壮观”，来复线三条，炮身重二万六千觔，炮身长十四尺七寸，发射药五十二磅。

震雷台：炮台安设英制七寸口径暗士当郎前膛大炮一门，炮名“固围”，来复线三条，炮身重一万二千觔，炮身长一十一尺三寸，发射药三十二磅。

田鸡炮台：炮台安设十寸口径洋田鸡炮四门。

归藏暗炮台：炮台安设德制二十一生特克鹿卜后膛大炮一门，炮名“威烈”，英尺口径八寸二分，炮后膛径英尺九寸一分，来复线三十条，炮身重一万六千八百觔，炮身长十五尺五寸，发射药四十四磅。

归藏副炮台：炮台安设六寸二分口径前膛大炮一门，炮名“豹变”，炮身重三千觔，炮身长六尺二寸，发射药七磅。

旗山暗炮台：炮台安设德制十五生特克鹿卜后膛大炮一门，炮名“扫氛”，英尺口径六寸一分，炮后膛径英尺六寸三分，来复线二十四条，炮身重八千觔，炮身长十二尺五寸，发射药十八磅。

白鹤左台：炮台安设德制二十一生特克鹿卜后膛大炮一门，炮名“大壮”，英尺口径八寸二分，炮后膛径英尺九寸一分，来复线三十条，炮身重一万六千八百觔，炮身长十五尺五寸，发射药四十四磅。

白鹤右台：炮台安设法制六寸五分口径前膛大炮一门，炮名“飞虎”，炮身重五千觔，炮身长九尺二寸，发射药十二磅。

鼻湾暗炮台：炮台安设德制二十一生特克鹿卜后膛大炮一门，炮名“冲云”，英尺口径八寸二分，炮后膛径英尺九寸一分，来复线三十条，炮身重一万六千八百觔，炮身长十五尺五寸，发射药四十四磅。

鼻湾右台：炮台安设法制六寸五分口径前膛大炮一门，炮名“雄彪”，身重五千觔，炮身长九尺二寸，发射药十二磅。

又，以上沙角各炮台还分设有炮重八千觔至五百觔的土铁炮九十六门。

鹅嘴定洋台：光绪七年改建。定洋台安设七寸四分口径洋式前膛铁炮一门，炮身重六千觔，炮身长九尺，发射药八磅；东西眼镜台分设五寸四分口径洋式前膛铁炮二门，炮身重四千觔，炮身长八尺，发射药六磅；七寸五分口径土铁炮二门，炮身重八千觔，炮身长十一尺，发射药十磅。

威远东台：炮台安设英制十寸口径乌里治前膛大炮一门，炮名“陈师”，来复线七条，炮身重三万三千觔，炮身长十四尺一寸，发射药七十磅。

山腰露天台：炮台安设德制二十一生特克鹿卜后膛大炮一门，炮名“保疆”，英尺口径八寸二分，炮后膛径英尺九寸一分，来复线三十条，炮身重一万六千八百觔，炮身长十五尺五寸，发射药三十五磅。

广镇炮台：炮台安设德制二十一生特克鹿卜后膛大炮一门，炮名“广镇”，英尺口径八寸二分，炮后膛径英尺九寸一分，来复线三十条，炮身重一万六千八百觔，炮身长十二尺九寸，发射药三十八磅。

广磐炮台：炮台安设德制二十一生特克鹿卜后膛大炮一门，炮名“广磐”，英口径八寸二分，炮后膛径英尺九寸一分，来复线三十条，炮身重一万六千八百觔，炮身长十二尺九寸，发射药三十八磅。

威远后山上台：炮台安设德制十五生特克鹿卜后膛大炮一门，炮名“逐电”，英尺口径五寸七分，炮后膛径英尺六寸一分，来复线二十四条，炮身重七千觔，炮身长十二尺七寸，发射药十四磅。

威远后山下台：炮台安设德制十五生特克鹿卜后膛大炮一门，炮名“奔雷”，英尺口径五寸七分，炮后膛径英尺六寸一分，来复线二十四条，炮身重七千觔，炮身长十二尺七寸，发射药十四磅。

广绥炮台：炮台安设德制二十一生特克鹿卜后膛大炮一门，炮名“广绥”，英尺口径八寸二分，炮后膛径英尺九寸一分，来复线三十条，炮身重一万六千八百觔，炮身长十二尺九寸，发射药三十八磅。

又，虎门威胜东西两炮台还设有口径十寸的洋田鸡炮四门、口径八寸至四寸五分的洋式铁炮十门、口径六寸四分的铜炮二门和口径十寸至五寸八分的土铁炮十门。

镇边炮台：炮台安设德制二十一生特克鹿卜后膛大炮一门，炮名“镇边”，英尺口径八寸二分，炮后膛径英尺九寸一分，来复线三十条，炮身重一万六千八百觔，炮身长十五尺五寸，发射药四十四磅。

广隽炮台：炮台安设德制二十一生特克鹿卜后膛大炮一门，炮名“广隽”，英尺口径八寸二分，炮后膛径英尺九寸一分，来复线三十条，炮身重一万六千八百觔，炮身长十二尺九寸，发射药三十八磅。

霹雳炮台：炮台安设德制二十一生特克鹿卜后膛大炮一门，炮名“霹雳”，英尺口径八寸二分，炮后膛径英尺九寸一分，来复线三十条，炮身重一万六千八百觔，炮身长十五尺五寸，发射药四十四磅。

耀武炮台：炮台安设德制十五生特克鹿卜后膛大炮一门，炮名“耀武”，英尺口径六寸一分，炮后膛径英尺六寸三分，来复绿二十四条，炮身重八千觔，炮身长十二尺五寸，发射药十八磅。

靖逆炮台：炮台安设德制二十一生特克鹿卜后膛大炮一门，炮名“靖逆”，英尺口径八寸二分，炮后膛径英尺九寸一分，来复线三十条，炮身重一万六千八百觔，炮身长十五尺五寸，发射药四十四磅。

鞠旅炮台：炮台安设德制十五生特克鹿卜后膛大炮一门，炮名“鞠旅”，英尺口径六寸一分，炮后膛径英尺六寸三分，来复线二十四条，炮身重八千觔，炮身长十二尺五寸，发射药十八磅。

定远炮台：炮台安设英制十寸口径乌里治前膛大炮一门，炮名“广福”，来复线七条，炮身重三万三千觔，炮身长十四尺一寸，发射药七十磅。

又，虎门上横档各台还设有口径六寸三分至四寸二分的洋式铁炮七门。

永固炮台：炮台安设德制二十一生特克鹿卜后膛大炮一门，炮名“永固”，英尺口径八寸二分，炮后膛径英尺八寸四分，来复线三十条，炮身重一万六千八百觔，炮身长—卜五尺五寸，发射药三十六磅。

镇定炮台：炮台安设英制十寸口径瓦瓦司前膛大炮一门，炮名“镇定”，来复线三条，炮身重二万六千觔，炮身长十四尺七寸，发射药五十二磅。

神威炮台：炮台安设英制十寸口径乌里治前膛大炮一门，炮名“神威”，来复线七条，炮身重三万三千觔，炮身长十四尺一寸，发射药七十磅。

安疆炮台：炮台安设英制九寸口径暗士当郎前膛大炮一门，炮名“安疆”，来复线六条，炮身重二万觔，炮身长十二尺，发射药四十六磅。

飞霆炮台：炮台安设英制九寸二分口径暗士当郎前膛大炮一门，炮名“飞霆”，来复线六条，炮身重二万觔，炮身长十二尺，发射药四十六磅。

广靖露天台：炮台安设德制二十一生特克鹿卜后膛大炮一门，炮名“广靖”，英尺口径八寸二分，炮后膛径英尺九寸一分，来复线三十条，炮身重一万六千八百觔，炮身长十二尺九寸，发射药三十八磅。

又，虎门下横档各炮台还设有口径六寸至四寸的洋式铁炮十六门和口径九寸至四寸六分的土铁炮二十门。

振威炮台：炮台安设德制二十一生特克鹿卜后膛大炮一门，炮名“广安”，英尺口径八寸二分，炮后膛径英尺九寸一分，来复线三十条，炮身重一万六千八百觔，炮身长十二尺九寸，发射药三十八磅。

振定炮台：炮台安设德制二十一生特克鹿卜后膛大炮一门，炮名“广固”，英尺口径八寸二分，炮后膛径英尺九寸一分，来复线三十条，炮身重一万六千八百觔，炮身长十二尺九寸，发射药三十八磅。

又，虎门大角炮台还设有口径十寸的洋田鸡炮四门、口径五寸的洋装铁炮四门、口径一寸七分的铜炮二门和口径九寸四分至八寸的土铁炮十二门。

蒲威炮台：炮台安设德制二十一生特克鹿卜后膛大炮一门，炮名“匡时”，英尺口径八寸二分，炮后膛径英尺九寸一分，来复线三十条，炮身重一万六千八百觔，炮身长十二尺九寸，发射药三十八磅。

蒲山炮台：炮台安设德制二十一生特克鹿卜后膛大炮一门，炮名“流星”，英尺口径八寸二分，炮后膛径英尺九寸一分，来复线三十条，炮身重一万六千八百觔，炮身长十五尺五寸，发射药四十四磅。

蒲海炮台：炮台安设英制七寸口径暗士当郎前膛大炮一门，炮名“致果”，来复线三条，炮身重一万二千觔，炮身长十一尺三寸，发射药三十二磅。[①]

《虎门各炮台形势总图》

威远后山上台安“保疆”一万六千八百觔克鹿卜炮一位

威远后山中台安“扬武”十五生特新长式克鹿卜炮一位

威远后山下台安“奔雷”七十觔克鹿卜炮一位

威胜东第一台安“陈师”三万三千斤乌里治前膛炮一位

威胜东第二台安“广镇”二十一生特克鹿卜炮一位

威胜东第三台安“广磐”二十一生特克鹿卜炮一位

威胜西蛇头湾第一台安“广绥”二十一生特克鹿卜炮一位

威胜西蛇头湾第二台安“奋威”七千觔克鹿卜炮一位

威胜西蛇头湾第三台安“震叠”七千觔克鹿卜炮一位

威胜西蛇头湾第四台安“安疆”二万斤暗士当郎前膛炮一位

① （清）佚名：《虎门各炮台形势图》，中国国家图书馆藏，出版地不详，木刻本，清末。

威胜西蛇头湾第五台安“宣威”七千觔克鹿卜炮一位
威胜西蛇头湾第六台安“荡寇”七千觔克鹿卜炮一位
威胜西蛇头湾上台安“逐电”七千觔克鹿卜炮一位
威胜西蛇头湾下台“飞霆”二万斤暗士当郎前膛炮一位
鹅嘴定洋台所安皆洋炮共三位[①]

① （清）佚名：《虎门各炮台形势总图》，国家图书馆藏，出版地不详，木刻本，清末。

第四章　舆图文献视野下的虎门海防炮台

虎门是联结珠江内河狮子洋和外海穿鼻洋的最重要枢纽，其炮台体系是广东沿海防御的重要工程，明清时期历经变迁。以往学者对于虎门炮台的研究多集中在鸦片战争时期炮台的防御，或清代不同时期的发展分类，总体而言，这些研究多局限于传统史料的范畴。近期笔者看到一些新史料，主要涉及国内外珍藏的舆图及前人手抄本文献。基于此，笔者通过这些鲜为人知的舆图文献，重新对明清时期广东海防进行审视、解读，进一步丰富该领域的认知。

从舆图的视角来看，虎门区域炮台发展的分期呈现出四个重要的发展阶段，即从清前期的《三台图》到鸦片战争前的《十台全图》，再到第一次鸦片战争后的《十六台图》，最后到第二次鸦片战争后至清末的《四大炮台群图》。下面，笔者不揣浅陋，对这一过程进行分析。

第一节　《三台图》

清代前期，广东虎门一带一共有三座炮台，分别为“南山炮台”“横档炮台”“三门炮台”。而这三座炮台形成了“虎门三台”的格局，其持续时间大致从康熙二十三年（1684）以后直到嘉庆五年（1800）。

从当时整个广东沿海地区的海口防御来看，虎门一口设三座炮台虽已属特殊，但相较其时的城防和江防炮台来说还是比较单薄的。[1]清前期的广东防御仍以广州城防为主，虎门三台在护卫省城的海防角色中并未承担主要责任。

---

① 黄利平：《清代民国广州城防、江防与海防炮台研究》，广州：广州出版社，2016 年，第 27 页。

在此期间，需要说明三个问题：一是虎门炮台的建设始于明朝末年，而并非清初才开始。二是清前期的虎门“三台”是在康熙二十三年（1684），至迟不晚于康熙二十八年所建，并非诸多文献所记录的康熙五十六年至康熙五十七年所建。三是自康熙二十三年以来形成的三台格局一直持续并影响到清中叶嘉庆五年（1800）。

1. 虎门炮台明末已有，并非始于清初

首先，“三台”中的南山炮台，应始于明末崇祯时期所建，后由英国人毁坏。李党斯在《狡夷窥伺可虞疏》中对“虎门”之地曾有这样的表述：

近年并其险要亦为大敌有矣。上年，刘香扬帆直入，突至省会，已可寒心，而今红夷复肆狂逞，折毁铳台，公然犯掠，为其往来得快再联舟大举，而何以御之，要之，此非无因而至，实有奸徒为之勾引，而勾引诸奸有为番哨者，有为私贩者，而其最无顾忌则近又有一种异常恶党，假冒名色，专于虎门狮石脚险要处所，伐凿山石。千百成群，蜂屯蚁聚，乌知此辈非即大奸大盗为之窟穴其中乎，乌知为通夷为勾盗于中不实烦有徒乎，伤全粤之风气，坏合省之门户，其情不可容也。[①]

这里主要讲了崇祯年间西方红夷（英国人）与一些内奸媾和、劫掠虎门的案例。此事在后来的一些文献中有印证。例如：

（崇祯）六年，艚贼刘香入寇，闽抚将郑芝龙败之。刘香乘风突入，是年二月，直泊虎头门，杀死守铳台兵，遂抵省河下。芝龙帅师出剿，战于赤岗，破之，贼乃遁去。[②]

崇祯六年（1633），“刘香乘风突入，是年二月直泊虎头门，杀死守铳台兵，遂抵省河下，芝龙帅师出剿，战于赤冈，破之，贼乃遁去”[③]。

① 崇祯《东莞县志》卷6《艺文志》，载《广东历代方志集成·广州府部》，广州：岭南美术出版社，2007年，第267页。

②《嘉庆新安县志》卷13《防省志·寇盗》，载张一兵校点：《深圳旧志三种》，深圳：海天出版社，2006年，第871页。

③ 光绪《广州府志》卷79《前事略五》，台北：成文出版社，1966年，第375页。

崇祯十年（1637），“英吉利人始由虎门薄（迫）广州”[①]。

这里先要说明的是，诸文献中的“铳台”是否就是“炮台”？《皇明通纪集要》卷48记载：“用兵莫如火器，急守莫如铳台。”[②]《战守全书》卷10《守部》（明崇祯刻本）有《铳台说》《卫城铳台法》。[③]清人薛传源在《防海备览》记载：“夫守城之最得力者，莫利于神炮。今神炮已贮，而铳台未筑，是以有用之器，置之无用之地也”，并引明代戚继光的原话“濠澳夷所筑铳台，制度极精，大约造之城上，于城头雉堞之下，做一石窦，以便发铳。城内仍加厚一层，以防铳之伸缩，真坚固之极，活动之甚，比之宁远铳台，大不相同。宜令险隘之处，仿式造之”。[④]可见明代的“铳台”就是清代所说“炮台”。

值得注意的是，明朝末年，伴随西方红夷大炮火器技术，西方三角形制的先进铳台技术也进入中国，在局部范围有一定的应用。中国传统铳台修筑的铳眼专为佛郎机设计，无法容纳庞大的红夷大炮，折损了其威力；而西方铳台法则是专为红夷大炮兴起后设计的铳台，可以发挥出巨大的威力。[⑤]

火炮与铳台紧密配合，增强了防御能力。明代文献记载：“城守要务，铳台第一”“用炮守之，可远望而击，则贼断不敢顿兵城下。”[⑥]

如上所述，明代崇祯年间虎门的“铳台”就是炮台，毋庸置疑。其次，我们来看下明代虎门设炮台的可能性。明崇祯五年（1632）成书的判牍《盟水斋存牍》很好地解决了这一问题。我们不妨看下全文记载。

---

①（清）张之洞：《广东海图说·虎门·海防成案》，载《中国边疆史志集成·海疆史志》（第24册），北京：全国图书馆文献缩微复制中心，2005年，第129页。

②（明）陈建撰，（明）江旭奇增补：《皇明通纪集要》卷48，载《中国野史集成·续编》（第10册），成都：巴蜀书社，2000年，第550页下。

③（明）范景文：《战守全书》，《四库禁毁书丛刊》子部，第36册，北京：北京出版社，1996年，第396页。

④《防海备览》，转引自（清）卢坤、邓廷桢主编，王宏斌等点校：《广东海防汇览》卷31《方略二十·炮台一》，石家庄：河北人民出版社，2009年，第812页。

⑤ 冯震宇、高策：《〈守圉全书〉与明末西方传华铳台技术》，《自然辩证法通讯》2013年第6期。

⑥（明）韩霖辑：《守圉全书》卷5之4，《上吴道尊议修铳台揭》，载《四库禁毁书丛刊补编》（第33册），北京：北京出版社，2005年，第67页。

看得海冦披猖，郡之诸缙绅父老辈鳃鳃然为桑梓虑，因建言筑铳台于波罗前后及虎头门，以戒不虞。两台下其议且谕卑职，同巡道魏，一至其地相度形势，应筑何处，果有裨于捍御之用否。职即于本月十七日，追随道宪，繇赤冈而湛洲，而鱼珠，而波罗，以抵虎头及三山门，一一相度。看得涉险守关，虎头门乃天设之险也。过虎头门，则无险可据矣。与其零星布置，不若并立一处而固其防。欲筑铳台，更无逾于此地者然。总之贼之不能得志我于内地也，犹我之不能得志于外洋也。故议剿则不足，议守则有余。而守在庭墀，孰与守在门户？虎头，广省之大门户也。原设有幕府，规制宏伟，前贤亦筹之熟矣。但大虎、小虎虽云对峙，中间海面亦尚渺茫。欲以一铳台制贼人之死命，恐联艅而至，疾如飘风，铳不及发，而已过万重山矣。则筑铳台仅可谓防御中之一事，而非可谓一铳台遂可以了防御之局也。如奕焉，满盘散乱而争一官子角胜，识者齿冷矣。宪台焦心劳思，眷兹岭表，为目下防守计，惟有添设重兵以镇虎门，则贼不能飞而越也。而兵不能露处，则营房宜设也。而兵不能苇渡，则战艇宜造也。而兵不能张空拳以冒白刃，则器械宜利也。而火炮火箭其所必须者，则铳台亦自所必设。故曰铳台特防御中之一事，而非可谓一铳台遂可以了防御之局也。然营房之费犹易办耳，兵能遽集乎？船能遽造乎？职以募兵莫若抽兵，统通省计之，兵有四万有奇。每百名抽五名，甚无几也，便可得二千兵之用。夫诸营、卫、寨、所挂空名于纸上，而卖闲买闲，百名中宁止五名而已哉？至造船则诸营、卫、寨、所，每年自有修造船只银两，即檄取造船，议于他日别项设处派还，未为不可。总镇明而熟于计，以北门锁钥寄之，自不草草。诸所劈画，非抟沙画饼。宪台采而行之，亦耕当问农，织当问婢意也。若夫波罗前后诸处更多设兵，则力不暇旁及。若无重兵，而徒令数十人伏铳台上，恐一旦有警，但不免为抱头之窜，欲责其放铳遏敌，能必其无舞阳之战耶？至于建营何地，筑台何地，造船若干，添兵若干，道台不惜舍舆徒步，低徊于崎岖榛莽中，胸中已有成算，自向宪台抵掌详之，职何敢载于书。繇详。

察院批：发兵巡道覆议。[①]

由奏议可知，在明末崇祯五年（1632）之前，明代诸多官员曾巡视了“蹊赤冈、湛洲、鱼珠、波罗、虎头（门）及三山门”，并以“虎头，广省之大门户”，“建言筑铳台于波罗前后及虎头门，以戒不虞”。再结合后来崇祯六年（1633）及十年发生的上述诸案件，我们完全有理由相信，明代崇祯年间虎门确曾遭受沿海艚贼和英国人的侵犯，其“铳台”在当时最终遭到英国人拆毁，这也使得该台在明亡之前没来得及重修，直到康熙二十三年（1684）“迁界”后才得以重建。

事实上，明末虎门炮台的建造只是广州中路海防乃至整个广东海防的缩影。除了虎门一带明末已筑有炮台以外，明代尤其是明代晚期，已在广东的不同防御区划（东路、中路、西路）中建有炮台。正如康熙皇帝曾谕令“沿海炮台足资防守，自明季即有，应令各地方设立”[②]。又如清代嘉庆十三年（1808），两广总督吴熊光在“条奏内开炮台形势折”“奏覆海洋情形折”中所言：“臣查粤东新旧炮台共一百三十七座。其中有规模宏敞，可以安设重兵者，原系前明初年及中叶建造，以备倭患，并非为洋盗而设。”[③]明代炮台的作用主要是防范倭寇。

中路而言，明代不仅设有虎门炮台，还有广州府城防炮台、新安县的城防及海防炮台，以及天启年间由澳门葡萄牙人设立的东望洋、西望洋、娘妈阁、南湾、伽思兰五座炮台。[④]其中一些旧炮台仍对清初炮台的设置有着重要的影响力。

文献记载：“清初明裔由榔据广州称桂王。顺治七年（1650）二月清将高必正率大兵围广州，阅十月不能攻下。后高运动范承恩为内应，决城北炮台下之水，清兵借薪径渡，遂得炮台。”“四方炮台者，在城北后山

---

①（明）颜俊彦：《盟水斋存牍·议筑铳台防守》，北京：中国政法大学出版社，2002 年，第 324—325 页。

②《康熙五十六年兵部禁止南洋原案》，载张伟仁主编：《明清档案》（第 39 册），台北：联经出版事业公司，1986 年，档案号：A39-217（6-1），B22301。

③（清）卢坤、邓廷桢主编，王宏斌等点校：《广东海防汇览》卷 31《方略二十・炮台一》，石家庄：河北人民出版社，2009 年，第 808 页。

④（清）卢坤、邓廷桢主编，王宏斌等点校：《广东海防汇览》卷 32《方略二十一・炮台二》，石家庄：河北人民出版社，2009 年，第 834—835 页。

之顶，俯视全城——国初王师攻围广州，半截不能破，及夺后山，置炮俯击，始陷之。”[①]明末广州城防炮台曾给清军带来重创。明代晚期，新安知县周希曜在上奏的《建台堡以固海疆》条议中说：“照得新安，邑滨东南，枕山带海，会省之门户系焉。往往山、海二寇，出没西北，民甚苦之。今有营兵，棋布星密，雉堞高崇，所恃无恐。然欲得以先声制敌者，惟铳台耳。寻会南头寨，议于西门临海之地，建台一座。俟告成日，请发大铳，安备堵御。”[②]“一在县西北边城上。（俱崇祯二年，知县陈谷建，因飓风坏。康熙十一年，知县李可成捐俸填修；二十五年，飓风复坏。知县靳文谟于二十七年冬，倡捐申详修葺。）”“一在县城外西门海边。（崇祯十四年，知县周希曜会同南头寨参将陆万里建，以卫邑城。今废。）”[③]新安所建两所炮台有一所就是用于海防的南头炮台。

在东路，天启二年（1622），由总兵黎国炳在潮州府南澳建“云盖寺炮台”，“安大将炮二门，大神飞二门”。在云澳建“秦字楼炮台”，“离南澳城二十里，围宽二十八丈，设大炮十二位”。[④]

在西路，万历十四年（1586）在肇庆府阳江县建“北津炮台”，崇祯二年（1629）在阳江县建“海朗炮台”“双鱼炮台”。[⑤]肇庆府阳江县海陵海口“崇正（祯）二年置铳台，并筑小城，设兵戍守”[⑥]。莲头寨港“近在电白县城之南，设有铳台三座”。限门寨“港口东西错置铳台四座”，海朗港中“设有铳城，城设有铳台三座”。[⑦]

① 姚薇元：《鸦片战争史实考》，武汉：武汉大学出版社，2007 年，第 92—93 页。

②《康熙新安县志》卷 12《艺文志·知县周希曜条议十四款》，载张一兵校点：《深圳旧志三种》，深圳：海天出版社，2006 年，第 451 页。

③《康熙新安县志》卷 3《地理志·城池·铳台》，载张一兵校点：《深圳旧志三种》，深圳：海天出版社，2006 年，第 243 页。

④ 民国《潮州志·兵防志·海防·炮台》，载饶宗颐：《潮州志汇编》，香港：香港龙门书店，1965 年，第 908、910 页。

⑤ 道光《阳江县志》卷 5《兵防志·海防》，台北：成文出版社，1974 年，第 486 页。

⑥ 见道光《广东通志》卷 124《海防略二》，载《续修四库全书》（第 671 册），上海：上海古籍出版社，2002 年，第 720 页下；（清）许鸿磐：《方舆考证》卷 83《山川》（济宁潘氏华鉴阁北平刻本扫描油印本），认为“崇祯三年”置。

⑦ 分别见（清）顾炎武撰，黄坤等校点《天下郡国利病书》之《冒起宗莲头寨港图说》《冒起宗限门寨海港图说》《冒起宗海朗寨所图说》（上海：上海古籍出版社，2012 年，第 3245、3248—3249 页）。

2. 虎门三台格局形成于康熙前期，并非康熙后期大规模建台时所建

清初从顺治十三年（1656）到康熙三年（1664），清政府多次实行海禁和迁界，而广东的迁界更为严厉，仅第一次内迁就达到“五十里”（其他沿海省份为“三十里”）。待康熙二十一年台湾平复，又经康熙二十三年陆续完成展界工作。明代即使留下炮台，也多被废弃。于是，清代前期虎门的“三台”格局（“南山炮台”“横档炮台”“三门炮台”）正是在这样的背景下于康熙二十三年及其后不久新建。清康熙前期舆图留下了这一印证。由金光祖纂修的于康熙十四年至三十六年完成的《广东通志》卷1《虎门海图》（图4-1）及康熙二十八年刊刻的《东莞县志》卷首《虎门寨图》（图4-2）都明确标有这三座炮台。此外，不晚于康熙二十三年的《广东沿海图》[①]（图4-3）虎门一带已绘有两座炮台（图4-4），可见清前期“虎门三台”格局是在康熙二十三年至迟不晚于康熙二十八年完成。

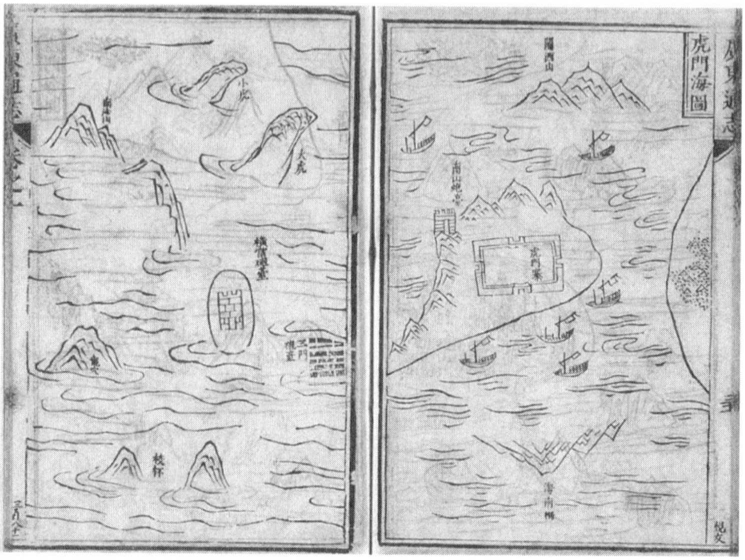

图4-1　康熙《广东通志》卷1《虎门海图》

资料来源：康熙《广东通志》卷1，日本京都大学图书馆藏彩色扫描近卫本

① 该图纸本彩绘，长卷，纵49厘米，横365厘米，现藏于中国科学院文献情报中心（国家科学图书馆）。图4-3为该图的局部，见孙靖国《舆图指要：中国科学院图书馆藏中国古地图叙录》（北京：中国地图出版社，2012年）一书第334页。孙先生推测该图绘制于顺治十年至康熙二十三年，结合本书前面分析，笔者认为该图很可能是康熙二十三年所绘。

图 4-2 康熙《东莞县志》卷首《虎门寨图》

资料来源：康熙《东莞县志》卷首，康熙二十八年，东莞市人民政府办公室，1994 年

图 4-3 清前期《广东沿海图》局部

资料来源：孙靖国《舆图指要：中国科学院图书馆藏中国古地图叙录》，北京：中国地图出版社，2012 年，第 334 页

图 4-4　清前期《广东沿海图》局部（虎门一带）

但翻阅资料发现，嘉庆时期的《虎门览胜》、道光时期的《筹海初集》《广东海防汇览》《粤海关志》作为主要传统史料，却都将康熙二十八年（1689）之前事实上已存在的南山炮台、横档炮台、三门炮台记载为由后来的清两广总督杨琳于康熙五十六年所建。

文献记载："杨琳巡抚广东。逾二年，授总督，遂有沿海炮台之役，裁阔狭，酌险易，新者建之，旧者整之，共计炮台、城垣、汛地一百一十六处。"[①]两广总督杨琳确曾在康熙五十六年左右主持了广东沿海的海防建设，这次建海防炮台的规模巨大，炮台位置多在沿海的港口和海湾，成为广东第一次大规模修筑炮台的记录。但这次建设炮台有两个特点：一是建台的原则是"旧有者修理，原无者增筑"[②]；二是炮台主要部署在广东东路海防（潮州、惠州）。因此，对于康熙前期虎门航道中的横档炮台、珠江东岸的南山炮台、虎门口东侧的三门炮台，只是借助这次大规模修建的机会进行了修理，并非新建的开始，也并未在虎门航道上添加新的炮台。

① （清）卢坤、邓廷桢主编，王宏斌等点校：《广东海防汇览》卷 31《方略二十・炮台一》，石家庄：河北人民出版社，2009 年，第 805 页。

②《康熙五十六年兵部禁止南洋原案》，载张伟仁主编：《明清档案》（第 39 册），台北：联经出版事业公司，1986 年，档案号：A39-217（6-4），B22304。

3. 虎门三台格局一直持续到嘉庆五年才结束

清初康熙二十八年（1689）之前就已经形成的虎门三台格局一直持续到嘉庆五年（1800）虎门口新建“沙角炮台”前，共110多年。其间能够看到的清嘉庆五年以前绘有虎门的舆图上都是只标有“南山炮台”“横档炮台”“三门炮台”，如雍正《东莞县志·虎门图》（图4-5）、乾隆《广东全省总图·虎门图》（图4-6），以及4幅罕见舆图：《福建广东海防航海图》①（图4-7）、《广东沿海统属图》②（图4-10）、《香山虎门图》③（图4-11）、《海口要隘水陆远近形胜全图》④（图4-13 ）。

图4-5 雍正《东莞县志·虎门图》

资料来源：雍正《东莞县志·虎门图》，载《广东历代方志集成·广州府部》，广州：岭南出版社，2007年

① 该图在20世纪80年代由某一志愿者从湖北麻城山区某施姓老妇家获得，现收录于谭广濂：《从圆方到经纬：香港与华南历史地图藏珍》，标图31，香港：中华书局，2010年，第74页。

② 现收录于谭广濂：《从圆方到经纬：香港与华南历史地图藏珍》，标图32，香港：中华书局，2010年，第80页。

③ 由东莞市博物馆王晓强先生提供，收录于东莞市政协主编：《东莞历代地图选》，广州：广东人民出版社，2012年，第68页。

④ 该图收藏在大连图书馆，收录于广州市规划局、广州市城市建设档案馆编：《图说城市文脉——广州古今地图集》，广州：广东省地图出版社，2010年，第39页。

图 4-6　乾隆《广东全省总图·虎门图》

资料来源：（清）李梦松：《广东全省总图》，载《广州大典》第 34 辑，史部地理类，第 29 册，广州：广州出版社，2015 年

其中乾隆年间李梦松在其所辑《广东全省总图》中使用的《虎门图》与雍正《东莞县志》中的《虎门图》如出一辙，很可能为其临摹版本。由于周天成等修纂的《东莞县志》为雍正八年（1730）修刻，雍正十年作序（北京故宫博物院藏本为乾隆年印本）。这说明至少在雍正十年之前虎门海口依旧只有这三座炮台，不必多言。

需要重点阐释的是后面 4 幅罕见舆图。因为它们鲜有学者注意，即使在解读中也常常出现时间上的淡化甚至错误（后面 4 幅舆图中只有《海口要隘水陆远近形胜全图》解读较为准确），而有些错误如不及时纠正甚至会影响到人们对清前期虎门炮台地格局的认识，如香港的谭广濂认为《福建广东海防航海图》的时间是 19 世纪初，认为《广东沿海统属图》的时间是嘉庆十五年（1810）以后。《东莞历代地图选》在转录收辑这两幅舆图时，后图引用谭广濂所说时间，即嘉庆十五年以后，前图则淡化称作清代，就前图来讲，黄利平先生认为时间为清初[①]，陈建平等提出在嘉庆十五年

① 黄利平：《清代民国广州城防、江防与海防炮台研究》，广州：广州出版社，2016 年，第 26 页。

至二十二年[①]，《香山虎门图》在收录后只标注“清代”。

翻阅这几幅图并结合前面已有解读的认知，笔者认为要厘清这些舆图的大致时间，关键还要考虑以下几个因素：①顺德左翼镇；②老万山炮台；③虎门协升镇；④沙角炮台；⑤狮子塔炮台；⑥碧头台、茅洲台。这也是前述几幅舆图涉及的重要时间节点。

首先，看下顺德左翼镇沿革及其移驻虎门之事：

《雍正实录》记载，雍正元年（1723）十二月丙辰（十一日）“移广东广州左翼总兵官驻顺德县，镇标左右二营守备随防。改镇标中营游击，为前营游击移驻增城县。从广东总督杨琳请也”[②]。

雍正《广东通志》曰：“雍正二年甲辰春正月，移左翼镇驻顺德县，巡抚年希尧以顺德形势虽系内海即通外洋，居香山、虎门二协之中，为省城门户，顺镇既裁而仅留游击，不能左右遥制省城，有旗镇重兵足以建威，左翼镇非必不可少，疏请将顺德原辖地方归于左翼镇，令总兵官移镇顺德，游击改为镇标中营，统辖顺德水陆，从之。”[③]

《顺德县志》曰：“（康熙八年）以左翼镇总兵驻顺德，仍五营，为顺德镇”，“（康熙四十一年）裁总兵并裁左、右二营”，“雍正二年，复以左翼镇驻顺德，定为中、左、右三营”，“乾隆二十二年，以左翼镇移驻虎门，以虎门协副将，改为顺德协副将”。[④]

《虎门览胜》卷上记载：“虎门寨城，明万历十六年建……康熙元年，改设副将。乾隆二十二年，总督杨应琚奏言形势未协，请将左翼镇总兵并中、右两营移驻虎门，为外海水师之缺，其虎门副将移驻顺德，改为顺德协，从之。”[⑤]

可见，左翼镇驻顺德是从康熙八年（1669）开始，到康熙四十一年裁撤，

---

① 陈建平订正：《新发现的清代“广东水师海防图”》，载杨浪：《地图的发现》，北京：生活·读书·新知三联书店，2006年，第98—107页。

②《世宗雍正实录》卷14，转引自广东省地方史志编委会办公室、广州市地方志编委会办公室编：《清实录广东史料》，广州：广东省地图出版社，1995年，第275页。

③ 雍正《广东通志》卷7《编年志二·国朝纪》，载《景印文渊阁四库全书》史部，第562册，台北：台湾商务印书馆，1986年，第301页。

④ 顺德市地方志办公室点校：《顺德县志》卷8《经政略三·立营缘起》，广州：中山大学出版社，1993年，第201页。

⑤（清）仲振履：《虎门览胜》卷上，暨南大学图书馆藏汉画轩钞本，第2页。

雍正二年又复置，之后一直持续到乾隆二十二年（1757）顺德左翼镇移驻虎门，此时原来只设副将的虎门协因改设总兵而升格为镇。也就是直到清高宗在位前期（乾隆二十二年），“虎门”的屯军之众及军事格局才超过了虽为省会西南水路门户，却已很难了解外海机宜，且不能从容调度的顺德县城。

其次，我们看老万山炮台的问题。清代的老万山是指广州珠江口最南部的大、小万山岛屿，明清两代一直是海防的重要防线，对广东海防有着重要的地位。[①]在老万山上设置炮台是在雍正七年（1729）[②]，当时修筑有两处炮台。《澳门纪略》记载：“‘蒲台石’又东南为‘老万山’，自澳门望之，隐隐一发，至则有东、西二山，相距三四十里，东澳可泊西南风船，西澳则东北风船泊之……雍正七年，两山各设炮台，分兵戍之，及瓜而代。”[③]光绪《广东海图说》曰：“万山东澳、万山西澳两旧炮台，在老万山后岛上”[④]，清同治之前《广东水师营官兵驻防图》在图中对应位置标注有文字“万山东台”“万山西台”[⑤]。以舆图中有无显示老万山炮台，可以作为一个时间的重要划分依据。

最后，关于沙角炮台、狮子塔炮台、碧头台、茅洲台。沙角炮台新建于嘉庆五年（1800），于嘉庆六年建成。这在嘉庆《虎门览胜》、道光《广东海防汇览》《筹海初集》《粤海关志》《水师某将杂钞》及方志文献都有清晰记载。狮子塔炮台在康熙、雍正时期的地方志中都未见名称，只是在乾隆《番禺县志》中有这座炮台名称。因此，有人据此推测该台建于乾隆年间。事实上，该台在清初就有。

嘉庆《虎门览胜》记载：“狮子洋，在阁西山西。上通省会，下接香山，由芙蓉、大刀诸沙直达澳门鸡颈外洋，广及万顷，波涛汹涌，番东之要津也。

① 见郭声波、方靖、鲁延召：《从明清老万山地名迁徙看澳门海防因素》，《文化杂志（澳门中文版）》2010年第76期。

② 光绪《广州府志》卷64《建置略一》记载为老万山东炮台建于雍正十年（台北：成文出版社，1966年，第91页下）。

③（清）印光任、张汝霖：《澳门纪略》上卷《形势篇》，台北：成文出版社，1968年，第95—97页。

④（清）张之洞：《广东海图说·十字门》，载《中国边疆史志集成·海疆史志》（第24册），北京：全国图书馆文献缩微复制中心，2005年，第194页。

⑤ 见中国第一历史档案馆选编：《澳门历史地图精选》图51，北京：华文出版社，2000年，第84—85页。

以中沥为两县之界，凡番舶之赴黄浦者，必由于此。西为石狮头山，山顶有塔，在省会之东南，每晴霁之日，登越王台望狮子洋，塔如彩笔，倒擎干霄，矗立琐院之文峰也。塔下有炮台，为明末尚可喜所筑，今圮。”[①]

道光《水师某将杂钞》记载：“狮子塔炮台一座，系番禺县属地方，建自前朝，于嘉庆六年倒塌，缘因该台建峙山顶，且历年久远，海道淤浅，不能得力，于嘉庆六年奉将炮台、炮封群子、火药移拨中营沙角炮台防守，续于道光十二年转拨大角炮台防守。”[②]

如上所述，该炮台早在明末由尚可喜于珠江狮子洋西侧的狮头山塔之下建造。其“明末”及“前明”应是指“南明”，因尚可喜作为清军攻打广东的主力攻破广州城应是清顺治七年的事情了，这时应该是我们现代所说的清初更准确。因此，狮子塔炮台当属清初顺治年间所建。此外，绘制于康熙八年（1669）至雍正九年（1731）的珍贵舆图——《海口要隘水陆远近形胜全图》，明确且形象地画有该炮台，这也说明了乾隆之前该炮台已存在。狮子塔炮台的消失是在嘉庆六年（1801），除了上述《水师某将杂钞》以外，仍有舆图及文献记载清晰。

道光《广东海防汇览》记载：“狮子塔炮台，属水师提标右营。距营四十里。上至永靖营四沙汛二十里，下至大虎炮台二十六里。（营册）案：该台因海面淤浅，不能得力，于嘉庆六年十一月将原安炮位运往东莞，新建沙角炮台。”[③]

此外，现藏英国国家档案馆的《广东水师提督标后营汛地舆图》[④]（据华林甫先生推测为咸丰七年前不久作品），反映的是当时珠江口海防军事地理形势，图中标有“狮子山”及炮台图形，并在其下注文：“狮子塔炮台，因海面淤浅，已于嘉庆六年间将此台石料拆卸，运赴虎门，添建沙眉炮台，其兵丁、炮位亦概依往。”

---

①（清）仲振履：《虎门览胜》卷上，暨南大学图书馆藏汉画轩钞本，第 16 页上。

②（清）佚名：《水师某将杂钞》，载《清代稿钞本（五编）》（第 249 册），广州：广东人民出版社，2013 年，第 498—499 页。

③（清）卢坤、邓廷桢主编，王宏斌等点校：《广东海防汇览》卷 32《方略二十一・炮台二》，石家庄：河北人民出版社，2009 年，第 850 页。

④ 该舆图收录于华林甫的《英国国家档案馆庋藏近代中文舆图》（上海：上海社会科学院出版社，2009 年）第 175 页。

关于“碧头台”“茅洲台”，需要指出的是，其并不是炮台，而是墩台。查阅嘉庆《新安县志》卷 11《兵制》，在“墩台”中明确有列：“碧头墩台（东莞交界）”“茅洲墩台（把总一员）”①，而其后“炮台”中未列。道光《水师某将杂钞》“茅洲”中亦明确记载：“茅洲墩台，驻防左哨二司把总一员，步守兵二十名，此台已倒塌。……茅洲水汛兵三名，碧头水汛兵三名，碧头墩台兵十三名。”②

通过上面的三条分析，我们已有一致的认识，接下来可以推测《福建广东海防航海图》《广东沿海统属图》《香山虎门图》三幅舆图的绘制时间。

图 4-7 《福建广东海防航海图》（全图）
资料来源：谭广濂：《从圆方到经纬：香港与华南历史地图藏珍》，标图 31，香港：中华书局，2010 年，第 74 页

先说《福建广东海防航海图》。该图明确标有“顺德县左翼镇”且标有“虎门协”（图 4-8），时间暂定为康熙八年（1669）到四十一年，雍正二年（1724）到乾隆二十二年两个区间。

此外，舆图中在老万山东澳和西澳两山的脚下明确画有炮台，说明上限时间应为雍正七年或雍正十年以后。由于前述“狮子塔炮台”于清顺治年间所建，至嘉庆六年（1801）废弃，不能作乾隆年间新建，故仍不能排除雍正后期绘制该图的可能。图中有“碧头台”、“茅洲台”和“佛堂门炮台”，未见沙角炮台等（图 4-9），这些虽不影响上述已有的时间段，但仍有力地排除了学者所提嘉庆十五年至二十二年这个时间，且有效地把

①《嘉庆新安县志》卷 11《兵制》，载张一兵校点：《深圳旧志三种》，深圳：海天出版社，2006 年，第 853 页。

②（清）佚名：《水师某将杂钞》，载《清代稿钞本（五编）》（第 249 册），广州：广东人民出版社，2013 年，第 420 页。

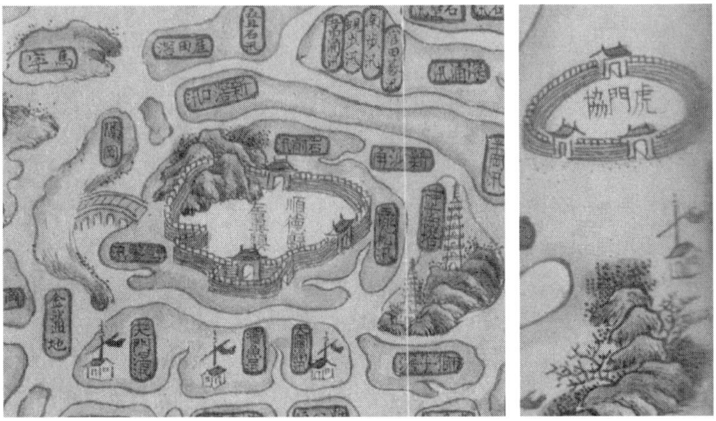

（a）顺德县左翼镇　　（b）虎门协

图 4-8 《福建广东海防航海图》中的“顺德县左翼镇”及“虎门协”（两个局部点）

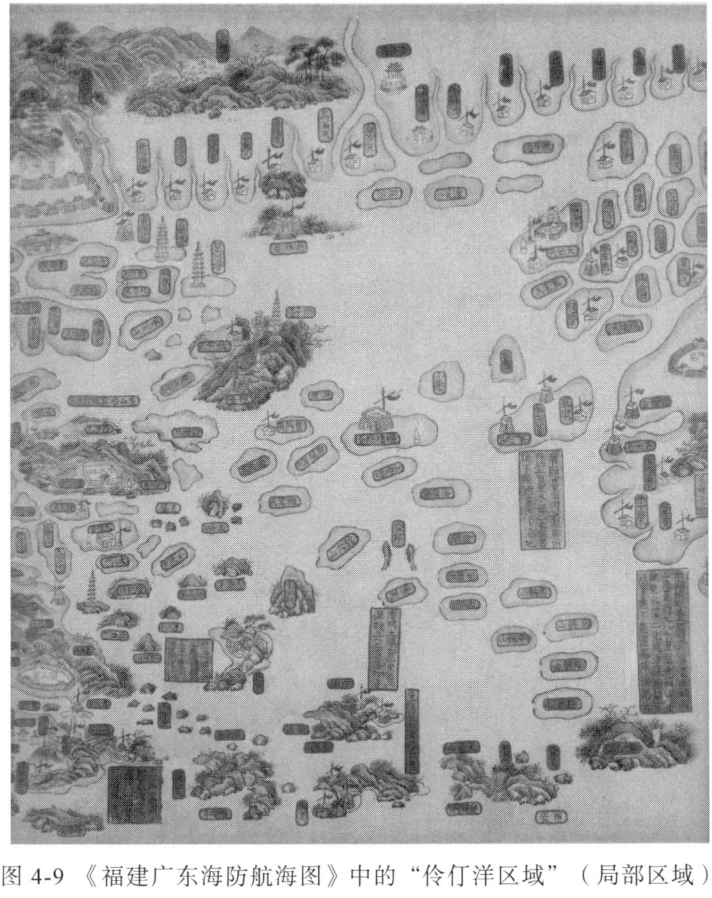

图 4-9 《福建广东海防航海图》中的“伶仃洋区域”（局部区域）

时间由有清一代缩小到雍正七年（1729）或雍正十年以后至乾隆二十二年（1757），同时保留了雍正后期的可能（即并非只在乾隆年间）。

再说《广东沿海统属图》（图 4-10）。该图中虎门设有“虎门镇”，上限时间为乾隆二十二年；图中没有绘制“沙角炮台”且相关区域没有炮台出现，且北部有“碧头台”，因此，下限时间为嘉庆五年。此外，舆图中绘有“南佛堂炮台”而无“九龙城炮台”，时间应不晚于嘉庆十五年，因此，原图解说“约嘉庆十五年以后”是错误的。

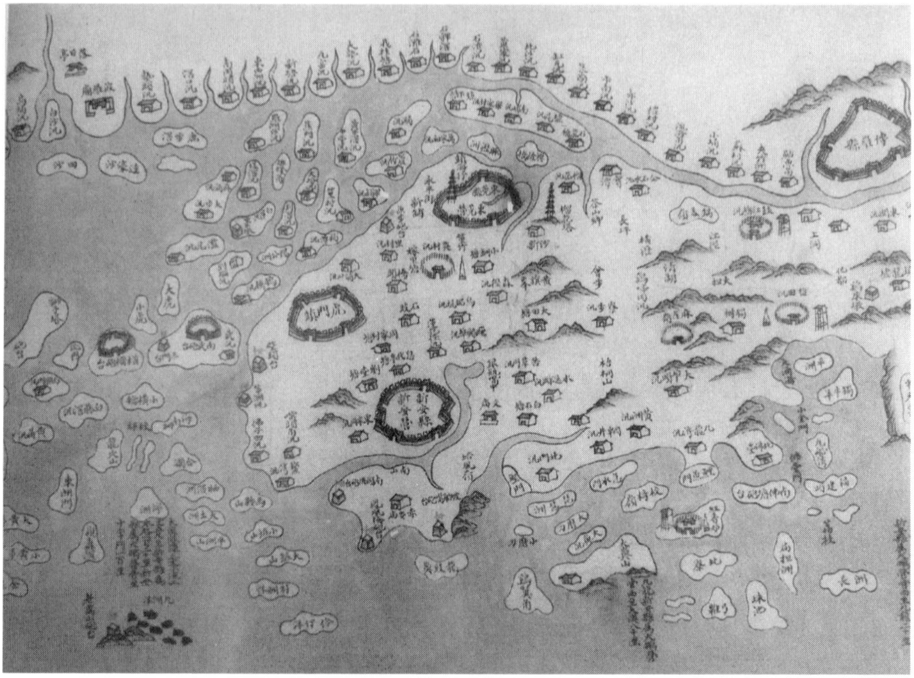

图 4-10 《广东沿海统属图》

资料来源：谭广濂：《从圆方到经纬：香港与华南历史地图藏珍》，标图 32，香港：中华书局，2010 年，第 80 页

接着来看《香山虎门图》（图 4-11）。该图不知绘者，原题名《香山前山寨图》应为首稿，后觉不妥，在原题上作修改，划掉“前山寨图”四个字，改为“虎门图”，保留了“香山”二字，这样就成了《香山虎门图》。该图相对简单，信息量不大，但保留“香山”二字亦不合适，还是叫“虎

门图”好，因为这与香山确实没有什么关系。该图判断时间的因素只有“虎门协镇”及附近的“左营都司”“右营都司”，这也是该图的特色，不像前图作“虎门协”，亦不作“虎门镇”，这很可能是乾隆二十二年（1757）广东海防营制刚作调整的过渡期或反应期。虽然从宽泛的时间段来看，下限可以划定在没有新建沙角炮台的嘉庆五年（1800），但笔者更倾向于乾隆二十二年。

图 4-11 《香山虎门图》

资料来源：东莞市政协主编：《东莞历代地图选》，广州：广东人民出版社，2012 年，第 68 页

非常有意思的是，在印光任和张汝霖所作《澳门纪略》中有一幅《虎门图》（图 4-12）与上述稀见《香山虎门图》在地图形制、绘制风格、地名及建置等信息上有很多的雷同之处，只是个别细节内容、简略程度、色彩上有所不同，当出自同一个源本的不同版本[①]。

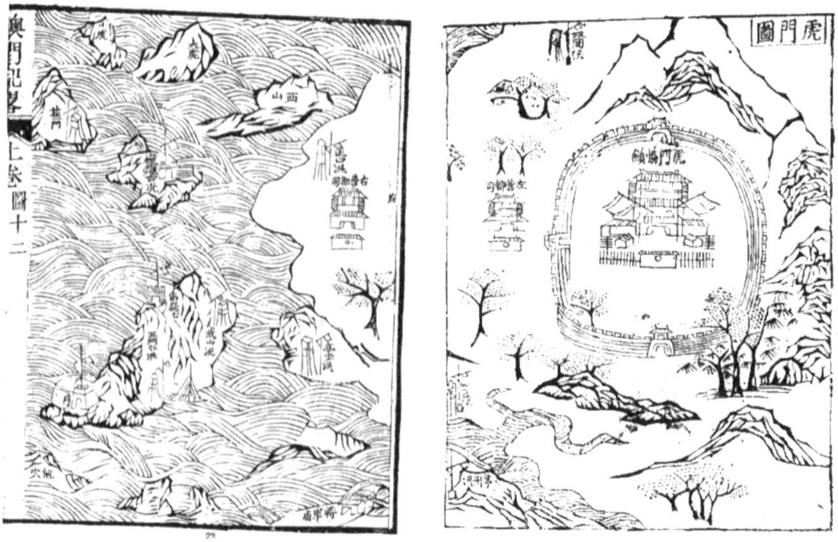

图 4-12 《澳门纪略·虎门图》

资料来源：（清）印光任、张汝霖：《澳门纪略》，台北：成文出版社，1968 年

据悉，《澳门纪略》书稿于乾隆年间付梓，是为初刊本，关于初刊的具体时间，一般认作乾隆十六年（1751），如中国国家图书馆、广东省立中山图书馆即照此编目。但乾隆十六年是印光任和张汝霖完成此书并作序的时间，初刊本上并未标明付梓年月，故不能断定其即为初刊年份。但据《四库全书总目》收录该书提要这一情况，《澳门纪略》的初刊最迟应不晚于《四库全书总目》完稿的乾隆四十七年。此处通过《香山虎门图》及《澳门纪略·虎门图》中“虎门协镇”的出现来判断《澳门纪略》的初刊更可能亦在乾隆二十二年或之后不久。

最后是《海口要隘水陆远近形胜全图》（图 4-13）。该图局部所绘地域为广州府境所属的沿海地区，是一幅清代沿海防御军事地图。该图令人

① 《香山虎门图》中划掉原有“前山寨图”四个字，保留“香山”二字，亦可知两者之间的联系。

所作图解中说“图中有海丰县，无陆丰县，由此可知此图绘制不晚于清雍正九年（1731）；又据图中有新安县，知此图不早于康熙八年（1669）”。该图广州珠江口最南部的老万山处没有绘画有炮台设施，亦无标注炮台文字，应是雍正七年或雍正十年之前的图，这与所提清雍正九年之前吻合，至于上限时间应该就是康熙八年以后，因此，大致时间是在康熙八年至雍正九年。

图 4-13 《海口要隘水陆远近形胜全图》

资料来源：广州市规划局. 广州市城市建设档案馆编：《图说城市文脉——广州古今地图集》，广州：广东省地图出版社，2010 年，第 39 页

此外，需要补充的是，中国第一历史档案馆藏有一幅雍正十一年（1733）至乾隆三年（1738）的《广东各府舆图·广州府图》（图 4-14）。该图所标示的东莞地区中同样在虎门一带明确用红色方框标记有大小横档、南山和三门，只是该图中未注明为炮台，但结合相关信息，可以肯定的是这三个标注的是三座炮台。

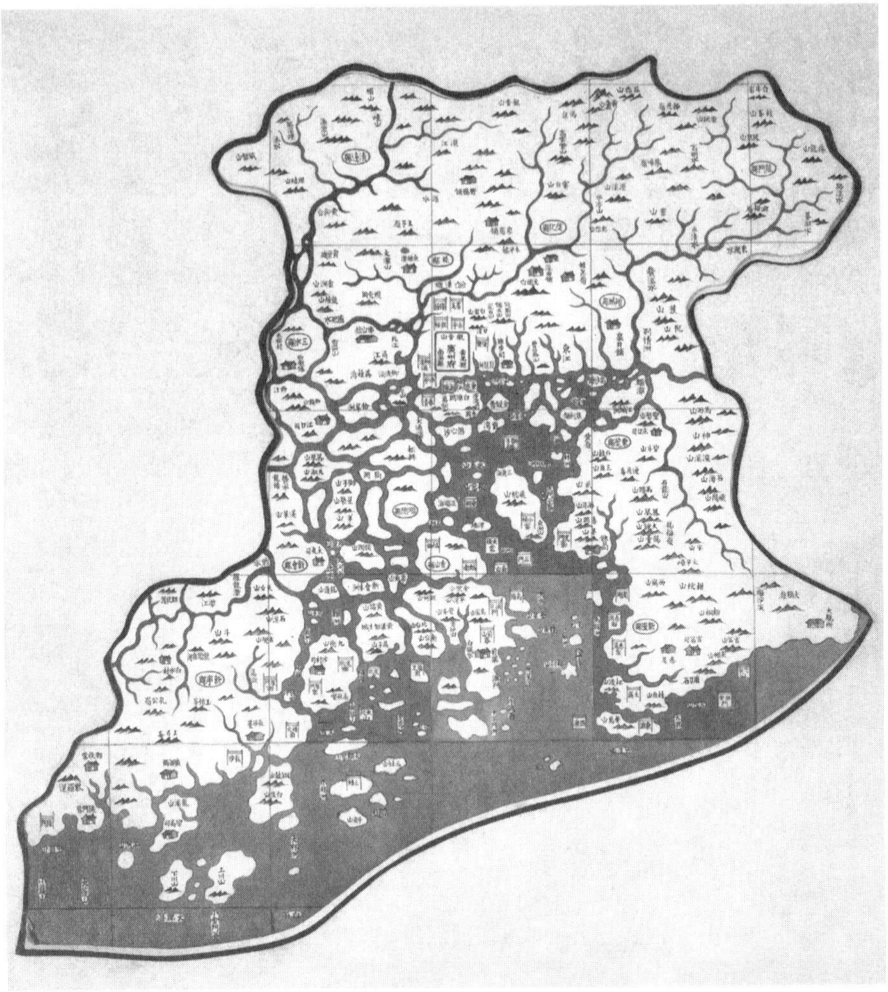

图 4-14 《广东各府舆图·广州府图》

资料来源：东莞市政协主编：《东莞历代地图选》，广州：广东人民出版社，2012 年，第 26 页

综上所述，舆图中《海口要隘水陆远近形胜全图》（雍正九年之前）、

《（雍正）虎门图》（雍正十年）、《广东各府舆图·广州府图》（雍正十一年至乾隆三年）、《福建广东海防航海图》（雍正七年或十年之后至乾隆二十二年）、《香山虎门图》（乾隆二十二年）、《广东沿海统属图》（乾隆二十二年至嘉庆五年之前）均在虎门区域呈现了“南山炮台”[①]、“横档炮台”和“三门炮台”的虎门三台格局。也就是说，从康熙二十三年（1684）以后开始，最迟不晚于康熙二十八年形成的这个格局一直持续到嘉庆五年（1800）因沙角炮台的新建才改变，而这些舆图覆盖了其间各个阶段，并见证了这一事实。

在此期间，虎门炮台虽然没有增加，但虎门的营制管辖及海防军事级别有所提升，如乾隆二十二年（1757）左翼镇移驻虎门，驻有总兵，虎门协升格为虎门镇。且在同年取消原有的江、浙、闽、粤四海关外贸进口规定，改“四口通商”为“一口通商”之时，清廷放弃宁波而选择广州作为全国一口通商之地，规定西洋商船只许在广东收泊交易。朝廷考虑的前提就是“且虎门、黄埔在在设有官兵，较之宁波之可以扬帆直至者，形势亦异”[②]。此后直到嘉庆十五年虎门镇的级别再次提升，设立广东水师提督，虎门才正式拉开鸦片战争前的大发展时期。

第二节 《十台全图》

嘉庆五年至道光十二年（1832），清政府在虎门水道两侧及水道中间的若干小岛上开始了第一次大规模炮台建设工程，炮台的数量已大大超过清初长期以来的“三台”格局。嘉庆二十二年，广东水师提督移驻虎门，虎门在军事上由“镇标”升格为“督标”，迎来了空前质的飞跃，直到关天培于道光十五年担任广东水师提督。他整饬广东沿海的防务，在虎门大量增建炮台及海防设施，形成了较为严密的炮台防御体系，时人称之为金锁铜关的“十全台”。

①《广东沿海统属图》标作“南武炮台”，“南”指南山，“武”指“武山”，这是南山炮台当时的别称。

②（清）王先谦：《东华续录》（乾隆朝）卷46，载《续修四库全书》（第372册），上海：上海古籍出版社，2002年，第613页上。

关天培所撰《筹海初集》对广东沿海防务有较为全面的阐述，该书刊行于道光十六年（1836），书中绘有虎门《十台全图》[①]（图 4-15），对当时的十座炮台有直观细腻的描绘，情况如表 4-1 所示。

图 4-15 《筹海初集·十台全图》

资料来源：（清）关天培：《筹海初集》，台北：文海出版社有限公司，1977 年

注：该书目录全称为《虎门海口十处炮台全图》

表 4-1 《十台全图》中炮台情况

炮台名称	建立时间	备注
横档	康熙二十三年 至二十八年（1684—1689）	指大横档（上横档），嘉庆二十二年（1817）添加月台
沙角	嘉庆五年（1800）	道光十五年改为信号炮台
新涌	嘉庆十四年（1809）	
蕉门	嘉庆十七年（1812）	

①《十台全图》只是道光十六年的虎门炮台体系，并不是第一次鸦片战争前的完整“十二台”，这点后文有详述。

续表

炮台名称	建立时间	备注
镇远	嘉庆十九年（1814）	
大虎山	嘉庆二十二年（1817）	
大角	道光十二年（1832）	道光十五年改为信号台
威远	道光十五年（1835）	由南山炮台添加月台改建
永安	道光十五年（1835）	在大横档岛西侧增筑
巩固	道光十五年（1835）	

注：关于《十台全图》所涉及的炮台沿革及原因解读可详参笔者《明清时期广东中路海防地理研究》（暨南大学博士学位论文，2010年）第115—128页专题内容，在此不再赘述

从表4-1可以看出，清初形成并贯穿于清代前期（嘉庆五年之前）的虎门“三台”格局已被关天培上任后（道光十五年）“十台”格局所取代。原来的三台中，“横档炮台”和“南山炮台”在原来的基础上经过嘉庆、道光两朝改建，继续保留了下来。而原来的“三门炮台”在嘉庆时期因“台甚小，凌于水面，若浮鹅然。今山下淤沙成坦，无足用矣”[①]，于嘉庆二十一年“积沙海浅，不能得力，改作卡房、望楼，炮位移镇远炮台及虎门寨”[②]。

《十台全图》是关天培在广东水师提督工作中实际筹办海防的产物。道光十四年（1834），关天培被朝廷授予广东水师提督。就在关天培上任之前的一段时间，恰好发生了一件重大的涉英外交事件。1834年9月，英国人律劳卑派两艘英国兵船闯进虎门，直达黄埔，广东水师和沿海炮台居然无力阻挡。英国画家斯金纳绘制的石版画形象地记录了这一战事（图4-16）。中方亦有官方记载，英国人两艘战船越过虎门各炮台，“直抵黄埔，守台官不能御，乃燃空炮以惧之”[③]。

①（清）仲振履：《虎门览胜》卷上，暨南大学图书馆藏汉画轩钞本，第7页上。
②（清）卢坤、邓廷桢主编，王宏斌等点校：《广东海防汇览》卷32《方略二十一·炮台二》，石家庄：河北人民出版社，2009年，第850页。
③ 光绪《广州府志》卷81《前事略七》，台北：成文出版社，1966年，第415页。

图 4-16 《1834 年 9 月 7 日至 9 日伊莫金号及安德劳玛琪号攻打虎门》
资料来源：该图收录于梁二平《败在海上：中国古代海战图解读》（北京：生活·读书·新知三联书店，2016 年，第 82 页）
注：图中左侧是绘有横档炮台正向英舰伊莫金号开炮，右侧是英舰安德劳玛琪号正与威远炮台交战。两英舰中间仍有一英国小型舰艇

这一事件暴露了广东海防的废弛与清军的无能，震动了清朝当局，道光皇帝对此事极为不满，9 月 15 日在两广总督卢坤等《奏报英国兵船闯入内河筹办防堵并请严处疏防各将弁等情折》的最后朱批道："看来各炮台俱系虚设，两只夷船不能击退，可笑！可恨武备废弛，一至如是！无怪外夷轻视也。"①

为了加强广东海防，清政府处罚或罢免了一批水师官员。恰缘于这个机会，关天培得以从署理江南提督的位置上实授广东水师提督。文献记载，朝廷命令两广总督卢坤"务饬所派将弁，加意防范，不得因该夷船业经出口，稍存怠玩"，"俟新任提督关天培到粤后，该督等会同筹商，设法整饬，力除以前怠玩积习"。②

关天培到任之后，大有如临深渊、如履薄冰之感。为了巩固广东海防，

① 中山市档案局（馆）、中国第一历史档案馆编：《香山明清档案辑录》，上海：上海古籍出版社，2006 年，第 82 页。
②（清）关天培：《筹海初集》 卷 1《恭录上谕四道》，台北：华文书局股份有限公司，1969 年，第 56、57 页。

关天培竭尽所能，积极采取各种举措，致力于整饬广东沿海的防务。从道光十五年（1835）开始，他亲自踏勘地理形势，对嘉庆五年（1800）至道光十二年所建成的虎门三道防线各炮台开展评估和完善工作。这一过程中，他将虎门口的沙角、大角炮台改为号令炮台；在上横档岛一线，重建南山炮台（改名威远），改建横档、镇远炮台，增建永安、巩固炮台，控制东西水道；在大虎山新建大虎山炮台。另铸6000斤以上大炮40门，安置各炮台。同时抓紧训练，制定春、秋操练章程。

在《十全台图》中，关天培展示了广东虎门海防“三重门户”的防御设想：以沙角、大角为信号台，是为第一重门户；威远、镇远、横档三炮台，安设120门火炮，控制横档东水道，横岛西侧的永安炮台安炮40门，新建芦湾东侧的巩固炮台安炮40门，以永安、巩固两炮台共 60门火炮控制横档西水道，是为第二重门户；大虎炮台安放32门大炮，是为第三重门户。其实，早在十八年前，即嘉庆二十二年时，担任两广总督的阮元就已经有了虎门防御的“三重门户”思想：“沙角炮台，为第一门户；进而横档、镇远，为第二门户；次大虎，为第三门户。”[①]只是到了道光十五年，关天培重申并完善了这三重防御，其在两广总督卢坤的支持下按照上述构想改造虎门防卫体系，历时约10个月，年底工程完竣。

很有意思的一件事是，受《十台全图》影响，不少学者认为鸦片战争之前虎门的炮台体系就是这十座炮台。事实上，据道光二十三年正月十五日（2月13日）两广总督祁𡎴的奏折所说：

> 臣等伏查，虎门内外原设各台，均系依山临海就地取势，内而上横档之东西二面，原设横档、永安二台，上横档之东北对岸原设镇远、靖远、威远三台，上横档之西对岸原设巩固炮台，上横档之后大虎山原设大虎炮台，由上横档而东南，逼近大洋，原设大角、沙角二台，连新涌、蕉门二台及下横档原筑有泥土台一座，共计炮台十二座，除新涌、蕉门二炮台地居小海口，并未十分损坏，应照旧补筑坚固，无

①（清）阮元：《广州大虎山新建炮台碑记》，转引自（清）卢坤、邓廷桢主编，王宏斌等点校：《广东海防汇览》卷31《方略二十·炮台一》，石家庄：河北人民出版社，2009年，第811—812页。

庸再议，并下横档泥土台业经坍毁外，其余各台在当日择地建筑，自属天然形胜，惟今昔情形不同，控制必期尽善。[①]

第一次鸦片战争前虎门区域“共计炮台十二座”，即实际上应该是“十二台”，这里需要补上“下横档泥土台”与“靖远炮台”，这是战后官方在修复炮台前所做的实地调研后上奏朝廷所明确提到的，毋庸置疑。

刊刻于道光十六年（1836）的《十台全图》并未提出此二台。翻阅道光十八年刊刻的《广东海防汇览》，有“小横档炮台，兵十名”的记载，但仍无靖远炮台。这里所提“小横档炮台”即是“下横档泥土台”。可见，下横档炮台应是道光十七年或道光十八年新设。

至于靖远炮台，不仅有两广总督邓廷桢在道光十九年正月十二日（1839年2月25日）进呈皇帝的《新建靖远炮台图》（图4-17）及《新建炮台图说》（图4-18）[②]，并留有遗物实证（图4-19）；此外，清代光绪年间不知撰者所著《粤省海防图说》一书亦有明确提到：“道光十九年二月内，添建本营靖远炮台一座，奉行添设中哨千总一员、步守兵九十名。”[③]如上所述，游离于关天培道光十六年《十台全图》之外的“下横档炮台”和“靖远炮台”是在之后的几年陆续新建的。

需要提及的是，学者在研究鸦片战争的虎门之战时，经常引用英军某士兵的日记：“中国人在全力于上横档岛设防的同时，却让下横档岛在毫无炮火保护的情况下，让我们轻易夺取，这是一件怪事。中国人给了我们一个能够夺取上横档炮台的阵地，这是一个致命的错误。”[④]从而认为下横档岛在战前未有任何军事设防。[⑤]通过前文分析，下横档岛屿之中有炮

①《两广总督祁𡊄奏折：虎门炮台修筑绘图进呈并官绅捐银足敷工价毋庸另行筹款》，载中国第一历史档案馆、鸦片战争博物馆编：《明清皇宫虎门秘档图录》，北京：人民出版社，2011年，第261页。

②《新建靖远炮台图》及《新建炮台图说》分别见《明清皇宫虎门秘档图录》（北京：人民出版社，2011年）第173、175页。

③（清）佚名：《粤省海防图说》，载《广州大典》第37辑，史部政书类，第27册，广州：广州出版社，2015年，第3页左上。

④ 广东省文史研究馆编：《鸦片战争与林则徐史料选译》，广州：广东人民出版社，1986年，第228页。

⑤ 如茅海建：《虎门之战研究》，载《近代的尺度：两次鸦片战争军事与外交》，上海：上海三联书店，1998年，第287页。又如黄利平：《清代民国广州城防、江防与海防炮台研究》，广州：广州出版社，2016年，第60、274页。

台，并曾驻兵，是有军事设防的，只是这种简陋的泥土炮台设施在战争中没有真正从事战斗而遭遗弃，进而为英军所轻易夺取。

图 4-17 《新建靖远炮台图》

资料来源：中国第一历史档案馆、鸦片战争博物馆编：《明清皇宫虎门秘档图录》，北京：人民出版社，2011 年，第 173 页

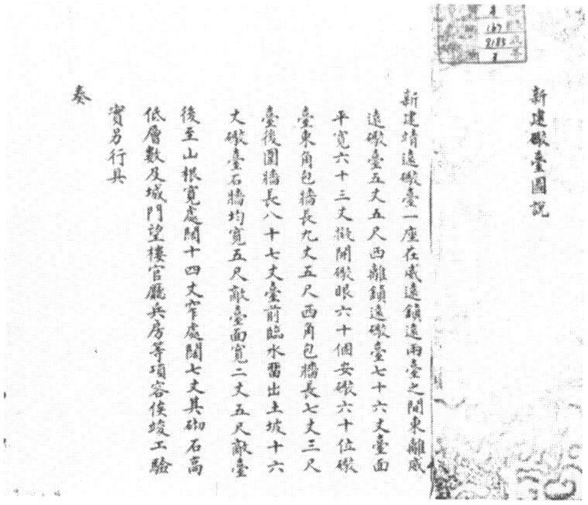

新建礮臺圖說

新建靖遠礮臺一座在威遠鎮遠兩臺之間東離威
遠礮臺五丈五尺西離鎮遠礮臺七十六丈臺面
平寬六十三丈排開礮眼六十個安礮六十位礮
臺東角包牆長九丈五尺西角包牆長七丈三尺
臺後圍牆長八十七丈臺前臨水留出土坡十六
丈礮臺石牆均寬五尺敵臺面寬二丈五尺敵臺
後至山根寬處闊十四丈窄處闊七丈其砌石高
低層數及城門望樓官廳兵房等項容俟竣工驗
實另行具
奏

图 4-18 《新建炮台图说》

资料来源：中国第一历史档案馆、鸦片战争博物馆编：《明清皇宫虎门秘档图录》，北京：人民出版社，2011 年，第 175 页

图 4-19　“靖远后墙界址”碑

资料来源：该碑刻遗存现为东莞海战博物馆珍藏，图片为笔者拍摄

鸦片战争前虎门炮台体系固然重要，但仍离不开“木排铁链”和“水师战船”的配合。就在《十台全图》绘成后的两年，也就是道光十八年（1838），虎门一带发生了英国“马他仑舰队来华”事件，英国舰队直逼虎门。事后，关天培根据此次事件暴露出来的虎门防卫体系的缺陷，在两广总督邓廷桢的支持下，再次加强了虎门防御，即①在镇远炮台和威远炮台之间，新建靖远炮台；②在饭箩排和上横档岛的西侧架起两道至武山的木排铁。

事实上，道光十九年新建的靖远炮台正是出于保护“木排铁链”且联络镇远、威远炮台的目的。文献记载：

> 察看威远、镇远、横档各炮台之间海面较狭，安设排链两道足资堵截，惟威远、镇远两炮台虽同在武山脚下，而相距尚有里余。排链既截中流，炮台尤宜联络。故又于威远、镇远中间添建大炮台（靖远）一座，安放大炮六十位，以护排链而壮声威。[①]
>
> 其新建（靖远）炮台，俯临两道排链，正成扼吭之势，平宽六十三丈，高一丈四尺五寸，台墙钉椿砌石，垛墙、炮洞则三合土筑成，安炮六十位。后围石墙九十丈，高出山巅，除兵房、望楼、官厅、军装、火药两库尚未竣工外，其余均属完整。演试铜铁大炮，炮子均能远及对岸山根。[②]

就“木排铁链”而言，其可以拖延敌舰的行进速度，阻滞敌舰闯越要塞，配合火炮防守。早在道光十四年末，广东督院就曾提议在虎门口最狭窄处的武山、横档、饭箩排一带建成两道拦江铁排：

> 目下添铸大炮，猛烈无以加矣；增建炮台周密，无以过矣。然必须添制两层排链，方能阻其不前。盖夷船能于迅驶，而炮台则寸步难移。添台添炮，非有排链阻截，则无以显炮火之威。添链添排，又必

①（清）林则徐：《复奏查察虎门排链炮台折》，载《海疆文献初编：沿海形势及海防》第3辑，第5册，北京：知识产权出版社，2011年，第188页。

②（清）林则徐：《复奏查察虎门排链炮台折》，载《海疆文献初编：沿海形势及海防》第3辑，第5册，北京：知识产权出版社，2011年，第188—189页。

须炮火轰击，方有以助排链之势。[①]

对此两道排链，文献记载：

海面自西北量至东南，横宽二百七十余丈至三百三十余丈不等，所有排链两道，西北皆安根于武山脚下，其东南则第一道安根于饭箩排之巨石，第二道安根于横档山脚。[②]

道光十九年（1839）二月，在之前英国“马他仑舰队来华”事件的影响下，道光皇帝下旨允准添建靖远炮台及木排铁链工程，由林则徐等详细查看工程情形。重要的是，道光年间经历这一过程的佚名水师将领留下的笔记《水师某将杂钞》有明确记载，称道光十九年二月，分别构建了“饭箩棑至靖远台前”和“横档台至镇远台海面”两道排链。其中第一道饭箩棑至靖远台前的情形为：

海面阔二百四十二丈二尺。饭箩棑安根六条，每条长二丈（用圈五十个）。靖远台前安根六条，每条长一丈（用圈二十五个），安根尾每头长三丈，用圈七十五个，长链二条，每条长二十六丈二尺三寸，用圈五百一十个，短链十一条，用长十条，每条长二十二丈五尺七分，用圈四百三十八个。以上第一度除扣剩之外，寔长二百九十丈令九尺七寸，用圈六千令六个，转轴三十六个，大锁十三把。[③]

第二道横档台至镇远台海面的情形为：

共长二百七十三丈二尺，每头安根六条，每条长一丈，用圈子二十五个，每头安根尾长三丈六尺八寸（用圈子九十二个），长链二条，

① （清）关天培：《筹海初集》卷 1《咨复督院必须添制两层排链以资阻截稿》，台北：文海出版社有限公司，1969 年，第 167—168 页。

② 中国第一历史档案馆编：《鸦片战争档案史料》（第 1 册），天津：天津古籍出版社，1992 年，第 547 页。

③ （清）佚名：《水师某将杂钞》，载《清代稿钞本（五编）》（第 249 册），广州：广东人民出版社，2013 年，第 582—583 页。

每条长三十丈令四寸，用圈子七百四十四个，短链十一条，每条长三十二丈五尺二寸，用圈子五百五十八个。以上第二度扣成共长三百一十九丈三尺二寸，共用圈子八千一百三十二个、转轴四十个、大锁头八把，锁头十五把。[①]

道光十九年（1839）四月，钦察大臣林则徐勘查下横档岛附近饭箩排与武山的海防情形时感慨道："海面仅三百余丈，锁以铁链，承以木排，复建炮台，俯临排链，就令英船坚固，冲断铁链，尚有一层阻截，羁绊多时，台炮乘之，必成灰烬。"[②]"似此重重布置均极森严，闻黄埔及十三行出入夷人行舟过此，皆懔然生严惮心，于海防实属有益。"[③]

就"虎门水师"而言，《筹海初集》的《师船水操号令说》、各种水师操演阵式（如中流击楫图、伏波洗甲图，图 4-20）和《水师某将杂钞》中《防范夷船号令开列》都有配合炮台的军事演练，其中《防范夷船号令开列》曰：

如外国夷兵船驶至校椅湾外洋面，校椅湾坐驾船放号炮一口便是，该夷船遵号下椗，随帮各船及各炮台应号炮一口；如坐驾船放号炮二口，则是该船不遵号令，擅闯进口，随帮各船以及炮台亦应号炮二口，该夷船仍不转帆抛椗，则沙角、威远、镇远、上下横档、大虎等台迅速装便药弹，待该夷兵船驶将近，立即描定准头，逐一放炮击截，免令驶进口内，一并严行，知照毋违须知号令。[④]

①（清）佚名：《水师某将杂钞》，载《清代稿钞本（五编）》（第 249 册），广州：广东人民出版社，2013 年，第 585—586 页。

② 王锺翰点校：《清史列传》卷 38《林则徐》，北京：中华书局，1987 年，第 2965 页。

③（清）林则徐：《复奏查察虎门排链炮台折》，载《海疆文献初编：沿海形势及海防》第 3 辑，第 5 册，北京：知识产权出版社，2011 年，第 189 页。

④（清）佚名：《水师某将杂钞》，载《清代稿钞本（五编）》（第 249 册），广州：广东人民出版社，2013 年，第 474—475 页。

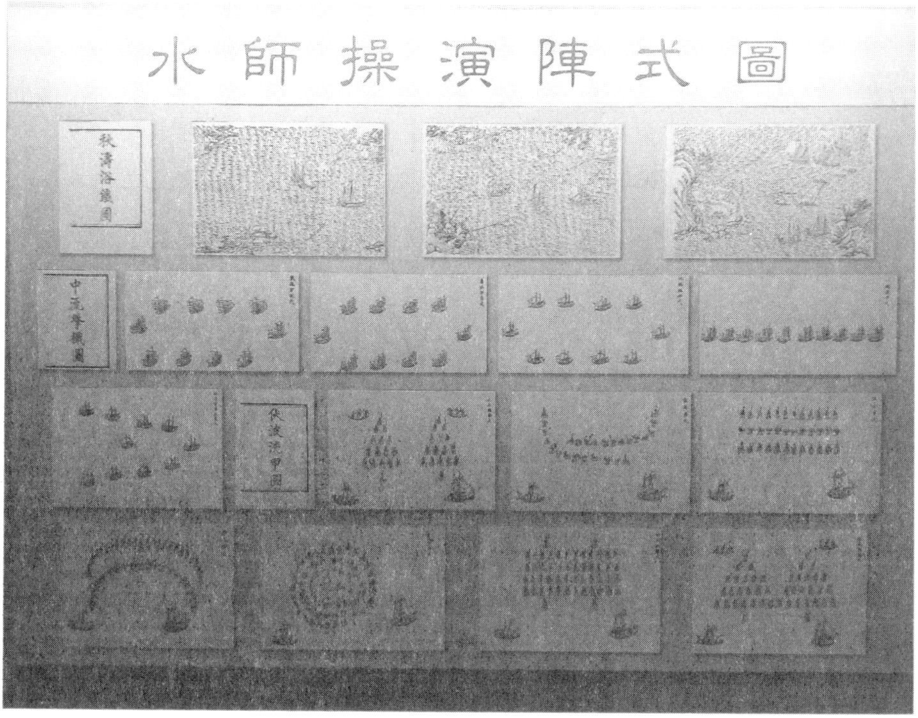

图 4-20 《筹海初集》中水师操演阵式，笔者拍摄于东莞鸦片战争博物馆

伴随道光十九年（1839）整个增建工程的完成，这个先前仅有三个防卫炮台的虎门，在嘉庆五年（1800）至道光十九年的 40 年时间里，实际上已拥有十二座炮台、三道防线，并辅助有两道木排铁链和大量的水师舰船，一跃发展成为当时广东乃至整个清朝最强大的海防要塞。

按照关天培的设想，敌舰闯入虎门口时，沙角、大角守军发现后施放信号炮，通知其他守军做好准备；当敌舰驶入横档东水道时，以威远、靖远、镇远、横档四炮台击之（图 4-21），敌舰因木排铁链挡，必不能贸然闯过，势得停留多时，正利于清军火炮连番轰，此时部署在横档后路的清军师船和水中作战兵丁亦前来配合炮台作战；若敌舰驶入横档西水道，以永安、巩固两炮台轰击，清军师船及水中作战兵亦前来配合对敌；若敌舰闯过横档一线防御，继续深入，水师船和大虎炮台可以拒之。

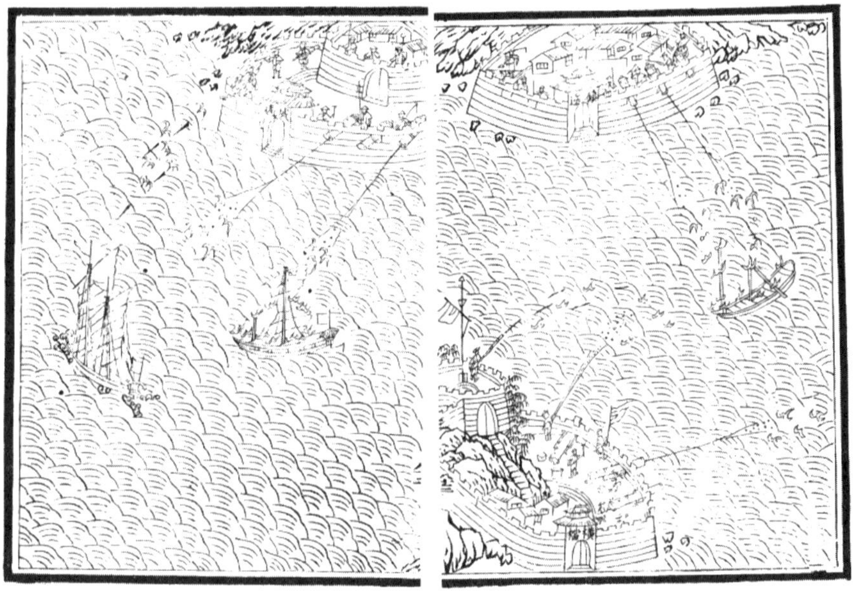

图 4-21 （清）关天培：《筹海初集·秋涛浴铁图》中“威远、镇远、横档”三台炮击图

注：关天培完整的虎门布防完成于道光十九年，三年前的《筹海初集·秋涛浴铁图》（台北：文海出版社有限公司，1969 年）尚无“靖远”炮台

这本应是一个完整的作战方案，但它是根据道光十四年（1834）英国律劳卑率舰队来犯虎门之战及道光十八年英国马他仑率舰队来犯虎门之战的经验而制订的，其实质是层层堵截，防止敌舰闯过虎门，直逼广州。可是，敌舰若不是急着闯过虎门，而是直接进攻炮台，那么三重门户就成了三重互不相连、孤立无援的据点。而在之后的鸦片战争中，英军采取的就是逐个进攻炮台的作战方针。因此，被清政府视为长城的虎门炮台防御体系，在实战当中暴露出了它的缺陷和弊端，直接导致虎门三道防线均被英军攻占。而深究其原因，在于清初以来直到鸦片战争前，构筑虎门防御体系的中心思想，当在内（海盗）而不在外（西夷），构筑炮台工程的直接目的主要是控制性的“威慑”，而不专于作战性的“实效”，以至于“缉捕则有余，用之于攻夷则不足”[①]。这种以炮台为核心、水师及木排铁链为辅的“分段堵截”理念与军事防御体系是建立于先前的经验（道光十四

① 黄大受辑：《黄少司寇（爵滋）奏疏》卷 16《筹议海防造船铸炮疏》，载《近代中国史料丛刊续编》，台北：文海出版社有限公司，1975 年，第 141 页。

年与道光十八年英军少数舰队的挑衅）之上，显然对未来战争预计不足。

第三节　《十六台图》

经历了第一次鸦片战争，虎门的炮台体系遭到严重破坏。文献记载："逆夷退出外洋，缴还虎门各炮台，当即飞饬查勘，安兵驻守去后。兹据先后禀称：各炮台仅余基址，或被拆卸，或被药轰，无可栖止，炮位大者无存，小者亦皆残毁。"[①]实际上，鸦片战争前的"十二台"中"除新涌、蕉门二炮台地居小海口，并未十分损坏"[②]，其他虎门海口炮台全部毁坏严重。战前关天培曾说"照得虎门、海口之沙角、大角、南山、镇远、横档、大虎各炮台，俱为商夷船只进省必经之路，而蕉门、新涌又为商渔出入之捷径"[③]。即使战后道光二十七年（1847）两广总督耆英上奏："惟查虎门海口为夷船出入咽喉要道，所有炮台一十四座"[④]，这里"一十四座"炮台也没有包括虎门口外侧的蕉门炮台和新涌炮台。可见，由于新涌和蕉门两炮台分别位于虎门海口外侧航道上，通常大轮船不宜驶入，不是外夷必经之地，因此，这两台在战争中并没有受到大的破坏。

道光二十二年，第一次鸦片战争刚刚结束之际，广东地方政府总结战败的教训，着手添建修葺虎门各处炮台。道光二十三年清政府用了一年的时间陆续修复了这些炮台，并对原有的"十二台"进行了调整。主要体现在威远山一带添建"蛇头湾""水军寮""九宰""竹洲"四座新炮台，将原巩固炮台一分为二，分别为"巩固南炮台""巩固北炮台"，将原大横档山上的横档月台及岛屿西侧的永安炮台合并为一台。同时，对其他威远、镇远、靖远、下横档、大虎山、沙角、大角、新涌、蕉门九座炮台做

① 中国第一历史档案馆编：《鸦片战争档案史料》（第 3 册），天津：天津古籍出版社，1992 年，第 523 页。

②《两广总督祁𡎴奏折：虎门炮台修筑绘图进呈并官绅捐银足敷工价毋庸另行筹款》，载中国第一历史档案馆、鸦片战争博物馆编：《明清皇宫虎门秘档图录》，北京：人民出版社，2011 年，第 261 页。

③（清）关天培：《筹海初集》卷 1《札饬勤加训练稿》，台北：文海出版社有限公司，1969 年，第 145 页。

④ 中国第一历史档案馆编：《鸦片战争档案史料》（第 7 册），天津：天津古籍出版社，1992 年，第 798 页。

了不同程度修复和完善。至此，战前“十全台”（实为“十二台”）已拓展为战后“十六台”新格局（图 4-22）。战后十六座炮台的详细资料收录在道光年间顾炳章所辑《外海内河诸炮台图说》和同治年间陈坤所辑道光后期的《虎门炮台图说》中。其中，前者有十一座炮台资料，后者有新增的五座炮台资料，对认识第一次鸦片战争后虎门炮台的重建有重要价值[①]，在此不再赘述。

图 4-22 《筹海初集 · 虎门炮台图说 · 十六台图》
资料来源：（清）陈坤：《虎门炮台图说》，暨南大学图书馆藏 1949 年后油印本

① 黄利平：《清嘉庆、道光及同治时期虎门炮台稀见史料研究》，载黎亦淮主编：《明清海防研究》（第 8 辑），广州：广东人民出版社，2015 年，第 67—74 页。

战后形成的虎门十六台格局在虎门炮台发展史上规模之大可谓空前绝后，不仅拓展了原有防区范围，而且在许多节点上新增的炮台，看起来让原有的三层防御变得更加严密。这使得道光皇帝较为满意：“朕披阅图说，台形较旧加高，炮口亦多，所办尚属周密。”[①]

道光二十八年（1848），两广总督徐广缙递呈皇帝的奏折中回顾了“十六台”的情形：

> 二十五日行抵虎门，即会同水师提臣赖恩爵遍历各台，查看形势。沙角、大角两台面对大洋，虽系虎门外之总口，惟水面过宽，堵截难期得力。……迤北之东岸为威远、靖远、镇远三台，山顶为水军寮台，可备瞭望。西岸为上下横档两台，两山对峙，中流一束，水面不过四百丈，最为扼要。两横档之西，又有南北巩固两台，水面亦不过四百余丈，可为后路策应。再迤北东岸为蛇头湾台，势居山顶，炮位过高。西岸为大虎台，地处孤悬，四无接应，水面宽至十余里，势难邀截，皆仅可借壮声威。蛇头湾后山为竹洲、九宰两台，虽亦通三门外洋，只可以护卫虎门寨城。至新涌、蕉门两台，另是一路，究非入省门户之要隘。此十六位炮台之宽在（窄）形势也。[②]

下面，笔者重点分析5幅珍贵的舆图：《虎门各炮台图说》、《虎门各炮台图》、《虎门炮台屯田图》、《广东海防形势图》和《虎面水丈尺图》。这些舆图真实地再现了战前“十二台”向战后“十六台”的转变过程。

首先，我们来看一下道光二十一年五月十二日（6月30日），由靖逆将军奕山进呈给皇帝的《虎门各炮台图说》（图4-23）。

该图为黑白色，由两部分拼接而成，右边为上部分，左边为下部分，有相当部分重合。图的右上角有标注：“（奕山）伏查虎门炮台十处，又

① 中国第一历史档案馆编：《鸦片战争档案史料》（第7册），天津：天津古籍出版社，1992年，第65页。

② 中国第一历史档案馆编：《鸦片战争档案史料》（第7册），天津：天津古籍出版社，1992年，第858—859页。

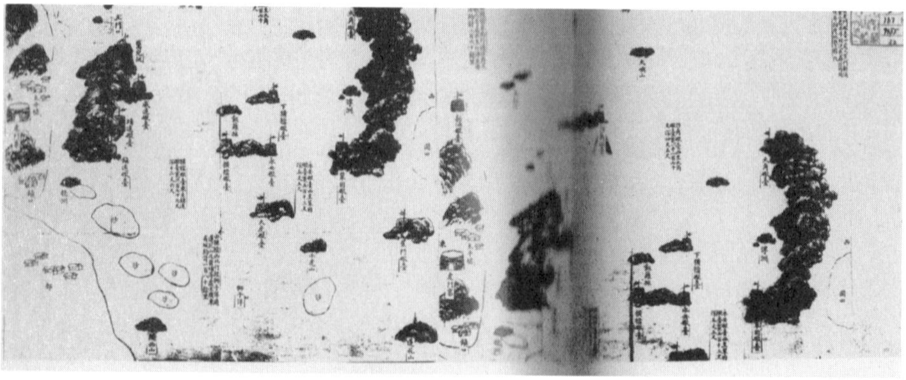

图 4-23 《虎门各炮台图说》
资料来源：中国第一历史档案馆、鸦片战争博物馆编：《明清皇宫虎门秘档图录》，北京：人民出版社，2011 年，第 242 页

蕉门、新涌炮台二处，去年被逆夷轰毁，均须修复，并相度地势移改。”这张图虽然绘制得并不精美，但反映了鸦片战争期间虎门炮台在战争中遭受重创的真实写照。图中标有虎门一带完整的“十二”座炮台。其中部分炮台的一侧有记述文字：“沙角炮台西至大角炮台宽一千一百七十丈，深四丈五尺”“永安炮台西至巩固炮台宽五百十三丈，深五丈五尺”“横档炮台东至镇远炮台宽二百七十九丈，深十二丈六尺”，并在横档炮台西南侧标有“由横档东南行过沙角及龙穴等处，出至外洋至香港，约计二百六十余里”“由横档西北行经狮子洋过莲花山及黄埔等处至广东省城，约计一百八十多里”。可见，该图表现了因大横档炮台东南及西北联通虎门航道的特殊位置，在“十二台”中以“大横档炮台”为中心，两侧为防御重点的战时防范理念。

其次，我们再来看道光二十四年（1844）正月初五日（3 月 23 日），两广总督祁𡎴进呈皇帝的《虎门各炮台图》（图 4-24）和道光二十四年三月初八日（4 月 25 日）广东巡抚程裔采进呈的《虎门炮台屯田图》（图 4-25）。两幅舆图（尤其是《虎门各炮台图》）真实地再现了战后由战前虎门“十二台”演变为“十六台”雏形的动态过程。

《虎门各炮台图》在右上角做了读图说明：“图内炮台照旧修复者俱用蓝色，新筑及改设者俱用土黄色，合并声明。”由于该图是彩色绘图，图中蓝色与土黄色对比鲜明，很容易看出新旧炮台之分。

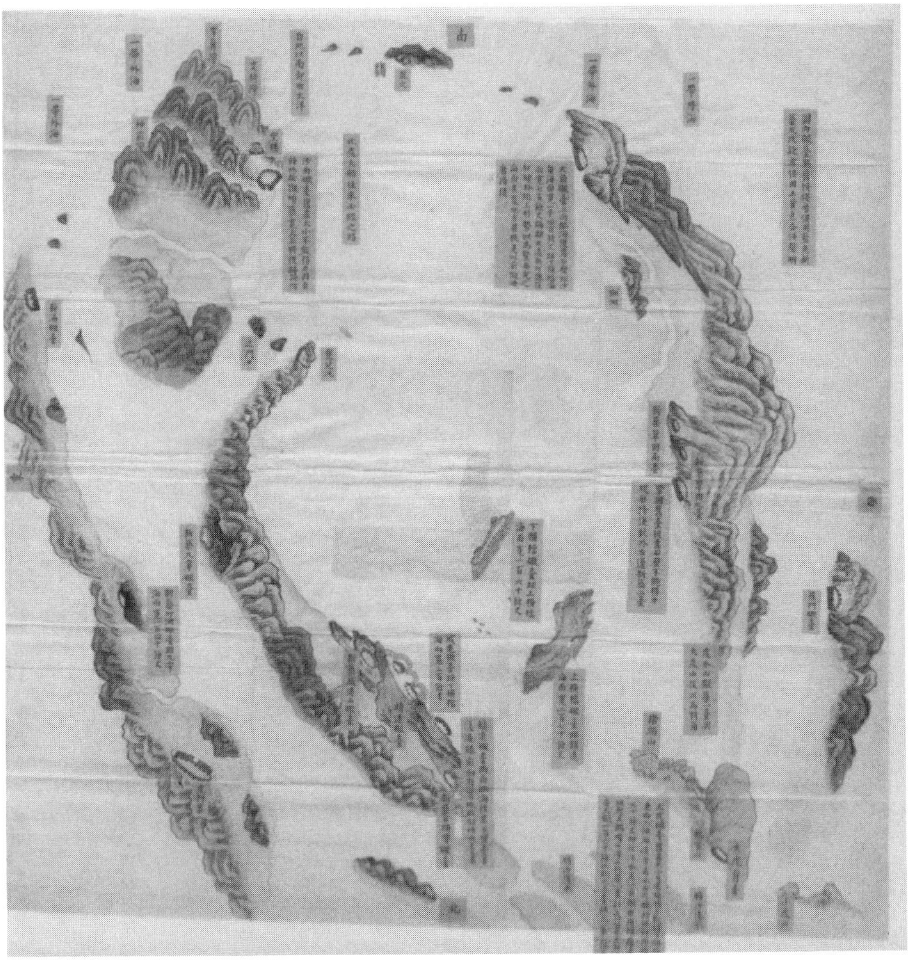

图 4-24 《虎门各炮台图》

资料来源：中国第一历史档案馆、鸦片战争博物馆编：《明清皇宫虎门秘档图录》，北京：人民出版社，2011 年，第 262 页

舆图中文字信息非常丰富，关于添建的炮台，直接提及的就有“新筑巩固南台”“新筑巩固北台”“新筑石头湾炮台”“新筑威远山炮台”“新筑九宰炮台”“新筑竹洲炮台，距九宰海面宽一百四十余丈”。再观测舆图所绘炮台及围墙颜色，并结合同时期《虎门炮台屯田图》，很清晰地再现了大横档山东西两侧的“横档炮台”与“永安炮台”合并为一台的动态过程（图 4-26、图 4-27）。

图 4-25 《虎门炮台屯田图》

资料来源：中国第一历史档案馆、鸦片战争博物馆编：《明清皇宫虎门秘档图录》，北京：人民出版社，2011 年，第 270—271 页

图 4-26 《虎门各炮台图》（局部放大）

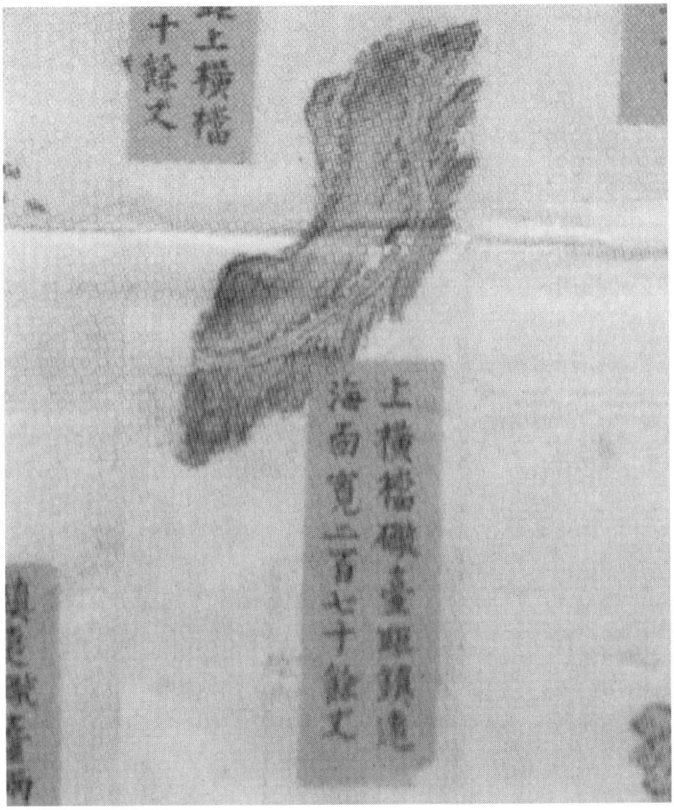

图 4-27 《虎门炮台屯田图》（局部放大）

此外，《虎门各炮台图》对后来正式的“十六台”大多有文字描述：

大角炮台三面临海，后靠石壁，距沙角海面宽一千四百余丈，距下横档海面宽七百余丈，隔离太远，无可应援，但绘于纸上，形势似为紧要，究之海面甚宽，地方甚狭，是以前拟，毋庸修复。

沙角炮台旧基太小，不能得力，因有余地，故拟增筑宽大，并将后路护防。

大虎炮台旧基太小，又甚逼狭，不能得力，缘此处为东西二条海道，晋省必由之，总路距对面腊沙止九十余丈，即系浅水，是以前拟，就猪头山腰东南单□起至鹤嘴山边止，改筑一台，计长一百九十余丈，可安大炮一百六十余位，较之各台，诚为第一得力之所。

巩固旧台，后靠石壁，不能得力，现无修复，就于左边新筑二台。

镇远炮台两面临海，后靠石壁，台甚浅逼，缘前面有宽地，故拟培出台基。

威远炮台距下横档海面宽三百余丈。

上横档炮台距振远海面宽两百七十余丈。

下横档炮台距上横档海面宽一百六十余丈。

值得注意的是，两图中所绘炮台均不是最后结果，实施过程中有所调整，这里应是“十六台”雏形的反映，因为据《外海内河诸炮台图说》及《虎门炮台图说》两部炮台专著的文字记载，“十六台”基本于道光二十三年（1843）7—9月全部完工，也就是说，《虎门各炮台图》与《虎门炮台屯田图》名为道光二十四年随折子递交皇上，但所绘应是前一年，即1843年当年正在修筑之情形，如图中没有提新建“水军寮炮台”，而所说“虎爪山拟筑一台，与大虎山后以为犄角”之事，后来也未成行，同时，后来所建“蛇头湾”炮台在此名为“石头湾”炮台。

当然，《虎门各炮台图》需要与道光二十三年两广总督祁墳奏折《虎门炮台修筑绘图进呈并官绅捐银足敷工价毋庸另行筹款》结合来看：

臣等详加询访，多谓旧台过低，防洋盗则有余，若夷船驶入，则彼船较高，我之炮台内情形，彼皆一望而知，难以制胜，且台形有如扇面，炮口多在正面，而侧面炮口无几，若夷船驶靠侧面攻击，亦难抵御。访问外夷各炮台，其做法、式样、高下并无一定，炮墙系用三合土建筑，又参差不齐，多作大小人字形，缘用石砌筑，则石性刚脆，一经轰击，碎石飞散，三合土性质坚实，既可受炮而墙形参差，发炮时又可错综向外攻击。现经臣等悉心公同酌核，台基仍用石砌，炮墙则用三合土修筑，计有仍照旧基建筑而加高培厚者，有应添建以资策应者，有应连两台为一台添筑炮墙者，有原旧地势未合必须移建者，谨绘具总图，并另缮说帖，恭呈御览。[①]

该奏折讲述了这次十六炮台修建及完善的要点。嘉庆以来修建炮台的选址基本上都在山脚底部靠水道一侧，即“旧台过低”，“防洋盗则有余，若夷船驶入，则彼船较高，我之炮台内情形，彼皆一望而知，难以制胜”，因此修建中有了“仍照旧基建筑而加高培厚者”；又因“用石砌筑，则石性刚脆，一经轰击，碎石飞散”，而采取“台基仍用石砌，炮墙则用三合土修筑”，即用三合土材料取代易爆裂的花岗岩；又因“炮口多在正面，而侧面炮口无几，若夷船驶靠侧面攻击，亦难抵御”，而有“连两台为一台添筑炮墙者”，即增加炮台围墙和炮口数量。更重要的是，新建十六台中，鉴于鸦片战争中的惨痛教训，有个山顶炮台，如“山顶为水军寮台”，“蛇头湾台，势居山顶”[②]。

再次，我们来审视《皇舆遐览：北京大学图书馆藏清代彩绘地图》中的《广东海防形势图》（图 4-28）、《虎面水丈尺》（图 4-29）。它们再现了当年虎门海口各炮台的筹建分布情况，具有很高的军事研究价值。

① 《两广总督祁𡎴奏折：虎门炮台修筑绘图进呈并官绅捐银足敷工价毋庸另行筹款》，载中国第一历史档案馆、鸦片战争博物馆编：《明清皇宫虎门秘档图录》，北京：人民出版社，2011 年，第 261 页。

② 中国第一历史档案馆编：《鸦片战争档案史料》（第 7 册），天津：天津古籍出版社，1992 年，第 858—859 页。

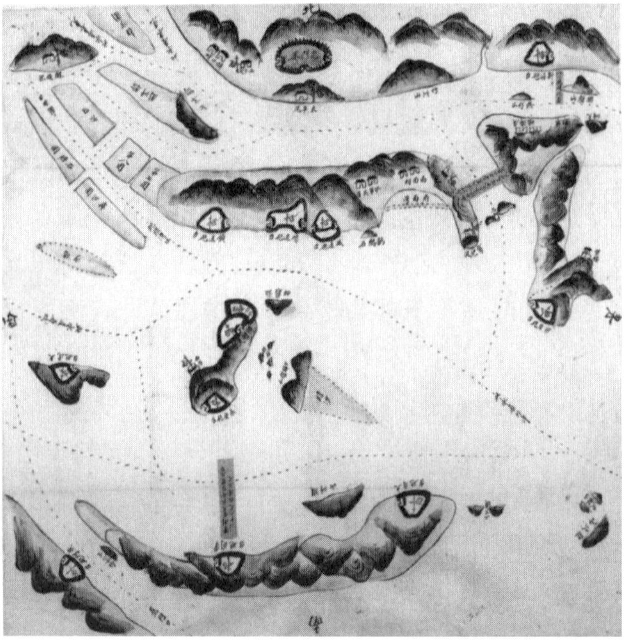

图 4-28 《广东海防形势图》

资料来源：北京大学图书馆编：《皇舆遐览：北京大学图书馆藏清代彩绘地图》，北京：中国人民大学出版社，2008 年，第 283 页

图 4-29 《虎面水丈尺》

资料来源：北京大学图书馆编：《皇舆遐览：北京大学图书馆藏清代彩绘地图》，北京：中国人民大学出版社，2008 年，第 284 页

这两幅舆图均反映了鸦片战争后不久虎门炮台海面的情形。其中《广东海防形势图》不仅标明了各处炮台的准确位置，都是“依山临海”而建，而且清晰地绘制了虎门海面航行的水道线路，提示战时防御的重点所在。《虎面水丈尺》则由东莞县方蕴禧绘制，该图最大特点是标注了军事建筑尤其是各座炮台的坐向，并丈量了各处炮台距离长度和洋面水深情况，尤其是用“十天干”“十二地支”来显示方位的做法在当时舆图文献中极少见（图 4-30）。这与同时期《水师某将杂钞》中以“龙穴山罗盘分定界址”为标准（图 1-3）记述炮台方位的方式一样，如《水师某将杂钞》中的部分记载：“大虎炮台坐庚向甲兼卯酉；横档炮台坐子向午，月台坐午向子兼丙壬；巩固炮台坐庚向甲兼甲寅；大角炮台坐辛，城门坐南向北兼丙壬；大角台坐辛向乙兼戊辰；沙角炮台坐卯向酉兼乙辛；威远炮台坐癸向丁兼子午；镇远炮台坐癸向丁兼丑未；永安台坐艮向坤兼丑未。”①这些舆图配合文献记载，再现了当年军事调研的一线资料。

图 4-30 《虎面水丈尺》（局部放大）

①（清）佚名：《水师某将杂钞》，载《清代稿钞本（五编）》（第 249 册），广州：广东人民出版社，2013 年，第 442 页。

最后，还需提及的是，笔者从手上珍贵的《虎门炮台屯田图》及《粤省海防图说》所附 52 幅舆图中惊奇地发现，鸦片战争后地方政府在修复虎门炮台防御的同时，还在炮台所在山地周边选择田地进行屯垦（图 4-31、图 4-32）。

图 4-31　《虎门炮台屯田图》（虎门寨部分）

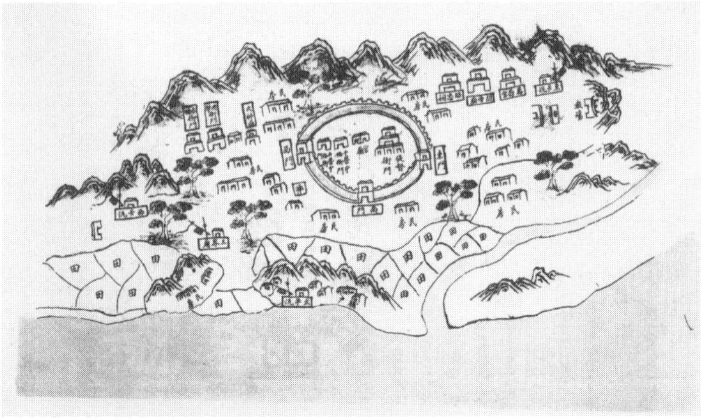

图 4-32　《虎门寨屯田图》

资料来源：（清）佚名：《粤省海防图说》，载《广州大典》第 37 辑，史部政书类，第 27 册，广州：广州出版社，2015，第 49 页

注：该图原无题名，此处题名为笔者临时所加，方便阅读

其实，随着珠江口长年的淤泥冲积，狮子洋及虎门沿海、滨江航道的周边已经慢慢形成许多沙田。对此，道光年间阮元担任两广总督时就已提出了设想："又若山之内山之外或淤高而耕为田，或浚深而改其道，则亦未能预料矣。"[①]这或许是虎门屯田的前兆吧。而第一次鸦片战争爆发后，时任广东巡抚的程矞采专门上奏折请示虎门屯田募兵守护炮台之事："虎门等处炮台现经修复，必须重兵防守，而兵额未便请添，查出虎门附近及大角、沙角一带多有淤出沙坦，可以围筑成田，令人承种，以本地之田养本地之民，即以种田之民为御侮之兵，固属守隘防虞寓兵于农之计。……虎门为夷船出入门户，最关紧要，现办屯田事务，尤为繁重。"[②]

清政府在珠江口沿沙角一带围堤造田，尤其在虎门沿海以"屯田""屯兵"方式来"养军"，是战后清政府在虎门海防建设中用以辅助"十六台"建设的重要举措。道光二十四年（1844）三月初八日广东巡抚程矞采随折子同时进呈道光皇帝的《虎门炮台屯田图》，详细标注了虎门各炮台要隘间的距离和清军屯兵数目，笔者根据这一舆图信息进行相应整理（表4-2）。

表 4-2　虎门炮台屯田、屯兵统计

屯田地点	屯田数量	屯田等级	屯兵数量	屯兵编号	周边情形
万顷沙新大围	屯田二十六顷，以六亩为一区，共分三百三十区	上上	屯长六名，每名二区，召屯兵三百二十四名	编"臣"字号	距南沙海南栅均约五里许，东北距大角四里许
九王庙	屯田一十五顷五十五亩，以六亩为一区，共分二百五十六区	上上	屯长五名，每名二区，召屯兵二百五十一名	编"爱"字号	前与巩固南北二炮台相连，后与南沙相连
凫　洲	屯田七顷二十一亩，以六亩为一区，共分一百一十八区	上上	屯长二名，每名二区，召屯兵一百一十六名	编"育"字号	在南沙村前，距巩固南北二炮台一里许

① （清）阮元：《广州大虎山新建炮台碑记》，转引自（清）卢坤、邓廷桢主编，王宏斌等点校：《广东海防汇览》卷31《方略二十·炮台一》，石家庄：河北人民出版社，2009年，第812页。

② 《广东巡抚程矞采奏折：酌定虎门屯田章程召募屯兵分守炮台》，载中国第一历史档案馆、鸦片战争博物馆编：《明清皇宫虎门秘档图录》，北京：人民出版社，2011年，第266—267页。

续表

屯田地点	屯田数量	屯田等级	屯兵数量	屯兵编号	周边情形
下芦湾	屯田三顷零四亩，以六亩为一区，共分五十区	上上	屯长一名，二区，召屯兵四十九名	编“遐”字号	距南沙二里许，北距大虎炮台三里许
淡水涌	屯田九顷四十七亩，以六亩为一区，共分一百五十五区	上上	屯长三名，每名二区，召屯兵一百五十二名	编“姜”字号	东距南沙三里许，东南距沙角炮台六里许
小虎沙	屯田一十一顷，以六亩为一区，共分一百六十五区	上上	屯长四名，每名二区，召屯兵一百八十一名	编“王”字号	东距厚街五里许，南距大虎炮台二里许
齐　沙	屯田九顷零七亩，以六亩为一区，共分一百四十九区	上上	屯长三名，每名二区，召屯兵一百四十六名	编“体”字号	东北距河田五里许，西南距靖远炮台三里
石塘沙	屯田八顷五十六亩，以六亩为一区，共分一百四十一区	上上	屯长三名，每名二区，召屯兵一百三十八名	编“率”字号	东距涌口二里许，南距镇远炮台四里许
福禄沙	屯田五顷三十二亩，以六亩为一区，共分八十七区	上上	屯长二名，每名二区，召屯兵八十五名	编“宾”字号	东距涌口村二里许，南距镇远炮台三里许
龙船洲	屯田二顷二十四亩，以九亩为一区，共分二十四区	中下	召屯兵二十四名	编“壹”字号	东南距镇口二里，西南距威远炮台二里
武　山第八围	屯田三顷三十三亩，以六亩为一区，共分七十区	上上	屯长二名，每名二区，召屯兵六十八名	编“归”字号	东距镇口二里许，西南距威远炮台一里许
武　山第五围	二共得田三顷六十九亩，则，以六亩为一区，共分六十区	上上	屯长一名，二区，召屯兵五十九名	编“伏”字号	东北距白沙二里许，西距靖远炮台二里许
武　山第九围				编“戎”字号	
三门口	屯田一顷一十七亩，以九亩为一区，共分一十二区	中下	召屯兵十二名	编“迩”字号	东北距镇口二里许，西北距威远炮台一里许
南面湾	屯田二十三顷九十一亩，以八亩为一区，共分二百九十五区	中中	屯长六名，每名二区，召屯兵二百八十九名	编“首”字号	东北与武山相连，距镇口二里许，北与威远炮台相连

续表

屯田地点	屯田数量	屯田等级	屯兵数量	屯兵编号	周边情形
沙角湾	屯田一十四顷七十四亩，以十亩为一区，共分一百四十五区	下上	屯长三名，每名二区，召屯兵一百四十二名	编“黎”字号	东北距海南栅二里许，与沙角炮台相连

事实上，“虎门屯田”的影响深远，文献记载：“咸丰三年（1853），户部奏准，将虎门屯田，沿海溢坦变价以充军饷……至同治三年（1864）底止，共变价屯田、溢坦1484顷又83亩，共得变价银1 077 569两。”[①]

第四节 《四大炮台群图》

第一次鸦片战争以后逐步形成的虎门“十六台”格局成为广东最强大的炮台体系，但这些清政府耗费心思构建的海防设施却在第二次鸦片战争初期咸丰六年至咸丰七年，由于对外国侵略者采取“息兵为要”的方针主动放弃而再次遭受破坏。直到同治十三年开始至光绪九年（1883）才陆续修缮威远炮台、下横档炮台、蕉门炮台和沙角炮台。

同治二年，广东巡抚郭嵩焘在《修筑广东省城炮台片》奏报中说：“咸丰七年，洋人滋扰省城，大小炮台复遭平毁，无几存者……虎门炮台局势雄阔，工程浩大，万无经费可以筹办，亦并非目前切要之举。”[②]

关于第二次鸦片战争之后虎门炮台受破坏情况及光绪十年之前有无维修情况在《粤省海防图说》中有记载，也正好是“十六台”，为方便阅读，将其整理成表（表4-3）。

①（清）郭嵩焘：《屯田、溢坦变价已在八成以上，余坦无可变缴，分别应留应豁，以期核实，而免苛扰疏》，转引自方志钦、廖伟章本册主编：《广东通史》（近代上册），广州：广东高等教育出版社，2010年，第913页。

②（清）郭嵩焘撰，梁小进主编：《郭嵩焘全集》（第4册），长沙：岳麓书社，2012年，第41页。

表 4-3　第二次鸦片战争以来至光绪十年前虎门炮台情形

炮台名称	破坏情况	修复情况	营制归属
镇　远	咸丰六年十月十六日被洋人攻陷	尚未修复	水师提标中营
蛇头湾	咸丰六年十月内被洋人攻陷	现未修复	水师提标中营
水军寮	咸丰六年十月内被洋人攻陷	现未修复	水师提标中营
威　远	咸丰六年十月内被洋人攻陷	同治十三年七月内兴修，现已造竣	水师提标中营
靖　远	咸丰六年十月内被洋人攻陷	现未兴修	水师提标中营
九　宰			水师提标中营
沙　角	咸丰七年五月内被洋人攻陷	现已兴修，尚未修竣	水师提标中营
新　涌			水师提标中营
竹　洲			水师提标中营
大　虎	咸丰四年间被红匪攻入，旋即修复，官署兵房内多被红匪毁烂 咸丰六年间，因洋人攻陷上下横档等台之后，外国兵船抛泊海口，兵食不通，禀奉将该台大炮埋于地下，兵丁器械撤回石角嘴等处隘口，防堵该台坏烂	尚未修复	水师提标右营
上横档	咸丰六年间与洋人打仗失陷	尚未修复	水师提标右营
下横档	咸丰六年间与洋人打仗失陷	现已修复	水师提标右营
巩固南	咸丰六年间与洋人打仗失陷	尚未修复	水师提标右营
巩固北	咸丰六年间与洋人打仗失陷	尚未修复	水师提标右营
大角			水师提标右营
蕉门	咸丰四年间被红匪攻陷，旋即修复，其官署兵防被红匪毁烂，尚未修复，斯时盖搭篷寮在该台防守	光绪二年九月内修复	水师提标右营

笔者从该书了解到，第一次鸦片战后修筑的十六座炮台只有九宰、新涌、竹洲、大角四座炮台没有受到战争损坏，其他十二座炮台都受到不同程度的破坏，其中除了蕉门和大虎两座炮台主要受咸丰四年（1854）广东爆发天地会红兵起义的破坏，处于虎门核心的十座主体炮台则是被英法军队占据毁坏。

需要指出的是，学界当前较为熟悉的广东驻防军事地图——《广东水师营兵驻防图》（图 4-33）的绘制时间一直被认为是“同治六年（1867）或之前”。该图展示了广东境内海岸线及清军驻兵数目，其中有虎门寨驻兵、各炮台水面宽度及水深情况，其绘制的目的是供皇帝阅览。但仔细端详，不难发现，其虎门一带的炮台数量及名称均是道光二十三年（1843）以后所筑的十六座炮台（只是“新涌”炮台标作了“深涌”炮台，蕉门炮台只有炮台绘图，并标有名字），而鉴于上表反映的它们在第二次鸦片战争前后受破坏的进程，该舆图的绘制时间可以放在道光二十三年至咸丰六年（1856），更可能是至咸丰四年至咸丰六年。

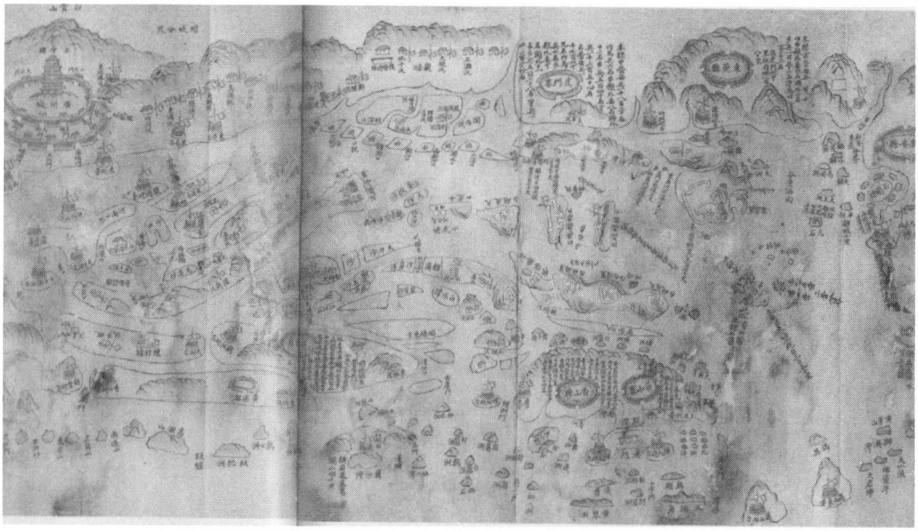

图 4-33 《广东水师营兵驻防图》（虎门至广州城部分）
中国第一历史档案馆、广州市档案局（馆）、广州市越秀区人民政府编著：《广州历史地图精粹》，北京：中国大百科全书出版社，2003 年，第 45 页

从同治十三年开始至光绪九年（1883），清政府对“威远、下横档、蕉门、沙角”四座炮台的修缮，更多的是把精力放在了“威远”和“下横档”两台。

两广总督张树声在光绪八年所上奏折中说：“威远台外及上层各添筑露天台一座。下横档前后山腰添筑露天台七座……皆安设最大新式洋炮，以便远击敌船。此外最要之收藏子药总分各库房，以及守台将官之房、兵勇之房，一律完固。复在威远台左鹅嘴地方，由绅士花翎运同衔蔡信珩报捐银两，仿照香港新式建造定洋炮台一座，以为辅翼……自同治十三年间开办台工起，截至光绪五年底止，虎门炮台共支过经费银二十九万六千余两……现自光绪六年正月臣裕宽兼署督篆起，截至七年底止，虎门炮台共支过经费银二十一万余两。”①

后任两广总督曾国荃在光绪九年奏疏中说：“广东省修筑虎门威远、下横档炮台两座……又添筑定洋、绥远、定功、永固、保安土台五座……均于光绪七年十二月间一律工竣。除定洋土台一座系由绅士蔡信珩捐资建造……惟此次建筑各炮台，均系参用西法，所用铁板、红毛坭（泥）等物购自外洋……并声明此次筹办海防各炮台，皆配洋炮。”②

光绪《广东全省海图总说》记载：“鹅嘴新建明炮台……光绪七年，建台于山椒海角，与沙角诸台对峙扼守，水师提督拨兵驻防。”“光绪八年新筑威远东台及山腰台。”③

可见，截至光绪八年（1882），威远和下横档两座炮台已经完成了修复建设，除了在威远台左鹅嘴地方，即虎门东侧的原三门水道（清前期曾在此一直筑有“三门炮台”）附近由士绅捐建了中式土炮台以外，威远、下横档两地炮台都已使用西式洋炮，并初步形成两大炮台群。

光绪十年，张之洞出任两广总督，开始大刀阔斧地进行炮台改革，而此次的重点在于全盘西化，即使用西洋材料、西洋技术并雇佣西洋人来直接建造。光绪十一年七月初一日，其在奏疏中说：

> 再，粤省外海内河各冲要，如虎门内外之沙角大角，上下横档、威远山，黄埔左右之鱼珠，沙路等处，自上年设防以来，陆续筑台安炮，已有规模，惟限于经费，日力酌量腾挪布置，而水路辽阔，仍嫌炮少台单，如遇有警，不足以资策应。臣等周谘将领，体察形式，虎门一

①《两广总督张树声奏折：虎门省河修筑炮台竣工及筹办情形》，载中国第一历史档案馆、鸦片战争博物馆编：《明清皇宫虎门秘档图录》，北京：人民出版社，2011 年，第 294—295 页。

②《修筑虎门等处炮台报销疏》（光绪九年三月二十二日），载（清）曾国荃著，梁小进主编：《曾国荃集》（第 2 册），长沙：岳麓书社，2008 年，第 124—125 页。

③（清）佚名：《广东全省海图总说 · 中路图说》，载《清代稿钞本（四编）》（第 191 册），广州：广东人民出版社，2012 年，第 62—64 页。

> 段沙角以外十三台，取势甚远。然能外击而不能内击。威远横档，扼敌最冲，然能迎击而不能横击，且威远原配巨炮亦少，必宜于沙角旧台地址，增台置炮，与威远横档鼎足相倚，取势较紧。因于沙角环抱之处，依山迤逦，筑台四座。威远旧台，背山贴水，最为无法，因于旧台后山半筑台三座，又将旧台八炮移置山阜较高处。所筑台八座，皆令参差散处，不聚一隅。下横档各台，未能回击驶过之船，因于下横档山顶增台一座，上横档亦就旧台添置巨炮一尊。以便回击。大角当大洋西来之路，炮台嫌少，因于大角增台二座……各台于春初兴工，六月告竣。①

两个月之后，张之洞又总结说“粤东省防，虎门内外一路，年来新造各台，略有规模，虽不能尽合西法，然已不沿旧式”②。张之洞在两广总督任上总共五年时间，任期内的前段时间，即从光绪十年（1884）至光绪十二年，重点对广东省城及虎门一带的炮台进行了大规模的考察增筑。这可从光绪十五年他从两广总督职位上卸任时所留下《广东海图说》一书与另一部同时期佚名的《广东全省海图总说》一书比较得之。

《广东海图说》一书刊刻于光绪十五年十月，今天被研究者广泛认为是这一时期研究海防最重要的参考资料（表 4-4），也是研究这一时期炮台资料的一个“标准”。事实上，《广东全省海图总说》的发现丰富了这一时期的研究，弥补了《广东海图说》炮台资料的简略。《广东全省海图总说》看上去是一本“三无”作品（无作者、无时间、无分卷），但经解读，笔者认为其创作不早于光绪十二年，更可能就是光绪十二年或其后不久，而其炮台的记述亦是以光绪十二年为时间节点，但对炮台的记述要远远详细于张之洞的《广东海图说》③。

---

①《添建炮台军械所片》（光绪十一年七月初一日），载苑书义、孙华峰、李秉新主编：《张之洞全集》（第 1 册），石家庄：河北人民出版社，1998 年，第 331—332 页。

②《筹议大治水师事宜折》（光绪十一年九月初五日），载苑书义、孙华峰、李秉新主编：《张之洞全集》（第 1 册），石家庄：河北人民出版社，1998 年，第 359 页。

③《广东全省海图总说》中关于虎门炮台的相关描述大概有 4500 多字，在此不再阐述，详情参见本书第三章“清代晚期广东炮台的稀见舆图文献”第二节内容。

表 4-4　《广东海图说》炮台统计情形

炮台名称	炮台配置	改建时间	位置
沙　角	凡六所，计正台十三座，副台二座，置洋炮十六尊	沙角、大角旧台久废；光绪十年一律改建新式	虎门外东山麓
大　角	凡三所，计三座，置洋炮三尊		虎门外西山麓
蒲　洲	凡一所计三座，置洋炮三尊	光绪十年改建于芦湾山旧炮台	虎门外西山麓往北
威　远	凡三所，计十三座，置洋炮八尊		虎门内东山麓
上横档	一所，计八座，置洋炮七尊	光绪十年从旧台改建新式	虎门海心
下横档	一所，计六座，置洋炮七尊		虎门海心
鹅　嘴	凡一所，计五座，置土炮八尊	光绪七年新建，形制未善，拟再改筑，增配洋炮	虎门沙角之间东山麓
新　涌	三旧炮台，岁久沙淤，船路太远		虎门东
竹　洲			
九　宰			
大虎山	旧炮台，深入内口，不当前敌		虎门西
芦湾山	旧炮台，炮向不甚便利，光绪十年改建于山前之蒲洲，旧台并废		

仅以废弃的炮台为例来说明，如表 4-4 所示，《广东海图说》所记涉及五座炮台六十六字，而《广东全省海图总说》则囊括了原十六座炮台中其他未再改建的十一座全部炮台的废弃情况。具体如下[①]：

> 新涌旧炮台，台在涌口东，原设把总一员，防兵四十四名，岁久圮废。竹洲旧炮台，今海水日落，以鹅嘴、沙角外口为要害，而竹洲、九宰两台悉成废墟矣。九宰旧炮台，在蛇头湾洲之西，与竹洲台夹港对峙，原设把总一员，防兵五十九名，今废。以上三台沿踞港岸，遏护虎门寨港之口。

① 注：以下资料整理自（清）佚名：《广东全省海图总说》，载《清代稿钞本（四编）》（第 191 册），广州：广东人民出版社，2012 年，第 59—68、100—101 页。文中下划线部分为 11 座炮台名称。

蛇头湾新建明炮台，凡二所，共十三座。旧有炮台五所，曰蛇头湾，驻外委一员，防兵四十一名，曰镇远，驻千总一员，外委一员，防兵一百二十五名，曰靖远，驻千总一员，外委一员，防兵二百零六名，曰威远，驻千总一员，外委一员，防兵二百二十七名，曰水军寮，驻外委一员，防兵三十二名，岁久颓圮。

芦湾山巩固旧炮台，有南北两座，芦湾山内接南沙山，在大角西北。道光十五年建台，山麓东向与蛇头湾诸台对值，南台向设千总一员，外委一员，防兵六十二名，北台向设外委一员，防兵六十二名，今以此台炮向不甚便利，故于蒲洲更建新台，原台遂废。

大虎山旧炮台，山当虎门内口，屹立中流，台在山东陬。嘉庆二十二年建，向设千总一员，外委二员，防兵七十九名，今重固前口，原台圮废。以上各台错列两岸，专扼虎门内外口。

蕉门旧炮台，旧建炮台于门西山麓，设把总一员，防兵四十二名驻守。今海势日落，溜向东南，趋大角迤南沙界益广，是台不当冲要，年久渐废。

《广东全省海图总说》对《广东海图说》有着重要的补充作用。目前学界还未有学者引用该书进行相关研究。另外，张铁文先生提供了一幅《广东沿海图》（虎门局部）[①]（图 4-34）。

图 4-34 中画有沙角明炮台三座，并以文字标注“濒海台、连珠台、临高台，此三台为军门加添”，而不是沙角明炮台四座，明显少了“镇海明炮台”；此外没有白草山、狮子山、龟山、蜈蚣山、象山这些光绪十五年（1889）之后陆续修建的新炮台。因此，该图应反映的是光绪十年之后至光绪十二年之间的虎门炮台防御情形，与《广东全省海图总说》最为吻合。

① 该图收录于曹婉如、郑锡煌、黄盛璋，等编：《中国古代地图集 · 清代》图 134，北京：文物出版社，1997 年；亦收录于东莞市政协主编：《东莞历代地图选》，广州：广东人民出版社，2012 年，第 70 页。

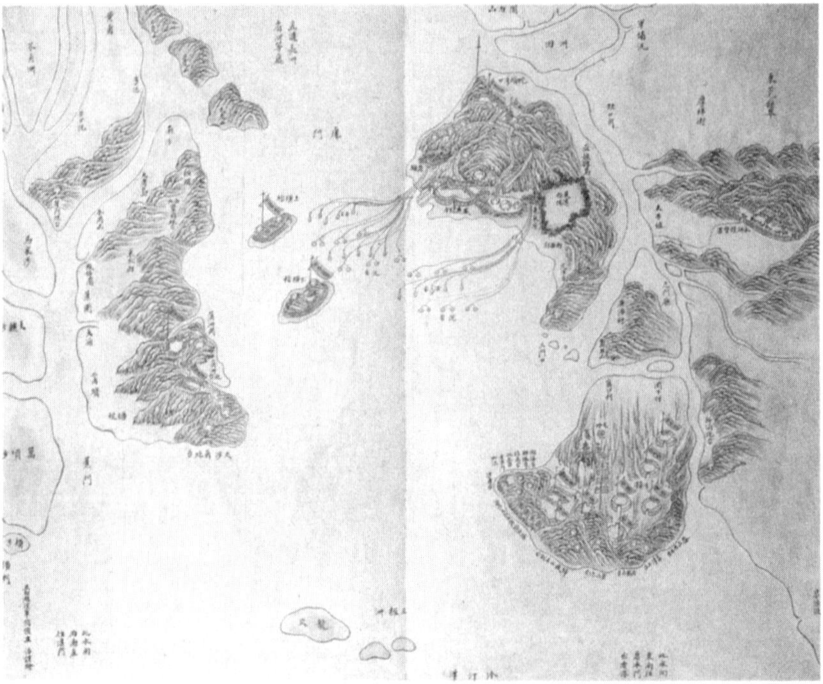

图 4-34　《广东沿海图》（虎门局部）

资料来源：东莞市政协主编：《东莞历代地图选》，广州：广东人民出版社，2012 年，第 70 页

不过随后编撰于光绪十六年（1890）的《南北洋炮台图说》逐渐进入一些学者的视野[①]，该书使用率也不高，书中第七卷《广东省城至虎门口及琼廉潮各府州海口炮台图说》有非常详细的广东炮台资料，其中有 17 个图说是关于虎门的记述。可惜《广东全省海图总说》《广东海图说》《南北洋炮台图说》都几乎没有留下舆图，只留下相对枯燥难解的文字记述。

不过幸运的是，《南北洋炮台图说》遗失的舆图（原有舆图 100 余幅）中目前有 6 幅藏于北京大学图书馆（原为燕京大学藏书），分别是《上横档定远炮台图》（图 4-35）、《上横档各炮台图》、《蛇头湾山各炮台图》、《威胜西炮台图》、《威胜东炮台图》、《威远后山上下炮台图》，这 6 幅图统称为《虎门威远等处炮台图说》，目前辑录于东莞市政协主编的《东莞历代地图选》（2012 年版）第 52—58 页。

① 详细情况可见本书第三章“清代晚期广东炮台的稀见舆图文献”第三节内容。

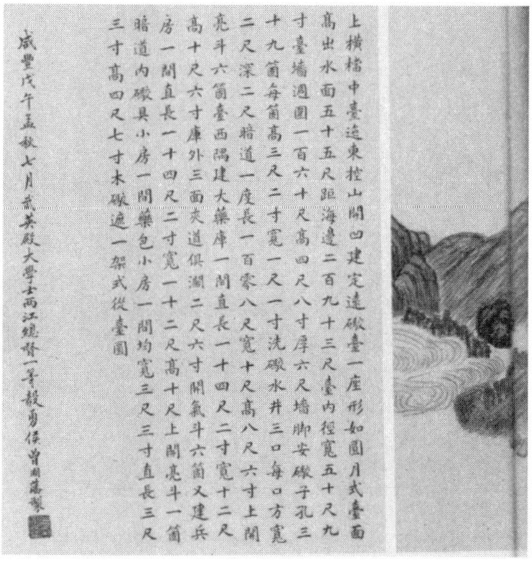

（a）局部

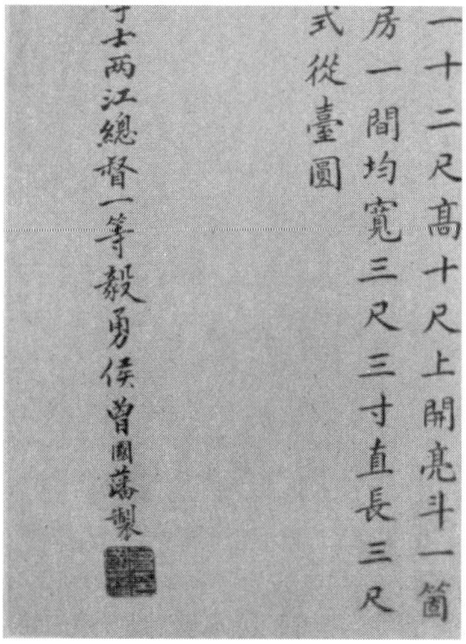

（b）放大

图 4-35　盖有“曾国藩”印章的《上横档定远炮台图》局部及其放大

资料来源：东莞市政协主编：《东莞历代地图选》，广州：广东人民出版社，2012 年，第 52 页

需要说明的是，在《上横档定远炮台图》中，署名曾国藩所作，并盖有红印章（图 4-35）。《东莞历代地图选》在收录时称“据曾国藩《虎门威远等处炮台图说》，咸丰八年（1858）”。对此，黄利平先生认为，“《虎门威远等处炮台图说》不可能是咸丰时曾国藩所作，应为光绪以后的人冒曾大名所为”，并提出“萨氏《南北洋炮台图说》中所依据的资料不是出自萨氏一人之手，并非孤证”。[①]对于前者托名曾国藩所作，笔者很是认同，至于后者并不是出自萨氏一人之手，笔者持有异议，认为应该是出自萨承钰的原创，理由如下：

其一，光绪十五年（1889），萨承钰受当时帮办海军大臣山东巡抚张曜的委托考察南北洋沿海炮台情况：“各海口所建炮台，安设炮位若干尊，略而不载。自应于南北两洋各口，逐细查明，绘图详注，以备稽考。”[②]而其考察行程大约一年，其中“（光绪十六年）二月初一日入省城查省河分东西两路，东路距城百八十里为虎门，门东西两偏，靠山结台，东偏头台为沙角明炮台，而仑山、归旗、白鹤、鼻湾各暗台次之，台门开藏山后，从

① 黄利平：《清代民国广州城防、江防与海防炮台研究》，广州：广州出版社，2016 年，第 16 页。

②（清）萨承钰：《南北洋炮台图说》序言，中山大学图书馆一砚斋藏本影印本，2008 年，第 7 页。

海中视之，见有山，不见有台，堪以攻敌之不测，西偏则有大角、二角、蒲洲各炮台分布于山顶、山腰、山脚界，其中者浮起两岛为上横档炮台、下横档炮台，居中扼守，允称天险。……此广东口岸各炮台之形势也。闰二月间抵福建”[①]。萨氏用了一个月时间仔细考察了位于珠江口至广州省城的炮台群。且“亲历各海洋，援笔捧砚，相与从事者一载已周。虽在洪涛巨浪中，所有各口岸炮台无不逐一丈量，登载明白，未敢遗漏”[②]。不但对考察的每座炮台分别作图，而且针对每座炮台的“建筑样式”有详细的文字解释。这些都说明萨承钰有可贵的敬业精神和亲力亲为的工作作风。

其二，萨承钰曾在天津水师学堂学习英文、航海和西学，并对绘制地图有极大兴趣，受过专业训练，懂得一定的绘图技能。光绪十八年（1892）至二十年，萨承钰代理邹平知县，绘制有《邹平境内河道整治图说》[③]。光绪二十八年任武城县知县时，主持编修了《武城县乡土志略》，其中的武城县地理图由萨承钰亲手绘制，可以明显看出已经使用了诸如比例尺和符号图例这样的西方绘图法。

其三，光绪十六年底萨承钰曾将《南北洋炮台图说》呈交“伯乐”张曜，张曜对该书高度评价，并打算将书进一步上呈给光绪帝御览。但不幸张曜第二年病逝。直到光绪二十一年萨承钰将《南北洋炮台图说》的一个抄本托人呈送张之洞，希望凭借此书调往时任两江总督的张之洞处效力。张之洞之前曾在两广总督任上主持了大规模的广东炮台建设，试想，萨氏如果拿着之前曾国藩的“真作”，岂不是自曝抄袭？事实上，从史料来源方面看，《南北洋炮台图说》一书的内容几乎完全是由实地调查得来，仅有极少部分文字转引他书。[④]

---

①（清）萨承钰：《南北洋炮台图说·上张勤果公南北洋各炮台情形书》，中山大学图书馆一砚斋藏本影印本，2008年，第10页。

②（清）萨承钰：《南北洋炮台图说·上张勤果公南北洋各炮台情形书》，中山大学图书馆一砚斋藏本影印本，2008年，第14页。

③（清）徐金绶：《徐菊农观察来信二》，载萨嘉榘：《藏弆集》卷1，萨嘉榘积积室藏福州抄本，年代不详，第42页。

④ 贾浩在其《萨承钰〈南北洋各海口炮台图说〉研究》（北京师范大学硕士学位论文，2011年，第22页）中经过考察，认为书中仅有卷2《直隶各海口炮台图说》的“新城内定沽、备西三炮台图说”是根据光绪《畿辅通志》卷92新城部分改写，800多字，不足全书篇幅的2%。

令人安慰的是，虽然《南北洋炮台图说》中的大量舆图遗失殆尽，但同时期仍涌现了一些其他的珍贵舆图，即光绪十二年（1886）至十五年间的《虎门各炮台形势图》以及光绪十五年之后的《虎门各炮台形势总图》。[①]由于这些珍贵的舆图文献的相继出现，使得之前很多“谜”一样的问题迎刃而解。

以“上横档炮台”为例，黄利平先生曾运用萨承钰《上横档各炮台图》及萨承钰的图说对上横档的每座炮台进行了对号入座，找到了准确的位置，解决了长期以来悬而未决的问题（图 4-36）。但黄利平先生说“这是今天能见到唯一一幅能够解密的西式虎门要塞图”[②]却是欠妥的。因为在萨承钰《南北洋炮台图说》出现之前，《虎门各炮台形势图》册中的《上下横

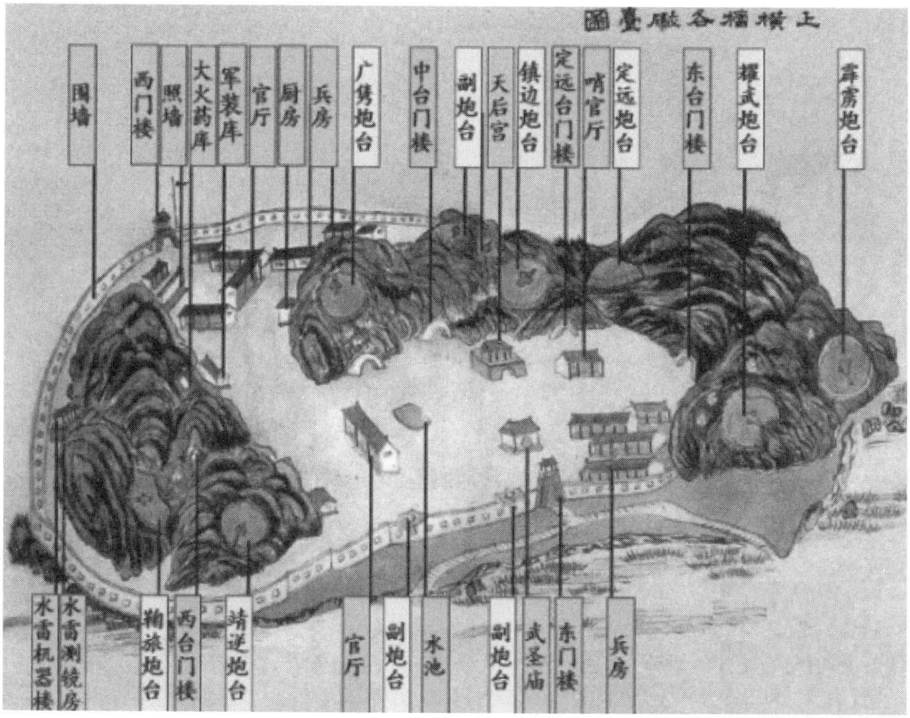

图 4-36　黄利平先生所标注《上横档各炮台图》

资料来源：黄利平：《解密晚清海防要塞》，《中国社会科学报》2015 年 10 月 15 日，第 10 版

① 详情可参见本书第三章“清代晚期广东炮台的稀见舆图文献”第四节内容。

② 黄利平：《解密晚清海防要塞》，《中国社会科学报》2015 年 10 月 15 日，第 10 版。

档台图》（图 4-37）以其图文并茂的丰富信息，已经更为直观地解决了这个问题，不用学者今天再去考证推测，而这也在《南北洋炮台图说》出现之后的《虎门各炮台形势总图》册相关内容亦得到印证（图 4-38）。

当然这需要把《广东全省海图总说》《广东海图说》《南北洋炮台图说》与《虎门各炮台形势图》《虎门各炮台形势总图》两个图册结合起来进行综合研究。

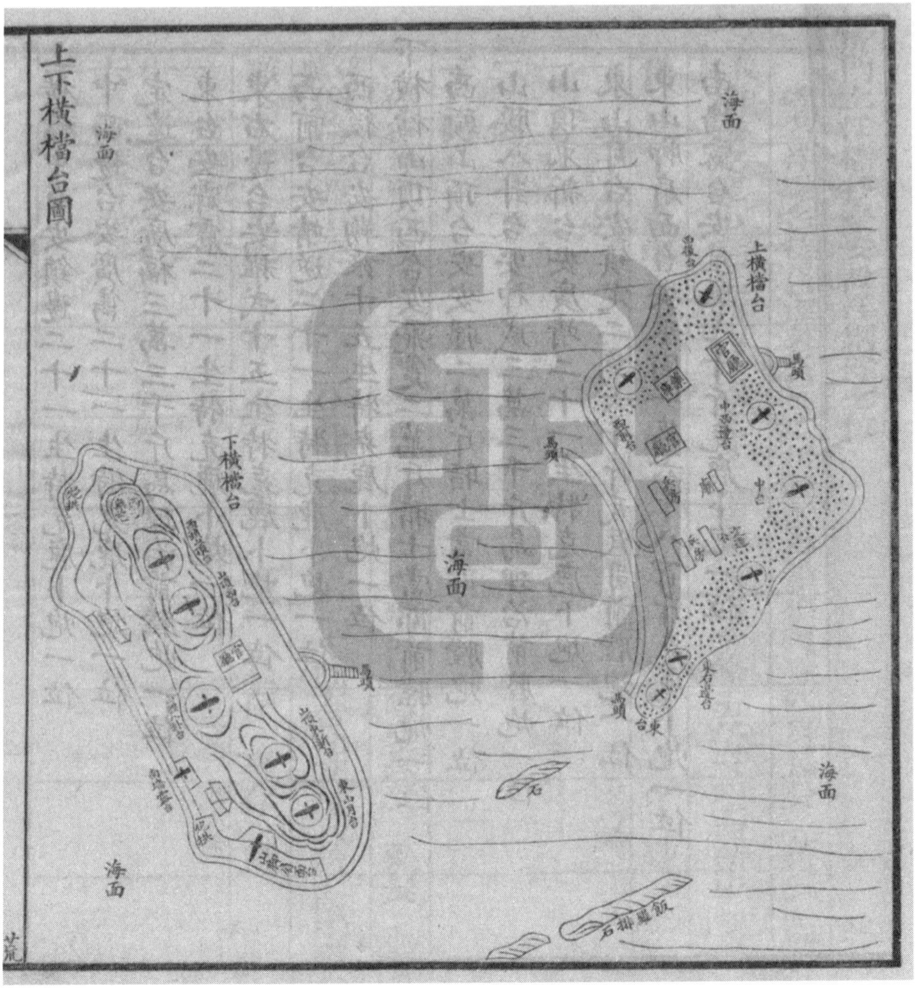

图 4-37　《虎门各炮台形势图》册中“分图”之《上下横档台图》

资料来源：国家图书馆藏，图片由笔者提供

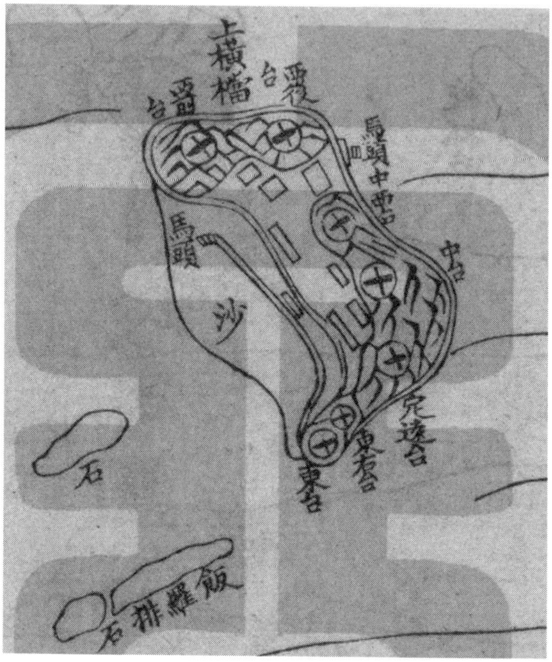

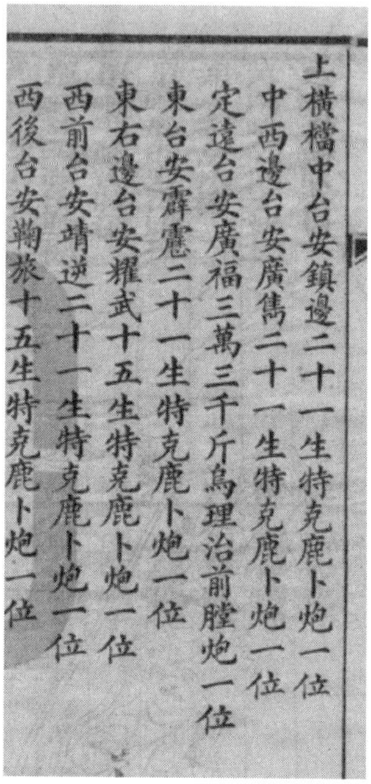
上横檔中台安鎮邊二十一生特克鹿卜炮一位
中西邊台安廣雋二十一生特克鹿卜炮一位
定遠台安廣福三萬三千斤烏理治前膛炮一位
東台安霹靂二十一生特克鹿卜炮一位
東右邊台安耀武十五生特克鹿卜炮一位
西前台安靖逆二十一生特克鹿卜炮一位
西後台安鞠旅十五生特克鹿卜炮一位

图 4-38　《虎门各炮台形势总图》册中“总图”局部放大与“上横档台”文字说明

从光绪十年（1884）至十五年，虎门一带已经形成了“四大炮台群”，最直接的体现是：光绪十五年前的《虎门各炮台形势图》与光绪十五年后的《虎门各炮台形势总图》都是以“威远鹅嘴炮台”“上下横档台”“沙角各台”“大角蒲洲各台”为分图体系（图 4-39、图 4-40）。

光绪十五年之后，李瀚章任两广总督，他继续对虎门“四大炮台群”进行改建，改建的成果主要体现在两个方面：一是继续扩大炮台数量，二是改部分“暗炮台”为“明炮台”。光绪二十二年五月，两广总督谭钟麟奏称：“广东省上年海氛告警，筹办防务，经前督臣李瀚章奏明将沙角鼻湾暗台之炮移于狮子山顶，百草山更设大炮，均改明台。龟山、仑山亦添筑明台三座，其药库、子弹库、兵房随台布置。饬经各营将领购料招工，陆续兴筑……计虎门一带筑台一十三座……均系采访西法，加意经营，先后工竣。”[①]

① 中国第一历史档案馆编：《光绪朝朱批奏折》第 64 辑《军务》，北京：中华书局，1995 年，第 724 页。

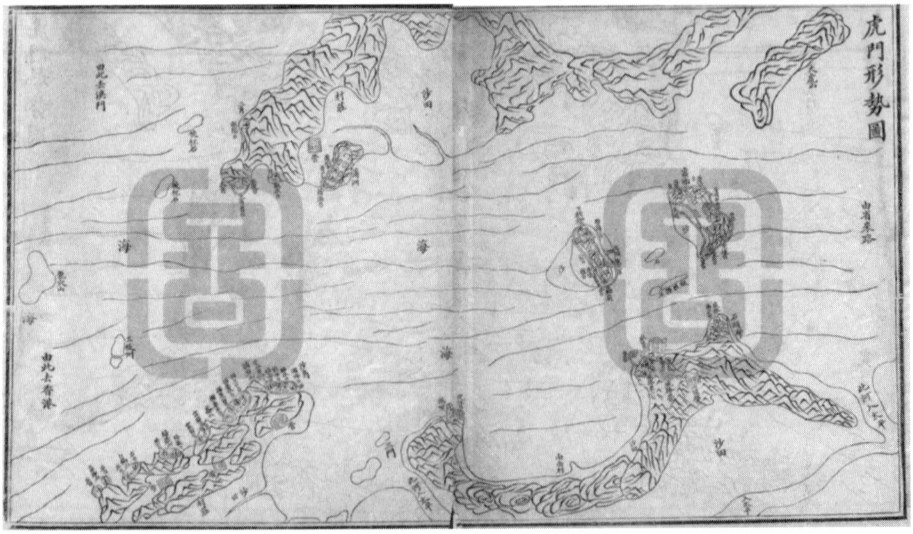

图 4-39　《虎门各炮台形势图》册中的总图（组合图）

图 4-40　《虎门各炮台形势总图》册中的总图（组合图）

这里面讲到了光绪十五年(1889)至二十二年，虎门新筑了 13 座炮台，并且由于李瀚章不太赞同“暗炮台”，进而把原建有的这类炮台大量改建为“明炮台”。

先来看“暗炮台”。自光绪十年以来，广东一带加速西式炮台的建设，尤其是虎门设了不少暗炮台。所设西式炮台根据火炮位置的“藏”与“露”

的特点，又分为“暗炮台”与“明炮台”，其中暗炮台通常将火炮藏于山洞掩体中，对某固定方向进行轰击，而明炮台又叫“露天台”，可将火炮放在露天炮座上，按弧度不固定方向进行轰击。萨承钰在虎门“沙角炮台群”后面附有《暗炮台内外形式图说》，对光绪十年至光绪十五年沙角一带所设暗炮台进行了针对性阐述，言语之间流露了肯定态度：

> 暗炮台系开山劈石，凿定台基。炮房用番泥和石子坚筑。围墙前厚五尺，后三尺，前后左右高不等，内有炮子孔、避人孔。炮房口设铁门三寸厚，以资捍蔽。门有小孔，以便望瞭。随时启闭。均以机器。内堂安炮，顶上用坚木支架，加筑番泥石子一层三尺厚。开大气斗，斗内用铁条密布三层，每发一炮，宿烟从斗中引出。炮房后，又修筑暗道，宽八尺，长十数丈不等。两边用石子番泥砌墙。炮台内火药，即于暗道内土厚处。筑药库一所，不患火弹炮子坠落。并修设水池，随时取汲。台后暗道口，建一碑坊。上用清砖砌凸，凸上打人字灰沙，筑番泥一层，匀开气窗，免生潮湿。炮房暗道顶上，均堆沙土丈余不等。植以竹木，仍如原山形势。中匿大炮，并可藏弁勇百数十人。海中猝视，只见为山，不知有台，倘敌以炮来攻，外堆沙土丈余，纵实心炮子，其力甚刚，一入沙土，亦可以柔而克其刚。如深至数尺以内，是谓强弩之末，其力已柔，内筑番泥石子，坚固如铁，又可以刚而克其柔，即有开花炮子，遇沙即止。终亦无能为害。暗道外筑兵房一所，以专责成，又筑壕墙环绕，中立营门，弁勇日夜严司启闭，以慎防闲。此暗炮台之足以守御情形也。[①]

此外，与《广东海图说》同时期的《海口图说》和《洋防说略》都对“暗炮台”提出了自己的看法。其中，卫杰所著《海口图说》下册《海口炮台论》附有图说，各图详细标注海口海滩、潮汐、水道和险要情况，红白套印，绘工颇为精细。[②]针对广东海口地形特点，卫杰认为，虎门居于省

①（清）萨承钰：《南北洋炮台图说》，中山大学图书馆一砚斋藏本影印本，2008 年，第 189—190 页。

② 王宏斌：《晚清海防地理学发展史》，北京：中国社会科学出版社，2012 年，第 143 页。

会广州之左，“宜建暗炮台于海口”，则敌船断难飞渡。[①]“所有暗地炮台，假山为道，凿海为唇，崖壁石洞，半隐半遮，我能见敌，敌莫知我，虎门尚得其意。今扼其胜者，乃尚书彭雪帅也。”[②]可见，其对彭玉麟（彭雪帅）时期所建虎门明炮台是非常认可的。

徐家幹在其《洋防说略》中对于暗炮台的“隐”“奇”的“攻效”大加赞叹，“复于未设炮台之处，择开地隧，或置高阳堆，伏炮暗击。则敌以船炮注攻于我台，而我旁伏暗炮均可连环助击。敌专防我台炮，而不知台外多炮”。一旦中敌船，“则我炮台之炮自必更能得力。是人以炮台为受敌者，我正藉炮台以出奇矣”[③]。不过，他也指出了暗炮台有其利的同时也有其弊，利在于攻击敌船可出其不意，弊在于炮弹射出后炮烟迷目。

关于“暗炮台”，李瀚章有自己的看法：“臣于十二月初三日乘广甲兵轮驶出虎门，纵览形势，兼阅各营，于初七日旋省窃查头路大角、沙角、威远三台遥为犄角，上下横档各台鼎峙中流，锁钥海口，洵为扼要之区，惟地形散漫，有事之际必须辅以重兵，其台座营房均属完固。惜前尚书臣彭玉麟于沙角、大角仅设暗台，口门又小，炮子平出，只能横击船边，一发不中，敌船即远，幸上下横档各炮迎头轰击，尚可制胜。”[④]在李瀚章看来，暗炮台不具备灵活性，实战效果要大打折扣。

再来看虎门新筑的炮台名称及数量。上文引述光绪二十二年（1896）五月两广总督谭钟麟奏称“虎门一带筑台一十三座”。光绪十年以来，尤其是光绪十五年以后，由于张之洞、李瀚章对虎门一带炮台的陆续增筑与改建，该区域的炮台数量及名称经常有变化，以至于到了“清末民初”再来考察，当时就已经搞不太清楚这些变动了，因此增筑一定不止这 13 台。文献记载：

---

①（清）卫杰：《海口图说》下册《海口炮台形势总说》，载《中国边疆史志集成·海疆史志》（第 24 册），北京：全国图书馆文献缩微复制中心，2005 年，第 377 页。

②（清）卫杰：《海口图说》下册《海口炮台形势总说》，载《中国边疆史志集成·海疆史志》（第 24 册），北京：全国图书馆文献缩微复制中心，2005 年，第 369—370 页。

③（清）徐家幹：《洋防说略》卷下，载《中国边疆史志集成·海疆史志》（第 23 册），北京：全国图书馆文献缩微复制中心，2005 年，第 376—377 页。

④《两广总督李瀚章奏折：查看省防虎门等炮台情形》，载中国第一历史档案馆、鸦片战争博物馆编：《明清皇宫虎门秘档图录》，北京：人民出版社，2011 年，第 306 页。

> 光绪甲申，后诸炮台增筑甚伙，名称亦殊。以近日测量局图核之，除上下横档、威远、沙角仍旧称外，其威远下之威胜西、威胜东即旧日之镇远、靖远，既改归威远而其后复易名者也。其三门口之定阳，即捐筑之鹅颈，名曰定洋，而其后复易名者也。其沙角之白草山、捕鱼山、仑山、蜈蚣山、旗山、龟山、狮子山、白鹤山、象山、凤凰山十台，大角之振威、振定、振阳、安平、安定、安威、安盛、安胜及蒲洲九台，则皆其新建，或以地名，或赐以嘉名者也。至改称之事由、修筑之年月，档册既佚，不复可考。姑记其略于此，以见一斑。[①]

上述宣统辛亥年（1911）重修《东莞县志》提到的光绪十年（1884）后炮台变化较多，其中“沙角十台”和“大角九台”皆属新建。炮台名称或因“嘉名”，或因“地名”，事实上，据舆图册《虎门各炮台形势图》（光绪十五年前）、《虎门各炮台形势总图》（光绪十五年后）分析，沙角和大角增筑炮台数量也不止这些，而且炮台名称与“嘉名”“地名”有关系外，还与分布的位置方向有很直接的联系。这里将舆图册《虎门各炮台形势图》《虎门各炮台形势总图》与宣统辛亥年重修《东莞县志》卷 36 记载的宣统初年虎门炮台情况大致作一统计比较，基本上能反映清末其炮台配置变化（表 4-5）。

表 4-5　清末虎门“四大炮台群”炮台数量及名称统计表

炮台位置	文献记载中的炮台数量与名称		
	《虎门各炮台形势图》（光绪十年至十五年）	《虎门各炮台形势总图》（光绪十五年至二十二年）	《东莞县志》（宣统初年）
沙角炮台群			
沙角山	濒海台（广捷） 联珠台（广威） 镇海台（虎牙） 临高台（广桀）	濒海台 联珠台 镇海台 临高台	3 座

① 民国《东莞县志》卷 16《建置略一·寨台》，载《广东历代方志集成·广州府部》，广州：岭南美术出版社，2007 年，第 198 页下。

续表

炮台位置	文献记载中的炮台数量与名称		
	《虎门各炮台形势图》（光绪十年至十五年）	《虎门各炮台形势总图》（光绪十五年至二十二年）	《东莞县志》（宣统初年）
沙角炮台群			
捕鱼山	捕鱼右台（金镖） 捕鱼后台（长城） 捕鱼前台（广利） 捕鱼左台（刚克）	捕鱼右台 捕鱼后台、副台（1座） 捕鱼左台、副台（1座） 捕鱼前台	5座
仑山	霹雳台（壮观） 震雷台（固围）	霹雳台 震雷台 副台（2座）	5座
归藏山	归藏台（威烈）	归藏台（2炮位）	未详
旗山	旗山台（扫氛）	旗山台	未详
白鹤山	白鹤左台（大壮） 白鹤右台（飞虎）	白鹤左台 白鹤右台 白鹤副台（2座）	2座
象山		象山台	1座
鼻湾山	鼻湾左台（冲云） 鼻湾右台（雄飞）	鼻湾台（2座）	
凤凰山		凤凰山台（3座）	3座
狮子山		狮子山台	1座
龟山		龟山左台 龟山右台	2座
蜈蚣山		蜈蚣山台	1座
百草山		百草前台 百草后台	2座
大角蒲洲炮台群			
大角山	振威台（广安） 振定台（广固）	振威台 振定台 安平台 安定台 安威台 安盛台 安胜台	3座

续表

<table>
<tr><td rowspan="2">炮台位置</td><td colspan="3">文献记载中的炮台数量与名称</td></tr>
<tr><td>《虎门各炮台形势图》
（光绪十年至十五年）</td><td>《虎门各炮台形势总图》
（光绪十五年至二十二年）</td><td>《东莞县志》
（宣统初年）</td></tr>
<tr><td colspan="4">大角蒲洲炮台群</td></tr>
<tr><td>二角山</td><td>振阳台（定远）</td><td>振阳台</td><td></td></tr>
<tr><td>蒲洲</td><td>蒲威台（匡时）
蒲山台（流星）
蒲海台（致果）</td><td>蒲威台
蒲山台
蒲海台</td><td>3 座</td></tr>
<tr><td colspan="4">威远鹅嘴炮台群</td></tr>
<tr><td>威远</td><td>威胜西左台（广绥）
威胜西右台（震叠）
威远东台（陈师）
威远山腰台（保疆）
威远后山上台（逐电）
威远后山下台（奔雷）
威胜东台（广镇）
威胜西台（广磐）</td><td>石头湾两台：
威胜西蛇头湾上台（逐电）
威胜西蛇头湾下台（非霆）
威胜西六台：
威胜西蛇头湾第一台（广绥）
威胜西蛇头湾第二台（奋威）
威胜西蛇头湾第三台（震叠）
威胜西蛇头湾第四台（安疆）
威胜西蛇头湾第五台（宣威）
威胜西蛇头湾第六台（荡寇）
威胜东三台：
威胜东第一台（陈师）
威胜东第二台（广镇）
威胜东第三台（广磐）
威远后山三台：
威远后山上台（保疆）
威远后山中台（扬武）
威远后山下台（奔雷）</td><td>威远炮台未详
威胜东炮台 6 座
威胜西炮台 6 座
逐电炮台 2 座</td></tr>
<tr><td>鹅　嘴</td><td>定洋台（3 炮位）</td><td>定洋台（3 炮位）</td><td>2 座</td></tr>
<tr><td colspan="4">上、下横档炮台群</td></tr>
<tr><td>上横档岛</td><td>中台（镇远）
中西边台（广隽）
定远台（广福）
东台（霹雳）
东右边台（耀武）
西前台（靖远）
西后台（鞠旅）</td><td>中台
中西边台
定远台
东台
东右边台
西前台
西后台</td><td>8 座</td></tr>
</table>

续表

炮台位置	文献记载中的炮台数量与名称		
	《虎门各炮台形势图》（光绪十年至十五年）	《虎门各炮台形势总图》（光绪十五年至二十二年）	《东莞县志》（宣统初年）
上、下横档炮台群			
下横档岛	山顶西台（飞庭） 西头山顶台（安疆） 山腰八卦台（神威） 山顶东新台（广靖） 东山月台（镇远） 东山脚扇面台（永固） 南墙露台（星驰）	西山边台 西山顶后台 西山顶前台 山腰八卦台 东山右台 东山中台 东山左台 东山月台 东山嘴台 山脚扇面台	9座

注：“百草山”又作“白草山”，“蒲洲”又作“浮洲”“湖洲”“凫洲”；大角炮台附近海中有“东西枕头山”（《虎门各炮台形势总图》），又名“东澳、西澳”（《广东省海防全图·东三门虎门蕉门横门分图》）、“东西二澳洲”（《新译江海险要图志》）、“上下澳”（《广东水师营官兵驻防图》），称法不同

通过整理辨别，表4-5反映的沿革变化一目了然，具体变化不再赘述，需要说明的有以下五点：

第一，光绪十五年（1889）后增设的“副炮台”是当时炮台设防的重要特征。捕鱼山、仓山、白鹤山等炮台均有设“副台”，即“小炮台”。文献记载：“建炮台于要害，仍须旁置小炮台以为犄角，如润土炮台，多筑数座，左右错列，以分敌船炮力。”[①]“小炮台筑于大炮台之周围，以助守御，最为有益。”[②] 完成于光绪十六年十一月的萨承钰《南北洋炮台图说》中还记载有依托四周“围墙”所建的“副炮台”，如“下横档炮台”有4个独立的副炮台建筑在“南向护墙”之上[③]，这弥补了下横档岛屿东、

①（清）徐家幹：《洋防说略》卷下，载《中国边疆史志集成·海疆史志》（第23册），北京：全国图书馆文献缩微复制中心，2005年，第376页。

②〔德〕何福满撰：《炮台说略》卷1《小炮台》，载倪晓建主编：《汉译西方军事文献汇刊》（德国专辑）（第18册），北京：学苑出版社，2015年，第176页。

③ 详见本书第三章表3-20《下横档山(炮台)军事分区设施详情表》。

西、北三面均有依山所建炮台而南面缺乏的不足；上横档 4 个副炮台中除了 2 座是建在中台山北隅外，还有 2 座分别建在南墙顶和东南台墙边[①]，这些都打破了副炮台只是作为辅助大炮台的传统认知。

第二，光绪十年（1884）以来的炮台修建是按照西洋炮台的先进标准进行的，在布局上有所取舍，不再是先前“十二台”“十六台”围绕虎门内外侧全部设防，而是集中于虎门内侧沙角、大角（含蒲洲）、威远（含鹅嘴）、上下横档的核心区域重点集中设防，逐步打造成“四大炮台群”。宣统元年《广东水师国防要塞图说》在《广东中路威远各炮形势险要详细图说》中描述为“广州口海岸前路要塞分为上三台、下三台，下三台沙角、大角、蒲角洲是也，上三台即威远、上下横档是也”[②]。

第三，这次炮台设计的另一特点是修建了许多山顶炮台，改变了嘉庆时期以来炮台多选择山脚下、河道边的传统做法，可以发挥进口西洋炮远距离打击的效能。这从上述清末虎门“四大炮台群” 炮台数量及名称统计表中可以直观感受得到。

而这次持续的大规模的改建工程效果较好，广东的炮台在建筑材料方面使用了防弹性较好的夯土、砖石和红毛泥等，结构隐蔽，台内多有暗道、隔堆，增强了安全性。正如中外学者所说的：“近代清国的武器装备与世界列强国家军队相比，仍呈中上等水平。”[③]“由于聘请了一批外国军事工程顾问指导，北洋炮台建筑水平最高；广东方面在张之洞和李翰章的主持下，借鉴了北洋的经验，炮台建筑水平次之；福建方面虽然在早期比较重视借鉴外国的经验，而炮台建筑技术在后来没有多大改进，技术水平又等而下之。江苏浙江二省在建筑炮台方面对于外来技术相对重视不够，所建炮台结构比较简陋，技术水平最低。”[④]

第四，萨承钰在《南北洋炮台图说》中对炮台类型、位置及炮台的

---

① 详见本书第三章表 3-16《上横档副炮台详情表》和图 3-4《上横档各炮台图》。

②（清）李准：《广东水师国防要塞图说》，载《广州大典》第 37 辑，史部政书类，第 26 册，广州：广州出版社，2015 年，第 848 页。

③ 宗泽亚：《清日战争（1894—1895）》，北京：世界图书出版公司北京公司，2012 年，第 270 页。

④ 王宏斌：《晚清海防：思想与制度研究》，北京：商务印书馆，2005 年，第 452 页。

建筑工艺、形态、筑造材料等用了大量数据进行了描述，但对炮台中的火炮配备情况却只字未提。《虎门各炮台形势图》与《虎门各炮台形势总图》则对火炮配备有了针对性的详细描述，主要使用的是“克虏伯（Krupp）后膛大炮”“阿姆斯特朗（Armstrong）后膛大炮”“瓦瓦司（Vavasseur）前膛大炮”“乌里治（Woolwich）前膛大炮”，二图可以相互弥补。[①]

第五，清代晚期为了配合炮台防御，仍旧在虎门及省城沿海设有不少障碍（筑坝水闸、沉雷、沉石、定椿等），阻止敌船通过，如舆图《广东海防图·广州省城海防图》[②]（图 4-41）与清末清宫珍藏《虎门布雷图》[③]（图 4-42）分别设有“筑坝水闸”和“沉雷”。对此，同时期的徐家幹很认可，并征引《防海新论》的“阻船之法”说道：“所谓破其来攻之船，则以拦阻船路为最要，亦惟有此，炮台乃可施其用矣。”[④]不过这时的设障技术水平已远远高出关天培时期的木排铁链。正如两广总督李翰章所奏：

> 再虎门长洲前中路各炮台，捍蔽省城，关系甚重，鱼雷船艇尤为海防要需。前年臣到任时曾经留心察看，并于黄埔地方勘建雷厂船台，以免要件损失，去冬复往察看一次，今岁各处炮台多易新勇，又添配雷艇、勇丁两号，与旧有二艇合成一营，而所建雷厂船台亦经工竣，均须亲往查阅。……道经沙路，偏视拦河铁椿，悉皆深稳，防守堪资虽不能如前督臣张之洞所奏每岁加增，而椿脚压石，总须加填，以防潮汐冲刷或有松动，除仍督饬将弁认真操练防护外，所有查阅炮台、雷厂等处情形，理合附片具陈，伏乞圣鉴。谨奏。[⑤]

① 详情可参见本书第三章“清代晚期广东炮台的稀见舆图文献”第三节、第四节内容。

② 该图为光绪十年王治所绘彩色舆图，现珍藏于中国国家图书馆，广州市规划局与广州市城市建设档案馆合编《图说城市文脉——广州古今地图集》（广州：广东省地图出版社，2010年）第 44 页有收录。

③ 该图为清末佚名彩绘本，现珍藏于中国第一历史档案馆，该馆与鸦片战争博物馆合编《明清皇宫虎门秘档图录》一书（北京：人民出版社，2011 年）第 326—327 页有收录。

④（清）徐家幹：《洋防说略》卷下，载《中国边疆史志集成·海疆史志》（第 23 册），北京：全国图书馆文献缩微复制中心，2005 年，第 383 页。

⑤《两广总督李瀚章奏折：查看省防虎门等炮台情形》，载中国第一历史档案馆、鸦片战争博物馆编：《明清皇宫虎门秘档图录》，北京：人民出版社，2011 年，第 306—307 页。

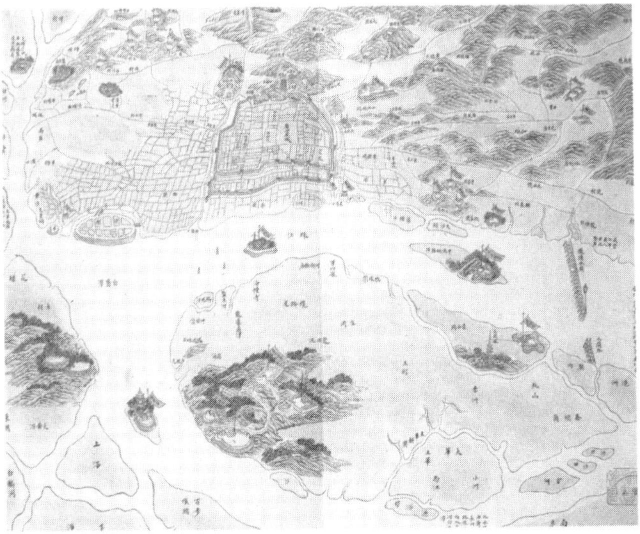

图 4-41　《广东海防图·广州省城海防图》（省城设有水闸）

资料来源：广州市规划局与广州市城市建设档案馆合编：《图说城市文脉——广州古今地图集》，广州：广东省地图出版社，2001 年，第 44 页

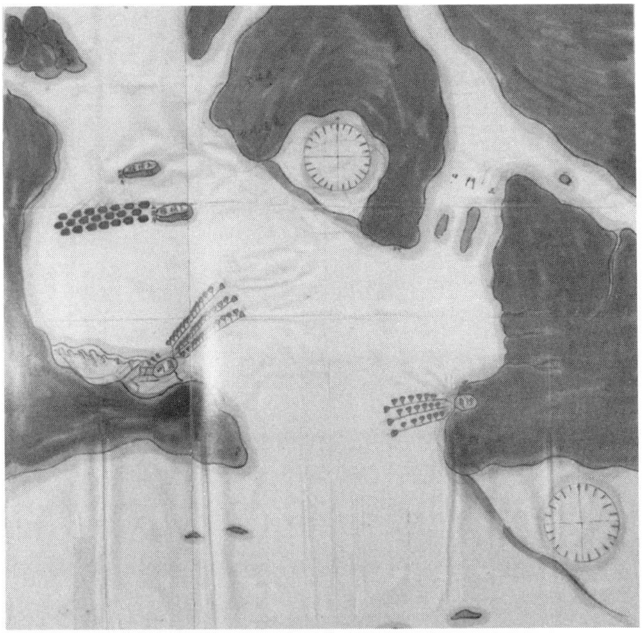

图 4-42　《虎门布雷图》

资料来源：中国第一历史档案馆、鸦片战争博物馆合编《明清皇宫虎门秘档图录》，北京：人民出版社，2011 年，第 326—327 页

第五章 明清广东舆图文献的发展与遗存

舆地为通古今之学。明代海防军事专家郑若曾强调："不按图籍，不可以知扼塞。"[①]古代舆图是国家的象征，攻城略地，必以"图"为据，献城割地，亦以"图"为凭。历代方志每列"图说"于叙事之首，颇有"左图右史"之风，图说展示了治所辖地范围及地情特征，地图之制遂乘方志之兴而大盛。

然而，中国文化承传之道，亦特重文字而甚轻图像，以致文字多于配图。针对这种现象，晚清罗汝楠在其所著《中国近世舆地图说》中明确提出："地理之学，图说并重，非'说'无以表精神，非'图'无以见形式，现今通用之书，大都'图''说'分行，是编附'图'于'说'，以便参考。"[②]

中国古代舆图大都用于战争与管治，具有高度的机密性。因此，除了皇宫大内及官府的舆图外，民间流通不多，且民间的地图大多保存在古书里，大型地图亦并不多见。这些舆图在战争中或改朝换代时，往往毁坏或遗失，所以能保存下来的相对有限，尤其晚清以来，有相当数量的珍贵舆图及附图文献以各种渠道流散海外，收藏在外国的博物馆、档案馆、图书馆[③]，或由海外私人收藏[④]。

---

①（明）郑若曾撰，李致忠点校：《筹海图编·凡例》，北京：中华书局，2007年，第11页。

②（清）罗汝楠撰，方新校绘：《中国近世舆地图说》卷首《序》，宣统元年广东教忠学堂石印本，第500页左上。

③ 目前在海内外许多博物馆、图书馆、档案馆、地方高校、文化公司等机构及民间私人都收藏有明清时期的古代舆图。近二十年来国内外一些学者通过整理陆续出版了一批（具体可见"前言"部分），据笔者了解，目前在研有一批如"法国国家图书馆""美国康奈尔大学图书馆沃森藏书部""德国慕尼黑大学东亚研究所""德国普鲁士文化遗产图书馆""韩国国立首尔大学奎章阁"等海外机构珍藏的中国古代舆图已引起国内学者注意和研究，尚未整理公开，迄今仍是一块需要深入耕耘的学术重地。

④ 欧洲人一向有收藏地图的传统，私人收藏的地图甚丰，这也是本文搜集舆图文献的重要来源之一。

第一节 明清时期广东舆图的认知与发展

一、中国舆图的认知

“舆图”全称“舆地图”，又称“地图”，是中国历史长河中不同时期的多种称谓。①事实上，中国古代很多传统地图都称为“舆图”。唐代司马贞在《史记索隐》中记载：“天地有覆载之德，故谓天为‘盖’，谓地为‘舆’。”②亦即是说，古人认为“舆（地）图”是反映地表、地貌和人文分布的表述图，是在以天覆地的天圆地方理念之上建立的。

人类发明并使用地图，迄今数千年而未衰；同时也可以预见地图在将来仍有存在的价值。这个现象大概可以说明，地图具有某种特定的功能与目的。毫无疑问，地图的主要功能是客观而科学地反应地理、地貌及空间观；借此让阅图者通过地理空间组成全局、整体的概念。因此，大多数地图学者都同意地图普遍的定义，即地图是“表达一种空间的主要图形形式”③。

值得注意的是，谭广濂先生认为中国传统地图分为“舆图”和“描绘图”（或称“示意图”），由于“描绘图”是未有理论依据，也未经测量而随意绘出的一些意象或描述性地图，提供的信息不多，准确度低，绘图者大都未经训练，图的品质低劣，进而把很多大比例的方志图归为“描绘图”的范畴。④这里引发一个值得探讨的问题，当地图不以精准、精确为

---

① 谭广濂先生提出“地图”一词在周代至西汉之前与“舆图”或“舆地图”并用，汉以后“地图”几乎不常见，通常以“舆图”或“图”的提法出现，清光绪后期“地图”一词再度出现。详见其《浅谈中国古代宇宙观与地图绘图史》一文，载其著《从圆方到经纬：香港与华南历史地图藏珍》，香港：中华书局，2010 年，第 141—143 页。

②《史记》卷 60《三王世家·索隐》，北京：中华书局，1959 年，第 2110 页。

③ 根据国际制图学会对“地图”提出的定义：“地图是地理现实世界的表现或抽象，以视觉的、数字的或触觉的方式表现地理信息的工具。”另外，地图学家罗宾逊（A. H. Robinson）及其他学者分别为“地图”下过定义：“地图是周围环境的图形表达”或“地图是空间信息的图形表达”。其实，地图不仅是图形或空间信息的传递而已；它的内容包含丰富的环境及空间信息与文化背景；有时其内涵往往超过语言所能表达的范围。因此，自古以来人类即能善用地图，来寻找信息及表达地理知识；或者描绘内心企及想象的空间范围。详参《中国大百科全书（地理学）》，北京：中国大百科全书出版社，1990 年，第 99 页。

④ 详见谭广濂：《浅谈中国古代宇宙观与地图绘图史》，载《从圆方到经纬：香港与华南历史地图藏珍》，香港：中华书局，2010 年，第 141—143 页。

务，而以它的美观被珍藏把玩时，地图的现实意义是否就此消失呢？

在笔者看来，地图的制作，记录着人们对已知及未知地理空间的掌握与想象的知识。虽然从现代地图学的标准来看，这些古代地图（尤其是留存下来较多的明清时期“舆图”）未必符合当前实用精确的标准；但即使地图本身失去了准确性，它仍相当程度地反映了绘图者积极的现实意义，这是采用另一种方式的表达绘图者对空间的认知及文化意识上的反省。

再者，地图本身除了具有提供信息的现实意外，同时也反映了时代的共同记忆与想象。因此，阅读地图对于了解空间组成的全局及时代整体的概念帮助很大。同时因为地图的内容包含丰富的环境及空间信息与文化背景，它的内涵往往超过言语所能表达的范围。从地图出现后迄今，地图绘制者都努力在建构属于自己的世界观；至于地图绘制后的精确与否，只是反映了时代或绘图者对于地图认知与价值，他们同样是透过地图反映这个世界的观念。因此，本研究涉及明清时期的“描绘图”（“示意图”）也归属“舆图”的范畴。

二、中国舆图的发展

地图起源于人类以图形记载地表活动的信息。地图的发展伴随着人类文明的发展而进步，是人类文明的一部分，和文字的功能一样，都是沟通的一种媒介。现存的资料目前尚不能证实中国的地图制作始于何时？[①]不过能够确定的是，先秦时期已有若干文献提及地图制作的观念与知识。

如《管子·地图篇》记载：“凡兵主者，必先审知地图。轘辕之险，滥车之水，名山、通谷，经川、陵陆，丘阜之所在，苴草、林木、蒲苇之所茂，道里之远近，城郭之大小，名邑废邑、困殖之地，必尽知之。地形之出入相错者，尽藏之。然后可以行军袭邑，举措知先后，不失地利，此地图之常也。”[②]这说明当时已对地图的军事功能有了较为充分的掌握。

除了军事，地图亦被视为领土主权的象征，如《韩非子·五蠹》记载，“事大未必有实，则举图而委，效玺而请兵矣。献图则地削，效玺则名卑；

① 有学者认为始自《诗经》时代，此说已遭部分学者质疑，未成定论。

②（清）黎翔凤撰，梁运华整理：《管子校注》卷10《地图》，北京：中华书局，2004年，第529—530页。

地削则图削，名卑则政乱矣”[①]，即在说明地图与国势密切相关。

明代罗洪先开创《广舆图》（图 5-1），是中国第一部分省地图，中国传统地图绘图的学问，在《广舆图》中达到了最高峰。《广舆图》对于明代中晚期以后传统中国舆图观念的形成与绘图技法的发展产生了重要的影响，有着非常重要的地位。

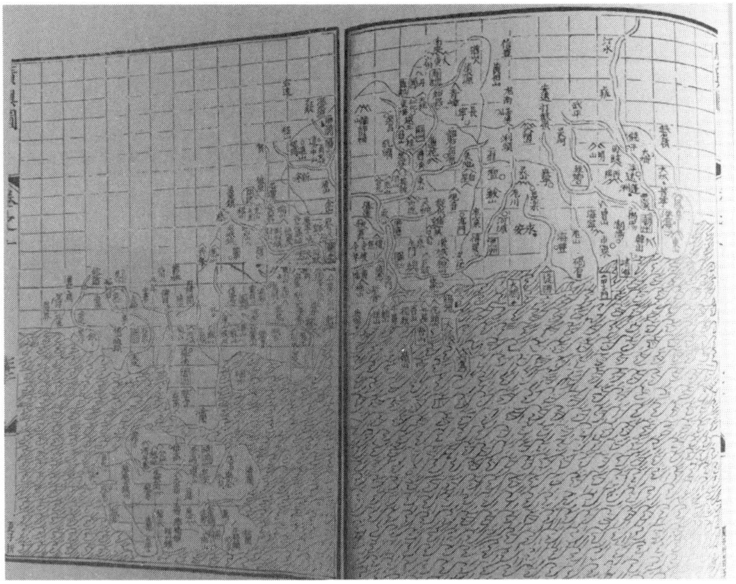

图 5-1 《广舆图》（广东部分）

资料来源：罗洪光：《广舆图》，载谭广濂：《从圆方到经纬：香港与华南历史地图藏珍》，香港：中华书局，2010 年，第 50 页

整体来看，明清时期，中国传统地图学的发展有两个主要特点：一是遵循“制图六体”；二是“计里画方”。绘图者基于天圆地方的知识，将大地看作平面而非球面，因此没有经纬度观念的产生。“计里画方”就是按平面设想，以一寸折五百里或一百里或其他比例来绘制地图。[②]

此外，西方传教士绘制地图也对中国传统舆图的绘制产生了一些影响。

① 张觉校注：《韩非子校注》卷 19《五蠹》，长沙：岳麓书社，2006 年，第 663 页。

② 周振鹤：《长水声闻·西洋古地图里的中国——记香港科技大学西洋古地图特藏》，上海：复旦大学出版社，2010 年，第 192 页；姜道章：《传统中国地图学的特征》，《历史地理学》，台北：三民书局股份有限公司，2004 年，第 379—394 页。

从明代开始，西方传教士陆续来到中国。他们凭借“绘制地图”之名，实则寓传教于其中，遍览中国各地。传教士所绘制的地图系利用“经纬度”测绘法，这种测绘方式在中国从未有过。其中，明代万历年间利玛窦来华传道，所绘《坤舆万国全图》，以世界地图展示天朝疆域，乃中国地图接轨世界之始。

而清初康熙年间的《皇舆全览图》（图 5-2）[①]最具代表性。康熙是一位喜好西学的皇帝，对于地理学亦有偏爱（图 5-3）。他接受传教士之请进行全国性的测绘地图的工作（图 5-4）。从康熙四十六年（1707）至五十七年，10 年间传教士展开了大规模的经纬度绘制及三角度测量，在杜德美的主持下完成《皇舆全览图》的工作。《皇舆全览图》的完成，对中国而言，诚属首创，是西方绘图技术实际运用在中国的成功例子。

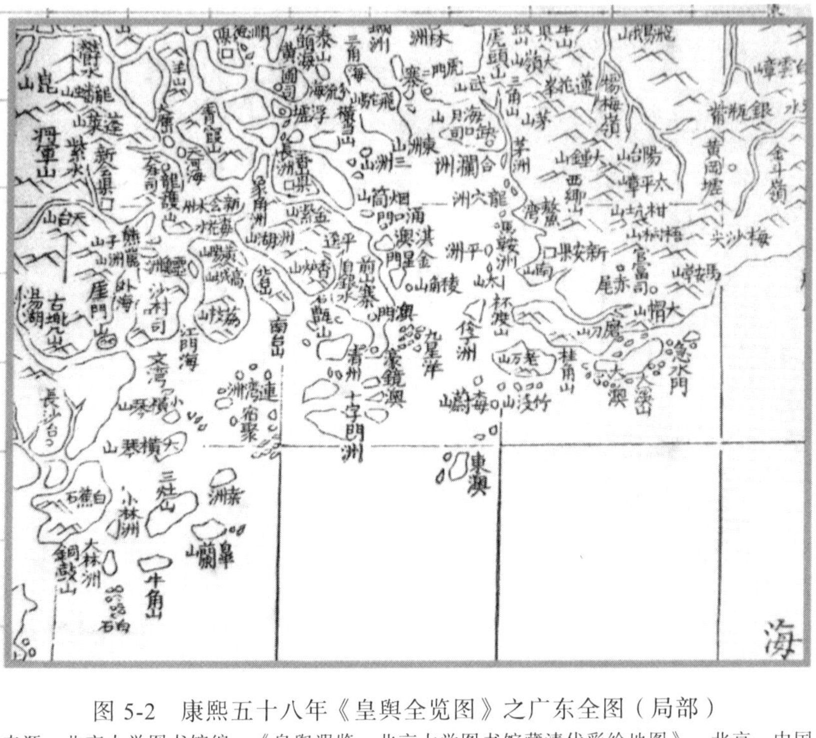

图 5-2　康熙五十八年《皇舆全览图》之广东全图（局部）

资料来源：北京大学图书馆编：《皇舆遐览：北京大学图书馆藏清代彩绘地图》，北京：中国人民大学出版社，2008 年，第 66—69 页

① 《皇舆全览图》准确度相当高，但完成后深藏内府，外界难得一见，在此基础下完成的乾隆《大清一统舆图》亦不易见，一直到嘉庆朝才公之于世，但已时隔 150 年之久。

图 5-3 欧洲人所绘康熙画像（18 世纪）

资料来源：冯明珠主编：《经纬天下：饭塚一教授捐赠古地图展》，台北："故宫博物院"，2005 年，第 82 页

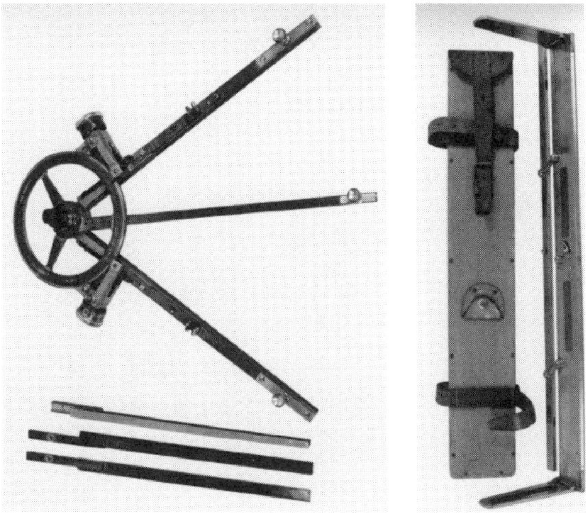

图 5-4 18 世纪西方航海人员所用绘图工具

资料来源：冯明珠主编：《经纬天下：饭塚一教授捐赠古地图展》，台北："故宫博物院"，2005 年，第 93 页

不过，需要说明的是西学绘制舆图的方法，尽管受到康熙帝的青睐，但西方精确的绘图方式仍未能动摇中国传统山水画的绘图方式；及至清中叶以后，大量的“计里画方”的绘图方式，虽渐取代传统山水画的绘图，但传统山水画式的绘图仍能与西方绘制图式并存。[①]

这是因为中国政府绘制地图大抵以“地籍图”“政区图”“城池图”为主,绘制地图的目的在于强调土地的分配利用及强烈暗示疆域的完整性。这种与政治文化强烈联系的制图目的及制图技术的传统，几乎在中国维持数千年。[②]即使是到了明清时期西方科学开始影响中国后，绘制地图的技术大幅改变，传统的中国绘制方法仍持续在中国发展。最明显的例子，如康熙《皇舆全览图》是典型的中西合璧图。以当时的绘图技术来看，该图堪称世界之最，但它的政治目的非常明确。[③]

可见，从对地图的观念到绘制技术及绘制后地图的保存，传统以来中西方的发展不尽相同，这或许可以解释中国舆图大多藏于王室政府，而西方民间社会能保存大量地图并代代相传的重要原因。

三、明清时期的广东舆图

地图是人类对所处人文、自然环境的描绘或记录。透过线条、符号，一国、一地的行政区划、山川、聚落、城市、交通分布历历在目，不仅是空间信息的表达，也是对自身与周边环境了解程度的表征。中国地图历史悠久，传统制图主要有两大流派，其一是图画形象绘法，其二是计里画方法。图画形象绘法就是以山水形式形象地把山川表现出来。

如前文所述，西洋天主教传教士在明末清初曾经掀起一股绘制世界地图的风气，形成高潮，后来康熙至乾隆朝皆倚重传教士为中国进行一次庞大的全国地理测绘，可惜成品皆存放深宫或朝臣的大宅内。

---

① 夏黎明：《清代台湾地图演变史》，台北：知书房出版社，1996 年，第 146 页。

② Cordell D. K. Yee, “Chinese Maps In Political Culture,” in J. B. Harley, ed., *Cartography zn the Traditional East and Southeast Asian Societies*, Chicago: The University of Chicago Press, 1994.

③ 孙喆：《康雍乾时期舆图绘制与疆域形成研究》，北京：中国人民大学出版社，2003 年，第 37—53 页。

清初康熙帝虽然已经进行大地测量、天文定位、计量绘图，但那都是传教士主导和执行的。中国人本身进行近代科学性质的大地测绘然后绘之为图，恐怕要自清光绪后期才开始，并形成第二次发展高潮。在这个过渡期，曾出现一些以计里画方的方格强充经纬线的错误，如严树森于同治二年（1863）完成的《大清一统舆图》，以康熙和乾隆内府图（《皇舆全览图》）为底本，在原图的经纬线上再加上计里画方的方格。19世纪后期，中国绘制的地图脱离传统舆图的领域，在数十年后与现代绘图学接轨，这也恰恰反映了中国舆图脱离传统而自我蜕变的过程。

年轻的广东南海学者邹伯奇于1844 年完成的《皇舆全图》，是19世纪这一过渡期内，中国学者绘制的罕见的没有混淆地平和地圆的基本理论的地图。该图册包括总图一幅，分图66幅，于1874年刻版。他在自序中说："地图以天度画方，至当不易。然地本为圆体，经纬相交皆为正角，而写于平面，以经纬为直线，至边地则成斜方之形矣。"[①]这套刊刻于清同治十三年邹伯奇所绘的《皇舆全图》，应是清代最早、最规范的地图册。

光绪十五年（1889）清政府第五次续修《大清会典》舆图时，要求各省进行测绘工作，通告各省"恭颁钦定舆图格式，限期一年，测绘省图，府厅州县图各一分，附以图说，解送到馆"[②]。各省测绘时所用仪器与方法大体相近。广东省使用罗盘仪定方向，全图仪测交点，象限仪测高低，代弓绳测尺丈。具体可见广东省舆图局组织编撰的"饬发广东各厅州县的绘图章程"，该书最终以《广东全省舆图局饬发绘图章程》[③]为名（图5-5），一卷本。该书讲述了"审方向""量远近""记弯曲""量水道""列岛屿""定准望""分司都""定方里""准分率""明绘画""酌伸缩""画记识""染颜色"十三条专业的绘图方法。

---

①（清）邹伯奇：《皇舆全图》，载《广州大典》第34辑，史部地理类，第29册，广州：广州出版社，2015年，第407页。

②（清）张之洞：《测绘舆图恳请展限折》（光绪十七年十二月二十六日），载苑书义、孙华峰、李秉新主编：《张之洞全集》（第2册），石家庄：河北人民出版社，1998年，第817页。

③（清）广东省舆图局：《广东全省舆图局饬发绘图章程》，载《广州大典》第34辑，史部地理类，第29册，广州：广州出版社，2015年，第109—117页。

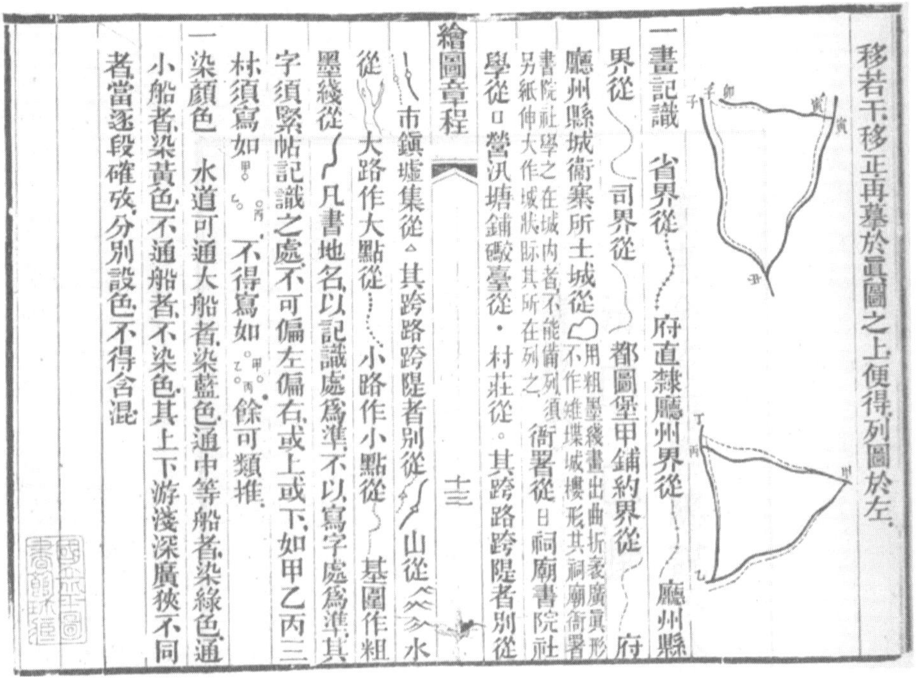
移若干移正再摹於眞圖之上便得列圖於左

一畫記識　省界從　府直隸廳州界從　廳州縣
界從　司界從　都圖堡甲鋪約界從　府
廳州縣城衛寨所土城從 用粗墨綫畫出曲折袤廣眞形不作雉堞城樓形其祠廟衙署
書院社學之在城内者不能備列須衙署從日祠廟書院社
另紙伸大作域狀貼其所在列之
學從口營汛塘鋪礮臺從·村莊從。其跨路跨隄者別從

繪圖章程　十三

市鎮墟集從△其跨路跨隄者別從　山從　水
從　大路作大點從　小路作小點從　基圍作粗
墨綫從　凡書地名以記識處爲準不以寫字處爲準其
字須緊帖記識之處不可偏左偏右或上或下如甲乙丙三
林須寫如甲。乙。丙。不得寫如。甲。丙乙　餘可類推
一染顏色　水道可通大船者染藍色通中等船者染綠色通
小船者染黃色不通船者不染色其上下游淺深廣狹不同
者當逐段確攷分別設色不得含混

图 5-5　《广东全省舆图局饬发绘图章程》（局部）

资料来源：（清）广东省舆图局：《广东全省舆图局饬发绘图章程》，载《广州大典》第 34 辑，史部地理类，第 29 册，广州：广州出版社，2015 年

此外，清代晚期陆续出现了一批具有当时较高水准的经纬度地图，如同治五年（1866）毛鸿宾、郭嵩焘的《广东图》（图 5-6）、光绪十五年（1889）张之洞的《广东海图说》（图已遗失）、光绪十七年《广东舆地图》（图已遗失）、光绪二十三年张人骏的《广东舆地全图》[①]（图 5-7）、宣统元年（1909）罗汝南的《中国近世舆地图说·广东省》（图 5-8）。

① 周鑫《宣统元年石印本〈广东舆地全图〉之〈广东全省经纬度图〉考——晚清南海地图研究之一》一文（载李庆新主编：《海洋史研究》（第 5 辑），北京：社会科学文献出版社，2013 年）对清晚期的广东舆图绘制之间的渊源做了详细的考证。

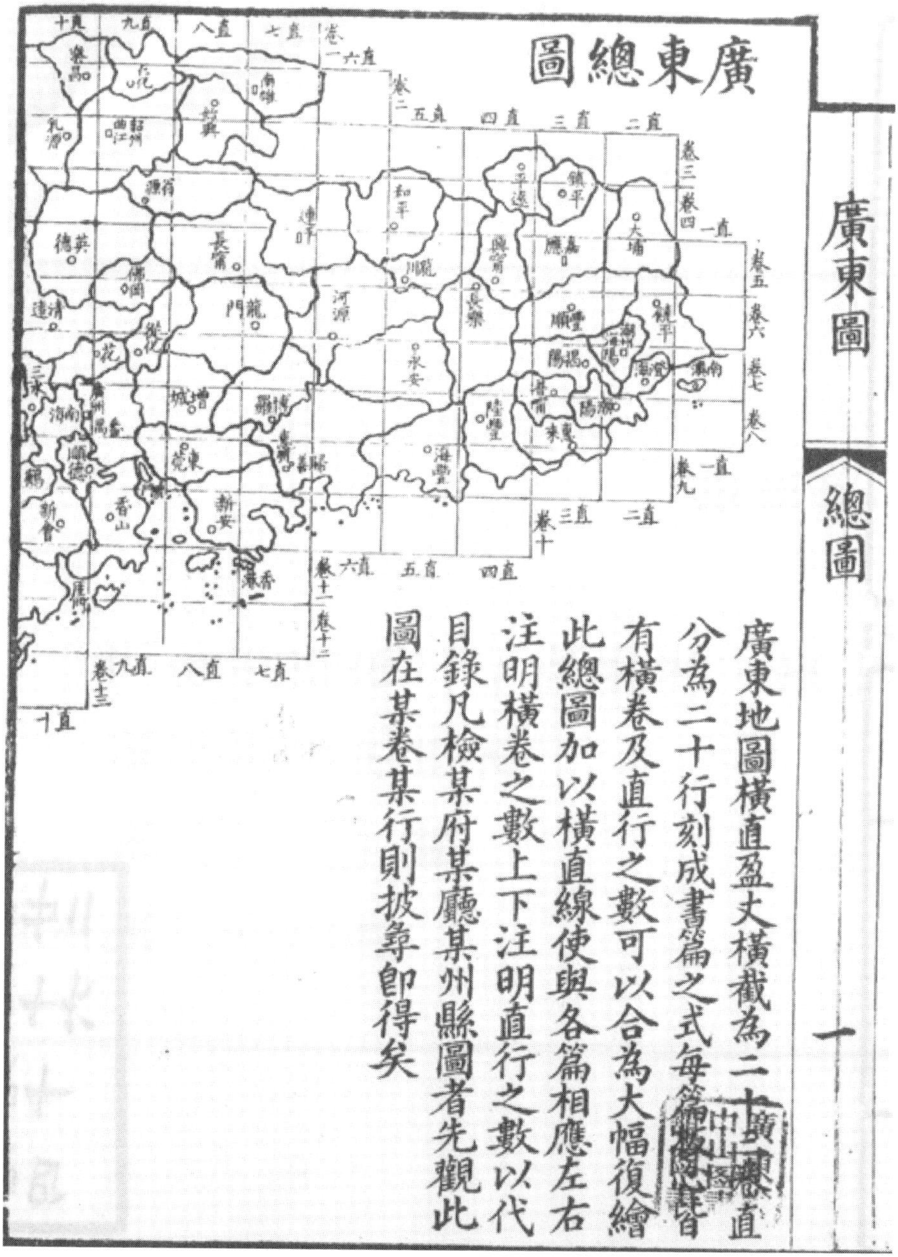
廣東總圖
廣東圖
總圖
一
廣東地圖橫直盈丈橫截為二十
分為二十行刻成書篇之式每篇
有橫卷及直行之數可以合為大幅復繪
此總圖加以橫直線使與各篇相應左右
注明橫卷之數上下注明直行之數以代
目錄凡檢某府某廳某州縣圖者先觀此
圖在某卷某行則披尋卽得矣

图 5-6　《广东图》（局部）

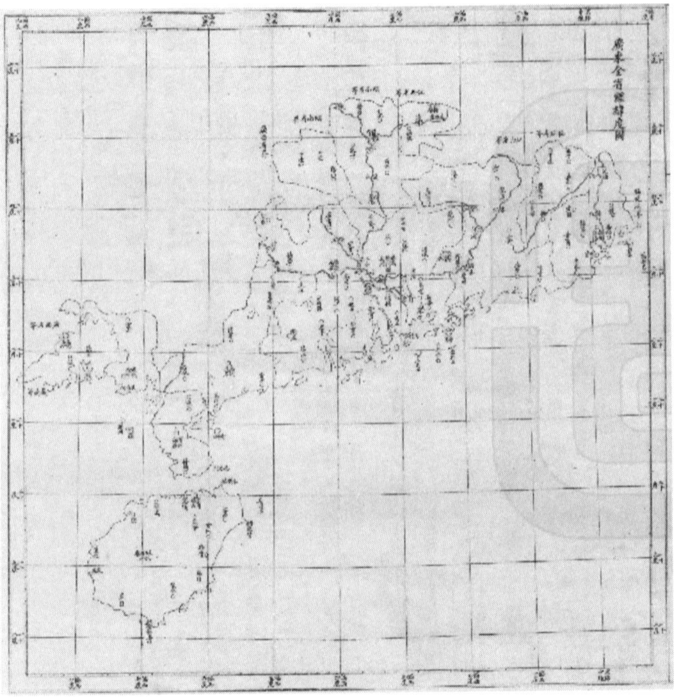

图 5-7　《广东舆地全图》（局部）

资料来源：载中国第一历史档案馆、广州市档案馆局（馆）、广州市越秀区人民政府编著：《广州历史地图精粹》，北京：中国大百科全书出版社，2003 年，第 57 页

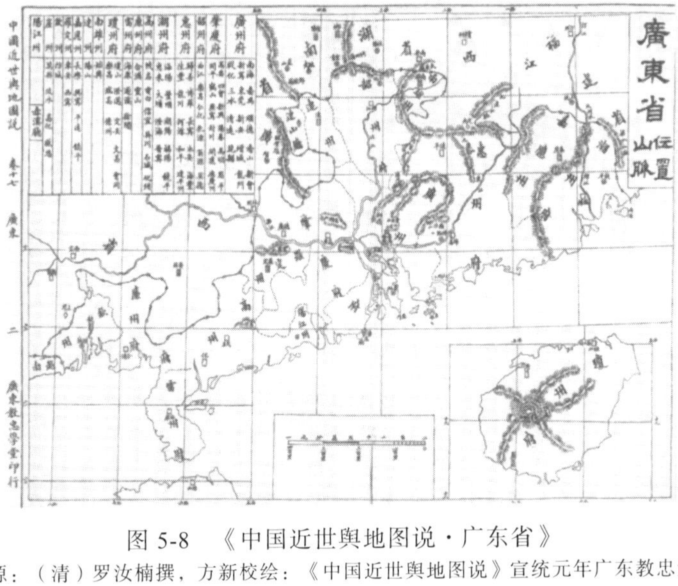

图 5-8　《中国近世舆地图说 · 广东省》

资料来源：（清）罗汝楠撰，方新校绘：《中国近世舆地图说》宣统元年广东教忠堂石印本

值得注意的是，清代佚名者编绘的舆图册《广东全省经纬地舆图》（彩绘本）原版藏于美国国家图书馆，原书高 273 毫米，宽 255 毫米，已为《广州大典》第 34 辑—史部地理类—第 27 册收录（辑录影印后为黑白色，图 5-9）。该图册共有 104 幅舆图，不分卷，一页一图。该图册采用了中国传统山水画法与西方经纬度相融合的方法。结合晚清其他舆图绘制特点，笔者认为该图册很可能绘制于同治年间至光绪早期。目前尚未发现有学者对该图册进行研究或引用。

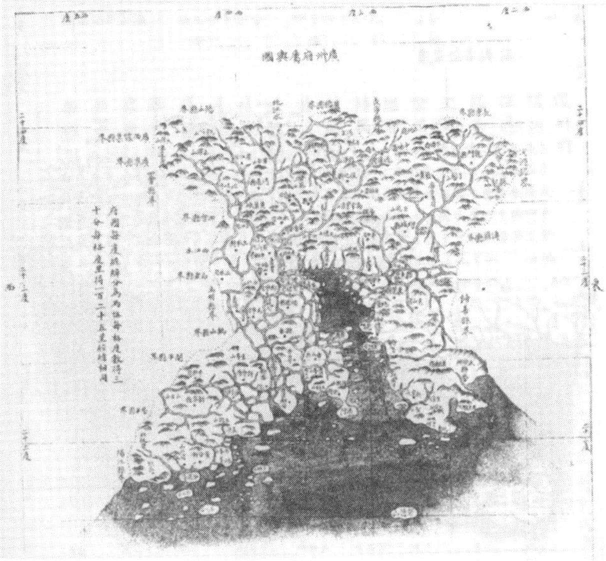

图 5-9　《广东全省经纬地舆图 · 广州府图》

第二节　明清时期广东舆图的分类

了解了中国传统舆图与明清时期广东舆图的发展，我们再来简单叙述明清时期广东舆图的分类。中文的“地图”一词，涵盖了所有种类地图。地图在英文中的区分更精确，其种类区分经常划分为陆图、海图、城市图、区域地图、国土地图、行政图等。

当前遗存的明清广东舆图数量繁多。[①]本节主要依据地图的功能，将明清

① 详见本书附录 II“明清时期部分广东海防舆图文献”。

时期的广东舆图大致分为四个类型（粤洋航海、海防图，沿海城池图，政区及山川河岳图，海防专题军事图）[①]，篇幅所限，本书不拟将全部看到或搜集到的地图一一做阐释，只选取其中少幅具有典型代表性的舆图在现有研究基础上加以简要说明。古地图要求其研究者具有多领域的学术背景，由于笔者对古地图涉猎不深，手里影印资料模糊不清，分析难免有不足之处，尚祈方家正之。

一、粤洋航海、海防图

沿海舆图有两种视觉方向，原则上采用“远景为上，近景为下，外境为上，内境为下”的绘法，而并非现代地理学惯用的地理坐标定位。传统绘图有如下两种方位：一种是以长卷的形式，地图的方位不固定，随图卷的展开，不断变换，但陆地总是在上方，整体方位是从海面望向陆地。此类地图可以明代《郑和航海图》、清初《海国闻见录》、清代《福建广东海防航海图》和《各省沿海口隘全图》为代表。另一种是沿海各省的海防军事营汛图，内容在描绘中国海岸全程或某一段沿海陆地、岛屿的防守状况，其方位采取从陆地望向海洋的视角。这类地图除了海防军事营汛图外，清代沿海各省官绘本营汛图均采行。此类地图无论是长卷或单幅，海洋总是在地图上方，陆地总是在下方，而不考虑实际的方位，“守内御外”的意图十分明显。此类地图可以嘉靖《筹海图编》、万历《全海图注》、明后期的《海图》为代表。这种区别的做法，主要是因为使用的目的不同。前者大致使用在沿海航行的船只上，而后者使用在陆地驻防的军队中。

1.《筹海图编》

《筹海图编》天启本题为“胡宗宪辑议”，《明史·艺文志》题为胡宗宪撰，成书于明代嘉靖四十一年（1562），实由时任胡宗宪幕僚的郑若曾、邵芳绘图并撰写，由胡宗宪亲自担任总编审定，并得到了抗倭名将谭纶、戚继光等的大力支持。郑若曾（1503—1570），字伯鲁，号开阳，崑山（今

---

① 王荣认为清代广东舆图的构成中，“行政区域图”“军事图”“沿海图”三种类型占据了绝大多数，是主要的舆图类型。详见王荣：《试论舆图在清代广东地图编绘中的应用——以今人辑录的清代广东舆图为视角》，载华林甫、陆文宝主编：《清史地理研究》（第2集），上海：上海古籍出版社，2016年，第104—123页。

属江苏）人，另著有海防著作《郑开阳杂著》。嘉靖时倭寇猖獗，随总督胡宗宪御倭，并绘辑沿海形势图 12 幅，增辑成《筹海图编》，为明代筹划沿海防务的首部系统专著。全书一共 13 卷，约 26 万字，其中舆图 114 幅，有 72 幅是“沿海山沙图”（实际上是绘有岛屿、海岸线、河流、城池、烽堠、巡检司等地物符号的沿海地形图，一字展开，甚是详备），涉及广东的沿海山沙图有 11 幅（图 5-10）。据胡宗宪《筹海图编序》：“图以志形胜，编以纪经略。”[①]凡沿海地理形势，明代海防部署、海防方略、海战器具，中日历来的交往，倭寇劫掠沿海的历史，倭寇入侵的时间和路径、武器装备、战略战术及平倭之功绩等，均有叙述。书中注重记述地理形势，认为“不审形势，不可以施经略”[②]；该书详细描述了自广西至辽东的沿海阨塞形胜，或当巡哨之海域，或为设防之要地，一目了然。在众多海防地图中，当属《筹海图编》最权威，其《沿海山沙图》是迄今所见中国最早，且又详备的沿海地形图和海防地图。

图 5-10 《筹海图编》中《沿海山沙图》（广东局部）
资料来源：（明）郑若曾撰，李致忠点校：《筹海图编·凡例》，北京：中华书局，2007 年

① （明）胡宗宪：《筹海图编序》，载（明）郑若曾撰，李致忠点校：《筹海图编》卷末，北京：中华书局，2007 年，第 991 页。
② （明）郑若曾撰，李致忠点校：《筹海图编·凡例》，北京：中华书局，2007 年，第 11 页。

2.《海图》

《海图》是明代沿海军事设防图，不知绘者。全图描述了从海南岛到鸭绿江口中国沿海军事防御布局，以及沿海附近岛屿、城镇分布状况。画者犹如站在与海岸线等距离的海岸上，挥动画笔，连绵不绝，岸上的山情水势，沿岸的港口海湾，沿海的卫所、墩台跃然纸上。图末部分有冯时（生卒年不详）撰简要图说，并钤“冯时律天图书”印①。该图采山水画画法，海洋绘以蓝色鳞状波纹并辅以白色浪花，黑色双线勾出河道形状并填以蓝彩，山脉用蓝、绿渐层表现，府、州、县及卫所则绘出蓝色圆形或椭圆形平面城围，地名写在城内。烽堠、军堡、关隘所在以墩台并插上红旗表示，名称写在旁边的方框内。其余古迹、名胜、岛屿，或是巡检司、驿站等，除地位较特殊外，皆仅注以文字并加上方框表示。明代海防图中最完整，对后世影响最深的是郑若曾的《万里海防图》。比对该图与《筹海图编》卷一《沿海山沙图》能够发现两者除墨绘、彩绘之别，《海图》的城墙采平面绘法，《沿海山沙图》采立面形象及《海图》纵向图幅较广外，两图大体类似。推测该图是郑若曾《万里海防图》72幅本摹本之一，时间不早于嘉靖四十一年（1562），至迟不晚于明末。《海图》中涉及的广东省滨海八府，图像清晰、信息丰富（图5-11、图5-12）。

图5-11　《海图》局部（广州、肇庆二府）

图5-12　《海图》局部（雷州、廉州、钦州三府）

① 该图完整版目前珍藏在台北“故宫博物院”，可在其官方网站中查询到。

3.《海国闻见录》

《海国闻见录》由清代陈伦炯撰写，雍正八年（1730）成书。陈伦炯，字次安，号资斋，福建同安人。其父陈昂曾任广东碣石镇总兵、广东右翼副都统，并于康熙二十一年（1682）奉命出使东西洋。伦炯从其父，因而熟闻海外情况及海道形势。陈伦炯后任台湾南路参将，澎湖副将、台澎镇总兵、浙江宁波水师提督等职。《海国闻见录》二卷，作者以亲历所见撰此书。卷一记各洋道里远近、沙礁岛屿、气候、山川、民风物产；卷二绘沿海图，共六幅，分别是四海总图、沿海图、台湾图、台湾后山图、澎湖岛、琼州岛。《海国闻见录》一书代表了鸦片战争之前中国地理界认识世界地理的最高水平。可以说，鸦片战争前，中国官方对西方的描述，以它的描述最为准确，而该书所附舆图（图 5-13）成为日后众多临摹舆图者选择的最佳底本。

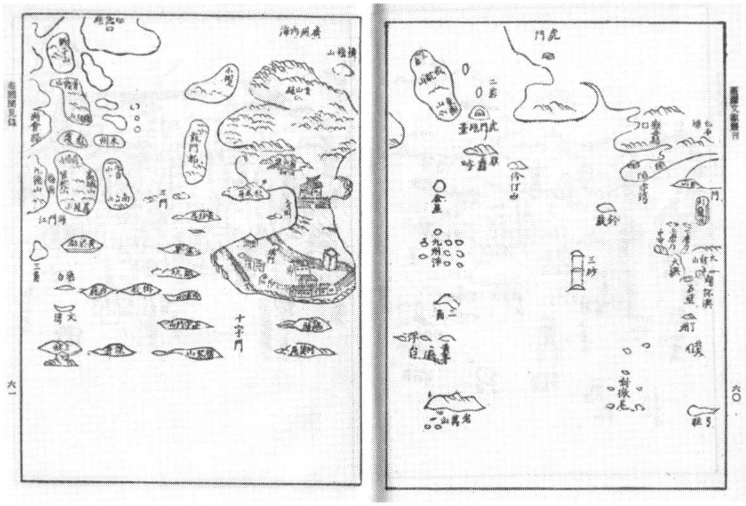

图 5-13　《海国闻见录》中广东珠江口部分

资料来源：（清）陈伦炯：《海国闻见录》，郑州：中州古籍出版社，1984 年

4.《福建广东海防航海图》

《福建广东海防航海图》（图 5-14、图 5-15）不知绘者，创作时间当为雍正七年（1729）至乾隆二十二年（1757）[①]。该图原为湖北麻城山区

① 考证该图的“创作时间”可详见本书第四章“舆图文献视野下的虎门海防炮台”第一节相关内容。

图 5-14　《福建广东海防航海图》中“广东省”局部

资料来源：谭广濂：《从圆方到经纬：香港与华南历史地图藏珍》，香港：中华书局，2010 年

图 5-15　《福建广东海防航海图》中“广州府”局部

一施姓妇人收藏，20 世纪 80 年代由陈建平先生等下乡扶贫时收购，因为年代久远，收购时图卷的品相破落，卷面已经有裂纹，颜色亦有脱落。原图题名文字已遭毁弃，另有“大清国海防线驻军地图”手书，应为后人所签。现题名暂时为收购者所称。全图一幅长卷，高 32.5 厘米，长 482 厘米。内容从福建北边“乌龙江”及军事驻防所“定海所”至广东省最西边北仑河口“交阯墩”，反映了福建、广东两省的海防及航海情形。原图绘制采用中国传统山水画的方式，山形屋宇用彩墨绘制，图中注重内海与外海船只的航海路线和停泊点，如“大屿山大澳水深二丈，可以寄椗避东风”，一共有 110 多处沿海港口、水道、泊地及海底泥质的丰富注记。该图的信息量非常大，无论是地理要素还是绘制技巧，比鸦片战争之后的《广东水师营官兵驻防图》还要丰富。

二、沿海城池图

《古今注》所曰“筑城以卫君，造廓以守民”，言简意赅地说明了城郭在历史中发展的功能。对于历代城池的规制，文献记载颇多。历史上各朝代城池的建筑，各自形成不同的特色。明清时期绘制的城市地图可以展现城市在不同阶段的土地利用方式，提示古代城市规划布局的特点、城市发展演化的历程、最能代表城市传统风貌街区的分布。这些地图提供了不同历史时期城市的空间信息，是一批形象的、第一手的档案材料。从中我们可以直观感受到：古代地图以形象感和美感很强的示意图居多，讲究意境，与山水画有着千丝万缕的联系，没有把实用性和艺术性明显地区分开来。下面的几幅明清时期各处广东城防绘图，可以展示不同时期广东沿海城池军事布防的情况。

1.《永乐大典·广州府境之图》

《永乐大典》“广”字卷 11905 有 3 幅广东城地图，其中《广州府境之图》（图 5-16）中所绘广州城已合三城为一城，广东都司、提举司、察院、广东布政司等官衙已经出现，因此时间上当为永乐年间辑录明初洪武三年（1370）至十三年所绘之图。该图反映了明代初期广州城的重要军事地位，城内设置有四个“卫”，城区东南为军营，城内有两处军粮库，屯兵数量巨大。

图 5-16 《永乐大典·广州府境之图》

资料来源：载《永乐大典》“广”字卷 11905

该图虽然没有像清代广东省城或府城舆图一样直接绘出海防军事炮台、水师船舶、水上布雷等，但却是最早在海洋中标出了海防险要之地“虎头门”的明代早期城池图。

元代末年，倭寇猖獗，大臣刘鹗在奏疏中提出“虎头门”的海防重要性。[①]洪武元年（1368）二月，朱元璋派廖永忠为大将军，南征广东。廖永忠亲率水师由海道径取广州，元朝守将何真率部归降，“时乐昌有小张元帅者，出没邻境。廖永忠兵至虎头门，张亦迎降”[②]。可见，元末明初“虎头门”曾是政权更替中两军水师交接仪式的临时地点，之后虎头门驻军始于明初洪武二十七年所建虎门寨。虎头门水寨的建立，就是戍守珠江口入省城的水道，初建之后长期荒废，直到万历十六年（1588）鉴于嘉靖末及隆庆初两次叛乱从虎头门直入省城的教训，才复设。《大清一统志》载：“虎头门砦，在东莞县西南五十里，水砦也。明初置（原误作“废”），后废。万历十六年复。”[③]崇祯《东莞县志》载：“虎头门寨，万历戊子建

①（元）刘鹗：《直陈江西、广东事宜疏》，载邱树森、何兆吉辑点：《元代奏议集录》（下册），杭州：浙江古籍出版社，1998 年，第 359 页。

②《新元史》卷 227《何真传》，长春：吉林人民出版社，1995 年，第 3306 页。

③ 乾隆《大清一统志》卷 340《广州府二》，载《景印文渊阁四库全书》史部，第 482 册，台北：台湾商务印书馆，1986 年，第 28 页下。

置。”[①]民国《东莞县志》亦载：“虎头门寨，在县西南五十里，水寨也，明初置，后废。”“虎头山关，洪武二十七年置，曰关、曰寨，皆其地也。”[②]除了“虎头门”之外，《广州府境之图》亦明确亦标注了“大鹏千户所”和“东莞千户所”等沿海军事驻防所。

2.《广东省属各州府县地舆图说》

《广东省属各州府县地舆图说》为地图集。图册共有40幅（图5-17—图5-19），每图都有图说，相互照应，图上没有题名。全图采用中国传统山水绘画的形式，平立面结合，水面不绘波纹，特别强调山势、泉瀑、林木。各级府、州、县城绘立体城垣；图中文字包括四边注记府、县道路里程、建置沿革、护城壕周围里数，壕深丈尺，县城方位、距离、筑城始末等，如雷州府遂溪县图中标绘有“白鸽寨”，康熙九年（1670）筑。但据广东省各州、府、县志记载，城垣基本上是明代创建的（明代设有白鸽水寨，为沿海巡防的重要军事依托），翻检清代文献，未见有重筑的记录，推测该图为康熙年间所绘。这套地舆图说对沿海城池内部及周边的军事布防情况有较为清晰的绘制，具有很好的艺术审美价值和军事研究价值。

图5-17　《广东省属各州府县地舆图说》（惠州府和平县）
资料来源：收藏于台北“故宫博物院”，图片由笔者提供

① 崇祯《东莞县志》卷3《兵防志》，载《广东历代方志集成·广州府部》，广州：岭南美术出版社，2007年，第157页。

② 民国《东莞县志》卷16《建置略一·寨台》，载《广东历代方志集成·广州府部》，广州：岭南美术出版社，2007年，第197页上。

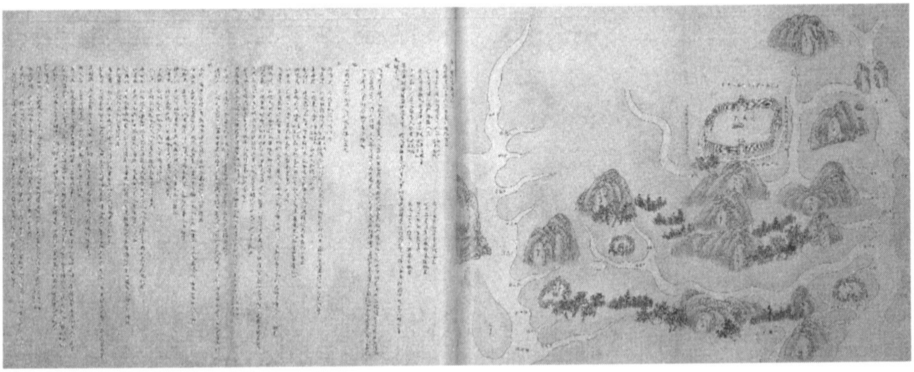

图 5-18　《广东省属各州府县地舆图说》（雷州府遂溪县）

图 5-19　《广东省属各州府县地舆图说》（雷州府遂溪县白鸽寨局部放大）

三、政区及山川河岳图

舆图代表国家政治权利与军事势力延伸想象的空间，被视为国家疆土主权的象征。疆域的历史舆图，是处理政区边境纠纷的历史凭借或重新区划边境的重要史料。而对于政区境内“山”“海”形胜的绘制，“似画”

“若图”已很难区分辨别，舆图中所表现出的精湛绘画技巧、绘制水准与丰富的舆地信息，来自于舆图绘制者自身的才艺兼备，具有极高的历史研究价值和艺术欣赏价值。因此，明清时期有关疆域的历史舆图及境内山川的精美图绘均受到帝王的重视，绘制的质量与数量都较明代之前有很大提升。下面，笔者将举几幅明清时期涉及广东的政区舆图与山川精美绘图的例子。

《王泮题识〈舆地图〉》（朝鲜摹绘增补本）的原本没有流传下来，原作者亦从无考证，目前陆续看到的三个版本（法国国家图书馆东方部藏本、韩国首尔历史博物馆藏本、中国台北“故宫博物院”藏本）[①]均是保留下来的朝鲜摹绘本，其中法国国家图书馆东方部藏本为全本，没有残缺（图 5-20）。作为大幅彩绘全国舆地图，底本可能绘制于隆庆三年（1569）至万历三年（1575），刊刻于万历二十二年或略迟。该图反映了明代晚期全国的疆域政区形势，涉及周边日本、大小琉球、吕宋、安南等。地图中最上边及右下部分附有文字描述，记述了这一历史时期全国府州的情况。最上边是专门对奴儿干都司所辖“卫”的介绍。恰巧这一时期，也正是努尔哈赤带领建州女真崛起并逐步取代明政府对奴儿干都司（黑龙江）统治的开始；右下部分文字对府州的产“粮”有专门统计，颇有特色。在全国府州区划中，广东部分格外耀眼，集中用红色标注，其中府州政区主要用方形红色底框黑字标注，部分普通府州用椭圆形红色底框黑字标注，县级行政区、军事卫所及巡检司也一一做了标注，甚是详细。在这幅舆图中，对广东珠江口的“虎头山”有清晰的标明（图 5-21），可见，在明代万历时期，其仍是险要之处，这一时期距离崇祯初期英国（红夷）的入侵虎门并不遥远，只是未知此时可有炮台设置。

① 目前孙果清、杨雨蕾、孙靖国三位学者已先后对法国国家图书馆东方部藏本、韩国首尔历史博物馆藏本、中国台北“故宫博物院”藏本进行了研究。详见：孙果清《罕见的大幅彩绘全国地图——王泮题识〈舆地图〉鉴赏》（载《地图》2009 年第 C1 期）、杨雨蕾《关于“王泮题识舆地图朝鲜摹绘增补本”的韩国藏本》（载《文献》2012 年第 4 期）、孙靖国《台北故宫藏满汉文“王泮题识〈舆地图〉朝鲜摹绘增补本”考释——兼论清代地图史的开端》（载《2018 年中国历史地理学术研讨会论文集》，2018 年 8 月中国人民大学举办中国历史地理学年会内部刊）。

图 5-20　《王泮题识〈舆地图〉》（朝鲜摹绘增补本）

资料来源：法国国家图书馆东方部藏本，图片由笔者提供

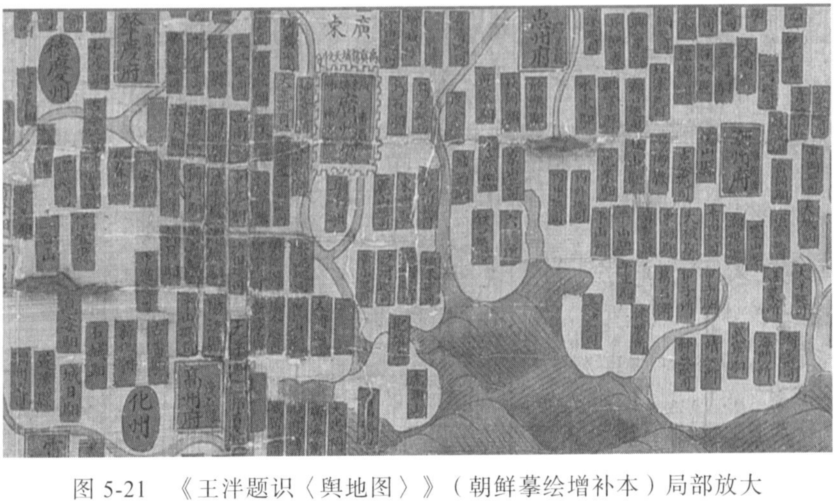

图 5-21　《王泮题识〈舆地图〉》（朝鲜摹绘增补本）局部放大

1.《广东通省水道图》

《广东通省水道图》（图 5-22）为清代嘉庆年间所作彩绘图，不知绘者。图中用传统的立面与平面相结合的形象画法，既有广东省境内政区符号，又有山川地貌及沿海岛屿的分布，尤其是详细标注了境内城镇村落、道路关隘、塘汛分布及全省水道的分布、珠江沿岸的巡检司、塘汛防地、炮台等海防地理形势及军事防御设施，明显突出了军事目的，呈现出与当时国内外形势相适应的时代特点。地图的上方以文字注记省境四至道路里程及相邻省境州县。图中城镇及哨卡的分布点相当密集，基本上都以一栋屋舍当作代表符号；县以上的层级，始画圈圆周上再以四栋屋舍表示。对于省会广州市区城内外街道、衙署、书院及军事单位更特别刻画。图中行政建置的信息，显示出清代嘉庆时期广东省属府、州、厅的行政单位变化。

从海防军事来看，珠江口放大图[图 5-23（a）]中同时标注有狮子（塔）炮台、虎门三台（南山炮台、三门炮台、横档炮台）、沙角炮台。据本书第四章相关内容分析，沙角炮台建于嘉庆五年（1800），狮子塔炮台于嘉庆六年移建到沙角炮台，而三门炮台于嘉庆二十一年移建镇远炮台及虎门寨。因此，该图绘制当不晚于嘉庆二十一年，更可能是嘉庆五至六年。而此图中文字标注有“查蕉门水深可行大船，东至虎门三十六里”，印证了至迟嘉庆早期蕉门仍可行大船绕道虎门的捷径。此外，雷州府遂溪县沿海“广州湾”在图中也有明确标注，亦是不可多得的反映“广州湾”海域的舆图[图 5-23（b）]。

2.《广州城珠江滩景图》

《广州城珠江滩景图》（图 5-24）绘制于乾隆二十九年（1764）至三十五年，绢本彩绘、裱装 8 米长卷。属于 18 世纪中期开始流行的“中西合璧”画法，且专为西方人绘制。当时，广州是清政府指定的“一口通商”港口，对外贸易非常繁华。

全图运用西洋画“焦点透视”法，同时保留了对山水景观的一些中国传统画法，主要以实景方式描绘了广州珠江帆樯林立的繁盛景象及珠江沿

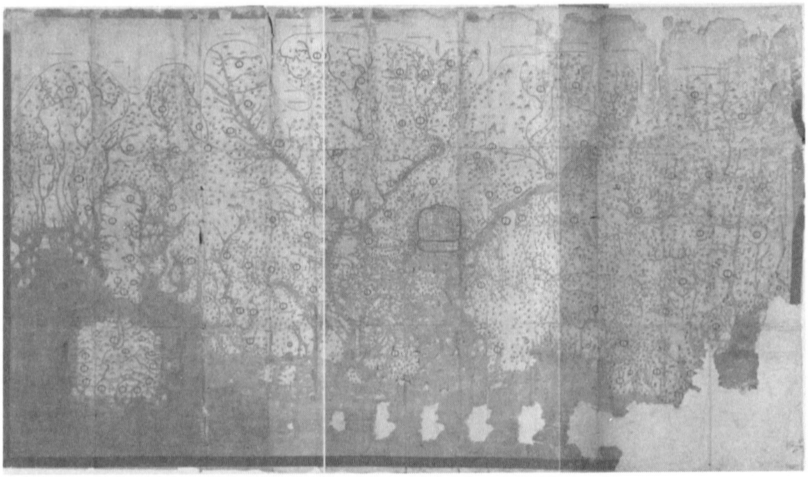

图 5-22　《广东通省水道图》

资料来源：载林天人：《皇舆搜览——美国国会图书馆所藏明清舆图》，台北：台湾“中央研究院”数位文化中心，2013 年

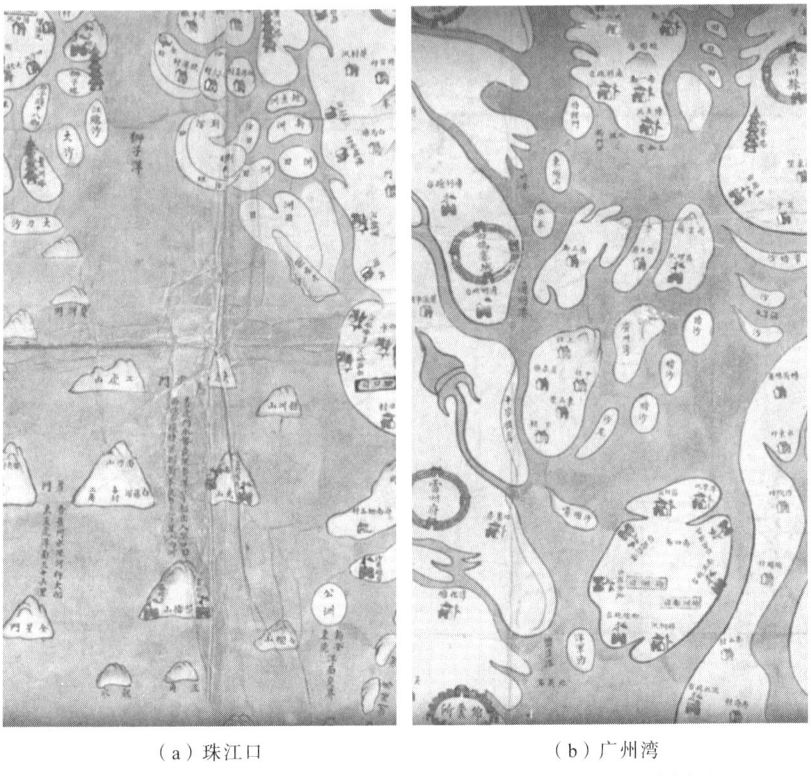

（a）珠江口　　（b）广州湾

图 5-23　《广东通省水道图》局部放大（珠江口、广州湾）

图 5-24 《广州城珠江滩景图》（左半部）

资料来源：载林天人：《方舆搜览——大英图书馆所藏明清舆图》，台北：台湾“中央研究院”数位文化中心，2015 年

岸商号和夷馆的分布，尤其生动地绘制了江边民居生活及分布在珠江滩边的中外商行。画中的建筑清晰，人物栩栩如生。该作品介于“图”“画”之间，已难区分，但其呈现出的精湛画技、丰富信息对 19 世纪中叶煜呱所作《广州港全景图》有着重要影响。

通过《广州城珠江滩景图》局部放大，我们可以看到很多细节，如绘图者绘制了与海防军事相关的“海珠炮台”（图 5-25）和“广东船”（图 5-26）。这两者均体现广东的特色。

海珠炮台及其附近景观很是清晰。海珠炮台建于清初顺治四年（1647），筑于广州城外珠江东侧河道的“海珠岛”（珠江上的一海岛，又名“海珠石”）上，是古代著名的“羊城八景”中的一景（长期以来祭祀宋代名人李昂英），海珠炮台用于护卫省城，抵制来自海上的威胁。它是广州城南的地标建筑，由于距离商馆区很近，也是外国绘画家来广东最喜欢描绘的一处地方，更是艺术家着墨最多的一处炮台建筑（西洋人亦称“Dutch Folly”荷兰炮台）。第二次鸦片战争中该炮台遭受破坏①，炮台设施逐步消失，1931 年填海后，海珠石不复存在。因此，这幅传世作品保留了海珠炮台的真实原貌，有助于对炮台文献资料的解读和研究。

《广州城珠江滩景图》中也描绘了珠江船舶忙碌繁华的情景，且帆船形式不一。图中绘有大量的三桅“红头船”，这是可以行驶到外海的主力船，清代“广东船”种类繁多，其中红头船作为粤东（潮汕）建造的外贸商船成为清代中晚期“广船”的典型代表。此外，还有双桅帆船、单桅帆船、画舫、快蟹船、舢板等，这些民船在战时往往被作为水师战船征用。

①一种说法是被英国军队拆毁，另一种说法是被清军自行拆毁。

图 5-25 《广州城珠江滩景图》局部放大（海珠炮台）

图 5-26 《广州城珠江滩景图》局部放大（广东船）

资料来源：载林天人：《皇舆搜览——美国国会图书馆所藏明清舆图》，台北：台湾“中央研究院”数位文化中心，2013 年

3.《广东全省水陆舆图》

《广东全省水陆舆图》（图 5-27、图 5-28）由当时广东前山营都司黎中配绘制于光绪十三年（1887），是集政区与山川为一体，并采用“经纬网格”方式绘制的舆图。图 5-28 的左上和右下部分均附注文字图说、左中下部分绘制图例和坐标方向。具体来看，图说提到“光绪乙酉（1885）荷蒙奏委会勘中越边界；丁亥（1887）冬又奉调随侍两广督部张（之洞）巡阅内河、外海，沿途测绘，再加考核于吾粤全势稍得端倪，草成图本略述见知”。讲述了绘制本图的目的及海防重要性，即此图的创作与张之洞在中法战争期间及之后不断加强海防军事部署、督办广东防务有密切关系。此外，图 5-28 的右下方详细叙述有广东官吏员额，注记了全省政（府、州、厅、县）、军（水师三十七营及陆路六十八营）、通商口岸（广州、三水、琼州海口、廉州北海、潮州汕头）、十一处洋税关卡及四十二处厘务局厂卡（税务稽征单位）。全图主要描绘广东全省的河流分布、行政区划，以不同颜色区别不同府、州、厅的行政区域。图面上表达的信息及绘图技巧，已符合现代绘制地图的水平。

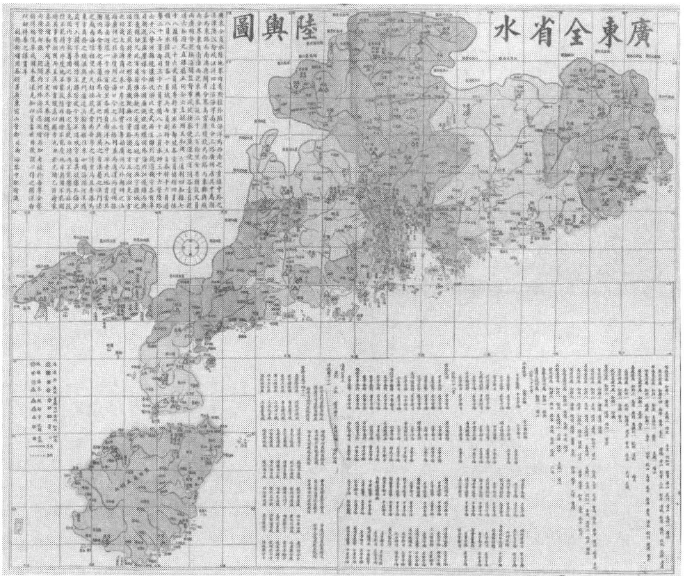

图 5-27 《广东全省水陆舆图》

资料来源：载林天人：《皇舆搜览——美国国会图书馆所藏明清舆图》，台北：台湾“中央研究院”数位文化中心，2013 年

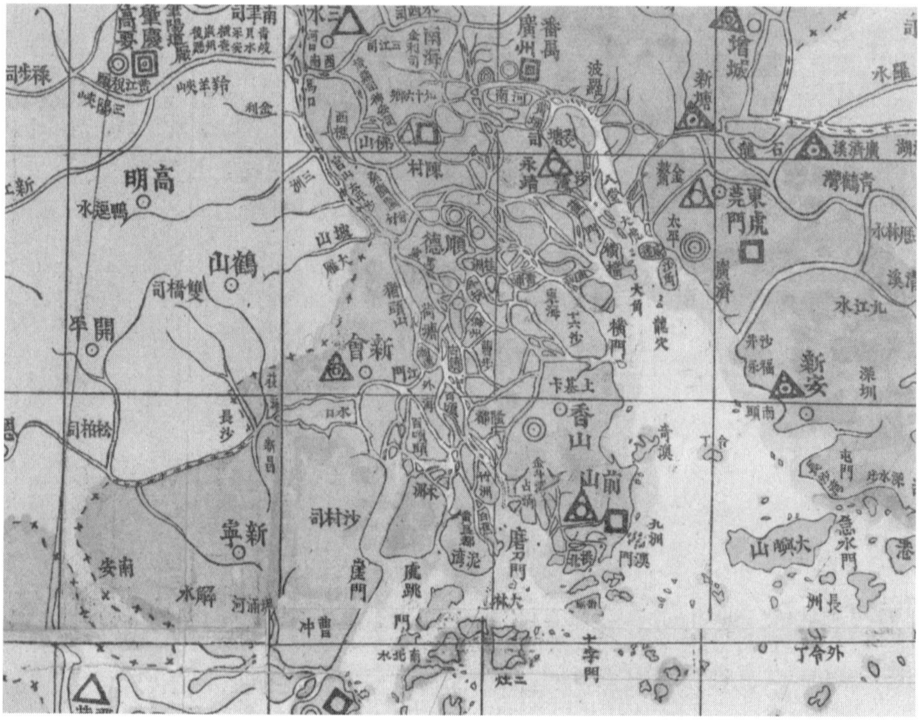

图 5-28　《广东全省水陆舆图》（局部放大）

四、海防专题军事图

明清时期，随着倭寇、西夷及国内海盗的频繁侵扰，中央及地方政府非常重视海洋防御与地方社会治理。因此，这一时期海防专题的军事图数量较多，且形式多样，如区域海防图、炮台形制图、地方汛塘图、沿海水师战备图等。下面，笔者仅以同一主题的两组舆图（《广东水师营官兵驻防图》与《广东水师提标后营汛地舆图》、《虎门外海威远炮台图说》与《虎门各炮台形势图》）为例来具体说明。

1.《广东水师营官兵驻防图》

《广东水师营官兵驻防图》（图 5-29）现藏于中国第一历史档案馆，当前学界已有不少关注，是一幅内容丰富的广东驻防军事地图。该图为彩绘纸本，不知绘者，其绘制时间一直被认为是“同治六年（1867）或之前”。如笔者前文所考证，舆图中虎门一带的炮台数量及名称均是道光二十三年

（1843）以后所筑的十六座炮台，鉴于它们在第二次鸦片战争前后受破坏的进程，该舆图的绘制时间可以放在道光二十三年至咸丰六年（1856），更可能是咸丰四年至六年。

图 5-29 《广东水师营官兵驻防图》局部（虎门至广州部分）

资料来源：中国第一历史档案馆、广州市档案局（馆）、广州市越秀区人民政府编著：《广州历史地图精粹》，北京：中国大百科全书出版社，2003 年

该图展示了广东境内（东起悬钟港、南澳镇，西止江坪、东兴街）海岸线及清军驻兵数目，图上标有府、州、县、村镇、山川、岛屿、庙宇、营寨、汛所及炮台的地理位置。凡营寨绘有营盘，各营地间标注管界、里程、水深情况，各汛、司均绘有营房、旗帜，各州县、营寨还记注有官兵驻防数据。其中虎门寨、前山寨驻兵、各炮台水面宽度及水深情况尤为详细，如图 5-29 中表现了珠江层层设防的水师，尤其突出了虎门一带三重防护（沙角、大角为第一门户，镇远、横档为第二门户、大虎为第三门户）。又如澳门，放大部分展示了澳门周围关闸、前山寨、香山县、青洲、鸡头、九澳角、潭仔、九洲洋、十字门及葡萄牙人炮台等情形（图 5-30）。可见，其绘制用以海防军事作战的目的非常明确，并上呈供皇帝阅览。

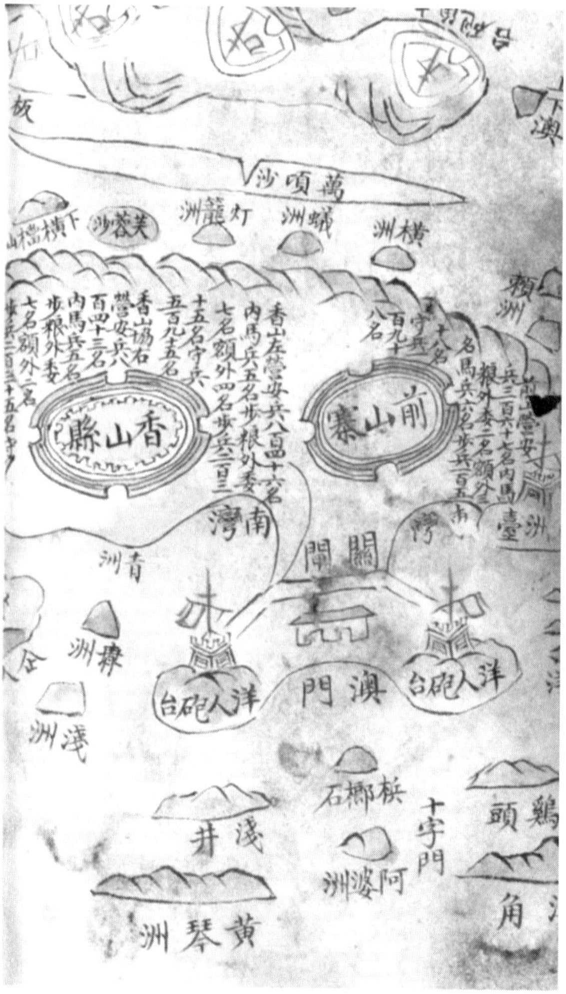

图 5-30　《广东水师营官兵驻防图》局部放大（澳门部分）

2. 《广东水师提标后营汛地舆图》

《广东水师提标后营汛地舆图》（图 5-31）不知绘者，目前藏于英国国家档案馆，相对于中国珍藏的《广东水师营官兵驻防图》，较少为人所知。广东水师提督统辖提标中、左、右、前、后五营，其中，中、左、右三营为外海水师，前、后二营为内河水师。《广东水师提标后营汛地舆图》展示了“后营”范围（西起与顺德接界，东止龙地口，北为山，南为珠江江面），对管辖军事情况做了说明，包括险要汛塘、驻防官兵人数、炮台、船只等海防设施。其中主要内容是广东省城以东、以南珠江两岸汛地（左岸17汛、右岸25汛）及其距离、炮台（省城珠江中的东炮台、猎德炮台、海珠炮台），还绘画并注明有15处巡船和2处夷船。

图 5-31 《广东水师提标后营汛地舆图》

资料来源：华林甫：《英国国家档案馆庋藏近代中文舆图》，上海：上海社会科学出版社，2009年

值得商榷的是，图名右侧有“七年二月十五到”字样，华林甫教授认为图中能绘出两处夷船和“夷船入口”，应是咸丰七年（1857），而不是鸦片战争尚未发生的道光七年（1827）。然而，笔者认为尚不能完全排除道光七年的可能。且不说明代末期英军（红夷）对虎门一带的侵犯，仅鸦片战争之前就曾两次入侵珠江虎门甚至直抵黄埔、广州一带。当年由英国舰队随军画家绘制的海战图《1816年阿尔塞提号攻打虎门炮台》（嘉庆二十一年）和《1834年9月7日至9日伊莫金号及安德劳玛琪号攻打虎门》（道光十四年）均反映了这一事实。此外，清代嘉庆年间《广东通省水道图》中就有对夷船入口的标注“查虎门水势最深，夷洋等船出入要口”等（图5-32）。而且，东炮台、猎德炮台、海珠炮台在第二次鸦片战争的咸丰六至八年遭受英军的毁坏，所标狮子塔炮台在嘉庆六年废弃并移建他处的文字信息（图5-33），也是距离道光七年更近的事件，等等，这些因素也应纳入考虑的范畴。

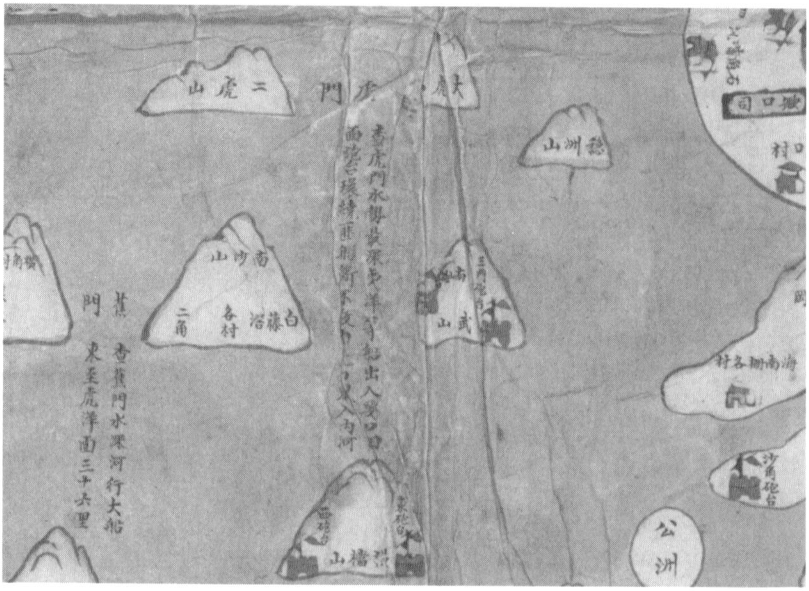

图 5-32 《广东通省水道图》虎门局部放大

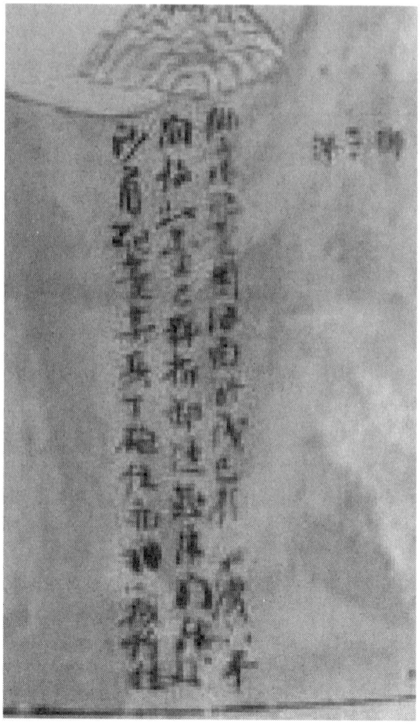

图 5-33 《广东水师提标后营汛地舆图》狮子塔炮台文字

3. 《虎门外海威远炮台图说》

《虎门外海威远炮台图说》是道光二十四年（1844）顾炳章绘制《广东炮台图》（全图册共有图 31 幅）中的一幅（图 5-34），图册绘制工整详细，使用手工彩绘方式，内容清晰，并附有图说（一图一说）。该图题名为《虎门外海威远炮台图说》，其中“外海”只是相对虎门以内的“省城”内海防御而言。从海防范围来看，虎门之外的龙穴洲才是清代文献记载的外海起点，威远炮台只是虎门防御中第二道防线的一个节点，这反映了晚清鸦片战争之后广东海洋防御的严重收缩。图中文字不仅描述了炮台的方位“坐东北向西南”，清晰地标明了东、南、西、北四个方向，而且详细地记述了炮台的位置、大小、兵房的数量，以及用途、军装局、药局、码头、水井、腰墙、望楼、庙宇等。理想的炮台工事需要基于上述要素构建内外统一、水陆相维的整体防卫态势，形成前后纵深、左右护卫的综合防御体系，并注意军事设施与生活功能的平衡。该图尤其对第一次鸦片战争前后威远炮台的修复情况做了对比，标出“照旧修复”及“新添筑敌台”，空间结构一目了然。

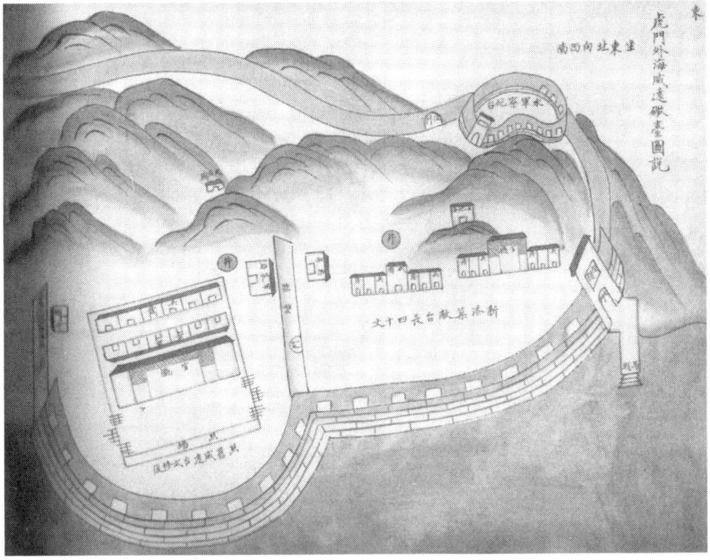

图 5-34　《虎门外海威远炮台图说》

资料来源：广州市规划局、广州城市建设档案馆编：《图说城市文脉——广州古今地图集》，广州：广东省地图出版社，2010 年

4.《虎门各炮台形势图》

《虎门各炮台形势图》作为平面地图册，珍藏了丰富的炮台设置信息，以“大黄滘”为例（图 5-35），作为光绪十年（1884）至十五年的作品，揭示了清晚期大黄滘炮台群的情形。大黄滘又名“大王滘”“南石头”，位于芳村东朗与南漖之间。通过清宫旧藏《大黄滘炮台图》（图 5-36）我们可以清楚地看到大黄滘各炮台的炮位布局与堡垒细节，反映的是道光二十三年（1843）扩建后的炮台情形，即大黄滘台南侧添设沙腰炮台，形成江中岛上有两座炮台，两岸分设炮台扼守河道的炮台群。

图 5-35　《虎门各炮台形势图》（大黄滘炮台图）
资料来源：国家图书馆藏，图片由笔者提供

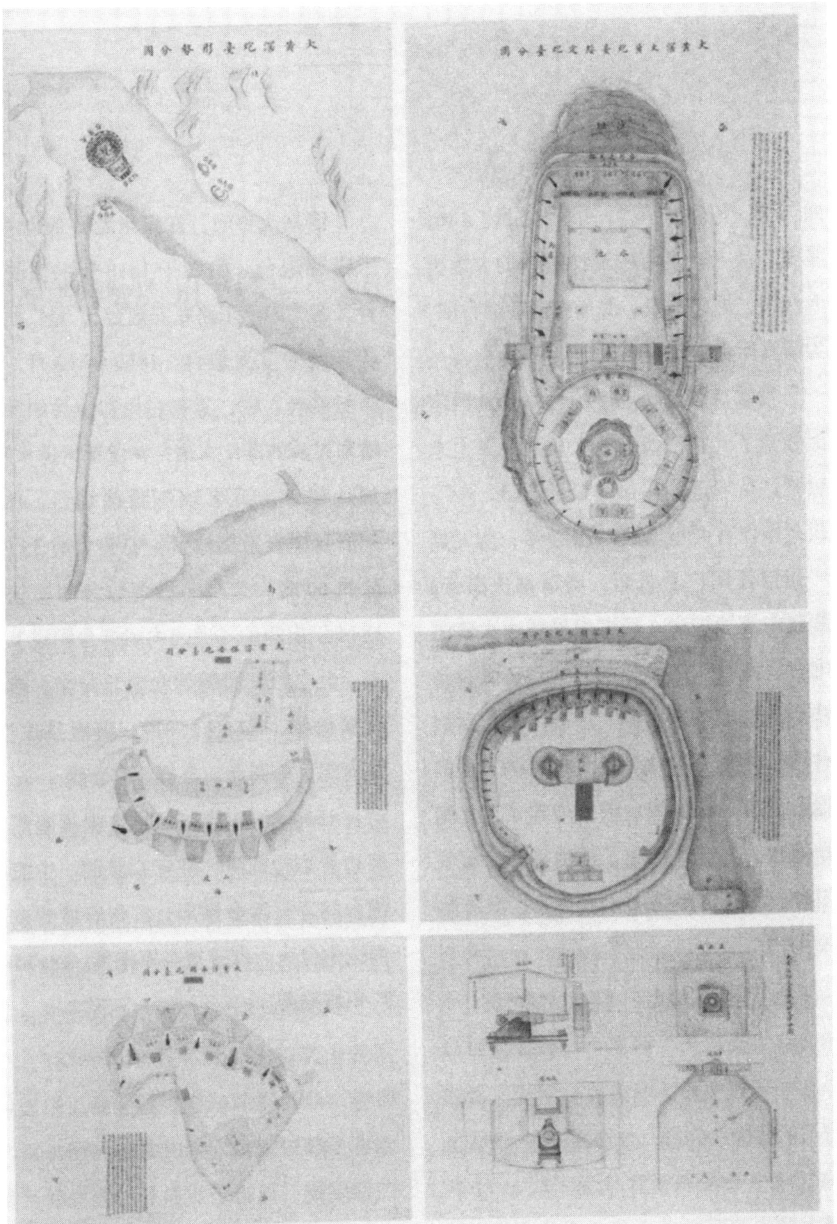

图 5-36　清宫旧藏《大黄滘炮台图》

光绪十年（1884）海防正白旗王治所绘《广东海防图》中对大黄滘炮台群有清晰的直观展示（图 5-37）。图中大黄滘各炮台呈现立面建筑造型：

突出的台旗、矗立的望楼、坚实的围墙、高大的门楼、排列的炮位、方形的炮洞等，珠江江心岛屿上的大黄滘绥定台及两珠江两岸的镇南台、保安台、永固台亦非常直观。清代嘉庆及道光时期开始，大黄滘炮台与“猎德炮台”“中流沙炮台”守护珠江南北支水道，成为敌船闯入虎门以后能够防卫广东城省的最后一道珠江军事屏障。咸丰时期，这里仍有贞吉船、红单船等巡防（图 5-38）。

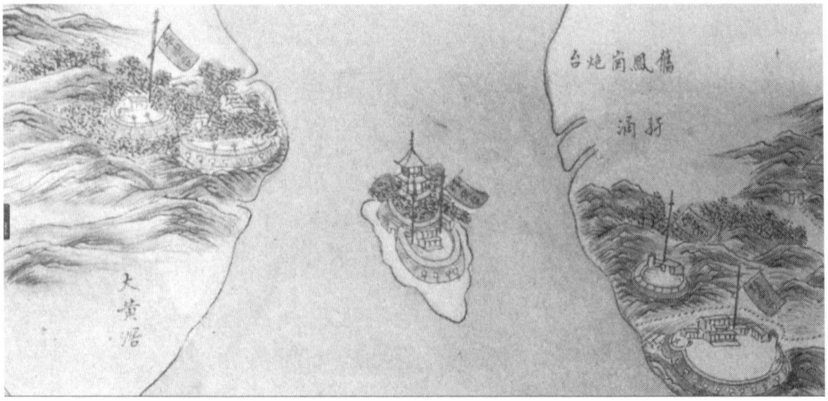

图 5-37　光绪十年王治《广东海防图·广州省城海防图》（大黄滘炮台群）
资料来源：广州市规划局、广州市城市建设档案馆编：《图说城市文脉——广州古今地图集》，广州：广东省地图出版社，2010 年

图 5-38　咸丰五年《广州府南海县水面潘梁二参将围攻洪兵地图》（局部放大）

第三节 《广东水师国防要塞图说》：宣示南海主权的典范

一、撰著《广东水师国防要塞图说》的背景和目的

李准（图 5-39），生于同治十年（1871），病逝于民国二十五年（1936），原名继武，后名曰准，字志莱，别字直绳，号任庵，又号平叔，四川邻水人。自幼随其父宦居广东。历任候补道员、总兵、水师提督兼巡防营统领等职。在国势衰微时，他驱逐英舰，赶走窃据东沙岛的日本人，巡视西沙群岛，遏制了法国、日本侵略图谋，有功于民族，被时人誉为“百年来维护南海主权第一人”，也是晚清最后一任广东水师提督，一名文武双全的儒将。[①]李准以微不足道的道员小宫，连升七级，被慈禧太后两次破格召见并破格钦点为水师提督，引起朝野内外极大好奇，新闻界惊呼“仕途中诚为罕见”！据晚清《申报》报道：“李直绳观察准以道员而任广东水师提督，仕途中诚为罕见。其第一次召见，皇太后垂询粤省情形及水陆军事，李一一奏对。又部以通晓兵学与否，李以曾经阅历为对。其第二次召见，又面奏历年所办营务及水师情形，皇太后知其才，故决意任之。”[②]

图 5-39 李准像

资料来源：何正华：《广东水师提督李准》，北京：北京海洋出版社，2017 年，第 367 页

李准作为广东水陆提督，很快展露出水陆两栖军事家的天赋，进行了大刀阔斧的整顿广东水师工作。当时《申报》所载：“李准将各营水师大加整顿，各处炮台，凡旧式无用而又非紧要者，一律拆去。其余如碍难遽拆，则参酌各国新法重行改造。其虎门之横沙角及省河之海珠、牛山、长洲各炮台之炮兵，亦拟改习洋操，认真教练。”[③]李准临危受命接手广东

① 参（清）李准：《任庵自编年谱》，暨南大学清代稿本。

②《李提督召见补述》，《申报》1905 年 6 月 3 日，第 9 版。

③《粤省整顿水师》，《申报》1905 年 7 月 17 日，第 3 版。

水师，通过这一系列举措，整顿了广东海军建制，开办了具有初级军事培训意义的虎门军事学堂，使广东海军逐步向近代化和正规化的方向靠拢，所统领水师队伍在清末广东是一支不可小觑的军事力量。

李準巡海記

图 5-40　《李准巡海记》

李准一生著有政治军事作品《粤东从政录》、《李准巡海记》（图 5-40）、《广东水师国防要塞图说》（图 5-41）、《任庵自编年谱》、《任庵六十自述》、《清末遗闻》等。其中，《广东水师国防要塞图说》是其所撰最重要的一部海防地理学著作，目前保存完整，只是书中的 27 幅舆图遗失，非常遗憾。

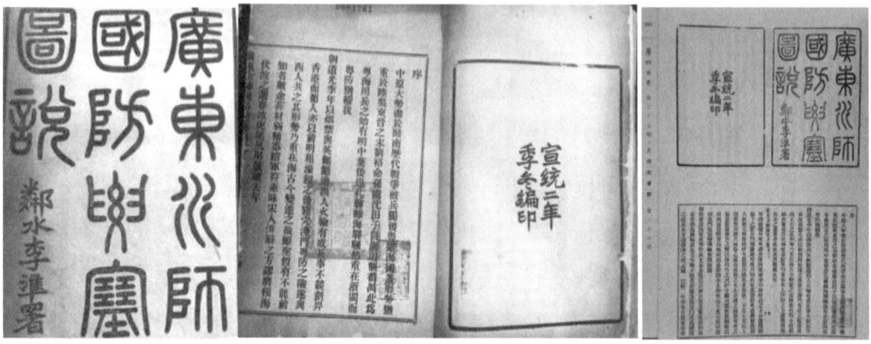

图 5-41　《广东水师国防要塞图说》封面

资料来源：《广州大典》，第 37 辑，史部政书类，广州：广州出版社，2015 年

《广东水师国防要塞图说》由李准署名编撰（手书篆字），原书页内标有“邻水李准署”及“宣统二年季冬编印”。该书现藏于今广东省立中山图书馆，2015 年据该馆藏本影印，辑入《广州大典》，属于史部政书类（第 37 辑）。《广东水师国防要塞图说》的编纂，客观上符合了光绪后期“舆图之学，首重经纬，经纬之准，唯凭实测”[①]的时代背景，也代表了清朝

①（清）余宏淦：《新编沿海险要图说·凡例》，光绪二十九年鸿文书局石印本，第 1 页。

海防地理学及其思想发展的最后阶段成果，为新中国南海“九段线”海洋权益的提出奠定了重要文献基础。

《广东水师国防要塞图说》的编纂目的在于顺应中国海防建设的客观需要。正如李准在《序》中所言：“去年军谘处檄行来粤，调查海防要塞”，“复取粤省旧图与西人新图互相参校”。[①]经过数月的编纂，李准凭借先前历次巡视勘测东沙群岛、西沙群岛的实践经验，一共测绘了27幅海防舆图。这些地图配合图说，对包括南海在内的整个广东沿海险隘的远近、港湾的大小、沙线的浅深、营垒的废置、潮汐的变化、江海内外的区别都做出了解释，这些测绘的地图和数据，成为编纂《广东水师国防要塞图说》这部海防地理文献的第一手宝贵资料。

二、《广东水师国防要塞图说》的主要军事地理内容

《广东水师国防要塞图说》全文一共7738字，李准以清代最后一任广东水师提督的亲身经历对“广东水师”及其“国防要塞”做了总结。内容主要有四个方面：其一是在自序中，讲述了著书的目的和背景。其二是对广东沿海军事形势做了总、分叙述，分别为《广东沿海总图说》《南澳至香港图说》《香港至海陵图说》《海陵山至白龙尾图说》。其三是重点，内容较多，主要对广东四路海防的军事要塞、水师防御水道分别做了叙述，尤其珍贵的是列有东沙岛图说、西沙岛图说，当据李准巡海的成果写成，这成为明清时期中国海防地理文献的中颇具特色的亮点。内容依次为《广东六门水道图说》《南澳图说》《汕头埠图说》《神泉甲子图说》《碣石湾图说》《三洲水道图说》《三门至范和港图说》《广东虎门至龙穴图说》《广东莲花山至虎门图说》《广东黄埔至莲花山图说》《广东省河至黄埔图说》《广东西江古劳至鸡冠石图说》《广东西江鸡冠石至梧州图说》《榆林港图说》《琅玡湾图说》《三亚港图说》《琼州海口图说》《东沙岛图说》《西沙岛图说》。其四叙述了广东海防四路的炮台形势，即《广东中路沙角各炮形势险要详细图说》《广东中路长洲各炮形势险要详细图说》

①（清）李准：《广东水师国防要塞图说》，载《广州大典》第37辑，史部政书类，第26册，广州：广州出版社，2015年，第841页下。

《广东东路崎碌、苏安各炮台形势险要详细图说》《广东西路白龙尾炮台形势险要详细图说》《广东南路秀英各炮形势险要详细图说》。

沿海地形是一部博大的兵书，不同的人有不同的读法，不同的时代也有不同的解释。清朝晚期，以丁开嶂为代表的海防理论者提出了“中国兵事固以北方为重”，“北洋为防御之紧要地点，舰队不敢尽数远离，以致京师势形单薄乎？然则我国战略上之计划，虽著重北方，广东沿岸尤须筑设军港海防”，“一则可以防护本省，一则可以作象山港之右翼”。[①]可见，丁开嶂认为海防重点在北方，以渤海为重，黄海、东海次之，南海又次之。李准在《广东沿海总图说》中的心得是：“各国自南洋入中华者，粤省首当其冲”“故论中华御侮之全局，尤以粤省海防为先务。”[②]观点与丁不同，也是当时最早看到南海对于中国的重要性的人。

在广东海防布局中，李准很重视海南岛（琼州）的地位，根据广东全势，以“广州省防、东路潮防、西路廉防、南路琼防”为大纲，很有见解地提出“广州省防最急，琼次之，廉次之，潮又次之”，除了广东全省防守难度最大的广州虎门“非有炮台、水雷、兵轮三者不足言固”外，海南岛由于“（海外）孤悬，地利未开，久为强邻所觊觎”，因此提出“广府安则腹心强，琼州完则门庭固”的主张[③]，视海南岛为整个广东省仅次于广州虎门的重要门庭，这在有清一代成为很有价值的战略思考。

值得注意的是，该书很多内容来自李准的军事生活实践经历。试举两例。

其一，《南澳图说》中对南澳岛的表述，来自李准兼任南澳镇总兵的真实印象。其描述为：“南澳孤悬海中，周回三百余里，为闽粤两省分界，西略偏南距省城一千零七十里，西偏南距汕头海道九十余里。内分四澳，曰青澳，曰云澳，隶福建，海面极浅，潮退时见沙，礁石极多；曰隆澳，曰深澳，隶广东，水深一丈左右，礁石横亘数里，西南一带沙屿错列，屏

①（清）丁开嶂：《中国海军地理形势论·总论》，民国元年北洋公报局铅印本，第46—47页。

②（清）李准：《广东水师国防要塞图说》，载《广州大典》第37辑，史部政书类，第26册，广州：广州出版社，2015年，第842页下。

③（清）李准：《广东水师国防要塞图说》，载《广州大典》第37辑，史部政书类，第26册，广州：广州出版社，2015年，第843页上。

蔽汕头，亦潮防门户。现驻防南澳总兵一员，守备一员，千总二员，把总二员，外委千总一员。”①

南澳岛地处东海与南海要冲，是粤东与闽南之间军事要地，素有“潮汕屏障、闽粤咽喉”之称，外有倭寇侵扰，内有海盗盘踞，朝廷派驻的士兵越来越多，南澳的规格也逐步升级，最后成为管制闽、粤的重要军事基地。至今南澳岛上还保存有“总镇府”衙门（图 5-42）。《申报》记述，光绪三十一年（1905）七月初三日，李准以总兵署理广东水师提督。“奉上谕广东南澳镇总兵著李准补授，仍著署理广东水师提督。”②

图 5-42　闽粤南澳总镇府，笔者拍摄

其二，与英国争夺西江缉捕权事件。“粤东盗甲天下”常见于晚清各类文献。而“粤中之盗，各处情形尤不相同”③。李准在《广东西江鸡冠石至梧州图说》中这样描述：“西江由鸡冠石以上，江心最多礁石，驾驶尤难至。德庆州城，商务兴盛，帆樯如林，水之宽深不等，与肇庆一带同

①（清）李准：《广东水师国防要塞图说》，载《广州大典》第 37 辑，史部政书类，第 26 册，广州：广州出版社，2015 年，第 844 页下。

②《电传上谕》，《申报》1905 年 8 月 14 日，第 1 版。

③《粤东从政录·纪李北海之役（上）》，《申报》1926 年 4 月 2 日，第 17 版。

由德庆至梧州入广西界，为华洋通商巨埠，轮船可至，诚两粤之要隘。”[①]

由于西江匪盗猖獗，光绪三十二年（1906），抢劫案频发。英国人借以保护商业贸易为名，派遣兵轮进入西江内河，侵夺西江缉捕权，“嗣因添设快轮分段，派员督率巡缉，英人始允将兵轮退出，取回西江捕权，此近事也”[②]。

查阅《任庵六十自述》，李准总结这样叙述西江缉捕权事件：“西江本多盗，上达至梧浔。近来屡出事，伤害及外人。各国多责备，军舰自由行。……乃与各国议，捕权我自承。分段派巡缉，违者以法绳。列国无异议，焕然如释冰。”[③]

此外，李准非常重视水师轮船的建设。光绪二十六年，李准入水师时，造舢板三百余号，曰“广安水军”“惠安水军”“肇安水军”“韶安水军”，防西江、东江、北江及省南港汊纷歧之地。光绪二十八年，陶勤肃公传谕：“以统巡各江水师”，因“内河外海大小兵舰约五六十艘皆腐败不堪。准全数裁撤，而以新造之楚式舢板分防各江”。[④]

正是这种对水师的执着经历，他在图说中多次提到“兵轮”驻防情况：“广东省河至黄埔一带，驻防有缉捕兵轮安禺、广乾二号”；“广东黄埔至莲花山驻防有缉捕兵轮广亨、西山、同济三号”；“广东莲花山至虎门一带，驻防有缉捕兵轮雷坎、安济二号”；“广东虎门至龙穴一带，附近虎门寨城驻防有缉捕兵轮安平、雷兑二号”；“广东西江古劳至鸡冠石，驻防有缉捕兵轮江清、江固、雷巽、雷乾等共十余号，分段巡查”；“广东西江鸡冠石至梧州，设防有缉捕兵轮江巩、广利、雷艮、雷中等共八号”。[⑤]从中我们可以看到这种兵轮的驻防主要在从虎门通往广州的省河及西江河

①（清）李准：《广东水师国防要塞图说》，载《广州大典》第37辑，史部政书类，第26册，广州：广州出版社，2015年，第846页下。

②（清）李准：《广东水师国防要塞图说》，载《广州大典》第37辑，史部政书类，第26册，广州：广州出版社，2015年，第846页下。

③（清）李准：《任庵六十自述》，载卞孝萱、唐文权编著：《民国人物碑传集》，南京：凤凰出版社，2011年，第173页。

④（清）李准：《任庵自编年谱》，暨南大学清代稿本。

⑤（清）李准：《广东水师国防要塞图说》，载《广州大典》第37辑，史部政书类，第26册，广州：广州出版社，2015年，第845页下—847页上。

道两个区域。这点在其《广东沿海总图说》中已有交代："广州之虎门最为宽深，其旁又有横门可以绕出八塘尾，有磨刀门可以旁突西江，非有炮台、水雷、兵轮三者不足言固。"①

三、《广东水师国防要塞图说》的主要海防价值

李准《广东水师国防要塞图说》中最有价值的部分，同时也是该书最大的亮点，即其第一次非常清晰地记载了位于南海的"西沙群岛"和"东沙群岛"。分述如下。

《东沙岛图说》："东沙岛孤悬海外，经东一百一十六度四十三分十四秒纬西二十度四十二分三秒，东西长约七里，南北宽约三里，岛面出水高逾三丈，潮水涨落约五尺，居香港之东南，相距约六百里，岛产磷质极富，遍地皆是，掘土一二尺即见，其质厚约三尺至六尺不等，十余年当采取不尽。此外，尚有龟壳、螺壳、海草、乌毛等甚多，日本人西泽自光绪三十三年曾带工人四百名专事采取玳瑁、乌毛、螺壳、海草、磷质等物，获利甚厚。宣统元年，我国将此岛设法收回，现拟招徕华商承办岛务，官为保护维持，以重海权。"②

《西沙岛图说》："西沙岛在琼州陵水县榆林港之东南，星罗棋布，延袤直自纬北一十五度四十六分至纬北一十七度一十七分五秒，横自经东一百一十一度一十四分至经东一百一十二度四十五分，共岛十五处，分为西七岛、东八岛，水深一十三拓至二十拓不等，岛产磷质、雀粪极多。宣统元年，张前部堂派员查勘，现拟招徕华商承办岛务，官为保护维持，以重领土而保利权。"③

李准在《李准巡海记》《任庵自编年谱》中记载了多次巡视东沙岛和西沙岛的经历，如《李准巡海记》："清光绪三十三年四月间（西历一九

①（清）李准：《广东水师国防要塞图说》，载《广州大典》第37辑，史部政书类，第26册，广州：广州出版社，2015年，第843页上。

②（清）李准：《广东水师国防要塞图说》，载《广州大典》第37辑，史部政书类，第26册，广州：广州出版社，2015年，第847页下。

③（清）李准：《广东水师国防要塞图说》，载《广州大典》第37辑，史部政书类，第26册，广州：广州出版社，2015年，第847页下—848页上。

〇七年五月间）[①]，奉两广总督张人骏之命，巡阅南海，发现十四个岛，各为勒石命名悬旗纪念。缘是年春，李氏先巡海至东沙岛，见悬有日旗，经交涉收回，因思中国领海中恐尚有荒弃之地，乃更有南巡之举。”[②]《任庵自编年谱》亦载：“又出巡外海，至距汕头八十海里之洋面，见有岛悬日本国旗，异之。以为此为广东领海，何得有日本国旗飘扬于岛上？及登岸查勘，沙滩上横一木牌，标曰‘西泽岛’……西人呼之为布拉打士，向属中国领土。”[③]

可见，李准在广东水师提督任内，曾奉两广总督张人骏之命，率兵舰屡往南海诸岛巡航，到过东沙群岛、西沙群岛。当时为此李准派人到广州和天津购买海上定位仪、经纬仪、测距尺等专业设备，从而有了中国对南海诸岛的专业测量考察，“所历各岛，皆令海军测绘生绘之成图，呈于海陆军部及军机处存案”[④]，中国有了南海官方海图；次年又亲笔著成《广东水师国防要塞图说》，这是中国官方明确地将南海诸岛纳入国家防御范畴，代表中国政府宣示南海主权，其重大意义影响至今，对中国维护南海主权还将长期发挥作用。

此外，《广东水师国防要塞图说》对东沙岛屿、西沙岛屿的地理位置坐标，使用了“经纬度”的概念，这种海防思想具有浓厚的现代化风格，在当时还是较为难得的。更重要的是，后人在其基础上演变发展成了今天的南海“九段线”。

《广东水师国防要塞图说》也使用了“海权”这一西方用语，那时中国

① 关于李准此次巡海时间，厦门大学韩振华教授等前辈早已纠正。1978 年，韩先生撰写《有关我国南海诸岛地名问题》指出“李准滩（Grainger Bank）：1909 年李准奉命巡视南海诸岛的西沙，为此而命名”。该文后刊发于《中国边疆史地研究》1995 年第 1 期；另被《韩振华选集》第四卷《南海诸岛史地论证》（谢方、钱江、陈佳荣编，香港：香港大学亚洲研究中心，2003 年）收录。

②《李准巡海记》，《国闻周报》1933 年第 10 卷第 33 期。《李准巡海记》实为当时见刊所加篇名，其实是李准巡视南海诸岛之后写的报告，为《李准日记》的缩简版本。可惜的是，《李准日记》在此后中国战乱纷呈的历史中多有散失，《李准巡海记》就成了迄今能够查证的最详细巡海记录，原册有测绘地图，辛亥革命时遗失。目前中国南海研究院网站载有“大成数据”公司据《李准巡海记》全文之影印版，共 8 页。

③（清）李准：《任庵自编年谱》，暨南大学清代稿本。

④《李准巡海记》，《国闻周报》1933 年第 10 卷第 33 期。

官方高层只有“海防”意识，且局限于近海防御，而李准已把巡视西沙、东沙的行动上升到“海权”的高度，说明西方重视的马汉海权理论，已经为李准认同。

结　　语

海洋，拥有充满魅力的资源宝库，为人类的可持续发展提供了富有想象力的战略空间。当今世界，围绕海洋资源与权益的全球争夺日趋激烈。发展海洋经济、维护海洋权益、努力实现“海洋强国”之路，已经正式成为新时代党和国家海洋战略的重要目标。

虽然中国古代先民很早就有海洋活动并一直延续至今，但由于历代统治者有着根深蒂固的类似“海者，天之所以限华夷”的思想，因此，中国自古都以海洋作为防御敌人的天然屏障。即使明清时期中国政府已经逐渐完善了海洋防御体系，但仍旧缺乏积极经营海洋的意识，更无从谈起“海权”。

广东作为中国沿海大省，明清时期一直是海洋防御的前线，肩负着多重海洋防御的任务。作为中国对外交流的前沿，广东既是中国向外瞭望和接受海外信息、文化、新事物的重要窗口和通道，又是中外经济文化交流、武力较量乃至冲突的主要场所。因此，明清两代，广东的海防对象既有东来的倭寇，又有西来的夷人，更有中国沿海最为频繁和猖狂的海盗出没。

近些年，随着国家“一带一路”倡议的提出，海防研究的新成果不断涌现，区域化现象更加明显。审视目前学术成果，仍主要体现在海防研究的“战争史、人物史、思想史、制度史”领域，而对基于自然与人文地理因素的“海防地理”专题研究依然不改弱势格局。“海防地理学”主要探讨影响海防战争的地理形势，分析地理要素在海防建设中运用，为海防工事的设置、卫戍军队的布防和海洋区域作战的把控提供了必要的理论依据。

更重要的是，海防地理学的研究离不开舆图。舆图即古地图，是一笔具有极高人文精神和科技含量的人类文化遗产。它包含丰富的历史信息，不仅描绘了古人的地理空间，也反映了当时的社会思想，是古代海防地理研究中极为珍贵的资料，可以起到一般文字资料难以起到的作用。

本书基于舆图文献视野下的明清广东海防军事地理研究，实际上是运用历史地理学研究方法，探讨涉及明清时期广东区域海防的舆图文献，尤其是近些年通过文献整理及舆图档案公开而涌现出的学界鲜为人知的稀缺舆图文献。并进一步检阅明清以来留下的许多珍贵的古地图及文献，基于古地图视野，对图中所载今广东区域的海防地理因素及其相互关系，乃至海防时空演变作一初步研究，希望能够为当今海防问题提供一些借鉴。通过分析舆图文献及对明清时期广东海防军事地理的探讨，我们可以得出以下几条基本结论或认识。

第一，地理环境是政治活动的基本因素，也是军事活动的基础。作为地理环境要素的“海门”“海道”“湾澳”“岛屿”等是海防线上的重要支点，在明清时期海防军事防御上一直被视为沿海冲要。古人云：“知海门、水寨、港口、海道之要，可语海防。”①它们既是海防的重点，又是海防的依托，还是海防敌手藏匿与争夺的目标。只有较好地掌握沿海冲要，了解海防地理要素对于海防建设的利弊关系，才能为海防建设、要塞守卫、军队布防和海洋作战提供正确理论依据，进而为海防建设做出精确部署。

明清时期广东海门水道的地理形势较为复杂，数量众多。文献记载明末清初通常有人们认知的 32 个“海门”，到了清代中后期，已经发展成为“龙穴洲至省城的广州海口主航道”“东三门水道”“西三门水道”“澳门至香山海门及其水道”“珠江口南部诸岛周边海门及水道”等，逻辑上很是清晰。广东濒临南海，域内山海交错，水陆相通，可停泊登岸的港口湾澳众多，这些港湾不仅为海防敌手提供了最佳的庇护之所，也为明清沿海水师（海军）提供了广阔的生存发展空间。明清时期，广东滨海“八府”（从潮州至琼州）均有重要的港湾，只是不同的历史时期其海防地位有所不同。这些复杂的海门、航道及湾澳能够影响海防政策的制定和海防军事的部署。在军事部署中，除了炮台之外，水师战船亦是关键，是国家海防体系的重要利器，无论是海上守卫与作战，还是沿海港湾巡防，都要充分考

① （清）郑昌时著，吴二持校注：《韩江闻见录》卷 6《海防》，上海：上海古籍出版社，1995 年，第 199 页。

虑到上述地理海防要素的变化。明清时期留下了不少广东战船的舆图资料，尤其罕见的是清代鸦片战后舆图文献的记载提供的新的信息，能够丰富这一时期的研究成果。

第二，炮台设置是海洋军事防御的重要内容。近些年来，随着文献的整理与挖掘，一些稀见的舆图文献逐渐浮出水面。笔者经过大量调研，发现其中有一批涉及广东炮台的珍贵且稀见舆图文献，主要是一些传世不多的手抄稿本及舆图，分别是鸦片战争后不久即道光后期的《水师某将杂钞》、光绪九年之后的《粤省海防图说》、光绪十二年的《广东全省海图总说》、光绪十年至十五年的《虎门各炮台形势图》、光绪十六年的《南北洋炮台图说》、光绪十六年前后的《虎门各炮台形势总图》、宣统元年的《广东水师国防要塞图说》。这些舆图文献大多作者不详，甚至创作或刊刻时间亦不详，手抄稿本居多，故留世版本及数量亦属罕见，今天学者研究更是鲜有提及和使用。通过探讨清代晚期关于广东炮台的五部稀见舆图文献，尤其是笔者点校节录以虎门为核心部分内容，反映不同历史时期炮台的具体情形，以便读者或研究者了解及使用。

第三，广东虎门是联结珠江内河狮子洋和外海穿鼻洋的最重要枢纽，其炮台体系是广东沿海防御的重要工程，明清时期历经变迁。以往学者对于虎门炮台的研究多集中在鸦片战争时期炮台的防御，或清代不同时期的发展分类。更重要的是，这些研究多局限于传统史料的范畴。笔者通过国内外收藏的舆图及前人手抄本文献，重新审视、解读，进一步丰富了该领域的认知。在研究中，从舆图的视角提出虎门炮台发展的分期，以及呈现出四个重要发展阶段的特征，即从清前期的《三台图》到鸦片战争前的《十台全图》，再到鸦片战争后的《十六台图》，最后到第二次鸦片战争后至清末的《四大炮台群图》，并在不同分期中结合时代舆图文献来分析各自特征，同时也解决了一些学术遗留问题。

例如，清前期的《三台图》阶段（“南山炮台”“横档炮台”“三门炮台”），一是虎门炮台的建设始于明朝末年，而并非清初才开始。二是清前期的虎门“三台”是在康熙二十三年（1684）至迟不晚于康熙二十八年所建，并非诸多文献所记录的康熙五十六年至五十七年所建。三是自康熙二十三年以来形成的三台格局一直持续并影响到清中叶嘉庆五年

（1800）。并对以《福建广东海防航海图》《广东沿海统属图》《香山虎门图》《海口要隘水陆远近形胜全图》为代表的四幅舆图的创作时间及与清前期虎门炮台的关系做出详细论述。

第四，中国古代舆图大都用于战争与管治，具有高度的机密性。因此，除了皇宫大内及官府的舆图外，民间流通不多，且民间的舆图大多保存在古书里，大型舆图亦并不多见。这些舆图在战争中或改朝换代时，往往毁坏或遗失，所以能保存下来的相对有限，尤其晚清以来，有相当数量的珍贵舆图及附图文献经各种渠道流散海外，收藏在外国的博物馆、图书馆或由私人珍藏。笔者通过检阅古人及今人整理国内外资料，找出并梳理部分涉及明清时期广东海防的舆图文献。例如，传统的舆图文献有明代嘉靖年间郑若曾《筹海图编》及《郑开阳杂著》中《沿海山沙图》、应槚等修《苍梧总督军门志》中六大“水寨图”、天启初茅元仪《武备志》中《郑和航海图》、万历《粤大记》中《广东沿海图》；清代雍正时期陈伦炯《海国闻见录》中《沿海全图》、道光《广东海防汇览》东中西三路“海防图”、王之春的《清朝柔远记》中《广东沿海形势图》等；而罕见稀缺舆图文献有《广州大典》所辑乾隆年间李梦松《广东全省总图》、光绪年间佚名《粤省海防图说》和《广东全省经纬地舆图》、宣统元年广东参谋处测绘科制图股编绘《广东舆地全图》、李准《广东水师国防要塞图说》、罗汝楠《中国近世舆地图说》等；《清代稿钞本》所辑清代道光年间佚名《水师某将杂钞》、光绪年间《广东全省海图总说》等。另外，还有中山大学图书馆一砚斋藏本《南北洋炮台图说》（图佚失，目前已找回部分）、暨南大学图书馆藏汉画轩钞本《虎门览胜》（无图）、中国南海研究院网站公布影印本《李准巡海记》（无图），以及中国国家图书馆舆图组所藏《虎门各炮台形势图》、《虎门各炮台形势总图》（地图册）等。

第五，“海防地理学”是近二十年来中国海防研究中的一个重要方向。直到今天，对地理环境、地理因素在海防中应用的专题研究（即“海防地理”）薄弱的格局仍未改变。这无疑坚定地传达了这样一个信息，即利用舆图文献从历史地理学角度来进行海防布局的时空演变研究仍是很好的视角，大有可为。事实上，近些年来，舆图逐渐脱离历史学附庸而作为研究主体，已是学界发展的一个重要趋势。越来越多的研究学者开始将地图研究的成果与史学研究相结合，进而拓展出阅读舆图文献的新视野。本书尽可能多地运用舆图文献的视野以历史地理学的研究方法来阐述广东地区海防军事地理的发展脉络，其中使用了大量鲜为人知的稀缺舆图及文献，甚至不少是至今尚无研究者使用或知晓的舆图文献。在研究中笔者根据这些新舆图文献史料的内容进行有重点的研究，对于海防诸多体系内容难免有失偏颇，照顾不周，希望能够起到抛砖引玉的作用，引起学界更多的人对这批新史料的关注，并更加重视舆图文献在海防军事地理研究中的运用。

参 考 文 献

一、古籍文献、档案类（含今人整理）

《史记》，北京：中华书局，1959 年。
《新元史》，长春：吉林人民出版社，1995 年。
《明实录》，台北：台湾“中央研究院”历史语言研究所校印本，1962 年。
《清史稿》，北京：中华书局，1977 年。
《清朝文献通考》，上海：商务印书馆，1936 年。
《电传上谕》，《申报》1905 年 8 月 14 日，第 1 版。
《李提督召见补述》，《申报》1905 年 6 月 3 日，第 9 版。
《李准巡海记》，《国闻周报》1933 年第 10 卷第 33 期。
《粤东从政录·纪李北海之役》，《申报》1926 年 4 月 2 日，第 17 版。
《粤省整顿水师》，《申报》1905 年 7 月 17 日，第 3 版。
（明）陈建撰，（明）江旭奇增补：《皇明通纪集要》，载《中国野史集成·续编》（第 10 册），成都：巴蜀书社，2000 年。
（明）陈仁锡：《皇明世法录》，台北：台湾学生书局，1965 年。
（明）陈吾德：《谢山存稿》，载《四库全书存目丛书》集部，第 138 册，济南：齐鲁书社，1997 年。
（明）陈子龙等选辑：《明经世文编》，北京：中华书局，1962 年。
（明）范景文：《战守全书》，载《四库禁毁书丛刊》子部，第 36 册，北京：北京出版社，1996 年。
（明）范涞：《两浙海防类考续编》，载《四库全书存目丛书》史部，第 226 册，济南：齐鲁书社，1996 年。
（明）郭棐撰，黄国声、邓贵忠点校：《粤大记》，广州：中山大学出版社，1998 年。
（明）郭子章：《潮中杂纪》，潮州市地方志办公室 2003 年影印本。
（明）韩霖辑：《守圉全书》，载《四库禁毁书丛刊补编》（第 33 册），北京：北京出版社，2005 年。

（明）黄淳等：《厓山志》，广州：广东人民出版社，1996 年。
（明）霍韬：《渭厓文集》，桂林：广西师范大学出版社，2015 年。
（明）茅元仪：《武备志》，台北：华世出版社，1984 年。
（明）冒起宗撰：《拙存堂逸稿》，载《清代诗文集汇编》编纂委员会编：《清代诗文集汇编》（第 6 册），上海：上海古籍出版社，2010 年。
（明）盛万年：《岭西水陆兵纪》，载《北京图书馆古籍珍本丛刊》（第 51 册），北京：书目文献出版社，2003 年。
（明）王鸣鹤：《登坛必究》，载《续修四库全书》（第 961 册），上海：上海古籍出版社，2002 年。
（明）王圻、王思义辑：《三才图会》，载《续修四库全书》（第 1234 册），上海：古籍出版社，2002 年。
（明）谢杰：《虔台倭纂》，载《北京图书馆古籍珍本丛刊》（第 10 册），北京：书目文献出版社，2002 年。
（明）颜俊彦：《盟水斋存牍》，北京：中国政法大学出版社，2002 年。
（明）应槚初辑，（明）凌云翼嗣作，（明）刘尧诲重修：《苍梧总督军门志》，北京：全国图书馆文献缩微复制中心，1991 年。
（明）张萱：《西园闻见录》，载《明代传记丛刊·综录类 30》，台北：明文书局，1991 年。
（明）郑若曾：《郑开阳杂著》，载《景印文渊阁四库全书》史部，第 584 册，台北：台湾商务印书馆，1986 年。
（明）郑若曾撰，（明）邓钟重辑：《筹海重编》，载《四库全书存目丛书》史部，第 227 册，济南：齐鲁书社，1996 年。
（明）郑若曾撰，李致忠点校：《筹海图编》，北京：中华书局，2007 年。
（清）蔡显原：《金星门纪事有序》，载珠海市政协文史资料委员会、珠海历史名人研究会编：《珠海历代诗词选（上卷）》，珠海：珠海出版社，2007 年。
（清）陈坤：《虎门炮台图说》，暨南大学图书馆藏建国后油印本。
（清）陈良弼：《水师辑要》，载《清代稿钞本（四编）》（第 197 册），广州：广东人民出版社，2012 年。
（清）陈伦炯撰，李长傅校注，陈代光整理：《〈海国闻见录〉校注》，郑州：中州古籍出版社，1985 年。
（清）丁开嶂：《中国海军地理形势论》，民国元年北洋公报局铅印本。
（清）杜臻：《粤闽巡视纪略》，载《景印文渊阁四库全书》史部，第 584 册，台北：台湾商务印书馆，1986 年。
（清）范端昂撰，汤志岳校注：《粤中见闻》，广州：广东高等教育出版社，1988 年。

（清）方濬师撰，盛冬铃点校：《蕉轩随录》，北京：中华书局，1995 年。
（清）顾炎武撰，黄坤等校点：《天下郡国利病书》，上海：上海古籍出版社，2012 年。
（清）顾祖禹撰，贺次君、施和金点校：《读史方舆纪要》，北京：中华书局，2005 年。
（清）关天培：《筹海初集》，台北：文海出版社有限公司，1969 年。
（清）郭嵩焘撰，梁小进主编：《郭嵩焘全集》，长沙：岳麓书社，2012 年。
（清）蓝鼎元：《鹿洲初集》，台北：文海出版社有限公司，1977 年。
（清）黎翔凤撰，梁运华整理：《管子校注》，北京：中华书局，2004 年。
（清）李鸿章：《李文忠公全集》，清光绪三十四年金陵刻本。
（清）李受彤：《澳门形势论》，载《小方壶斋舆地丛钞》（第 9 帙），杭州：杭州古籍书店，1985 年。
（清）李调元：《南越笔记》，北京：中华书局，1985 年。
（清）李准：《广东水师国防要塞图说》，载《广州大典》第 37 辑，史部政书类，第 26 册，广州：广州出版社，2015 年。
（清）李准：《任庵六十自述》，载卞孝萱、唐文权编著：《民国人物碑传集》，南京：凤凰出版社，2011 年。
（清）林福祥：《平海心筹》，载杨家骆主编：《鸦片战争文献汇编》（第 4 册），台北：鼎文书局，1973 年。
（清）林则徐：《复奏查察虎门排链炮台折》，载《海疆文献初编：沿海形势及海防》第 3 辑，第 5 册，北京：知识产权出版社，2011 年。
（清）卢坤、邓廷桢主编，王宏斌等点校：《广东海防汇览》，石家庄：河北人民出版社，2009 年。
（清）罗汝楠：《中国近世舆地图说》，载《广州大典》第 34 辑，史部地理类，第 29 册，广州：广州出版社，2015 年。
（清）屈大均：《广东新语》，北京：中华书局，1985 年。
（清）萨承钰：《南北洋炮台图说》，中山大学图书馆一砚斋藏本影印本，2008 年。
（清）孙灏：《海国图志征实》，光绪二十八年上海敦记石印本。
（清）托津等奉敕纂：《钦定大清会典事例（嘉庆朝）》，台北：文海出版社有限公司，1992 年。
（清）王先谦：《东华续录》，载《续修四库全书》（第 372 册），上海：上海古籍出版社，2002 年。
（清）王先谦编：《郭侍郎（嵩焘）奏疏》，台北：文海出版社有限公司，1973 年。
（清）王之春著，赵春晨点校：《清朝柔远记》，北京：中华书局，1989 年。
（清）卫杰：《海口图说》，载《中国边疆史志集成·海疆史志》（第 24 册），北京：全国图书馆文献缩微复制中心，2005 年。

（清）魏源：《道光洋艘征抚记》，载翦伯赞、郑天挺主编：《中国通史参考资料（近代部分）》上册，北京：中华书局，1965年。
（清）魏源撰，陈华、常绍温、黄庆云，等点校：《海国图志》，长沙：岳麓书社，1998年。
（清）徐家干：《洋防说略》，载《中国边疆史志集成·海疆史志》（第23册），北京：全国图书馆文献缩微复制中心，2005年。
（清）许鸿磐：《方舆考证》，济宁潘氏华鉴阁北平刻本扫描油印本。
（清）薛传源：《防海备览》，嘉庆十六年望山堂刻本。
（清）佚名：《广东全省海图总说》，载《清代稿钞本（四编）》（第191册），广州：广东人民出版社，2012年。
（清）佚名：《水师某将杂钞》，载《清代稿钞本（五编）》（第249册），广州：广东人民出版社，2013年。
（清）佚名：《粤省海防图说》，载《广州大典》第37辑，史部政书类，第27册，广州：广州出版社，2015年。
（清）印光任、张汝霖：《澳门纪略》，台北：成文出版社，1968年。
（清）余宏淦：《新编沿海险要图说》，光绪二十九年鸿文书局石印本。
（清）曾国荃著，梁小进主编：《曾国荃集》，长沙：岳麓书社，2008年。
（清）张之洞：《广东海图说》，载《中国边疆史志集成·海疆史志》（第24册），北京：全国图书馆文献缩微复制中心，2005年。
（清）郑昌时著，吴二持校注：《韩江闻见录》，上海：上海古籍出版社，1995年。
（清）仲振履：《虎门览胜》，暨南大学图书馆藏汉画轩钞本。
广东省地方史志编委会办公室、广州市地方志编委会办公室编：《清实录广东史料》，广州：广东省地图出版社，1995年。
广东省社会科学院历史研究所中国古代史研究室、中山大学历史系中国古代史教研室、广东省佛山市博物馆编：《明清佛山碑刻文献经济资料》，广州：广东人民出版社，1987年。
广东省文史研究馆编：《鸦片战争与林则徐史料选译》，广州：广东人民出版社，1986年。
黄大受辑：《黄少司寇（爵滋）奏疏》，载《近代中国史料丛刊续编》，台北：文海出版社有限公司，1975年。
邱树森、何兆吉辑点：《元代奏议集录》（下册），杭州：浙江古籍出版社，1998年。
萨嘉榘：《藏弆集》，萨嘉榘积积室藏福州抄本，年代不详。
王锺翰点校：《清史列传》，北京：中华书局，1987年。
苑书义、孙华峰、李秉新主编：《张之洞全集》，石家庄：河北人民出版社，1998年。
张觉校注：《韩非子校注》，长沙：岳麓书社，2006年。

张伟仁主编：《明清档案》，台北：联经出版事业公司，1986年。
张侠、杨志本、罗澍伟，等合编：《清末海军史料》，北京：海洋出版社，1982年。
中国第一历史档案馆编：《光绪朝朱批奏折》（第64辑），北京：中华书局，1995年。
中国第一历史档案馆编：《鸦片战争档案史料》，天津：天津古籍出版社，1992年。
中国社会科学院近代史研究所中华民国史研究室、中山大学历史系孙中山研究室、广东省社会科学院历史研究室合编：《孙中山全集》，北京：中华书局，1982年。
中山市档案局（馆）、中国第一历史档案馆编：《香山明清档案辑录》，上海：上海古籍出版社，2006年。
〔德〕何福满撰：《炮台说略》，载倪晓建主编：《汉译西方军事文献汇刊》（德国专辑）（第18册），北京：学苑出版社，2015年。
〔英〕伯特利主编：《中国江海险要图志》，（清）陈寿彭译，《中国边疆史志集成·海疆史志》（第33册），北京：全国图书馆文献缩微复制中心，2005年。

二、方志、舆图集类

《嘉庆新安县志》，载张一兵校点：《深圳旧志三种》，深圳：海天出版社，2006年。
《康熙新安县志》，载张一兵校点：《深圳旧志三种》，深圳：海天出版社，2006年。
《万历琼州府志》，海口：海南出版社，2003年。
《天顺东莞旧志》，载张一兵点校：《深圳旧志三种》，深圳：海天出版社，2006年。
嘉靖《广东通志》，香港：大东图书公司，1977年影印本。
嘉靖《广东通志初稿》，载《北京图书馆古籍珍本丛刊》（第38册），北京：书目文献出版社，1998年。
嘉靖《广州志》（残本），载《广东历代方志集成·广州府部》，广州：岭南出版社，2007年。
嘉靖《惠大记》，《广东历代方志集成·惠州府部》，广州：岭南美术出版社，2009年。
嘉靖《惠志略》，《广东历代方志集成·惠州府部》，广州：岭南美术出版社，2009年。
嘉靖《香山县志》，《日本藏中国罕见地方志丛刊》，北京：书目文献出版社，1991年。
万历《高州府志》，《广东历代方志集成·高州府部》，广州：岭南美术出版社，2009年。
万历《广东通志》，《四库全书存目丛书》史部，第197册，济南：齐鲁书社，1996年。
万历《雷州府志》，《日本藏中国罕见地方志丛刊》，北京：书目文献出版社，1990年。
万历《肇庆府志》，《广东历代方志集成·肇庆府部》，广州：岭南美术出版社，2009年。
崇祯《东莞县志》，《广东历代方志集成·广州府部》，广州：岭南美术出版社，2007年。
崇祯《惠州府志》，《广东历代方志集成·惠州府部》，广州：岭南美术出版社，2009年。
康熙《电白县志》，《广东历代方志集成·高州府部》，广州：岭南美术出版社，2009年。

康熙《东莞县志》，康熙二十八年刻，东莞市人民政府办公室，1994年。
康熙《广东通志》，日本京都大学图书馆藏彩色扫描近卫本。
康熙《海康县志》，载《广东历代方志集成·雷州府部》，广州：岭南美术出版社，2009年。
康熙《阳江县志》，载《广东历代方志集成·肇庆府部》，广州：岭南美术出版社，2009年。
雍正《东莞县志》，载《广东历代方志集成·广州府部》，广州：岭南美术出版社，2007年。
雍正《广东通志》，载《景印文渊阁四库全书》史部，第562册，台北：台湾商务印书馆，1986年。
乾隆《大清一统志》，载《景印文渊阁四库全书》史部，第482册，台北：台湾商务印书馆，1986年。
乾隆《南澳志》，载《广东历代方志集成·潮州府部》，广州：岭南美术出版社，2009年。
道光《广东通志》，载《续修四库全书》（第671册），上海：上海古籍出版社，2002年。
道光《阳江县志》，台北：成文书版社，1974年。
光绪《广州府志》，台北：成文出版社，1966年。
光绪《香山县志》，载《续修四库全书》（第713册），上海：上海古籍出版社，2002年。
民国《潮州志》，载饶宗颐：《潮州志汇编》，香港：香港龙门书店，1965年。
民国《东莞县志》，载《广东历代方志集成·广州府部》，广州：岭南美术出版社，2007年。
顺德市地方志办公室点校：《顺德县志》，广州：中山大学出版社，1993年。
（清）广东参谋处测绘科制图股编绘：《广东舆地全图》，载《广州大典》第34辑，史部地理类，第28册，广州：广州出版社，2015年。
（清）广东省舆图局：《广东全省舆图局饬发绘图章程》，载《广州大典》第34辑，史部地理类，第29册，广州：广州出版社，2015年。
（清）李梦松：《广东全省总图》，载《广州大典》第34辑，史部地理类，第29册，广州：广州出版社，2015年。
（清）佚名：《广东全省经纬地舆图》，载《广州大典》第34辑，史部地理类，第29册，广州：广州出版社，2015年。
（清）佚名：《虎门各炮台形势图》，出版地不详，木刻本，清末。
（清）佚名：《虎门各炮台形势总图》，出版地不详，木刻本，清末。
（清）佚名：同治《广东图》，同治五年刊本，载《清代地图集汇编》，西安：西安地图出版社，2005年。
（清）张人骏：《广东舆地全图》，广州石经堂承印光绪二十三年本。
（清）邹伯奇：《皇舆全图》，载《广州大典》第34辑，史部地理类，第29册，广州：广州出版社，2015年。
北京大学图书馆编：《皇舆遐览：北京大学图书馆藏清代彩绘地图》，北京:中国人民大学出版社，2008年。
曹婉如、郑锡煌、黄盛璋，等编：《中国古代地图集·明代》，北京:文物出版社，1995年。
曹婉如、郑锡煌、黄盛璋，等编：《中国古代地图集·清代》，北京:文物出版社，1997年。
东莞市政协主编：《东莞历代地图选》，广州：广东人民出版社，2012年。
广州市规划局、广州市城市建设档案馆编：《图说城市文脉——广州古今地图集》，广州：广东省地图出版社，2010年。
华林甫：《英国国家档案馆庋藏近代中文舆图》，上海：上海社会科学院出版社，2009年。
李孝聪：《美国国会图书馆藏中文古地图叙录》，北京：文物出版社，2004年。
李孝聪：《欧洲收藏部分中文古地图叙录》，北京：国际文化出版公司，1996年。
林天人：《方舆搜览——大英图书馆所藏中文历史地图》，台北：台湾"中央研究院"台湾史研究所、台湾"中央研究院"数位文化中心，2015年。
林天人：《皇舆搜览——美国国会图书馆所藏明清舆图》，台北：台湾"中央研究院"数位文化中心，2013年。
孙靖国：《舆图指要：中国科学院图书馆藏中国古地图叙录》，北京：中国地图出版社，2012年。
谭广濂：《从圆方到经纬：香港与华南历史地图藏珍》，香港:中华书局，2010年。
王自强主编：《中国古地图辑录·广东省-海南省辑》，北京：星球地图出版社，2010年。
中国第一历史档案馆、广州市档案局（馆）、广州市越秀区人民政府编著：《广州历史地图精粹》，北京：中国大百科全书出版社，2003年。
中国第一历史档案馆、鸦片战争博物馆编：《明清皇宫虎门秘档图录》，北京：人民出版社，2011年。
中国第一历史档案馆选编：《澳门历史地图精选》，北京：华文出版社，2000年。

三、今人论著、报刊类

《中国大百科全书（地理学）》，北京：中国大百科全书出版社，1990年。
陈建平订正：《新发现的清代"广东水师海防图"》，载杨浪：《地图的发现》，北京：生活·读书·新知三联书店，2006年。
陈贤波：《重门之御——明代广东海防体制的转变》，上海：上海古籍出版社，2017年。
方志钦、蒋祖缘主编：《广东通史》，广州：广东高等教育出版社，2010年。
冯明珠主编：《经纬天下：饭塚一教授捐赠古地图展》，台北："故宫博物院"，2005年。
冯震宇、高策：《〈守圉全书〉与明末西方传华铳台技术》，《自然辩证法通讯》2013

年第6期。
广东省文物局编：《广东明清海防遗存调查与研究》，上海：上海古籍出版社，2014年。
郭声波、方靖、鲁延召：《从明清老万山地名迁徙看澳门海防因素》，《文化杂志（澳门中文版）》2010年第76期。
韩振华：《有关我国南海诸岛地名问题》，《中国边疆史地研究》1995年第1期。
何正华：《广东水师提督李准》，北京：海洋出版社，2018年。
黄利平：《解密晚清海防要塞》，《中国社会科学报》2015年10月15日，第10版。
黄利平：《清代民国广州城防、江防与海防炮台研究》，广州：广州出版社，2016年。
黄利平：《清嘉庆、道光及同治时期虎门炮台稀见史料研究》，载黎淮主编：《明清海防研究》（第8辑），广州：广东人民出版社，2015年。
黄中青：《明代海防的水寨与游兵——浙闽粤沿海岛屿防卫的建置与解体》，载《明史研究丛刊》（第1册），宜兰县：学书奖助基金，2001年。
贾浩：《萨承钰〈南北洋各海口炮台图说〉研究》，北京师范大学硕士学位论文，2011年。
姜道章：《传统中国地图学的特征》，载《历史地理学》，台北：三民书局股份有限公司，2004年。
金行德：《“广船”是航行南海的最佳船舶》，《广东造船》2015年增刊。
金行德：《广东船研究》，广州：广东旅游出版社，2012年。
金行德：《清代的广东海船》，《广东造船》2015年增刊。
李其霖：《清代前期沿海的水师与战船》，台湾暨南国际大学博士学位论文，2009年。
梁二平：《败在海上：中国古代海战图解读》，北京：生活·读书·新知三联书店，2016年。
鲁延召：《海防地理学视野下官富巡检司建置沿革研究——基于广东新安县的考察》，《中国历史地理论丛》2014年第3辑。
鲁延召：《明清时期广东中路海防地理研究》，暨南大学博士学位论文，2010年。
茅海建：《近代的尺度：两次鸦片战争军事与外交》，上海：上海三联书店，1998年。
孙果清：《罕见的大幅彩绘全国地图——王泮题识〈舆地图〉鉴赏》，《地图》2009年第C1期。
孙靖国：《台北故宫藏满汉文“王泮题识〈舆地图〉朝鲜摹绘增补本”考释——兼论清代地图史的开端》，载《2018年中国历史地理学术研讨会论文集》，2018年8月中国人民大学举办中国历史地理学年会内部刊。
孙喆：《康雍乾时期舆图绘制与疆域形成研究》，北京：中国人民大学出版社，2003年。
唐有伯：《广州湾地名考辨——明清方志舆图中的广州湾》，《岭南师范学院学报》2015年第4期。
王宏斌：《清代前期海防：思想与制度》，北京：社会科学文献出版社，2002年。

王宏斌：《晚清海防：思想与制度研究》，北京：商务印书馆，2005 年。
王宏斌：《晚清海防地理学发展史》，北京：中国社会科学出版社，2012 年。
王荣：《试论舆图在清代广东地图编绘中的应用——以今人辑录的清代广东舆图为视角》，载华林甫、陆文宝主编：《清史地理研究》（第 2 集），上海：上海古籍出版社，2016 年。
王颋：《明代香山陆海形势与澳门开埠》，载暨南大学历史地理研究中心编：《中国历史地理研究》（第 1 辑），广州：暨南大学出版社，2005 年。
夏黎明：《清代台湾地图演变史》，台北：知书房出版社，1996 年。
杨雨蕾：《关于“王泮题识舆地图朝鲜摹绘增补本”的韩国藏本》，《文献》2012 年第 4 期。
姚薇元：《鸦片战争史实考》，武汉：武汉大学出版社，2007 年。
张建雄：《清代前期广东海防体制研究》，广州：广东人民出版社，2012 年。
张铁牛、高晓星：《中国古代海军史》，北京：解放军出版社，2005 年。
张晞海：《鸦片战争时期的中国兵船》，《军事史林》1987 年第 6 期。
周鑫：《宣统元年石印本〈广东舆地全图〉之〈广东全省经纬度图〉考——晚清南海地图研究之一》，载李庆新主编：《海洋史研究》（第 5 辑），北京：社会科学文献出版社，2013 年。
周振鹤：《长水声闻 · 西洋古地图里的中国——记香港科技大学西洋古地图特藏》，上海：复旦大学出版社，2010 年。
宗泽亚：《清日战争（1894—1895）》，北京：世界图书出版公司北京公司，2012 年。
〔美〕穆黛安：《华南海盗（1790—1810）》，刘平译，北京：中国社会科学出版社，1997 年。
Cordell D. K. Yee, “Chinese Maps In Political Culture, ” in J. B. Harley ed., *Cartography zn the Traditional East and Southeast Asian Societies*, Chicago: The University of Chicago Press, 1994.

附录Ⅰ 《南北洋炮台图说》“虎门”部分校录

虎门大虎山，在粤东省城南百八十里。由虎门出口数里，滨海东有一山，曰沙角，与大角对峙，两岸相距约十里。海中有二岛，曰海心岗，曰龙穴。迤西一岸，近因沙壅成洲，船不能行，不独香港来船，必绕龙穴迤东而走，即澳门来船。向由大角进口者，亦西绕而东，路过此山之前，洵为粤海中路第一门户也。

现滨海砌石堤，长三十八长，高一长五尺，厚三尺，堤内建濒海、联珠、镇海明炮台三座，台基长三丈八尺，宽十三丈。炮堂均长二丈二尺，宽二丈四尺，高一丈二尺。暗道长四丈，宽八尺，高九尺，墙厚三尺。三台暗道相通，建横暗道，长十三丈，宽八尺，高九尺，墙厚三尺。濒海台药房，深一丈六尺，联珠台药房，深一丈四尺，均宽九尺五寸。镇海台药房，未另筑造，仍与两台通用。惟暗道内药房，地近潮湿，子药未便多储，因于山后另筑公库，计三间，宽四丈六尺五寸，深三丈零五寸，四围墙高一丈八尺六寸，厚一尺六寸。

山腰又建临高明炮台一座，台基长五丈，宽四丈。炮堂长二丈，宽一丈四尺，高一丈二尺。暗道长十丈五尺，宽八尺，高九尺，墙厚三尺。暗道内药房，长一丈一尺五寸，宽九尺五寸，墙高八尺，厚一尺五寸。兵房四所，每所三间，计宽三丈八尺，深二丈，高一丈一尺。旁造厨房一间，宽九尺，高深均一丈一尺。壕墙一道，周围长八十二丈四尺，内墙分作三层，第一层宽五尺，二层宽六尺，三层宽七尺，共宽一丈八尺，高一丈二尺。中立营门，弁勇藉以守台，至于沙角山后，有两圩，曰广济，曰太平，中隔小河二道，均设浮桥，食用可源源接济。沙角山明炮台之前后布置情形如此。

捕鱼山，自沙角循海而下，约里许，海中至龙穴十二里半，山横海东一岸，左右两峰耸拔。中间山势稍平，因于平处，建暗炮台四座，一曰捕鱼左台，一曰捕鱼右台，一曰捕鱼前台，一曰捕鱼后台。台基长四丈五尺，宽九丈。炮堂均长二丈三尺，宽二丈四尺，高一丈二尺。炮房外铁门各一对，均高六尺九寸，宽六尺六寸，厚三寸。暗道长一十一丈，宽八尺，高九尺，墙厚三尺。左台暗道内筑药库，深一丈一尺，宽一丈零五寸。右台药库，深一丈二尺，宽一丈零八寸。前台药库，深一丈四尺，宽一丈零五寸。后台药库，深一丈二尺，宽一丈零八寸，均墙高八尺，厚一尺五寸。各台暗道内开水池一口，长四尺三寸，宽二尺二寸，深二尺。暗道口、营门侧，各盖一兵房，均宽三丈八尺，深二丈，高一丈一尺。旁盖厨房一间，宽九尺，深一丈一尺，高一丈。各台适中处，建官厅一座，深三丈二尺，宽四丈五尺二寸。前檐高二丈四尺，后檐高一丈三尺。壕墙一道，右接山顶，左抵海滨，周围长一百六十丈，高一丈二尺，匀开枪眼，中立营门。每次演炮，以龙穴小山为的，炮码落处，辄过之，无不及也。此捕鱼暗炮台，为沙角第二要隘。

仑山右至捕鱼山三里，与海中龙穴对峙，相距十二里。水边怪石险巇，如虎而踞，外洋轮船必经之路。劈山洞腹，坐北向南，设暗炮台二，东名霹雳台，西名震雷台。台基长十三丈，宽八丈五尺。炮堂长均二丈三尺，宽二丈四尺，高一丈二尺。暗道长十丈二尺，宽八尺，高九尺，上开气斗，高二丈九尺。

霹雳台暗道内药库一间，深一丈三尺，宽一丈。又机器房一间，深七尺一寸，宽九尺三寸，均墙高八尺，厚一尺五寸。水池一口，长六尺八寸，宽二尺四寸，深一尺九寸。

震雷台药库一间，深一丈四尺，宽一丈一尺。又机器房一间，深一丈一尺，宽九尺五寸，均墙高八尺，厚一尺五寸。水池一口，长四尺，宽二尺，深一尺九寸。暗道口、营门侧，盖兵房两所，每所计三间，共宽三丈八尺，深二丈，高一丈一尺。

另建田鸡明炮台一座。台基长七丈二尺，宽五丈三尺。炮堂长一丈三尺，宽四丈三尺。暗道长四丈，宽六尺，高九尺，墙厚三尺。壕墙一道，周围长一百六十四丈，高一丈二尺，匀开枪眼。台右山顶立一明望台，台左壕墙滨海处，立更棚一，土炮台一。山上又设立土炮台二。山后建营门，高二丈三尺，宽二丈一尺，东边小营门外高一丈一尺，内高九尺，宽九尺五寸。

归藏山距龙穴十二里，中有一大石孔，从石孔中凿平，建成归藏暗炮台一座，若天造地设，海中难于分辨。台基长十丈，宽九丈，高一丈二尺。炮堂长二丈，宽二丈二尺，高一丈二尺。暗道长八丈，宽八尺，高九尺，墙厚三尺。暗道内药库一间，高六尺五寸。机器房一间，高六尺，均深九尺六寸，宽七尺。水池一口，长四尺五寸，宽一尺七寸，深二尺。山后建归藏副炮台一座，台基长三丈二尺，宽三丈四尺，高四尺。又接建土炮台一座，可为本台护卫，并可为仑山台应援。

归藏挨左，有一山，最高者为旗山，于山麓劈石直下，深四丈八尺。台基长一十三丈，宽四丈，建旗山暗炮台一座。炮堂长二丈，宽二丈二尺五寸，高一丈二尺。暗道长六丈，宽八尺，高九尺，墙厚三尺。暗道内药库一间，深九尺，宽九尺，高一丈二尺五寸。水池一口，长四尺七寸，宽一尺八寸，深二尺五寸，两台兵房各一所，每所三间，共宽三丈八尺，深二丈，高一丈一尺。旁盖厨房一间，宽九尺，深一丈二尺，高一丈。山顶盖望旗亭，以便升旗瞭望，山下盖看旗兵房一所，计二间，共宽二丈七尺，深二丈一尺，高九尺。壕墙一道，周围长一百六十二丈，高一丈二尺，中立营门一座，弁勇严司启闭。一有演炮，直击出口八九里，横击过龙穴，为沙角一路尤甚得力之台也。

白鹤山上至旗山台里许，下距鼻湾台三里余，临海一峰，矗然而立，最为险要。从山顶凿石直下，筑暗炮台一座，名曰白鹤左台，与上下两台，互相应援。台基长一十三丈四尺，宽八丈五尺。炮堂长二丈三尺，宽八尺，高一丈二尺。炮房顶开四方气斗。上宽四尺，下宽六尺，高一丈四尺。暗道长一十丈，宽八尺，高九尺，上开气斗八个，均高二丈一尺一寸。暗道内药库，深一丈五尺三寸，宽九尺三寸，墙高八尺五寸，厚一尺五寸，开亮斗一个，高二丈二尺，内宽一尺五寸。水池一口，长六尺，宽二尺五寸，高二尺四寸。山后营门侧，盖兵房二所，每所三间，共宽三丈八尺，深二丈，高一丈一尺。四围墙厚一尺二寸。

另山右设小炮台一座，台基横直各一丈三尺，山右临海稍平，山左极高，壕墙因山而成，高不等。周围长一百六十五丈，高一丈四尺，宽一丈八尺。中安营门二道，均宽一丈三尺，深一丈二尺，上盖一望楼，高一丈八尺。

鼻湾山自沙角循海而下，约十里许，距海中龙穴山十三里余，山左海汊，曰袭罗湖，水通广济、太平两圩，缭绕沙角后路，亦驻防紧要地也。因山掘石，建鼻湾暗炮台一座。台基长一十三丈，宽四丈五尺。炮堂长二丈二尺，宽二丈五尺，高一丈二尺。炮房顶开四方气斗，高一丈二尺，上宽四尺，下宽六尺。暗道长一十二丈，宽八尺，高九尺，墙厚三尺。暗道内药库深一丈三尺，宽九尺五寸，高一丈二尺。墙高八尺五寸，厚一尺五寸，开亮斗一个，高一丈八尺，内宽一尺五寸。水池一口，长六尺，高宽均二尺五寸。暗道口营门侧，盖兵房二所，每所三间，共宽三丈八尺，深二丈，高一丈三尺。四围墙厚一尺二寸，旁盖厨房一间，宽九尺，深一丈一尺，高一丈三尺。

山右筑小炮台一座，足为本台护卫。从山右绕过山左，直抵海滨，壕墙一道，周围长一百七十二丈，高一丈二尺，宽一丈八尺，中建营门，上安望楼，高宽均一丈八尺，深一丈三尺。

鹅嘴定洋台，光绪辛巳年建成。台墙高五尺七寸，底厚七尺，顶厚三尺八寸，周围共长三百六十八尺。官厅一座，计三间，高一十八尺二寸，深四十三尺二寸，中间宽一十四尺九寸，左右两间宽一十二尺七寸。上铺红砖二层，砖上加灰泥碎石厚一尺，又加舂红毛泥厚五分。台门一道，高一十八尺二寸。石码头一度，由南向闸口起，至石码头止。计长一百六十七尺，宽一十尺。炮勇房一间，宽二十八尺，深七尺，高八尺。暗路二条，由拱口起，至东台口止，计长一百尺零九寸。由东台口起，至西台口止，计长五十二尺。两旁墙厚一尺五寸，拱顶用红砖二层，砖上用红毛泥和细石子筑，厚一尺五寸，又加土泥，厚四尺。

东西眼镜台，墙高七尺一寸，厚六尺，宽二十七尺六寸。外培土泥厚二十八尺。炮墩二座，均高二尺七寸五分，宽一十九尺十寸。台内避人孔五个。每个宽二尺八寸，高五尺六寸，深一尺五寸。炮子孔六个，每个宽二尺八寸，高八寸五分，深九寸。药房一间，深一十二尺，宽一十尺，上开亮窗一方。炮子房一间，深一十二尺，宽八尺，上开亮窗一方。门外走路挖深四尺，墙厚三尺，拱顶用红砖二层，砖上用红毛泥和细石子筑，厚二尺，外加土泥，厚六尺。小子药房四间，均宽四尺，深二尺，高四尺七寸。暗路内兵房二间，深一十尺，宽八尺，高九尺五寸，墙厚一尺五寸，拱顶用红砖二层，再加红毛泥和细石子筑，厚一尺五寸。

虎门威远炮台，坐北向南，南临海滨，东西北三面依山，自东迤西，外围墙一字式，并半月式，共长九十二丈。墙基砌麻石，厚二丈四尺，外高一丈，内高三尺。基上筑灰沙墙，厚一丈八尺，外高一丈一尺五寸，内高一丈三尺。墙上砌石炮洞二十四个，高八尺五寸，宽一丈二尺，深一丈五尺。又筑灰沙炮洞二个，高八尺五寸，宽一丈四尺，深一丈七尺。

该处露天两炮台，一曰威远东台，建在东门外，前圆后方，周围长四十六丈。由水面砌石基，长二十八丈，高九尺，厚六尺。基上筑横墙，长二十六丈，高五尺，厚五尺。后三面围墙一道，长二十丈，高一丈八尺，厚四尺五寸。炮位墙，形如扇面式。前至后，深三丈，左至右，宽三丈八尺，围长一十丈五尺，高四尺五寸，厚二尺。墙外加筑红毛泥石子墙，长六丈，高四尺五寸，厚五尺五寸。炮位左右，开避人孔四个，两个宽四尺，深六尺，两个宽三尺六寸，深四尺五寸，均高五尺五寸，又左右小炮墩二个，每个围长七丈，扇面式，两炮位墙，均围长五丈，高四尺五寸，厚一尺五寸。

一曰山腰露天台，建在东门内。形如半月式。台基前湾长一十七丈，后直长二十丈，高七尺，厚六尺，上筑灰沙高八尺，厚六尺，长一十七丈。炮墩一座，围长一十三丈，筑红毛泥和细石子高三尺。炮位墙，形如扇面式，围长一十丈，横宽三丈六尺，直长二丈二尺，高四尺，厚二尺，外向加筑灰沙墙长五丈五尺，高四尺，厚三尺。

东台墙高一丈八尺，长四丈，厚三尺五寸。开拱门一个，高八尺五寸，宽五尺五寸，东外台墙高一丈六尺，长二丈四尺，厚三尺五寸，开拱门一个，高九尺五寸，宽七尺。西台墙高一丈八尺，长七丈，厚三尺五寸，开拱门一个，高九尺，宽五尺五寸，西外台墙高一丈六尺，长六丈五尺，厚三尺二寸，开拱门一个，高九尺，宽七尺。围墙一道，南连外墙，北抵子药库，西至内墙，高一丈三尺，长七丈六尺，厚三尺，开拱门一个，高七尺，宽三尺六寸。炮洞后马路宽一丈，后筑灰沙墙一道，长八十五丈，厚三尺，高一丈五尺五寸。马路后建兵房一十七间，每间宽八尺五寸，深六尺五寸。又筑灰沙墙一道，长七十四丈，厚二尺，高八尺五寸，横墙一十六道，高九尺五寸，长六尺五寸，厚一尺。

东台后筑暗马路一条，通入月城，长一十一丈，宽八尺五寸，两旁筑红毛泥石子墙，高六尺，厚一尺五寸。马路右边，建兵房三间，第一间及第二间均宽八尺五寸，深一丈零五寸，高七尺五寸，第三间，宽深均八尺五寸，高七尺。子药房二间，均深一丈零五寸，高七尺五寸，内一间宽七尺，一间宽八尺五寸，四围墙厚二尺。又子药房外横建小房一间，深四尺五寸，宽一丈八尺五寸，高七尺二寸，四围墙厚二尺。

山腰月台内，暗马路一条，直通台外，长七丈，宽五尺。又一条，通子药房内，长三丈，宽三尺六寸。小马路一条，长三丈五尺，宽三尺六寸，均墙高五尺五寸，厚一尺八寸。子药房二间，均深一丈零五寸，内一间宽八尺八寸，一间宽七尺五寸，墙高五尺五寸，厚一尺八寸。兵房一间，深一丈三尺五寸，宽八尺八寸，墙高五尺五寸，厚一尺八寸。山腰月台下筑灰沙走道，厚六寸，长五丈，宽一丈四尺。

官厅一座。计五间，均深二丈一尺五寸，中间宽一丈四尺，左右四间，宽一丈一尺五寸，前檐高一丈三尺五寸，后檐高一丈二尺。人字墙六道，均高一丈七尺五寸，两边二道，厚九寸五分，中间四道，厚六寸八分。右边墙内耳房一间，深一丈，宽一丈一尺，前檐高八尺五寸，后檐高七尺五寸，墙高一丈一尺，厚六寸八分。右边墙一道，高八尺，长八丈，厚一尺五寸。中军帐后左边，大厨房二间，共宽一丈九尺，深一丈六尺，檐高七尺五寸。围墙两道，高一丈一尺，厚一尺五寸。中军帐左边，又建官厅一座，计三间，均深二丈一尺，中间宽一丈四尺，左右两间，宽一丈一尺五寸，前檐高九尺，后檐高八尺五寸。人字墙四道，高一丈三尺五寸。左右两道，墙厚九寸五分，中两道，厚六寸八分。又青砖墙二道，左接灰沙横墙，右连中军帐，长一丈六尺，高九尺，厚六寸八分。官厅后厨房一间，深一丈，宽一丈，前檐高八尺五寸，后檐高五尺五寸，墙厚一尺三寸。哨官房四间，均深一丈三尺，宽一丈一尺。前檐高九尺，后檐高六尺，墙后六寸八分。附建厨房一间，深一丈，宽一丈，前檐高八尺，后檐高五尺。石墙一道，自哨官房前墙起，至山腰月台明马路止。长二十六丈五尺，高九尺，宽二尺二寸。石墙内厨房四所，每所二间，均深一丈三尺五寸，宽一丈零五寸，前檐高九尺，后檐高五尺。厨房后土墙一道，长二十九丈，高八尺，厚一尺五寸。

东门内筑灰沙大走道，厚六寸，长四十丈，宽四丈。东门内依山小屋二间，均深一丈四尺五寸，宽一丈一尺，檐高七尺五寸。人字墙三道，均高一丈一尺五寸。东台门上，楼房二间，内一间，宽一丈四尺，外一间，宽八尺八寸，均深一丈二尺五寸，檐高六尺。右边耳房一间，深五尺，宽五尺，高四尺七寸，墙高七尺。东向外台门，楼房二间，内一间，深一丈零五寸，宽一丈一尺八寸。檐高六尺五寸。人字墙二道，高八尺五寸，均砌小青砖，厚六寸八分。外一间，深一丈零五寸，宽七尺六寸，檐高六尺五寸，墙高八尺五寸，厚九寸五分。

东门外操场，建演武厅一座，计三间，深二丈五尺，前檐高一丈七尺五寸。后檐高八尺。中间宽一丈七尺，左右两间宽一丈一尺五寸。左右砌人字砖墙二道，高一丈三尺五寸，厚九寸五分。中间二道，高一丈三尺五寸，厚六寸八分。西门外，大子药库一所，深一丈八尺五寸，高宽均一丈一尺五寸。四围墙高七尺五寸，厚一尺八寸，后向依山，外三面加筑灰沙护墙，高一丈一尺，长六丈五尺，厚三尺五寸。门高六尺五寸，宽三尺。自台门内至中军帐小拱门止，建道长六丈，宽二丈五尺。台中筑灰沙横墙一道，长一十一丈五尺，高一丈一尺，厚四尺。中开一门，高八尺，宽五尺五寸，东通走道，西达中军帐。墙左边，建一军械所，深一丈八尺，宽一丈，高九尺。中军帐左右两边兵房二十间，均深一丈八尺五寸，高九尺，内一十八间，宽一丈，二间宽一丈零五寸，四围墙厚一尺。兵房左右，各筑砖墙两道，均高一丈三尺，宽六尺二寸，厚一尺八寸。门高六尺，宽二尺七寸。兵房后，围墙四道，长二十七丈，高八尺，厚一尺五寸。中军帐前，兵房门口，筑灰沙走道，厚六寸，长一十一丈七尺，宽四丈。西台门上望楼二间，外一间，深一丈二尺三寸，宽一丈四尺。内一间深一丈二尺，宽一丈七尺，均檐高六尺，墙高八尺九寸。楼上厨房一间，深七尺，宽一丈五尺，高六尺三寸。西台门外小屋一间，深一丈六尺，宽一丈一尺，檐高六尺三寸。外台门上楼房一间，深一丈一尺，宽一丈一尺五寸，檐高六尺。人字墙二道，均高九尺，厚九寸五分。西台门外河边，砌月字石基，长九丈三尺，高一丈，宽五尺。又砌石码头一度，长二十三丈，高一丈，宽九尺五寸。

虎门威远台后山，威胜下营之东，新建露天炮台，总名为威胜东台，计二座。

一曰广镇炮台，坐北向南，距威胜下营东南一百六十尺有奇。台面高出水面二百零六尺，距海边五百三十尺，形如弯弓式。前墙直长四十六尺二寸，高五尺一寸，厚六尺六寸。后墙弯长八十一尺十寸，高五尺五寸，厚六尺，前后墙适中，相距长二十六尺。墙脚安炮子孔二十一个。每个高二尺六寸，宽一尺。洗炮水井三口，每口高三尺六寸，横宽二尺。台后阳巷一条，长二十三尺五寸，墙高八尺至六尺不等，宽九尺。暗道一条，长七十八尺七寸，宽九尺，高九尺，亮斗三个。暗道东边，建炮具小房一间，宽三尺六寸，深五尺，高四尺八寸。西边建药包小房一间，宽三尺六寸，深三尺，高四尺八寸。台后北隅建夹墙大药库一间，长一十八尺，宽一十二尺，高一十二尺。库外三面夹道，各宽二尺二寸，上开气斗六个。台后东北隅，建兵房二间，每间宽一十二尺，长二十一尺，高一十二尺，上开亮斗二个。台后砌石护墙二道，共长三百九十尺，高随山势，一丈至三丈不等。厨房一间，宽一十尺零三寸，深九尺，高一十一尺。木炮遮一架，前直后弯，形从台式。

一曰广磐炮台，坐北向南，距广镇炮台东南二百三十尺。台面高出水面一百六十二尺，距海边三百四十四尺，形如弯弓式。前墙直长四十六尺二寸，高五尺一寸，厚六尺六寸。后墙弯长八十一尺十寸，高五尺五寸，厚六尺。前后墙适中，相距长二十六尺。墙脚安炮子孔二十个，每个高二尺六寸，宽一尺。洗炮水井三口，每口高三尺六寸，横宽二尺。阳巷一条，长一十四尺，高八尺，宽九尺。暗道一条，长一百五十七尺，宽九尺，高九尺。暗道内东边，建炮具小房一间，宽三尺六寸，深五尺，高四尺八寸。暗道内西边，建药包小房一间，宽三尺六寸，深三尺，高四尺八寸。台后北隅又建子药房二间，内一间深一十四尺六寸，外一间深三尺六寸，均宽九尺，高九尺，上开气斗一个。台后西北隅建兵房二间，每间深二十一尺，宽一十二尺，高一十二尺，上开亮斗二个。护墙一道，长一百五十尺，高随山势，二丈至一丈不等。厨房一间，与广镇厨房相连，建在两台中间，大路南首，宽一十尺零三寸，深九尺，高一十一尺。木炮遮一架，前直后弯，形从台式。

威远后山上台，建在山顶上，形入扇面式。台基厚六寸至一尺五寸不等，前直长三十四尺三寸，后湾长六十三尺四寸，中面宽二十一尺九寸，高深均二尺十寸。内圆盘拱高一十一寸，外转炮铁路围长四十尺八寸，内转炮铁路围长一十三尺。开洗炮水井二口，墙中安炮子孔一十六个。炮巷一条，由山内开通，横直贯达。台前巷口宽六尺五寸，顶高六尺八寸，长四十六尺，内开天窗二方。直巷宽七尺，顶高八尺，长三十四尺，内开天窗一方。横巷内宽五尺七寸，高五尺六寸，长三十七尺，内开天窗四方。墙垣拱顶，用青砖砌结四五隅不等。拱顶上用红毛泥石灰碎石一层。兵房一间，筑在直巷内，宽一十三尺十寸，深二十一尺三寸，高一十一尺二寸，门高五尺八寸，门宽二尺八寸，墙垣拱顶，用青砖四五隅不等。拱顶上用红色毛泥石子一层，灰沙石子一层。药库一间，宽一十二尺，高九尺五寸，深一十七尺，门高五尺七寸，门宽二尺八寸五分，墙垣拱顶工料造法与兵房同。小药柜一个，高四尺六寸，宽三尺四寸，深三尺，门高三尺八寸，宽二尺九寸。

威远后山下台，建在山下。形如扇面式。前直长三十三尺二寸，后湾长六十六尺三寸。中面宽一十九尺八寸，高深均三尺六寸。内圆盘拱高一十一寸，外铁路围长四十二尺八寸，内铁路围长一十二尺六寸。洗炮水井二口。墙中安炮子孔一十五个。炮巷三条，由山内开通，横直贯达。台前横巷一道，宽七尺，高七尺八寸，长四十一尺六寸。又一道，宽一十二尺六寸，高一十尺，长四尺四寸。直巷一道，宽九尺，高九尺十寸至十尺不等，长三十尺，墙垣拱顶工料造法如前台。

威胜西台东首，挖山开凹，建广绥炮台一座。台面高出水面一百四十七尺，距海边三百四十一尺，形如圆月式。台身宽四十二尺五寸。台墙周围一百三十三尺八寸，高五尺九寸，厚七尺。墙脚安炮子孔三十三个，每个高二尺六寸，宽一尺。洗炮水井四口，每口高三尺十寸，横阔二尺。阳巷一条，长一十尺，高六尺三寸，宽九尺。暗道一度，长六十四尺，宽九尺，高九尺，上开亮斗二个。暗道内小兵房一间，深八尺四寸，宽一十二尺，高八尺，上开亮斗一个。炮具小房一间，宽三尺三寸，深三尺三寸，高四尺四寸。药包小房一间，宽三尺三寸，深二尺十寸，高四尺四寸。台后东北隅药库一间，深一十七尺，宽九尺，高一十一尺六寸。库外三面夹道，各宽二尺二寸，上开气斗四个。台后石砌护墙一道，长一百三十七尺，高一十一尺至一十三尺不等。暗道外东隅大兵房一间，深二十六尺二寸，宽一十二尺，高一十二尺。厨房一间，草房一间，共宽二十尺四寸，深八尺六寸，檐高七尺，脊高一十一尺。木炮遮一架，式从台圆。

蛇头湾山在威远山西首，新建炮台六座。由山顶至山边，参差连接。第一台建在山顶，形如磨盘式，台内径宽一十八尺，高深均一尺九寸。围圆五十六尺，筑用红毛泥和细石子，厚一尺至一尺五寸不等，另加舂灰沙，厚一尺。台基底用红毛泥沙和细石子筑，厚六寸。炮巷一条，由山上开通，直透下台，横通大马路。台前拱宽五尺三寸，高六尺十寸至九尺不等，长一百三十七尺，内开天窗二方。横巷宽八尺，高八尺，深一十五尺。马路外拱口两旁，用大石灰沙砌成。墙垣拱顶，用青砖四隅砌结，顶上加舂灰泥沙石一层。药库一间，与第二台通用。筑在直巷内，宽九尺四寸，高八尺，深九尺五寸，门高五尺六寸，宽二尺十寸，开天窗一方。小药柜一个，筑在台前横巷内，宽三尺，深二尺八寸，高三尺三寸，门高二尺七寸，宽二尺四寸。

第二台，形如扇面式。前直长三十九尺，后弯长六十六尺四寸，中面宽二十三尺七寸，高深均三尺。外铁路围长四十四尺，内铁路围长一十二尺。开炮子孔一十六个，安铁环一十个。又开洗炮水井二口，小药柜一个，建在台前横巷内，工料造法同前台。

第三台，建在山腰，由台前开挖炮巷，直贯第四台巷内，横通大马路边，形如磨盘式。台内径宽一十八尺，围圆五十六尺，高深均一尺九寸，工料造法与第二台同。

第四台，建在山腰，与第三台相连，形如磨盘式。台内径宽一十八尺，围圆五十六尺，高深均一尺九寸，工料造法与第三台同。

第五台建在山前，横直通贯第六台，形如磨盘式。台内径宽一十八尺，围圆五十六尺，高深均一尺九寸，工料造法同前台。

第六台，建在山嘴，横直连贯第五台，形如磨盘式。台内径宽一十八尺，围圆五十六尺，高深均一尺九寸，工料造法同前台。

山腰大马路左边，建兵房一座，计五间。外墙横宽七十二尺二寸，直深一十七尺，前檐高一十四尺八寸，后檐高一十一尺二寸，正脊高一十一尺八寸，开天窗五方。又兵房一座，计四间。外墙横宽五十六尺七寸，直深二十四尺六寸，前檐高一十五尺五寸，后檐高一十三尺，正脊高一十二尺八寸，开天窗四方。石闸门一道，建在蛇头湾山中西边，深宽均一十四尺，门高五尺八寸，宽二尺四寸，两旁墙垣均用大麻石砌结。山中筑大马路一条，长五十丈有奇，马路边石墙一幅，长二十丈。

虎门上横档，四面临水，山势突兀，与下横档对峙，现建露天大炮台六座。

一曰镇边炮台，建在山顶，形如磨盘式。台身径宽四十一尺六寸，围长一百三十尺零五寸，高六尺八寸，用红毛泥和细石子坚筑，外加灰沙石子一层。台上圆盘高一尺四寸，内铁路围长二十八尺九寸，外铁路围长九十四尺八寸。开洗炮水井四口，又炮字孔三十一个。炮巷一条，由台心开挖，直透东南拱口，计长一百零五尺，宽一十尺，高八尺三寸，开天窗二个。又横透西边拱口，计长六十一尺，宽一十尺，高七尺三寸，至八尺二寸不等，开天窗一个。巷内火药库一所，计二间，每间宽一十尺，深一十四尺，高八尺二寸，四围墙厚三尺，库门门前小横巷一条，长二十三尺一寸，宽四尺，门高五尺八寸，宽三尺四寸，内开通气窗一个。暗兵房一间，宽一十尺，深一十四尺，高八尺三寸，门高五尺八寸，宽三尺四寸，四围墙厚三尺，内开通气窗一个。

一曰广隽炮台，建在右边山顶，形如磨盘式。台身径宽三十九尺一寸，围长一百二十二尺，高六尺八寸。台上圆盘高十寸，内铁路围长二十九尺，外铁路围长九十五尺四寸。开洗炮台水井二口，炮子孔二十七个。炮巷一条，由山内开挖，直透东南拱口，斜通前台，长一百二十三尺，宽一十尺，高七尺六寸，开天窗六个。巷内火药库一所，计二间，每间宽一十尺零一寸，深一十四尺，高八尺三寸。库门前小横巷一条，长二十三尺，宽四尺，门高五尺八寸，宽三尺四寸，内开通气窗一个。暗兵房一间，宽一十尺，深一十四尺，高八尺三寸，门高五尺八寸，宽三尺四寸，内开通气窗一个。

一曰霹雳炮台，建在东山嘴，形如磨盘式。台身径宽四十一尺十寸，围长一百三十一尺十寸，高六尺五寸。台上圆盘高一尺二寸五分，内铁路围长二十九尺，外铁路围长九十四尺十一寸。开洗炮水井四口，炮子孔三十一个。炮巷一条，由山内开挖，直透东台拱口，横通耀武台，计长一百六十八尺八寸，宽一十尺，高七尺四寸至八尺二寸不等，开天窗五个。巷内火药库一所，计二间，宽一十尺零一寸，高八尺二寸，深一十四尺。库门外小横巷一条，宽四尺，长二十三尺一寸，门高五尺八寸，宽三尺四寸，内开通气窗一个。暗兵房一间，宽一十尺零一寸，深一十二尺，高八尺二寸，门高五尺八寸，宽三尺四寸，内开通气窗一个。

一曰耀武炮台，建在东山右，形如圆环开口式。台身径宽三十七尺十寸，围长九十六尺六寸，开口处曲长二十二尺五寸，高五尺九寸，内铁路围长二十二尺六寸，外铁路围长七十二尺二寸。开炮子孔二十一个，洗炮水井三口。暗炮巷一条，由台心直通前台，长三十五尺六寸，宽六尺，高七尺十寸，开天窗二个。

一曰靖逆炮台，建在西山顶，形如磨盘式。台身径宽四十二尺四寸六分，围长一百三十三尺二寸，高六尺六寸。台上圆盘高一尺三寸，内铁路围长二十八尺十寸，外铁路围长九十五尺五寸。开炮子孔二十九个，洗炮水井四口。暗炮巷一条，由台心斜通下台，长一百六十八尺，宽一十尺，高七尺四寸，开天窗五个。火药库一所，计二间，宽一十尺，深一十四尺，高八尺六寸。小横巷一条，宽四尺，长二十三尺，门高五尺八寸，宽三尺四寸，内开通气窗一个。兵房一间，宽一十尺，深一十四尺，高八尺二寸，门高五尺八寸，宽三尺四寸，内开通气窗一个。

一曰鞠旅炮台，建在西山侧，形如扇面式。台身前直长三十四尺九寸，后弯长六十九尺，径宽二十二尺，高六尺，内铁路围长二十二尺，外铁路围长五十三尺。开炮子孔二十四个，洗炮水井四口。暗炮巷一条，由台心斜通上台，长九十八尺，宽一十尺，高七尺五寸，开天窗三个。火药库一所，计二间，宽一十尺，深一十二尺一寸，高八尺三寸。库门前小横巷一条，宽四尺，长二十三尺二寸，门高五尺七寸，宽三尺四寸，内开通气窗一个。暗兵房一间，宽一十尺，深一十二尺二寸，高八尺四寸，门高五尺八寸，宽三尺四寸，内开通气窗一个。

另副炮台二座，建在中台山北隅，形如扇面式。每座台身前直长二十二尺四寸，后弯长三十九尺，径宽三尺五寸，高一尺十寸，用红毛泥灰沙坚筑，上铺石板造成。台后依山筑灰沙墙一幅，长五十六尺，高七尺四寸，厚一尺二寸。暗炮巷一条，长五十尺，宽四尺，高七尺，开天窗一个。暗药库一间，宽七尺，深七尺，高六尺四寸，门高五尺一寸，宽二尺十寸，内开通气窗一个。

又副炮台一座，建在南墙顶，形如扇面式。前直长二十四尺，后弯长四十五尺，径宽五尺八寸，用红毛泥和灰沙坚筑。台墙内挖药库一间，宽一十尺，深四尺二寸，高七尺三寸，门高五尺六寸，宽二尺八寸。

又副炮台一座，建在东南台墙边，台面系四方式。台身宽一丈六尺，长一丈四尺。两旁墙高六尺。台前挖暗道一条，通贯六台，自东至西长五百九十三尺六寸，宽三尺五寸至七尺十寸不等，高六尺五寸至七尺七寸不等。

西台山下建大火药库一座，宽一十六尺一寸，深三十六尺六寸，高一十二尺一寸。门高五尺九寸，宽三尺四寸。四围砌砖墙两重。两墙间暗巷一条，前宽六尺，后宽四尺，高一十尺。又通气巷一条，宽三尺三寸，高八尺，开天窗六个。药库前建军装库一所，计三间。中间宽一十四尺，左右两间均宽一十二尺，深二十五尺八寸，前檐高一十三尺六寸，后檐高一十一尺，中间门高六尺四寸，宽四尺八寸，左右两间门高六尺二寸，宽四尺二寸，开天窗一个。

西门楼左侧，建水雷测镜房一所，宽四十尺，深二十尺零十一寸，前檐高一十三尺，后檐高一十尺零二寸，门高七尺四寸，宽三尺八寸。上建水雷机器楼一间，高五尺四寸，宽八尺十寸，深三十尺。附建厨房一间，宽一十一尺三寸，深九尺四寸，前檐高七尺四寸，后檐高一十尺零二寸。

西门内建官厅一座，通连五间。中间宽一十五尺九寸，深一十六尺六寸，左右四间，均宽一十二尺九寸，深二十二尺八寸。照墙一道，宽一十三尺，高一十尺零十寸。官厅外左右各建兵房五间，每间宽一十一尺三寸，深二十二尺五寸，中脊高一十五尺，前后檐高八尺十尺，门高六尺四寸，宽三尺一寸。官厅后厨房二间，均宽一十一尺三寸，深一十尺零十寸，中脊高八尺十寸，前檐高六尺，后檐高五尺十寸。另官厅左边兵房三间，右边兵房九间，每间宽一十一尺三寸，深八尺。前檐高六尺三寸，后檐高九尺七寸。

中台山北隅，又建兵房三间，中间宽一十四尺三寸，左右两间均宽一十二尺九寸，深二十二尺一寸。中脊高一十二尺九寸，前檐高八尺二寸，后檐高七尺二寸。门高六尺五寸，宽三尺六寸。附建厨房一间，宽一十七尺三寸，深一十二尺，前檐高一十尺，后檐高六尺。东向建哨官厅一座，计三间，中间宽一十四尺三寸，左右两间均宽一十二尺九寸，深二十二尺九寸，中脊高一十七尺六寸，前檐高一十一尺七寸，后檐高一十一尺一寸。左边附建厨房一间，宽一十八尺九寸，深一十尺，前檐高一十尺，后檐高六尺，南向建官厅一座，计三间，中间宽一十五尺九寸，深一十九尺六寸。左右两间均宽一十一尺十寸，深二十五尺二寸。中脊高一十三尺七寸。前檐高一十五尺五寸，后檐高一十五尺十一寸。官厅前开水池一口，深九尺六寸，横宽二十五尺五寸，直长二十六尺二寸。

东门内左右建兵房二十间，每间宽一十二尺，深二十尺零十寸。中脊高一十尺零一寸。前后檐高一十二尺十寸。门高六尺三寸，宽二尺十寸。兵房后建厨房二所，每所十间，每间宽九尺九寸至一十二尺九寸不等，深六尺至一十三尺不等。檐高七尺七寸至一十一尺不等。武圣庙一座，建在东门内，宽一十一尺三寸，深一十七尺。中脊高一十五尺五寸，前檐高一十一尺三寸，后檐高一十尺零四寸。天后宫一座，建在中台北隅，宽一十一尺三寸，深一十三尺。中脊高一十一尺八寸，前檐高八尺二寸，后檐高七尺二寸，四围筑三和土墙，内开东西两门。东门高一十尺零四寸，宽六尺二寸，上盖一楼，宽二十三尺三寸，深一十四尺十寸，檐高二十二尺四寸，西门高七尺四寸，宽四尺七寸，上盖一楼，宽二十尺零三寸，深一十尺零五寸，檐高二十尺零四寸。

上横档中台迤东，挖山开凹，建定远炮台一座，形如圆月式。台面高出水面五十五尺，距海边二百九十三尺。台内径宽五十尺零九寸，台墙周围一百六十尺，高四尺八寸，厚六尺。墙脚安炮子孔三十九个，每个高三尺二寸，宽一尺一寸。洗炮水井三口，每口方宽二尺，深二尺。暗道一度，长一百零八尺，宽一十尺，高八尺六寸，上开亮斗六个。台西隅建大药库一间，直长一十四尺二寸，宽一十二尺，高一十尺零六寸。库外三面夹道，均宽二尺六寸，开气斗六个。又建兵房一间，直长一十四尺二寸，宽一十二尺，高一十尺，上开亮斗一个。暗道内炮具小房一间，药包小房一间，均宽三尺三寸，直长三尺三寸，高四尺七寸。木炮遮一架，式从台圆。

虎门下横档，四面临水，山势突兀，与上横档对峙，现建露天大炮五座。

一曰永固炮台，建在东山脚，形如扇面式。台身高一丈一尺五寸，台墙围长九丈三尺，高四尺，前面厚一丈八尺五寸，后两面厚二丈。炮位内，俱用红毛泥石子灰沙坚筑。台上砌石条一层，镶铁路一条，遮身墙内。建炮手房二间，每间高五尺八寸，宽七尺五寸，深三尺六寸。台下建暗兵房一所，高六尺八寸，深三丈九尺，宽一丈三尺。

一曰镇定炮台，建在东山嘴，前造扇面式，现改作磨盘式。台身径宽二十四尺，高四尺八寸。台基并炮位，俱用红毛泥石子灰沙坚筑。台上铁路二道，内铁路围长二十九尺，外铁路围长六十六尺。墙内安炮铁环六个，开炮子孔一十一个。东北隅建兵房二座，计一十间，每间深一十五尺六寸，中脊高一十五尺，前檐高九尺，后檐高七尺，连墙横宽八十七尺六寸。厨房一间，宽二十三尺六寸，深一十一尺九寸，高一十尺零六寸。

一曰神威炮台，建在东山腰，形如八卦式。围墙长一十四丈，高四尺二寸，厚一丈四尺。台墙及台基，俱用红毛泥石子灰沙坚筑，台上镶铁路一条遮身。建炮手房二间，每间高五尺七寸，深四尺四寸，一间宽八尺三寸，一间宽七尺三寸。接开一门。建子药房一间，高五尺四寸，深一丈一尺二寸，宽六尺。墙内暗道一条，长四丈四尺，宽三尺三寸，上铺洋木，加筑灰沙。又开一门，建兵房一所。高五尺七寸，宽九尺，深一十丈零四尺，上铺洋木，加筑灰沙。

一曰安疆炮台，建在西山顶，形如磨盘式。台内径宽二十二尺六寸，围长七十二丈，高六尺，用红毛泥细石子灰沙造成。炮盘高二尺七寸，用麻石砌成，外镶铁路围长四十二尺三寸，墙内开炮子孔一十四个，安炮铁环四个。台前开洗炮水井二口。炮巷一条，由台心开挖直贯下台炮巷内，计长八十八尺，宽一十尺，高八尺三寸，内开天窗一个。炮巷内建火药库一间，通贯两台，宽一十尺，高八三寸，深一十七尺，高六尺，宽四尺。库外四围墙两重，墙外左右各开透气巷一条，均宽一尺，安小门四扇。炮巷内又建兵房一间，宽一十一尺，高八尺三寸，深一十八尺。门高六尺，宽四尺。

一曰飞霆炮台，建在西山顶，形如磨盘式。台内径宽二十二尺五寸，围长七十二尺，高六尺。炮盘高二尺七寸，外镶铁路围长四十二尺三寸。墙内开炮子孔一十四个，安炮铁环四个。台中开洗炮水井二口。炮巷一条，由台心开挖，直透山边明道，横接前台炮巷，长一百三十八尺，宽一十尺，高八尺三寸，内开天窗三个。炮巷内建兵房一间，宽一十一尺，高八尺三寸，深一十八尺，门高六尺，宽四尺。

另南向墙上筑副炮台四座。每座横宽四丈，高八尺。台顶铺条石一层，镶圆铁路一条。台下各建暗兵房一所，高六尺，深四丈，宽一丈二尺，安子药柜一个。

以上各台周围护墙，均开炮洞枪眼。东向台墙，长八十四丈，垛墙高一丈二尺，厚二丈。由墙脚斜排至顶，开炮拱一十四个，每个宽一丈四尺，高九尺，深一丈七尺。石炮拱六个，每个宽一丈二尺，高九尺，深一丈六尺。后向马路内墙，长八十四丈，高八尺，宽一丈。墙顶铺洋木，上筑灰沙厚三尺。马路后筑土墙一幅，厚三尺，外砌石阶级九度。南向护墙，长八十二丈，垛墙高一丈一尺五寸，厚六尺。后向马路内墙，长八十二丈，高八尺，厚六尺，墙角开小炮门九个，每个高三尺，宽二尺五寸。西向护墙，长四十六丈，高一丈二尺，厚二丈，由墙角斜排至顶，开大炮拱一十八个，每个宽一丈二尺，高九尺，深一丈五尺。后面马路内，墙长八十四丈。高八尺，宽一丈，用洋木铺顶，加筑灰沙，厚三尺。马路后土墙一幅，厚三尺，外砌石阶级三度。北向护墙，长一百二十六丈，高八尺六寸，厚五尺，开小炮门三十五个，每个高五尺，宽五尺。又开抬枪口九十二个。中建台门一座，高一丈零五寸，宽一丈零八寸，深一丈二尺八寸。上建一楼，高八尺，宽八尺五寸，深一丈六尺。台门外砌石码头一度。台内居中建官厅一座，计四间，每间中脊高一丈四尺，前后檐高一丈一尺，宽一丈三尺，深二丈四尺。左右后三面，加筑灰沙围墙一道。左墙高一丈三尺，右墙高一丈三尺五寸，后墙高一丈零五寸，均厚三尺。官厅前照墙一幅，高一丈四尺五寸，宽四丈七尺，厚二尺三寸。又左边厨房一间，前檐高九尺五寸，后檐高五尺五寸，宽二丈二尺，墙厚一尺五寸。文官厅一座，计五间，每间宽一丈一尺，深一丈二尺，中脊高一丈四尺，前檐高八尺，后檐高七尺。传号房一所，宽一丈一尺二寸，高一丈二尺六寸，深二丈四尺五寸。军装房一所，通连三间，每间宽九尺六寸，高一丈，深一丈四尺。南北两边，建哨官厅各一所，每所通连三间，均宽一丈一尺六寸，深二丈，前檐高七尺五寸，后檐高七尺二寸，四围墙厚一尺。官厅旁各建厢房一间，每间内宽一丈，深一丈三尺六寸，前檐高七尺五寸，后檐高七尺，四围墙厚一尺。又东西隅各建哨队厨房一所，每所通连二间，均宽一丈三尺，深一丈五尺，前檐高八尺三寸，后檐高六尺四寸，四围墙厚一尺。台内北边建亲兵住房两所，每所通连六间，均宽一丈三尺，深一丈五尺五寸，前檐高九尺七寸，后檐高七尺，四围墙厚一尺。台内西边，建子药总库一所，计大小四间。一间宽六尺五寸，深一丈八尺。一间宽七尺八寸，深二丈二尺。一间宽六尺，深六尺。一间宽一丈一尺，深六尺。均高九尺三寸，顶上用红毛泥石子灰沙坚筑，再铺青草，仍如原山形势。西台山边，建水雷局一间，宽深均一十四尺九寸，前檐高九尺六寸，后檐高七尺，门高七尺三寸，宽四尺。附建厨房一间，宽七尺，深一十尺十寸，高八尺六寸。

下横档东山顶。挖山开凹，建广靖露天台一座，形如圆月式。台面高出水面六十四尺，距海边二百一十三尺。台内径宽四十四尺四寸，台墙周围一百四十一尺二寸，高六尺二寸，厚六尺。墙脚安炮子孔三十一个，每个高二尺一寸，宽一十寸。洗炮水井三口，每口深一尺十寸，方宽一尺八寸。阳巷一条，宽八尺，长一十七尺一寸，高一十尺五寸至六尺五寸不等。暗道一度，长六十九尺，宽八尺，高八尺四寸。上开亮斗二个。台后西北隅建大药库一间，直长一十八尺八寸，宽一十尺，高八尺三寸。四面夹道，俱宽四尺，高一十尺八寸，上开气斗四个。台北隅兵房一间，直长三十一尺十寸，横宽一十一尺，高九尺，上开亮斗一个。接建厨房一间，直长八尺，横宽一十一尺二寸，高一十尺。木炮遮一架，式从台圆。

大角振威炮台一座。前台墙长五十一尺，后周围台墙长八十四尺，高五尺五寸。前铁路长一十五尺零六分，后铁路长六十尺零三寸。水井一口，宽一尺九寸，深二尺四寸。小码头一道，宽二尺八寸，高四尺九寸。大马路一道，宽七尺，高七尺四寸。前直长五十二尺二寸，后弯长三十七尺六寸。小药房一间，宽三尺五寸，高四尺七寸，深二尺六寸。兵房二间，均宽一十尺，高八尺六寸，深一十三尺三寸。小马路一道，长二十六尺七寸，宽三尺九寸，高七尺九寸。大药房一间，深一十四尺，宽一十尺零三寸，高八尺五寸。外兵房一所，高一十一尺三寸，宽一十一尺九寸，深一十四尺六寸，门高六尺五寸。大厨房一所，深一十五尺，宽一十七尺，高一十一尺三寸。又接建兵房一所，深一十五尺九寸，宽一十六尺八寸，高七尺九寸。大官厅一座，深一十七尺四寸，宽一十四尺，高一十二尺。台门至外营门口止，长一十尺零八寸，营门一座，高一十一尺一寸，宽六尺九寸。木炮遮一架，外宽五十四尺三寸，后围宽九十八尺二寸，正脊高二十五尺二寸，前檐高七尺九寸，后檐高七尺。

又振定炮台一座。前台墙长五十尺，后周围台墙长八十九尺。前铁路长一十八尺四寸，后铁路长五十尺零九寸。大马路一道，宽六尺八寸，高七尺九寸。前弯长四十四尺，后直长自马路起至营门口止，计七十四尺。小马路一道，长一丈，宽四尺，高七尺九寸五分。大药房一间，深一十四尺九寸，宽九尺六寸，高七尺四寸。炮子房一间，深一十二尺，宽九尺六寸，高七尺四寸。兵房一所，深一十二尺，宽九尺二寸，高七尺四寸。水井一口，深三尺，宽二尺。小药房一间，宽三尺五寸，高四尺七寸，深二尺七寸。大官厅一座，深二十尺，宽一十六尺，高一十四尺三寸。兵房二间，均宽一十三尺九寸，高一十四尺三寸，深二十尺。营门一座，宽七尺，高一十二尺八寸，外边路长八十尺。大厨房一所，深一十三尺五寸，高一十尺，宽一十二尺三寸。木炮遮一架，前围长五十七尺，后围长一十尺零二寸，檐高七尺四寸，正脊高二十三尺一寸。

虎门二角振扬露天台一座，建在二角山嘴。炮盘八方，每方宽一十尺九寸五分。外台墙围圆七十五尺六寸，高深均四尺五寸，用灰沙等料筑成。台基用红毛泥和细石子灰沙坚筑，厚六尺至一尺二寸不等。台脚砌用麻石，台内铁路围长四十尺。台墙内开炮子孔八个，安铁环八个。马路一道，宽五尺，高六尺，长二十五尺，均用灰沙筑成。子药房一间，宽九尺八寸四分，高九尺六寸，深一十一尺七寸五分，门高五尺六寸，宽二尺二寸。兵房二间，均宽一十三尺二寸，深一十三尺二寸，前后檐高九尺，正脊高一十一尺六寸，门高五尺六寸，宽二尺二寸。墙垣用灰沙结造，青砖双隅砌成。

蒲洲山新建露天炮台三座。

第一台建在山上，形如八卦式。台墙筑用灰泥等料结成，台基底用红毛泥和细石子灰沙坚筑，厚六尺至一尺二寸不等，台脚砌用麻石。台内直长二十七尺三寸，横宽三十四尺六寸，高深均四尺五寸。外铁路围长三十一尺，内铁路围长一十一尺。墙内开炮子孔四个。

第二台连接第一台，形如磨盘式。台内径宽三十尺，围圆九十八尺，前高深四尺五寸，后高深五尺五寸。外铁路围长二十四尺三寸，内铁路围长一十尺九寸。开炮子孔四个。明巷一条，由前台开挖连贯此台巷内，台前直巷宽五尺五寸，高六尺，长九十四尺四寸。横巷宽五尺三寸，高五尺十寸，长八十五尺。火药库一间，建在横巷内，两台通用，计宽九尺，高一十尺，深一十六尺，门高五尺六寸，宽二尺二寸。墙垣拱顶，均用红毛泥灰沙等料结成。

第三台建在山嘴，形如磨盘式。台内径宽二十三尺。围圆七十五尺六寸。前高深三尺十寸，后高深四尺八寸。墙内开炮子孔八个，安炮铁环八个。台基用红毛泥细石子筑厚六寸至一尺二寸不等。明巷一条，宽五尺二寸，高五尺，长三十六尺。药库一间，宽一十二尺，高八尺，深一十一尺，门高五尺六寸，宽二尺二寸。墙垣筑用灰沙，顶上加舂红毛泥细石子一层。台墙上建兵房一间，宽深均一十三尺二寸，正脊高一十一尺六寸，前后檐高九尺，门高五尺六寸，宽二尺二寸。

附录 II　明清时期部分广东海防舆图文献

明清时期广东区域的舆图目前保存下来的较为丰富，除了笔者研究过程中搜集到的些许零散舆图外，这里仅就今人整理出版的与广东“海防”（含沿海形势）相关的部分舆图进行梳理，以做参考。

图名	作者	成书年代	藏书情况	备注
《英国国家档案馆庋藏近代中文舆图》				
《雷州营汛舆图》	佚名	咸丰年间	英国国家档案馆藏；第 61 页	彩色手绘，单页
《廉州营汛舆图》	佚名	咸丰年间	英国国家档案馆藏；第 69 页	彩色手绘，单页
《广州城西北部拟建炮台地图》	佚名	咸丰年间	英国国家档案馆藏；第 73 页	彩色手绘，单页
《黄冈协左右二营舆图》	佚名	咸丰年间	英国国家档案馆藏；第 79 页	彩色手绘，单页
《龙门协左右二营辖属山海形势全图》	佚名	咸丰年间	英国国家档案馆藏；第 111 页	彩色手绘，单页
《肇庆府炮位舆图》	佚名	咸丰年间	英国国家档案馆藏；第 117 页	彩色手绘，单页
《钦州营汛舆图》	佚名	咸丰年间	英国国家档案馆藏；第 151 页	彩色手绘，单页
《琼州镇标左营图说》	佚名	嘉庆十六年以后	英国国家档案馆藏；第 187—189 页	仅舆图文字部分
《琼州府西北部沿海军事地图》	佚名	咸丰年间	英国国家档案馆藏；第 139 页	彩色手绘，单页
《琼州府东北部军事地图》	佚名	咸丰年间	英国国家档案馆藏；第 147 页	彩色手绘，单页
《广州城区珠江两岸军事地图》	佚名	咸丰年间	英国国家档案馆藏；第 155 页	黑白手绘，单页
《广东水师提标后营汛地舆图》	佚名	咸丰七年	英国国家档案馆藏；第 175 页	彩色手绘，单页

续表

图名	作者	成书年代	藏书情况	备注
《文昌县城汛舆图》	佚名	不早于嘉庆时期	英国国家档案馆藏；第181页	彩色手绘，单幅
《广州城东、西、南三面军事地图》	佚名	咸丰年间	英国国家档案馆藏；第197页	彩色手绘，单页
《广东东安、新兴、阳春三县塘汛图说》	佚名	咸丰年间	英国国家档案馆藏；第234—236页	彩色手绘，17幅
《方舆搜览——大英图书馆所藏中文历史地图》				
《乾隆天下舆地图》	佚名	乾隆八年后	英国大英图书馆藏；第34—35页	纸本彩印、木刻套色
《大清一统海道总图》	佚名	同治十三年后	英国大英图书馆藏；第165页	墨色石印本
《广东全省经纬地舆图》	李明彻	嘉庆二十一年至道光十二年	英国大英图书馆藏；第44—45页	纸本彩绘、14帧拼幅
《广东全省舆图》	佚名	嘉庆二十一年	英国大英图书馆藏；第46—47页	纸本彩绘、表装成四条幅
《广州城西关外及十三行图》	佚名	道光二年后	英国大英图书馆藏；第96—97页	纸本彩绘
《广州至澳门水道图》	佚名	嘉庆十四年后	英国大英图书馆藏；第98—101页	纸本墨绘
《广州至澳门水途即景》	佚名	道光年间	英国大英图书馆藏；第102—111页	纸本彩绘
《广州城珠江滩景图》	佚名	乾隆二十九年至三十五年	英国大英图书馆藏；第112—125页	绢本彩绘、裱装8米长卷
《广州府新安县水陆塘汛舆图》	佚名	嘉庆二十五年以前	英国大英图书馆藏；第280—285页	纸本彩绘，册装地图集（27幅）
《广州至澳门水道图》	佚名	嘉庆二十二年	英国大英图书馆藏；第308—311页	纸本墨绘
《前山寨与澳门形势图》	佚名	嘉庆十六年后	英国大英图书馆藏；第312—313页	纸本彩绘
《皇舆搜览——美国国会图书馆所藏明清舆图》				
《琼郡地舆全图》	佚名	道光十六年前	美国国会图书馆藏；第113页	卷轴彩绘，单幅
《广东全图》	佚名	同治三年	美国国会图书馆藏；第149页	纸本木刻墨印

续表

图名	作者	成书年代	藏书情况	备注
《万里海防图》	佚名	雍正三年临摹明代嘉靖绘本	美国国会图书馆藏；第 260—261 页	纸本彩绘，册页折装，1 幅分切 19 幅
《广东通省水道图》	佚名	嘉庆五年至六年，最迟不晚于嘉庆二十一年	美国国会图书馆藏；第 281 页	单幅，彩绘
《广东全省水陆舆图》	黎中配	光绪十三年	美国国会图书馆藏；第 282 页	单幅，纸本墨印着色
《海疆洋界形势图》《海疆洋界形势全图》	佚名	乾隆五十二年至嘉庆五年	美国国会图书馆藏；第 318—327 页	纸本彩绘，1 卷 6 幅组图
《七省沿海全图》	金保彝	光绪七年	美国国会图书馆藏；第 328—329 页	1 卷 6 幅组图
《南北洋合图》《南洋分图》	湖北官书局	同治九年后	美国国会图书馆藏；第 331—332 页	木刻墨印纸本单幅
《茂名县舆图》	佚名	咸丰十年至同治六年	美国国会图书馆藏；第 342 页	官方彩绘本
《揭阳县全图》	英国教士烈伟廉	光绪年间	美国国会图书馆藏；第 344 页	单幅，墨绘着色
《图说城市文脉——广州古今地图集》				
《广州城北部和西部军事图》	佚名	咸丰四年	英国国家档案馆藏；第 71 页	彩色手绘，单幅
《广州城北部至佛岭军事图》	佚名	咸丰四年	英国国家档案馆藏；第 70 页	黑白手绘，单幅
《广州城北部军事图》	佚名	咸丰四年	英国国家档案馆藏；第 69 页	彩色手绘，单幅
《广东省城东部和北部相邻地区图》	佚名	晚清	英国国家档案馆藏；第 68 页	彩色手绘，单幅
《广东省城东部、西部以及南河岸地区军事图》	佚名	咸丰年间	英国国家档案馆藏；第 67 页	彩色手绘，单幅
《广州城北至江村军事图》	佚名	咸丰年间	英国国家档案馆藏；第 66 页	彩色手绘，单幅
《广州城北部至花县军事图》	佚名	咸丰年间	英国国家档案馆藏；第 65 页	彩色手绘，单幅

续表

图名	作者	成书年代	藏书情况	备注
《广州城北部至市井、西至泮塘军事图》	佚名	咸丰年间	英国国家档案馆藏；第 64 页	黑白手绘草图，单幅
《广州城外西北部地区军事图》	佚名	咸丰年间	英国国家档案馆藏；第 63 页	彩色手绘，单幅
《广州府城北石井一带军事图》	佚名	咸丰年间	英国国家档案馆藏；第 62 页	彩色手绘，单幅
《黄埔船澳图》	佚名	清后期	广东省档案馆藏；第 61 页	石印本，单幅
《广东地图》	佚名	清代	大连图书馆藏；第 59 页	彩色绘本，单幅
《广东绘图》	佚名	1899—1911 年	大连图书馆藏；第 58 页	彩色绘本，单幅
《英法进攻广州示意图》	James Wyld	咸丰七年	香港科技大学藏；第 57 页	彩色绘本，单幅
《广州市图》	John Harris	乾隆十五年	香港科技大学藏；第 56 页	铜刻本，单幅
《羊城山水形胜图》	梁友石	光绪十八年	广东省立中山图书馆藏；第 55 页	彩绘纸本，单幅
《广肇两府基围总图》	罗照沧	光绪十二年	中国国家图书馆藏；第 53 页	刻印本，单幅
《广州省城附近河渠图》	佚名	光绪年间	中国国家图书馆藏；第 52 页	彩绘本，单幅
《珠江第四图：自狮子塔至黄埔》	Edward Belcher; Daniel Ross	道光二十六年	香港科技大学藏；第 51 页	单幅
《珠江第四图：自大屿山至龙穴岛》	Edward Belcher; Daniel Ross	道光二十六年	香港科技大学藏；第 50 页	单幅
《珠江测量图》	Joseph Huddart; Robert Sayer	乾隆五十一年	香港科技大学藏；第 49 页	黑白图，单幅
《广东六门水道图》	佚名	光绪末年	中国国家图书馆藏；第 48 页	绢底彩绘本，单幅
《广东省河六门缉私舆地全图》	汪大钧	光绪二十九年	中国国家图书馆藏；第 47 页	石印本，单幅
《广东六门缉私地舆图》	姚翰	光绪二十年后	大连图书馆藏；第 46 页	彩绘本
《广东省沿海图(局部)》	佚名	光绪二十四年	大连图书馆藏；第 45 页	彩绘本长卷
《广东海防图·广州省城海防图》	王治	光绪十年	中国国家图书馆藏；第 44 页	彩绘本

续表

图名	作者	成书年代	藏书情况	备注
《虎门外海威远炮台图》	顾炳章	道光二十四年	中国国家图书馆藏；第 42 页	彩绘本
《广东沿海图》	佚名	清初期	中国国家图书馆藏；第 40—41 页	绢底彩绘本长卷
《海口要隘水陆远近形胜全图（局部）》	佚名	康熙八年至雍正九年	大连图书馆藏；第 39 页	彩绘本长卷
《广东通省地舆总图》	姚翰	光绪二十三年	大连图书馆藏；第 34 页	彩绘本
《广东省城全图（陈氏书院地图）》	陈照南、陈桀熙	光绪十四年	广东省立中山图书馆藏；第 31 页	石印本
《广东省城图》	广东实地测量处	宣统二年	广东省档案馆藏；第 30 页	石印本
《广东省城内外全图（河南附）》	德国营造师舒乐（F. Schnock）	光绪三十三年	广州市档案馆、广东省立中山图书馆藏；第 28 页	石印本
《粤东省城图》	佚名	光绪二十六年之前	广东省档案馆藏；第 26 页	羊城澄天阁点石书局，石印本
《广东省城图》	D.Vrooman	咸丰年间	中国国家图书馆藏；第 22 页	刻印本
《广州府图》	佚名	雍正十一年至乾隆三年	中国第一历史档案馆藏；第 19 页	纸本手绘设色
《广东省图》	清内务府舆图处	康熙三十一年五月	中国第一历史档案馆藏；第 16 页	绢本手绘设色
《广东总图》	清朝官方	康熙二十四年后	中国第一历史档案馆藏；第 15 页	绢本手绘设色
《广州府图》	清朝官方	康熙二十四年至雍正七年	中国第一历史档案馆藏；第 14 页	绢本手绘设色
《广州历史地图精粹》				
《广东广州府舆图》	清朝官方	康熙二十四年后，雍正之前	中国第一历史档案馆藏；第 4—20 页	绢本手绘设色，册页装，广州府属辖县 16 幅图
《皇舆全览图 · 广东全图》	清朝官方（来华传教士参与）	康熙五十八年	中国第一历史档案馆藏；第 31 页	分省图之一，墨印图，最早实测绘制
《广东全省图》	佚名	康熙年间	中国第一历史档案馆藏；第 32—33 页	纵 62.1 厘米，横 73.2 厘米

续表

图名	作者	成书年代	藏书情况	备注
《粤东沿海图》	清朝官方	雍正三至九年	中国第一历史档案馆藏；第 34 页	绢本设色
《广东各府舆图·广州府图》	清朝官方	雍正十一年至乾隆三年	中国第一历史档案馆藏；第 36 页	彩绘纸版
《广州各府舆图并说·广州府图》	清朝官方	雍正十一年至乾隆三年	中国第一历史档案馆藏；第 37 页	彩绘纸本
《各省地图·广州府图》	清朝官方	雍正年间	中国第一历史档案馆藏；第 39 页	图集共 6 册，木刻本
《广东省图·广州府总图》	清朝官方	嘉庆二十年至同治五年	中国第一历史档案馆藏；第 41—44 页	彩色纸本，仍有南海、番禺、从化、增城 4 县图
《广东水师营官兵驻防图》	佚名	同治六年以前	中国第一历史档案馆藏；第 45—46 页	彩绘纸本
《沿海七省口岸险要图·七省沿海总图下》	程鹏	光绪十三年后	中国第一历史档案馆藏；第 47 页	纸本墨绘
《沿海七省口岸险要图·广州口图上》	程鹏	光绪十三年后	中国第一历史档案馆藏；第 48 页	纸本墨绘
《七省沿海全洋图（局部）》	佚名	同治、光绪年间	中国第一历史档案馆藏；第 50—51 页	摹绘本，彩绘长卷
《皇朝直省地舆全图·广东全图》	朱煜	光绪十五年八月依同治三年刻本摹写	中国第一历史档案馆藏；第 53 页	上海点石斋石印本
《皇朝一统舆地全图·广东全图》	佚名	光绪二十年二月之前	中国第一历史档案馆藏；第 56 页	上海鸿宝斋石印本，以道光年间严承如所刻舆图为原本
《广东舆地图说·新法广东省图》	清朝官方	光绪十六年绘制，光绪十七年绘成	中国第一历史档案馆藏；第 54 页	两广总督李瀚章进呈，纸本设色，册页装，共 13 册
《广东舆地图说·广州府图》	清朝官方	光绪十六年绘制，光绪十七年绘成	中国第一历史档案馆藏；第 55 页	两广总督李瀚章进呈，纸本设色，册页装，共 13 册
《广东舆地全图》	清朝官方	光绪二十三年刊印，光绪十八年绘成	广东省档案馆藏；第 57—75 页	纸本墨印，广州石经堂承印，广州府属县、厅共 17 幅图

续表

图名	作者	成书年代	藏书情况	备注
《大清会典图·新法广东省图》	清朝绘典馆	光绪二十五年	中国第一历史档案馆藏；第 76 页	纸本墨笔，光绪十八年《广东舆地全图》缩摹本
《大清会典图·广州府图》	清朝绘典馆	光绪二十五年	中国第一历史档案馆藏；第 77 页	纸本墨笔，光绪十八年《广东舆地全图》缩摹本
《广东图绘》	佚名	光绪二十五年至宣统三年	大连图书馆藏；第 79 页	油墨彩绘
《广东沿海图·广东珠江图》	佚名	清末	中国第一历史档案馆藏；第 82 页	涉及广东地区共有 35 幅图
《中外舆地全图·广东图》	佚名	光绪二十九年	中国第一历史档案馆藏；第 83 页	舆地学会刊版，墨印本
《广东省城图》	（西方人）佚名	光绪年间	中国国家图书馆所藏，第 88—89 页	原为美国人莫文之妻咸丰年间所绘，该图为光绪缩绘本
《广东省城图》	佚名	宣统二年	广东省档案馆藏；第 90 页	纸本墨印
《澳门历史地图精选》				
《中国地图（局部）》	亚伯拉汉·奥地利斯	1584 年或 1595 年	澳门旅游娱乐有限公司藏；第 14 页	第一幅由西方人绘制标有澳门的中国地图
《澳门地图》	西奥多·拜耶	1607 年	澳门旅游娱乐有限公司藏；第 16—17 页	铜刻版，西方最早印制的澳门地图
《广东澳门图》	佚名	康熙十八至二十一年	中国第一历史档案馆藏；第 19 页	彩色纸本
《西洋画澳门图》	佚名	清前期	中国第一历史档案馆藏；第 37 页	漆布彩色图
《澳门全图》	弗兰西斯科·华伦廷	1726 年	澳门旅游娱乐有限公司藏；第 44—45 页	铜刻版
《广东全省图》	佚名	雍正七至九年	中国第一历史档案馆藏；第 52—53 页	墨绘着色
《广东全图（局部）》	佚名	雍正七至九年	中国第一历史档案馆藏；第 54 页	彩色纸本，纵 245 厘米，横 305 厘米
《广东全图》	佚名	雍正七至九年	中国第一历史档案馆藏；第 55 页	彩色纸本，纵 135.2 厘米，横 158 厘米

续表

图名	作者	成书年代	藏书情况	备注
《广东省诸河流域发源分流处所总图》	佚名	雍正九年至嘉庆十七年	中国第一历史档案馆藏；第 58 页	彩色纸本
《广东省全图》	让·巴迪斯·得浩特和让·巴迪斯·旦维尔	1735 年	澳门旅游娱乐有限公司藏；第 64—65 页	铜刻版，《中国地理描述》一书插图
《乾隆内府舆图（广东部分）》	清朝官方组织中西方测量人员	乾隆二十一年	中国第一历史档案馆藏；第 66 页	铜刻版
《氹仔及澳门全图》	詹姆斯·库克船长	1780 年	澳门旅游娱乐有限公司藏；第 73 页	铜刻版
《澳门海港及城市全图》	乔治·尼克尔	1797 年	澳门旅游娱乐有限公司藏；第 74 页	铜刻版
《澳门图说》	佚名	嘉庆十四年	中国第一历史档案馆藏；第 75 页	彩绘纸本，两广总督百龄奏折附图
《澳门图说》	佚名	嘉庆十三年	中国第一历史档案馆藏；第 76—77 页	彩绘纸本，两广总督吴熊光奏折附图
《广东省图·香山县图》	清朝官方	嘉庆二十年至同治五年	中国第一历史档案馆藏；第 79 页	彩色纸本
《海防图》（下册）	黄爵滋	道光二十年	中国第一历史档案馆藏；第 80—81 页	彩色纸本，该图集共三册
《皇朝中外一统舆地全图（广东局部）》	清朝官方	同治二年	中国第一历史档案馆藏；第 82—83 页	湖北抚署景恒楼墨印本，共 32 册
《沿海疆域图（局部）》	王沛光	光绪九年	中国第一历史档案馆藏；第 89 页	彩色绢底，摹绘清初《海国闻见录》附图
《沿海七省口岸险要图·广东沿海总图中》	程鹏	光绪十三年后	中国第一历史档案馆藏；第 91 页	墨绘纸本
《沿海七省口岸险要图·广州口图下》	程鹏	光绪十三年后	中国第一历史档案馆藏；第 92 页	墨绘纸本
《大清会典图·香山县图》	清朝绘典馆	光绪二十五年	中国第一历史档案馆藏；第 106 页	纸本墨笔，光绪十八年《广东舆地全图》缩摹本

续表

图名	作者	成书年代	藏书情况	备注
《广州府香山县图》	佚名	清晚期	中国第一历史档案馆藏；第 114 页	钢笔、铅笔勾画草图
《澳门图》	〔法〕佚名	1910 年	中国第一历史档案馆藏；第 115 页	蓝色铅笔纸绘，法国公使进呈
《福建厦门虎头山至广东崖州老虎头山海道图说》	佚名	清代	中国第一历史档案馆藏；第 118—119 页	彩色纸本
《明清皇宫虎门秘档图录》				
《新建靖远炮台图》	清朝官方	道光十九年正月十二日	中国第一历史档案馆藏；第 173 页	两广总督邓廷桢进呈奏折附图
《虎门各炮台图说》	清朝官方	道光二十一年五月十二日	中国第一历史档案馆藏；第 242 页	靖逆将军奕山进呈奏折附图
《虎门各炮台图》	清朝官方	道光二十四年正月初五日	中国第一历史档案馆藏；第 262 页	两广总督祁𡎴进呈奏折附图
《虎门炮台屯田图》	清朝官方	道光二十四年三月初八日	中国第一历史档案馆藏；第 270—271 页	广东巡抚程矞采进呈奏折附图
《虎门布雷图》	佚名	清末	中国第一历史档案馆藏；第 326—327 页	彩绘本
《东莞历代地图选》（2012 年版）				
《广东海防形势图（虎门海口）》	佚名	道光二十二年	北京大学图书馆藏；第 45 页	纸本设色
《大角炮台与沙角炮台图》	佚名	道光二十二年	北京大学图书馆藏；第 46 页	纸本设色
《广州府分县图·东莞县图》	佚名	道光元年至宣统三年	北京大学图书馆藏；第 50—51 页	绢绘设色
《虎门威远炮台图说·上横档定远炮台图》	托名曾国藩，实为萨承钰	托名咸丰八年，实为光绪十六年	北京大学图书馆藏；第 52—53 页	彩色手绘
《虎门威远炮台图说·上横档各炮台图》	托名曾国藩，实为萨承钰	托名咸丰八年，实为光绪十六年	北京大学图书馆藏；第 54 页	彩色手绘
《虎门威远炮台图说·蛇头湾山各炮台图》	托名曾国藩，实为萨承钰	托名咸丰八年，实为光绪十六年	北京大学图书馆藏；第 55 页	彩色手绘

续表

图名	作者	成书年代	藏书情况	备注
《虎门威远炮台图说·威胜西炮台图》	托名曾国藩，实为萨承钰	托名咸丰八年，实为光绪十六年	北京大学图书馆藏；第56页	彩色手绘
《虎门威远炮台图说·威胜东炮台图》	托名曾国藩，实为萨承钰	托名咸丰八年，实为光绪十六年	北京大学图书馆藏；第57页	彩色手绘
《虎门威远炮台图说·威远后山上下炮台图》	托名曾国藩，实为萨承钰	托名咸丰八年，实为光绪十六年	北京大学图书馆藏；第58页	彩色手绘
《八省沿海图·广东珠江图·珠江口虎门图》	佚名	清晚期	北京大学图书馆藏；第72页	墨本
《广东省海防全图·东三门虎门蕉门横门分图》	佚名	不晚于光绪十年	北京大学图书馆藏；第73页	墨本红色标注
《香山虎门图》	佚名	笔者拟定在清乾隆二十二年左右	王晓强先生提供；第68—70页	彩绘本
《广东沿海图(虎门)》	佚名	清晚期光绪年间，笔者拟定在光绪十年之后至光绪十二年	张铁文先生提供；第70—71页	彩绘本
《皇舆遐览：北京大学图书馆藏清代彩绘地图》				
《广东海防形势图》	佚名	道光二十二年	北京大学图书馆藏；第283页	纸本设色，折页
《虎门水面丈尺》	方蕴禧（香山县人）	道光二十二年	北京大学图书馆藏；第284页	纸本设色，折页
《中华沿海形势全图·广东沿海图》	佚名	笔者认为乾隆年间	北京大学图书馆藏；第244页	纸本设色
《中华沿海形势全图·琼州沿海图》	佚名	笔者认为乾隆年间	北京大学图书馆藏；第248页	纸本设色
《清朝舆地全图·广东》	佚名	乾隆二十四年至二十八年	北京大学图书馆藏；第86页	纸本设色，折装
《广东全图》	佚名	康熙五十八年	北京大学图书馆藏；第66—69页	硬纸折装；《皇舆全览图》的彩绘本分图

续表

图名	作者	成书年代	藏书情况	备注
《广州府分县图·顺德县图》	佚名	道光元年至宣统三年	北京大学图书馆藏；第 107 页	绢绘设色
《广州府分县图·香山县图》	佚名	道光元年至宣统三年	北京大学图书馆藏；第 108 页	绢绘设色
《广州府分县图·新会县图》	佚名	道光元年至宣统三年	北京大学图书馆藏；第 109 页	绢绘设色
《广州府分县图·新安县图》	佚名	道光元年至宣统三年	北京大学图书馆藏；第 115 页	绢绘设色
《广州府分县图·新宁县图》	佚名	道光元年至宣统三年	北京大学图书馆藏；第 116 页	绢绘设色
《从圆方到经纬：香港与华南历史地图藏珍》				
《远东航海图（珠江口部分放大）》	〔葡〕菲尔南·瓦斯·多拉多	1570 年	美国加利福尼亚州圣玛力诺汉庭顿图书馆藏；第 33 页	彩绘本
《中国南海及中国南部地图》	〔意〕罗拔·达德利	1646 年	美国加利福尼亚州圣玛力诺汉庭顿图书馆藏；第 34 页	铜版制图
《荷兰大使朝觐天子图（珠江口部分放大）》	〔荷〕佚名	1665 年	美国加利福尼亚州圣玛力诺汉庭顿图书馆藏；第 36 页	手绘本
《古今形胜之图（广东部分放大）》	喻时或甘宫	嘉靖三十四年重刻本	西班牙西维尔亚西印度群岛档案馆藏；第 44 页	木刻墨印着色
《广舆图（广东部分）》	罗洪先	嘉靖三十四年	西班牙西维尔亚西印度群岛档案馆藏；第 50 页	计里画方，缩装本
《中国新图志（广东省）》	〔意〕卫匡国	1655 年	西班牙西维尔亚西印度群岛档案馆藏；第 51 页	彩色本
《福建广东海防航海图》	佚名	笔者认为雍正七年至乾隆二十二年	原为湖北民间私人收藏；第 74 页	彩绘纸本长卷
《广东沿海统属图》	佚名	笔者认为不晚于嘉庆十五年	原为湖北民间私人收藏；第 80 页	彩绘纸本长卷
《珠江口图》	〔葡〕雅氏域度	1646 年	葡萄牙里斯本阿优达图书馆藏；第 81 页	纸本彩绘
《澳门及附近地区分图》	〔法〕杜赫德	1735 年	葡萄牙里斯本阿优达图书馆藏；第 84 页	手绘本

续表

图名	作者	成书年代	藏书情况	备注
《珠江岛屿图》	〔法〕贝林	1752 年	葡萄牙里斯本阿优达图书馆藏；第 85 页	手绘本
《（暹罗）广东图》	佚名	19 世纪初	泰国公主诗琳通藏；第 90—91 页	彩绘本
《中国海岸及附近岛屿》	〔英〕亚历山大·达尔林普尔	1792 年	泰国公主诗琳通藏；第 95 页	手绘本
《由交趾至北河口》	佚名	1796 年	泰国公主诗琳通藏；第 96 页	手绘本
《珠江沿岸图》	〔英〕佚名	第一次鸦片战争期间	泰国公主诗琳通藏；第 98 页	手绘本
《新安县全图》	和神父	1866 年	澳洲国立图书馆藏；第 101 页	手绘本
《新安县全图》	岭南少岩氏	光绪二十年	澳洲国立图书馆藏；第 102 页	彩色绘本
《香港全图》	英国殖民时期香港政府	1898 年	香港政府档案处历史档案馆藏；第 104 页	彩色本
《古今地舆全图（广东部分放大）》	佚名	光绪二十一年	谭兆璋先生藏；第 120 页	手绘本